World as a Perspective

世界作為一種視野

非法公司

ILLEGALITY, INC.

CLANDESTINE MIGRATION AND THE BUSINESS OF BORDERING EUROPE

RUBEN ANDERSSON

魯本·安德森——著　閻紀宇——譯

目次

第二部　穿越

第三部　衝突

【推薦序】

無國界世界中難以跨越的邊界

◎阿潑

也許你還記得那個溺斃在地中海，被海浪沖上岸，俯臥土耳其沙灘的庫德族男孩——又或者你已忘記。

這位名為艾蘭‧庫迪（Alan Kurdi）的兩歲孩童，因為內戰，隨著家人逃難，於二〇一五年九月二日凌晨登上一艘擠滿人的充氣艇，穿著無效的救生衣，在暗黑海上躲避土耳其海岸警衛隊，試圖偷渡到歐洲。

這是庫迪一家四口第三次嘗試跨越邊境。他們支付偷渡仲介四千歐元，換取小艇座位，但充氣艇引擎故障，仲介獨自脫逃，拋下那些為了生存奮力掙扎的客人。而後，船隻傾覆，諸多生命遭大海吞噬，男孩的死亡身影登上國際媒體頭版，向世人展示「移民（難民）」的具體意象，也開啟反思與討論的機會。

儘管某個移民援助團體於新聞發布後二十四小時內收到超過平日十五倍的捐款，湧入移民與難民組織的金流同樣激增；但與此同時，這張照片也被西方政府與伊斯蘭國挪為政治或嚇阻宣傳之用。只是，除了幾位涉及這起偷渡事件的低階仲介被審判入獄外，還應該追究誰的責任？

換個角度問：非正當管道的移民或難民，是歐洲的包袱還是責任？

讓小庫迪溺死的地中海，自二〇一四至二〇二二年，就有二萬五千人在此殞命。國際非政府組織人權觀察（Human Right Wath）歐洲與中亞副主任茱迪絲・桑德蘭（Judith Sunderland）在〈無止盡的地中海悲劇〉（Endless Tragedies in the Mediterranean Sea）一文中表示，悲劇發生有諸多原因，但歐洲各國政府注重邊境管制而非海上救援的做法，更值得注意：「歐盟邊界與海岸警衛署（Frontex）監視的目的是攔截和遣返，而非救援。」

不僅地中海，摩洛哥警方在西撒哈拉達哈拉（Dakhla）附近攔截將「偷渡客」送往加納利群島（Canary Islands）船隻的新聞，亦頻繁且不間斷出現，只因這正是歐盟目前迫在眉睫的問題：移民危機（migrant crisis）。其嚴重程度，被認定為二戰以來最大的危機。

觀看苦難背後的細節

「一九八八年迄今，將近兩萬人死在歐洲堡壘（Fortress Europe）的大門。」《非法公司》

（*Illegality, Inc.*）作者魯本・安德森（Ruben Anderson）寫道：「對走投無路的移民而言，苦難並沒有在歐洲大門止步。新聞媒體、民粹政客、熱忱官僚抓住機會，將非法移民妖魔化，化成一個陰魂不散的外來者，乘著浪潮入侵西方國家。在他們的論述中，世人看到一個全球社會的化外之人：有時令人著迷，有時無人聞問；有時帶來恐懼，有時令人同情。他在富國的邊界徘徊窺伺，沿路撒下恐慌的種子，引發選戰亂局，鬧出頭條新聞。」

這本以「祕密（非法）移民」為主題，深入探索移民偷渡走私與歐洲邊界管制的民族誌於二〇一四年出版之時，艾蘭・庫迪還在父母的懷抱裡活著。儘管學術研究無法遏阻悲劇的發生，卻仍能指引我們觀看苦難背後的細節，讀了《非法公司》後，再看艾蘭・庫迪死亡的新聞，故事會變得更豐富立體，你的感受將不會只停留在悲傷——你會知道為何庫迪一家不以合法方式移民而選擇偷渡，也就能看到庫迪一家不得不付給人蛇集團高額費用的原因；接著你會發現船艇為躲避海岸巡邏隊而繞道的生死一線，而後你會對新聞攝影的影響力感到疑惑，並對人道援助組織因此獲得大量捐款產生思考……其餘在網路資訊中無法感知的「涉事者」與連結，也因作者的「拆解」而一一現形。

與絕大多數將視角放在移民（難民）身上，並強化其悲劇性的書寫不同，安德森的視野遼闊、企圖心旺盛，除了自二〇一〇年展開的上百個訪談外，他還循著「祕密移民」的路徑，從塞內加爾、馬利、茅利塔尼亞，到北非地中海岸邊的西班牙飛地，甚至造訪位在波蘭首都華沙的

Frontex總部，追索祕密移民中的各個關卡。

位在摩洛哥的西班牙飛地美利雅（Melilla）與休達（Ceuta）在《非法公司》中占有極大的分量，因為安德森的研究著重在歐洲外部西緣：西非與西班牙之間。他以二〇〇五年十月發生在美利雅與休達的「大進擊」作為全書的開頭場景，描述數百位遠道而來、疲累不堪的非洲人如何在這兩塊飛地邊界的圍籬上攀爬，又如何遭摩洛哥或西班牙安全部隊鎮壓，甚至開火，導致十四人死亡——活著的人則被拘捕遣返；接著當局加強管制，邊界地區被清理乾淨，媒體繼續報導其他新聞。

美利雅和休達雖位在摩洛哥，但自西班牙分別在一四九七、一六八八年占領這兩個原屬於柏柏人的土地至今，一直受西班牙政府統治，屬其領土，因此，這兩塊飛地與摩洛哥之間相隔的十二公里與八公里邊界，成為「歐洲」與「非洲」之間唯一的陸地邊界。

一九八六年，西班牙加入歐盟繼而於一九九一年加入申根區之後，便持續接收到來自布魯塞爾（歐盟議會）要求減少從歐盟以外國家進入該國的移民流量。特別在一九九五年，撒哈拉以南非洲國家進入美利雅的移民增加後，一座三公尺高的鐵絲網雙層圍籬便於隔年在邊境線上立起、延展。

這還不夠，這座圍籬因為二〇〇五年「大進擊」而增高到六公尺、二〇一四年增加防攀爬網，並以鐵絲擴大圍籬。儘管二〇二〇年，西班牙佩德羅・桑切斯政府以人道姿態宣布拆除鐵絲網，但同時也將部分地區的邊界圍籬增高到九公尺。

從北非國家警方對非法移民的拘捕、鎮壓新聞持續不斷可知，無論鐵網圍籬如何壯觀，都阻絕不了人們踏進「歐盟領土」，進而前進歐洲大陸的渴望，而這也是安德森在自己的書寫中亟欲呈現的。

非法產業如何有利可圖

就在《非法公司》繁體中文版出版的不久之前，即時間將跨進二〇二四年的那日，約有一千一百名來自北非與阿拉伯國家的民眾，因想要闖進美利雅與休達，遭該國的軍隊、安全部隊拘捕。這則新聞占據二〇二四年開年第一天媒體版面的一角——距離《非法公司》原文版出版十年，離二〇〇五年暴動也近二十年，類似的故事、同樣的場景，一而再、再而三在媒體版面的一角浮出，宛如一個始終無法闖關完成的遊戲。

以非正當方式進入歐洲的移民，除了路途上的危險，還會遇上軍警鎮壓。近幾年，不論是二〇二三年突尼西亞警方在首都突尼斯使用武力和催淚瓦斯驅散前往歐洲的難民、尋求庇護者和移民；或二〇二二年六月有一千七百名來自南蘇丹的庇護者，因在摩洛哥美利雅圍籬外遭到警方強烈鎮壓，導致三十七人死亡、七十七人下落不明，而被媒體描述為「屠殺」。每一件都是悲劇。

然而新聞就只是「新聞」而已，讀者既無法從中看見這些非法移民的樣貌，更難以理解他們何以前仆後繼朝歐洲而去，過程中究竟經歷了什麼。就這個問題來看，《非法公司》對海陸兩條路徑有相當深入的展示、分析與批判。安德森再現這條「移民流」，進而拆解整個祕密移民管制系統的產業鏈——如果把活生生的人看成貨物的話，可以看到這些人如何被打包、運送、付錢、攔截，再送回；這些環節如果體現在「非法移民」身上的話，則是遷徙、監控、拘留、管制、遣返。包含人道救援與新聞報導在內，一切包圍著移民危機與管制的人員組織，都由歐洲以對抗非法移民之名資助，從而形成對付非法移民的產業，且「有利可圖」。

有利可圖四個字，在這本民族誌上多次出現，每次出現，都宛如一次「究責」，而這本書就此方方面面地展現：包圍著祕密移民的涉入者，如何藉此獲利。

因此，儘管安德森未煽情強調「祕密移民」受到的痛苦與折磨，也沒有刻意評判西方國家漠視人權的問題，卻透過歐盟以監控、管制、治理的形式，金援、建立各個圍堵移民成功的節點，呈現強國讓這些人「非法化」、地下化，以凸顯這些祕密移民的「隱身」、「躲藏」於暗裡的必要。明與暗的對比，是善與惡的二元，弱者在所謂的法治權力中更不見光，更弱勢。

這仍不會阻擋非洲祕密移民繼續向前，然這種與公權力爭鬥的過程，只會讓非法遷徙者被主流世界強加上愈來愈強的「他者性」。即是人類學家阿吉耶（Michel Agier）所說：「如今只要一發現不受歡迎者，邊界就會出現。」

在這個宣稱全球化無國界的世界，對於弱勢者而言，邊界竟如此清晰。

亦即，在全球化社會中，貨物與金錢可以自由流動，但貧窮的發展中國家人民卻不能，他們「在移動世界的夢想中是徹頭徹尾的『他者』：他們不能移動，也不應該移動」。如前所述，安德森不會大談人道與人權，但當他談及非常態移民進退不得的處境時，其核心關懷會在這樣的充滿控訴的句子中溢出。比起黏膩、撩人共感的書寫，這種憤怒更讓人想與之同行，對安德森而言，歐洲「投資」在阻絕祕密移民上的付出，乃至緣此形成的「產業」，與祕密移民的數量相比，根本不成比例。

作為一個人類學者，安德森自然熟稔相關理論，不時旁徵博引，從高夫曼的汙名到傅柯的監控治理，遑論移民研究與人類學經典理論，但他常是在大量民族誌材料使用前後，就提點這已有相關理論佐證或強調。像是藉著人類學重要的「禮物」概念，來論述歐洲各國與非洲國家之間的利益交換關係——為平息公眾對移民遷徙的恐懼，也為了避免危害經濟或違反人權法，歐洲各國會在這樣的邊界難題下，將邊境事務委外經營或外包。他們認為，與其等遷移者到了西班牙再進行援助、拘留與遣返，不如從最前緣就和貧窮的西非國家合作，擋下祕密移民，比較符合成本效益。

安德森寫道：西班牙和西非國家之間就像交易關係，而非法遷移者就是商品，或自動提款機，這種「禮物經濟」營造出前所未有的關係連結，將歐洲邊界體制個人化，將收受者和給予者的連結視為一種給付與對待給付的緊張關係，也產生新的面向：例如塞內加爾警方得到的津貼讓遷徙的非法性延伸擴張到此；給茅利塔尼亞巡邏艇跟現金，讓拘留者大為增加，移民管制也變得更種族化；開發和外交利益使摩洛哥過度使用警力來對付遷徙者……凡此種種，都讓遷徙者的權益與空間更遭剝奪與惡化。換句話說，歐洲給予非洲國家防堵祕密移民的利益，讓歐洲邊界得以擴張到非洲土地上。

「本書聚焦一個『非法產業』的產物和胡作非為，而不是『邊界體制』的不公不義與暴力。」安德森以此提出自己的主張：這個產業製造出它原本要消弭、阻斷或轉化的現象——更多的遷徙非法性，「在這樣的迴圈之中，源源不斷的資金被投入一個類似『反恐戰爭』的惡性循環：國界上的威脅愈是鬼影幢幢，威脅為產業帶來的收益也就愈是可觀。」

所謂的「威脅」都是活生生的人。但這個產業除了反移民機構、承包商、邊界執法人員外，還包含新聞記者、監獄人員，走私販子、政策制定者，在安德森的定義中，人類學家也是這個產業的一部分。

由此可知，移民問題雖引起歐盟對於社會失序與經濟負擔的恐懼，但反過來看，移民問題也提供相關組織與人員經費或資源，壯大並滋潤了祕密移民管制的體制。然而，這些經濟利益，和這些遷移者一點關係都沒有，包含他們接受訪談的報導、照片，自己都無法得到、看到。他們是唯一的利益損失者。

記者與人類學家在非法產業中的位置

閱讀這本書時，我對新聞記者與人類學者在非法產業中的存在最感興趣，尤其是書中頻繁出現「奇觀」一詞，皆伴隨著媒體記者作為及其激發輿論的後續效應。「這些圖像與新聞標題是行為性的，而不是描述性的：媒體注視之處，經費與官方關注隨之而來。」安德森寫道：在這個特大規模的視覺經濟迴路——救援行動的圖像成為新聞商品，四處流通，緊急狀態會在這之中找到框架，迫使政治行動做出回應，但有時候效應的運作卻是反向而行。

安德森以同為移民的攝影記者胡安·梅迪納（Juan Medina）的照片為例，說他們如何令觀者感動，又如何充滿人道精神，但這些照片在遭到官方挪用後，竟也變成國民警衛隊人道主義的證據，不再是胡安原本意欲譴責的「殘酷恐怖的障礙賽場地」。

「鏡面不僅裂痕累累，臉中的臉孔也回瞪著我。」安德森也於本書〈序論〉中回憶自己二〇一〇年到塞內加爾做田野調查，主題本是與北美洲相映的移民路線，但他很快發現自己對悲情的非洲旅人有著一廂情願的幻想，甚至體認到這個幻想支撐著整個祕密移民的奇觀，而這奇觀是跟著移民船而製作的紀錄片、新聞報導、學術論文……所構成的，這正是安德森以反身人類學的角度嘗試破除由媒體與學界共築的「移民」濾鏡，並將研究者、人類學家置於產業／共犯結構之中，從而直面現象的盲點與真相。

我忍不住想起二〇一八年臺灣國際紀錄片影展的國際競賽片《天堂異鄉人》（*Stranger in Paradise*），該片由一個荷蘭講師對著課堂上的難民們講述歐洲對於移民的正反觀點，乃至於應當探討的政策面向。當鏡頭上的討論結束，講師到外面抽菸、眾人包圍時，觀眾這才知：所謂的講師原來只是個照導演劇本說話的演員。在「演出結束」的此刻，他忍不住評論這個作品是「政治散文電影」，希望帶給觀眾一些思考，可以放寬心胸云云。他向大家解釋紀錄片怎麼拍，資金哪裡來，拍完後會去哪裡之後，不無「嘲諷」地說：參加影展要穿著時髦，開香檳，會上有很辣的美女，給導演拍片的錢對難民來說也很多，但眼前這些難民要怎麼看到這個片子呢？無非就是要去荷蘭、去影展。但他們怎麼能做到呢？

同樣的問題：面對祕密移民、難民而拍的照片、紀錄片，當事人能看得到嗎？能夠從中得到一些安慰或利益嗎？答案都是否定的。

如前所述，安德森的視角遼闊、企圖心旺盛，因而刻劃出一個極大的地理刻度，論述面向甚廣、層次多樣，儘管閱讀上偶爾讓人有混亂感，不知置身何方，但若抓緊他書中幾個重點——歐洲資助而使得祕密移民成為「獵捕」對象，從而使歐洲邊境擴張，以及祕密移民與邊境警察的偵查與反偵查的競逐互動，乃至政治如何起作用，在拘留地的身體與時間感等角度，跟著作者的思緒與思考脈絡走，或也能站在其肩膀上共同感受祕密移民背後龐大糾纏的管制體系。

「遷移」是我們共同的基因

如同安德森以《憤怒的葡萄》中美國大蕭條時期的遷移為例來喚起讀者對於祕密移民的共感，如果你認為非洲離我們太遠，或許可以從臺灣人的祖先在明末福建大旱饑荒，受鄭芝龍父子以「人給銀三兩、三人給牛一頭」或屯墾令的吸引下赴臺；又如何在清廷統治臺灣、設下遷臺禁令之際，冒險跨越黑水溝偷渡，在這塊土地建立家園，以嘗試想像《非法公司》中祕密移民的風險和處境——當然，如今依舊有偷渡的情事發生。

「六死三留一回頭」是金門、臺灣談移民史時常說的俗諺，但放在《非法公司》中這些甘冒死亡風險也要前進歐洲大陸的祕密移民的身上，或也能成立。同樣一件事，站在不同角度觀看，會有不同的感受或風景，移民或偷渡，可以是冒險也能是悲情，但單單只被新聞影響或耽溺於個人敘述，都無法讓我們看到故事背後糾纏難解的結構問題。即使移民危機無法因單一學者的研究得到解決，但安德森的宏論，仍可以給我們足夠的視野去看見問題，《非法公司》是一本不會過時的、適切反映所謂無國界的世界的邊界如何難以跨越的書寫。

（本文作者為曾受人類學訓練的媒體工作者，著有《憂鬱的邊界》）

誌謝

本書能夠問世，要歸功於許多人與許多機構的協助，在這裡不可能一一詳述。

首先，我非常感謝塞內加爾首都達卡（Dakar）揚古爾（Yongor）一群被遣返的年輕人，儘管自身處境困難，但仍然接納我、讓我的計畫踏上新的軌道。從塞內加爾、馬利、摩洛哥到西班牙，感謝每一位與我分享個人經歷的遷徙者；為了保護他們的身分，我無法提及他們的姓名。

在摩洛哥的西班牙飛地休達（Ceuta），我要感謝佩皮·加爾萬（Pepi Galván），如果沒有她的好客、和善與協助，我在當地的經驗會大不相同。我也要感謝休達移民收容中心主任與員工、當地西班牙紅十字會員工與志工對我的接待。

許多位新聞記者、援助組織工作者、學者與運動人士，都參與進行這項計畫。其中幾位的身分必須保密，此處就不提他們的姓名；但我還是要感謝梅蘭妮·蓋特納（Melanie Gärtner）與希澤爾（Max Hirzel）的同事情誼、納蘭霍（Pepe Naranjo）與卡斯特拉諾（Nicolás Castellano）的人脈與激勵、帕帕·登巴·福爾（Papa Demba Fall）在達卡的黑非洲基礎研究所（l'Institut

Fondamental d'Afrique Noire）接待我。多家機構協助促成這項研究計畫，我要特別感謝在巴馬科（Bamako）熱情接待我的「馬利遭遣返中非人協會」（Aracem），還有多次接待我的西班牙國民警衛隊（Guardia Civil）與塞內加爾邊防警察。

作為本書基礎的博士論文拿到英國經濟及社會科學研究委員會獎學金（Economic and Social Research Council Studentship），我非常感謝這項慷慨的資助。

對於倫敦政經學院（London School of Economics and Political Science, LSE），我特別感謝兩位導師佩爾克曼斯（Mathijs Pelkmans）與黛博拉・詹姆斯（Deborah James）多年來始終如一的支持與指導，他們對我極為耐心、助益匪淺，提供的建設性批評與風格建議，從根本影響了這本書的寫作。我還要感謝福勒（Chris Fuller）在計畫進行初期的指導，以及凱蒂・加德納（Katy Gardner）與德・傑諾瓦（Nicholas De Genova）非常有幫助的評論與鼓勵。

我要感謝瑞典斯德哥爾摩大學（Stockholm University）人類學系的同事，在二〇一三年提供一個美好的工作環境，讓我繼續寫作這本書。同樣的理由也要感謝我服務的ＬＳＥ國際發展學系公民社會與人類安全研究小組（Civil Society and Human Security Research Unit）。

誠摯感謝加州大學出版社（University of California Press）的團隊：娜歐蜜・施奈德（Naomi Schneider）與盧拉（Chris Lura）在本書出版過程中全程協助，蕾秋・貝西藤（Rachel Berchten）的整理工作讓文稿得以付印。感謝惠特克（Robin Whitaker）細膩的審稿工作，博羅夫斯基（Rob

Borofsky）致力於讓公眾認識人類學，形成這一系列專書的出版基礎。

來自LSE與其他機構朋友與同事的回饋惠我良多，特別要感謝莫克塔·巴（Moctar Ba）、艾格尼絲·漢恩（Agnes Hann）、波莉·帕利斯特—威爾金斯（Polly Pallister-Wilkins）、勞拉·辛（Laura Shin）、佩斯（Luca Pes）、布萊那斯（Markus Roos Breines）與安娜·寶拉·古帖雷斯·加爾薩（Ana Paola Gutierrez Garza）。本書的同儕審查意見價值非凡，審查者對於較早期內容的意見已融入本書。

我的母親莎拉（Sara）與父親文生（Vincent）一直是支持與鼓勵的泉源。我的兄弟加馬爾（Hjalmar）一定很高興看到本書完稿，而且還會挑戰我的觀念。我的兒子亞倫（Aaron）未來可能也會如此。

我最該感謝的人是克里斯蒂娜（Cristina），感謝她一路的激勵啟發，並且在本書研究、寫作與編輯的過程中，對我展現超乎常人的耐心。除了給予從不間斷的支持，她還是我的試金石。本書一部分照片——而且是品質較佳者——也是出自她的手。如果不是她，這項計畫不會有完成的一天，甚至根本不會開始。

作者說明

為了寫作本書，我做了數百場人物訪談，二〇一〇年一整年至二〇一一年初在多個場合進行參與式觀察（participant observation），多次造訪歐洲—非洲邊界的邊界管理機構與重要移民組織。儘管本書的故事讀起來像是報導，但選用這些故事是為了透顯更廣泛的發現。我與一百多位移民、大約八十位非政府組織主管與各國官員、五十多位邊界警衛、四十位紅十字會（Red Cross）員工進行深度田野對話；此外還有其他類型的研究參與者。我也與許多人士進行非正式的對話，與重要的消息來源建立密切關係。我的參與式觀察對象包括達卡的被遣返移民、以志工身分進入西班牙一座移民收容中心、巴馬科的被遣返者與運動者。我多次造訪西班牙國民警衛隊，逐步掌握這個邊界機構對於移民事務的工作與思維模式，儘管這些造訪本質上都是在「受控制」的情況下進行。我如何接觸這些機構以及我的研究與理論取向，在本書附錄有進一步說明。

為了保持「公共」人類學的行文風格，所有參考資料以及相關網站與文章的連結，都歸入注釋之中；讀者如果有意檢視本書背後更大規模的辯論，可以參考這些注釋。本書對研究參與者都只用名字或暱稱，不提姓氏，並做了匿名化處理。書中引述談話多半是逐字引述，但也有一部分是來自對話之後盡快做成的田野調查筆記。許多與移民進行的討論、第五章與第六章休達難民收容營的引述都屬於後者。

重要名稱縮寫

AECID
西班牙國際合作開發署（Agencia Española de Cooperación Internacional para el Desarrollo）

AME
馬利被驅逐者協會（Association Malienne d'Expulsés）

AQIM
伊斯蘭馬格里布基地組織（Al Qaeda in the Islamic Maghreb）

Aracem
馬利遭遣返中非人協會（Association des Refoulés d'Afrique Centrale au Mali）

CCRC

Frontex 加納利群島區域協調中心（Centro de Coordinación Regional de Canarias）

CEAR

西班牙難民援助委員會（Comisión Española de Ayuda al Refugiado）

CETI

移民臨時收容中心（Centro de Estancia Temporal de Inmigrantes），位於摩洛哥的西班牙飛地休達與美利雅。

CIE

外國人拘留中心（centro de internamiento de extranjeros）

CIGEM

移民資訊與管理中心（Centre d'Information et des Gestions des Migrations），位於馬利首都巴馬科。

CIRAM

共同整合風險分析模型（common integrated risk analysis model），Frontex 用於歐洲外部邊界風險

評估。

CIREFI

跨越邊界與移民資訊、討論及交流中心（Centre for Information, Discussion and Exchange on the Crossing of Frontiers and Immigration）。

CPIP

前邊界地區共同情報狀況（common pre-frontier intelligence picture），Frontex 為 Eurosur 建置的情報綜整。

DMSF

移民與邊界監控局（Direction de la Migration et de la Surveillance des Frontières），位於摩洛哥。

DPAF

塞內加爾邊防警察局（Direction de la Police de l'Air et des Frontières）

ECOWAS

西非國家經濟共同體（the Economic Community of West African States）

ENP

歐洲睦鄰政策（European Neighbourhood Policy），歐盟與鄰近國家的雙邊合作架構。

ERIE

紅十字會緊急應變團隊（Equipo de Respuesta Inmediata en Emergencias）

Eurosur

歐洲外部邊界監控系統（the European external border surveillance system）

Frontex

歐洲邊界與海岸警衛署（European Agency for the Management of Operational Cooperation at the External Borders of the Member States of the European Union）*

FSC

Frontex 戰情中心（Frontex Situation Centre）

GMES

全球環境與安全監測計畫（Global Monitoring for Environment and Security），歐盟為歐洲「地球觀測計畫」（Earth Observation）建立能力的計畫。

ICC

國際協調中心（International Coordination Centre），負責 Frontex 在西班牙的運作。

ICMPD

國際移民政策發展中心（International Centre for Migration Policy Development），總部位於奧地利首都維也納（Vienna）。

ICRC

紅十字國際委員會（the International Committee of the Red Cross）

IFAN

黑非洲基礎研究所（l'Institut Fondamental d'Afrique Noire Cheikh Anta Diop），位於塞內加爾首都達卡的謝赫・安塔・迪奧普大學（Université Cheikh-Anta-Diop）。

IOM

國際移民組織（International Organization for Migration）

---

*譯注：Frontex 舊名「歐盟成員國外部邊界行動合作管理署」，二〇一八年改名「歐洲邊界與海岸警衛署」為（European Border and Coast Guard Agency）。

JO

Frontex 移民管制聯合行動（joint operation of Frontex for migration controls）

NCC

Frontex 國家協調中心（national coordination center for Frontex operations）。馬德里ICC在Eurosur體系中也被稱為NCC。

PP

人民黨（Partido Popular），西班牙保守派政黨。

RAU

Frontex 風險分析組（the Risk Analysis Unit of Frontex）

SAR

搜救任務（search and rescue）

SIVE

外部監控整合系統（sistema integrado de vigilancia exterior），用於西班牙海岸與海域。

SOLAS

《國際海上人命安全公約》（*the International Convention for the Safety of Life at Sea*）

TFA

戰術焦點評估（tactical focused assessment），Frontex 展開聯合行動之前的準備工作。

TRA

專屬風險分析（tailored risk analysis），Frontex 針對地區或特定主題進行。

UAV

無人機（unmanned aerial vehicle），未來將用於海上監控。

UNHCR

聯合國難民署（United Nations High Commissioner for Refugees）

UNODC

聯合國毒品犯罪防制署（United Nations Office on Drugs and Crime）

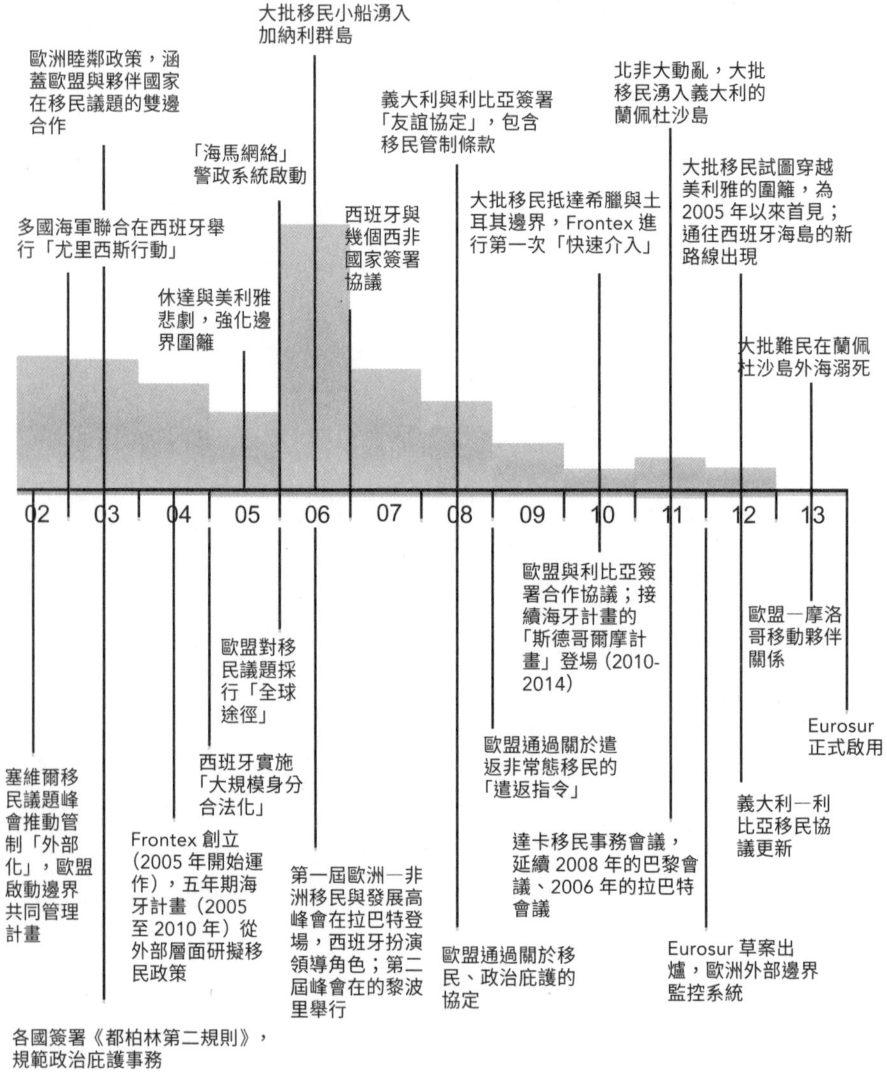
多國海軍聯合在西班牙舉行「尤里西斯行動」
歐洲睦鄰政策，涵蓋歐盟與夥伴國家在移民議題的雙邊合作
休達與美利雅悲劇，強化邊界圍籬
「海馬網絡」警政系統啟動
大批移民小船湧入加納利群島
西班牙與幾個西非國家簽署協議
義大利與利比亞簽署「友誼協定」，包含移民管制條款
大批移民抵達希臘與土耳其邊界，Frontex 進行第一次「快速介入」
北非大動亂，大批移民湧入義大利的蘭佩杜沙島
大批移民試圖穿越美利雅的圍籬，為2005 年以來首見；通往西班牙海島的新路線出現
大批難民在蘭佩杜沙島外海溺死
02
03
04
05
06
07
08
09
10
11
12
13
塞維爾移民議題峰會推動管制「外部化」，歐盟啟動邊界共同管理計畫
各國簽署《都柏林第二規則》，規範政治庇護事務
Frontex 創立（2005 年開始運作），五年期海牙計畫（2005 至 2010 年）從外部層面研擬移民政策
西班牙實施「大規模身分合法化」
歐盟對移民議題採行「全球途徑」
第一屆歐洲—非洲移民與發展高峰會在拉巴特登場，西班牙扮演領導角色；第二屆峰會在的黎波里舉行
歐盟通過關於移民、政治庇護的協定
歐盟通過關於遣返非常態移民的「遣返指令」
歐盟與利比亞簽署合作協議；接續海牙計畫的「斯德哥爾摩計畫」登場（2010-2014）
達卡移民事務會議，延續 2008 年的巴黎會議、2006 年的拉巴特會議
Eurosur 草案出爐，歐洲外部邊界監控系統
義大利—利比亞移民協議更新
歐盟—摩洛哥移動夥伴關係
Eurosur 正式啟用

本時間線只摘錄從西班牙自 1991 年加入申根區以來，外部邊界的政策里程碑與重大移民事件。對移民攔截數據要謹慎看待，因為不同機構與時期的計算方法各有不同。來到休達與美利雅的入境者不列入計算。1991 年與 1992 年的資料付之闕如。

政策與移民事件時間線

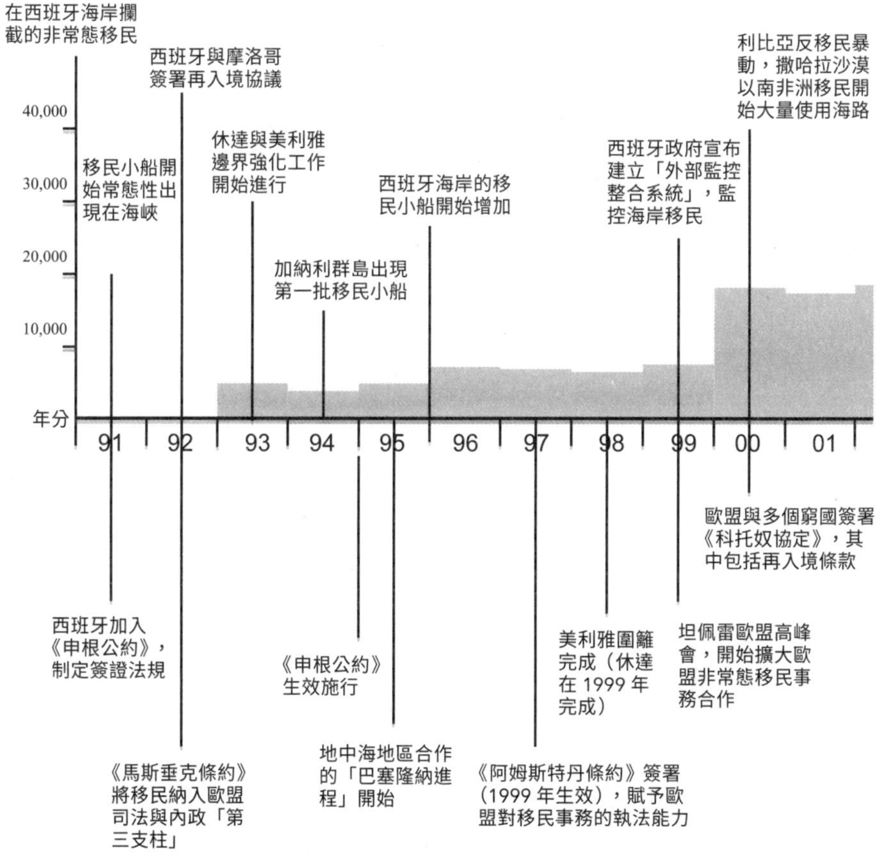

資料來源：Frontex 2010; Serón et al. 2011; Gabrielli 2011; E.U. websites; and chronology by Migreurop (www.migreurop.org/article1961.html?lang=fr).
移民攔截數據來自 Gabrielli 2011:425, itself based on an earlier study (http://echogeo.revues.org/index1488.html), for 1993–2000; data from MIR 2013 for 2001–12.

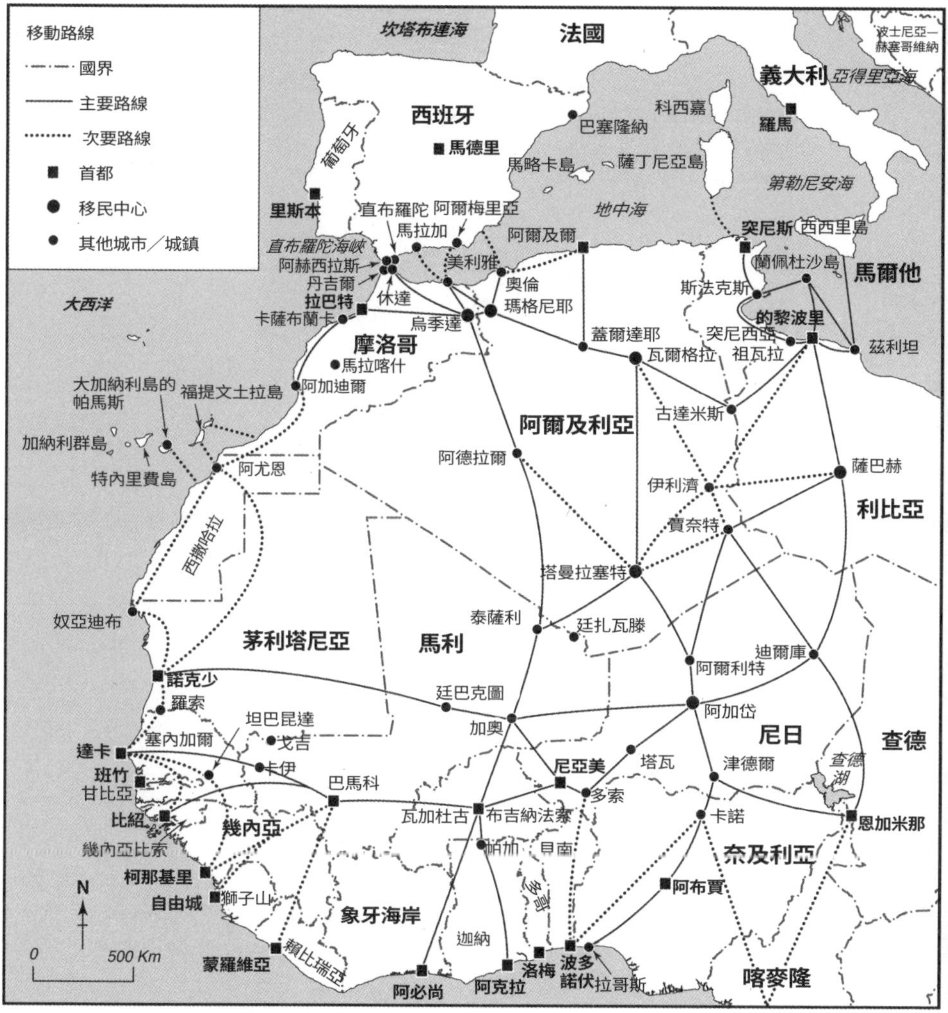

非洲與南歐間的非常態移動路線

Based on 2012 version of MTM iMap, imap-migration.org.

致那些奮力嘗試而死的人

【序論】歐洲與非洲邊界的非法產業

這道邊界像圍籬一樣高，像大海一樣深，然而移民與難民絡繹不絕，試圖穿越。對於從非洲「非法」遷徙到歐洲的悲慘奇觀，這過程是最後一幕，但注定要在兩座大陸的斷層反覆上演：

美利雅（Melilla），**北非，二〇〇五年十月**。夜幕低垂之後，移民開始向西班牙飛地休達（Ceuta）與美利雅奔去。*數百名遠道而來、疲累不堪的非洲人從摩洛哥一側的森林營區現身，將臨時做成的梯子搭上兩座飛地的邊界圍籬，努力往上攀爬。圍籬之間的地帶人影幢幢，攝影機捕捉到他們模糊的動作和一圈一圈的鐵絲網。新聞記者形容那是一場「大進擊」（asalto masivo）：新聞節目與媒體頭版報導大批黑皮膚移民迅速、安靜地行動，其中許多人「訴諸暴力」或「不計一切代價」。接下

* 譯注：休達與美利雅位於摩洛哥北部，但主權屬於西班牙。

來，摩洛哥或者西班牙安全部隊——到底誰要負責已是無頭公案——向移民開火，至少造成十四人死亡。[1]飛地外面簡陋的移民營地被摩洛哥部隊夷為平地、縱火焚燒。移民遭到圍捕、拘禁、送上巴士，巴士駛往遙遠的撒哈拉沙漠（Sahara）。許多人從此消失無蹤。之後，當局加強管制，邊界地區被清理乾淨，媒體繼續報導其他新聞。然而沒過多久，歐洲「打擊非法移民行動」出現一道新戰線：移民改由海路前往遙遠、難以抵達的西班牙加納利群島（Canary Islands）。二〇〇六年，逾三萬艘移民船登陸當地，與日光浴遊客、紅十字會志工、大批記者與警察摩肩擦踵。多年來抵達歐洲南部海岸的移民一直在增加；如今，歐洲外部邊界（external borders，譯注：通常指歐盟成員國與非歐盟成員國的邊界）的混亂一發不可收拾。

蘭佩杜沙島（Lampedusa），**義大利，二〇一一年三月**。悲劇發生當時，利比亞爆發民眾起義。被逼上絕路的格達費上校（Colonel Gaddafi）威脅要以「史無前例的非法移民潮」淹沒歐洲南部，報復北大西洋公約組織（NATO）即將發起的軍事攻擊。非洲難民隨即出發，一船又一船，他們表情茫然的臉龐出現在英國廣播公司（BBC）、半島電視臺（Al Jazeera）、美國有線電視新聞網（CNN）的畫面，他們鏽蝕不堪、嘎吱作響、嚴重漏水的小船航向義大利的蘭佩杜沙島，大批救援工作者、新聞記者與警察在岸上守候。搭船移民的奇觀當時已司空見慣，歐洲的觀眾硬起心腸，冷漠以對；海岸上的警衛與軍人也是如此。這樁悲劇——眾多悲劇其中之一——從利比亞的黎波里（Tripoli）開場，一艘小船載著七十二名乘客出航。後來小船發出求救訊號，但是無人理會。一架軍方直升機空投飲水與食物之後離去，再也不曾回來。小船在北約的海上軍事活動區（maritime military zone）漂流了兩星期，最後被沖上蘭佩杜沙島的海岸時，船上只有九人倖存，其他人不是活活渴死就是活活餓死。官方進行調查，做出結論：這是「歐洲黑暗的一天」。然而在歐洲最南方的邊界，移民每天一醒來就要面對「黑暗的一天」——在蘭佩杜沙島外海，二〇一三年秋天有數百名移民在船舶翻覆後淹死；在希臘與土耳其交界的崎嶇河床、在休達與美利雅外面、在直布羅陀海峽（Strait of Gibraltar）與西西里海峽（Strait of Sicily），都是如此。距離西班牙飛地圍籬慘案還不到十年，歐洲南部邊界已陷入長期混亂。[2]

可怕的移民死亡故事堆疊在西方世界的大門口，從歐洲南部邊地、美國與墨西哥邊界到澳洲的太平洋海岸。故事的場景似曾相識：「非法移民」擠進不堪航行的船隻、塞進鏽蝕的卡車駛過撒哈拉沙漠、跋涉遙遠的亞利桑納州沙漠、攀附著墨西哥的鐵路貨運列車。[3]成千上萬人死於這些艱難坎坷的旅程，一項不完整的統計顯示，一九八八年迄今，將近兩萬人死在「歐洲堡壘」（Fortress Europe）的大門。[4]然而對走投無路的移民而言，苦難並沒有在歐洲的大門止步。新聞媒體、民粹政客、熱忱官僚抓住機會，將非法移民妖魔化，化成一個陰魂不散的外來者，乘著浪潮入侵西方國家。在他們的論述中，世人看到一個全球社會的化外之人（global pariah）：有時令人著迷，有時無人聞問；有時帶來恐懼，有時令人同情。他在富國的邊界徘徊窺伺，沿路撒下恐慌的種子，引發選戰亂局，鬧出頭條新聞。

關於這個埋伏在歐洲大門之外的「威脅」，相關論述不勝枚舉：新聞報導、紀錄片、政策文件、學術論文與基金會報告都曾針對非法移民進行追蹤、檢視、探討。本書將採取不一樣的做法，特別關注觀察者的角色，深入研究我所謂的「非法移民產業」（illegal migration industry）或簡稱「非法產業」（illegality industry），在歐洲與非洲日益重要的邊界如何運作。[5]這個產業倚賴它掌控的「人類原料」運作，本書將一一檢視相關場域：歐洲新成立邊界體制（border regime）的控制室、在政府監控下為移民提供人道照顧的收容所、在非洲大地獵捕行蹤飄忽遷徙者的警察巡邏車。

然而若要實現此一寫作宗旨，就必須好好思考這些介入手段的目標——非常態移民（irregular migrants），尤其是來自撒哈拉沙漠以南（sub-Sahara）的旅人；他們愈來愈容易陷在歐洲與非洲之間、有如野草地散布的無人區，進退不得。旅人要經歷一連串邊界管控體制的考驗，從沙漠延伸到大海、從北非城市延伸到沙塵飛揚的撒赫爾（Sahel）＊垃圾堆。西班牙一位難民收容中心主任形容，他們的遭遇就像一場「達爾文天擇」（Darwinian selection），一種最殘酷的天擇，乾枯的身體消失在撒哈拉沙漠的沙丘，腫脹的屍體漂上直布羅陀海峽的海岸。幸運一點的旅人滯留在新近國際化的邊界城鎮與邊緣地區，例如丹吉爾（Tangier）與烏季達（Oujda）、的黎波里與塔曼拉瑟特（Tamanrasset），一次又一次。然而無論旅人最後是達成目標抑或功虧一簣，他們愈來愈有可能淪入一種處境：在成為這個恐怖生產線上的非法移民的過程中，他們其實是與非法產業合作。

本書是一部民族誌，記錄這個產業的運作，聚焦歐洲外部邊界的西緣：西非、馬格里布（Maghreb，譯注：非洲西北部）與西班牙之間。接下來幾章將呈現，在這些日益重要的邊地，歐洲對於「非法」非洲人口遷徙的反應激發了衝突與矛盾，也透顯了這些富國與其南方鄰居的關係。書中故事很少落腳歐洲的土地：前往歐洲邊界是一門生意，現在正蓬勃發展，而且運作範圍遠遠超出歐洲的地理邊界。

召喚威脅

不斷移動、追尋的人如今是移民。這些家庭原本靠一小塊土地維生，四十畝地生於斯長於斯，土地裡的收成決定他們能吃飽還是得挨餓。如今他們在西方世界的後院漫遊，四處奔走，尋找工作；海上有一船又一船的人，邊界壕溝有一排又一排的人。在他們身後，還有更多人即將來

＊譯注：撒哈拉沙漠與蘇丹稀樹草原之間的地帶，西起大西洋，東至紅海。

到。沙漠與邊地充斥著移動的人們……移動改變了他們：公路、路旁的營地、對饑餓的恐懼與饑餓本身改變了他們；沒有晚餐的兒童改變了他們；無止境的移動改變了他們。他們是移民。敵意改變了他們，融鑄了他們，連結了他們——敵意讓富國集結起來，耀武揚威，擺出驅逐侵略者的架勢。巡邏艇上的邊界警衛與配備步槍的非洲警察捍衛這個世界，防備自己的同胞。

——據史坦貝克（John Steinbeck）《憤怒的葡萄》（*The Grapes of Wrath*）改寫

據說，這世界總是在移動。交易員的電腦滑鼠點擊一下，數百萬元的轉移、投資與浪擲立刻完成。在蜿蜒無盡、不受管制的路途上，卡車、小卡車與貨櫃輪載運各種商品與違禁品穿越邊界。[6]企業將勞力工作委外到低工資國家，靠避稅天堂搞定稅務問題。富人威脅政府要繼續讓他們吃香喝辣，否則會帶著財富遠走高飛。沒那麼富有的人們，同樣能以前所未有的方式移動，從實體到虛擬——為了事業、工作和娛樂跨洲飛行，或者在網路世界發送無遠弗屆的訊息。

理論學者指出，全球化會伴隨著這種規模史無前例的「時空壓縮」（time-space compression）。有些旅人——高階主管、「外籍人士」（expats）、觀光客——因為能縮短空間距離、連結異域殊方而得到肯定，然而其他旅人卻因為同樣的理由引發不滿。[7]他們往往很弔詭地被貼上「移民」的標籤。這些移民讓富國深感困擾，但面貌多半模糊不清，也難以解釋為何他們會引發如此強烈的恐懼。他們的共同點在於相對較為貧窮，移動過程啟人疑竇；對於某些人，對於被迫收容他們的國家，這種懷疑完全籠罩了他們的身分。這些人是「非法移民」，在移動世界的夢想中是徹頭徹尾的「他者」（Others）：他們不能移動，也不應該移動。

從西班牙海灘到美國沙漠，「非法者」集結在西方世界的邊界。我們知道這回事，我們在媒體報導與報紙頭版看過。我們在政治人物的競選演說中聽過，在來自南方邊地的怨聲載道中聽過。那些偷渡客（wetbacks）、違法者（ilegales）、不法之徒（clandestins）蹲踞在邊界地區破敗的巢穴，潛伏在「叢林」或者隱蔽的山麓，涉水渡河，爬過專門用來阻擋他們的圍籬。[8]他們嘲弄國家主權的力量，視邊界巡邏工作如兒戲。他們帶來疾病，散播奇風異俗，行囊裡只有貧窮。他們像水蛭一樣榨取地主國的善意與資源。國家必須阻止他們入侵，不惜一切代價。

在大西洋兩岸，關於非常態移民不可理喻的恐懼甚囂塵上，但是歐洲的反應蘊含著一種根本的荒謬性。「入侵」並沒有真的發生。通往西方世界大門的公路並沒有擠滿走投無路的窮苦民眾。在美國，每年約有一百萬移民從邊界入境，數字相當可觀，然而並沒有持續上升，與整個邊界地區的常態交流相比較，也算合乎比例。在歐洲，邊界工作者憂心忡忡「非洲勢力高漲」（Africa pushing upwards），關於非洲人口快速成長的報導也搧風點火，然而憂心至今仍只是憂心。

事實上，本書的起點是一個特異的錯位現象（mismatch）：一邊是與非常態的海路與陸路入境——我稱之為「祕密移民」（clandestine migration）——相關的龐大產業；一邊是這個現象在統計學上的無足輕重。[9]官方的估計天花亂墜，扎實的資料付之闕如，但是研究移民的學者都知道，與歐洲其他未獲授權（unauthorized）的入境與居留方式相比較，祕密移民在數量上微不足道。西班牙最近一次移民人口普查顯示，儘管媒體大肆報導，但一九九〇年迄今入境該國者，非常態的搭船移民不到一〇%。歐洲的非常態移民大部分是護照簽證過期者——就連歐洲邊界與海岸警衛署（Frontex）也承認這一點；後面的篇章還會詳談這個機構。簡而言之，所謂的「船民」（boat people）進逼歐洲南部邊界，政治衝擊遠遠超越實際數字的影響。[10]

這種錯位特別適合用來描述撒哈拉沙漠以南非洲的移民與難民。他們的旅程——搭乘不堪負荷的小船、翻越邊界圍籬——躍上黃金時段的電視畫面，觸發政治恐懼，儘管人數些微卻讓邊界警衛人心惶惶。以西班牙為例，非本國出生人口將近一半來自歐洲其他國家，另外一半大多是拉丁美洲裔與摩洛哥裔，撒哈拉沙漠以南非洲移民只占一小部分。[11]在非洲西部，地區內人口移動規模向來遠大於跨洲移民；非洲北部所謂的過境國（transit states）正成為愈來愈多移民的目的地。基於這樣的理解來看待本書講述的故事，一個令人困擾的問題若隱若現：為什麼有人要如此想方設法，鎖定海陸邊地的非洲黑人？這些做法背後有著什麼樣的種族主義與殖民主義歷史淵源？

因此本書對於非法移民如何形成的觀照，是透過一個獨特的案例來映射：西非的旅人，他們行經的廣大邊地，一路追逐他們直到歐洲的體系。這些旅人承受的巨大苦難，歐洲國家對他們在統計學上無足輕重的移動做出極端的反應，凸顯出關於移民形成更廣義的模式，無論他們是來自塞內加爾抑或薩爾瓦多、阿富汗抑或尼加拉瓜。他們的被排斥與法所不容的移動性，如今已是全球共同的情境。

從美國—墨西哥邊界到澳洲外海拘留中心，敵意的蔓延讓人想起一個歷史上的模式：史坦貝克《憤怒的葡萄》呈現的大蕭條（The Great Depression）時期遷徙；本章開端的改寫反映了二十一世紀初期的狀況。一九三〇年代，美國塵暴乾旱區（dust bowl）貧苦的奧克拉荷馬人（Okies）向西逃往加州，過程中遭遇的是惡意與暴力；今日的非法移民對此感同身受。在亞利桑納州，一名走偏鋒的警長在燠熱陽光下展示上了手銬腳鐐的「非法移民」；他們穿上粉紅色衣服，像關達那摩（Guantánamo，譯注：位於古巴的美國海軍基地，關押恐怖分子疑犯）的囚犯一樣讓新聞攝影機捕捉。美國南部邊界有民間自衛隊巡邏，希臘的極端分子手持火炬攻擊移民住處。隨著經濟危機惡化，有些地區找到代罪羔羊——不是浪擲數十億元、遊走世界各地的銀行家或交易員，而是那些一窮二白、困守邊地的「移民」。

然而從史坦貝克的時代到今天，有些事情發生變化。今日的民間自衛隊只是次要角色：強而有力的邊界體制取而代之，設法將不受歡迎者阻擋在境外。在各國內部，政府以史無前例的投資，針對那些看似危險的不速之客擴大監控與囚禁行動。美國總統歐巴馬（Barack Obama）上任以來，已經遣返約二百萬非常態移民。在英國與瑞典等歐盟北部國家（譯注：英國已於二〇二〇年一月退出歐盟），警察被指控鎖定「看似」無證（undocumented）移民的民眾進行攔查；在西班牙、義大利與希臘，安全部隊掃蕩移民的住處，到拘留中心逮捕「非法移民」；這類中心如今像病毒一樣，感染歐洲各個政體。[12]歐洲政治實體的外部邊界——它的「皮膚」——正在硬化成一層難以穿透的甲殼。軍機、直升機、人造衛星與巡邏艇環繞歐洲的外部邊界，雷達、先進的資訊系統、複雜的警政網絡繪出可能入侵者的路線。尋求庇護者被送回北非，或者被趕進飛地、島嶼、遙遠的拘留中心。運動人士指控「歐洲堡壘」掀起一場「戰爭」，打擊那些逃離貧窮、戰亂與災難的難民與移民。從北美洲、以色列到澳洲，都畫出類似的楚河漢界。我們迫切需要理解這場「衝突」及其影響效應，因為當前正逢全球經濟陷入危機，局勢惡化與經濟蕭條引發的怨恨高漲，彷彿回到史坦貝克的年代。

當我們評價富國如何想方設法對不受歡迎者關上大門，除了經濟危機與代罪羔羊，還有其他重要因素必須考量。這些做法徹底凸顯移動性（mobility）在全球化之下的分配不均；此外，對於我們理解如何才算是圓滿自足、享有權利的人類，從這些做法也可以看出移動扮演的角色。在當前這個高速運作、各國再度嚴守邊界的世界，移動性形成一種弔詭：既是特權，也是汙名。

學界、新聞界與政界有不少深思熟慮的聲音，批判試圖控制未獲授權人類移動的做法，論點廣為人知，值得在此簡要摘述。西方——尤其是人口老化的歐洲——需要更多低技能的勞工。全球貧富差距既是殖民地時代的遺毒，也因不公平的經濟政策而雪上加霜，迫使人們為了追求財富而離鄉背井。今日商品與金錢的流動幾乎毫無阻力，人類的流動卻不是如此。結果就是某些企業在國境之外設立營運據點，利用被剝奪移動權利的廉價勞動力；另外一些企業則將無法外移的工作「內包」（insource），例如打掃辦公室、採摘水果、照顧老人。儘管壓制移民大多徒勞無功，但卻可以讓無證勞動力任憑擺布；而且是爭取選票的方便法門，不必擔心風險，因為被壓制的對象並沒有投票權。[13]對移民的打壓與管制直接衝擊了西方政治體制的人權信譽，其中包括二〇一二年諾貝爾和平獎得主——歐盟。打壓與管制也揭露了一種冷酷陰沉的閉關自守心態，坐視難民湧入那些最沒有能力收容他們的國家——戰亂國家的貧窮鄰國；而且所謂的戰亂往往是由西方國家挑起的。

關於移民的學術著作汗牛充棟，本書的注釋列舉了一部分；它們對於移民現象的不公不義與理性淪喪，做了深入詳盡的闡述。[14]然而本書無意人云亦云，而是要以旁觀者清的人類學觀點，來探究當今對於控制人口移動的嘗試，要凸顯的本質不是壓迫，而是**生產**。簡而言之，本書聚焦一個「非法產業」的產物和胡作非為，而不是「邊界體制」的不公不義與暴力。本書主張，這個產業製造出它原本要消弭、阻斷或轉化的現象——更多的遷徙非法性（migrant illegality）。在這樣的迴圈之中，源源不斷的資金被投入一個類似「反恐戰爭」（war on terror）的惡性循環：國界上的威脅愈是鬼影幢幢，威脅為產業帶來的收益也就愈是可觀。[15]

然而所謂的「威脅」也是一個活生生的人，一個有血有肉的旅人。而且也就像史坦貝克的

「奧克拉荷馬人」，二十一世紀初年的非洲非法移民在上路之後，會經歷深刻、痛苦的變化。帶著小小的背包、滿滿的希望啟程，他——移民以男性居多，儘管女性的身影在這些祕密路線上也愈來愈常見——很快就會發現自己被拖進一個愈來愈暗、愈來愈窄的隧道，一路歷經拘留中心與邊界檢查站，不受法律保護。他在移動的同時，也必須對付為他量身打造的定位或模子：非法移民。可以這麼說，來到邊地，非法產業將各色各樣的個人故事與文化導引進入一個一體適用的模子——遷徙非法性，從而將自家的「產品」簡約化、扁平化。

非法性的範疇似乎一清二楚，就如美國汽車的保險槓貼紙「關於『非法』有什麼搞不懂的？」然而其中潛藏許多並未言明的假定。與美國的情況類似，在歐洲邊界工作者與一般公民的想像中，「非法移民」其實是一個特定的人物。我們前面已經提及，這位移民在西班牙與其他地方日益被種族化，呼應將非洲視為「西方世界的他者」（West's Other）的遐想：一座沒有希望的大陸，飽受貧窮與戰爭蹂躪、疾病與災難摧殘。與被女性化的非洲「難民」相映照，非洲的非法移民呈現男性形象，而且是一種特殊型態的男性，會喚起一系列特定的心態反應。他無名無姓而且格格不入，無家可歸而且沒有明確的國族歸屬。他有時難以信賴，有時無辜天真；角色有時是惡人，有時是受害者。[16]這名旅人一旦上路，就被歸入遷徙非法性的範疇，將各種矛盾衝突的特質結合到一具軀體之內。這種非法性結合的發生歷程——經常出乎意料、荒謬絕倫——將是本書各章的主題。

追尋邊界

在西班牙，一間控制室配備了最先進的科技，一名邊界警衛在雷達螢幕上發現一艘移民小船逐漸駛近；幾千公里外的塞內加爾，一處沙土庭院，一名被遣返的年輕人每天都在回憶他搭小船前往歐洲的失敗經驗。在他曾經嚮往的加納利群島，一位拘留中心主任憂傷地凝視空蕩蕩的設施，現在移民改走深入沙漠的路線了。在阿爾及利亞的撒哈拉地區，一位移民藏身貨車後半截，把自己塞進一堆私菸之中；在摩洛哥北部，另一位移民躺在帶刺鐵絲網外面等候，鐵絲網擋住他通往休達的路。邊界警衛巡邏休達與美利雅的圍籬，探查廣闊的大海；與非洲同僚合作，進行涵蓋整個區域的搜索工作。在兩處西班牙飛地與西班牙本國海岸，新聞記者與救援工作者靜靜等候，他們得夠精明才到得了當地。一位工作者從櫃子裡拿出一捆鋪蓋，交給一位剛下船的移民，護送他進入休達移民收容中心的陌生世界。在休達的港口，一位葡萄牙邊界警衛配戴藍色的 Frontex 臂套，促使他的嗅探犬檢查一排卡車，尋找有無窩藏旅人。在遙遠的馬利撒赫爾（Malian Sahel）地區，非洲與歐洲的社會運動者在邊地行軍，抗議那名葡萄牙警衛與他的 Frontex 同事們。在歐洲與非洲的邊界，各方人士擺開陣勢，各就各位：一場邊界的遊戲就此展開。[17]

這場遊戲沿著如此殊異的地域和時間開展，幾道看不見的線索貫穿其間；線索來自日益重要的歐洲與非洲邊界，那是多重連結構成的拼圖。接下來的篇章將探索這個廣大的場域，從馬利的巴馬科（Bamakok）到華沙的Frontex總部；同時也在時間中漫遊，從二〇〇五年休達與美利雅邊界圍籬慘劇爆發前夕，到二〇一四年西班牙危機高漲期間發生的圍籬「攻擊」事件。事態有時進行快速，在控制中心與非洲邊界檢查站之間倏來忽往；有時會進入一個步調緩慢的世界，被遣返者或受困移民的世界。日期標注以及本書開端的地圖與時間軸，會讓讀者更容易進入這場旅程。各章的開展也是如此，大致追隨移民向北方遷徙的足跡，從西非撒赫爾地區前往北非與西班牙南部。

每一章探討非法產業與其目標互動的一個界面，凸顯歐洲對於祕密移民的回應有哪些過激行為、矛盾衝突與荒謬性。我們將看到一位喪子的塞內加爾母親經營一家有利可圖的反移民機構（第一章）；一位西班牙指揮官執行一項高科技的邊界行動計畫，期望打造一道完全監控的邊界（第二章）；非洲轉包商在邊界勉強承接歐洲人不願做的骯髒工作，換取現金、旅遊和夜視鏡之類的禮物（第三章）；西班牙邊界執法人員將移民拖上巡邏艇，對休達與美利雅的高科技圍籬津津樂道（第四章）；一位人稱「媽媽」（Mamá）的移民收容中心員工照顧她被拘留的「兒子們」（第五章），儘管他們對警方而言只是一堆數字（第六章）；運動者前往撒赫爾地區，表明對遷徙受害者的支持（第七章）。在這些人物之間，還有許多面目模糊的參與者四處遊走——新聞記者與監獄人員、走私販子與情報員、國防產業承包商與政策制訂者。此外還有一位人類學家——非法產業靠著非法移民壯大，人類學家本身也成為這個產業的一部分。

破裂的鏡子：非法產業研究

就像近年許多來到歐洲與非洲邊界的學者與新聞工作者，我探討祕密移民這個主題時，懷有憤怒與著迷的雙重感受。憤怒來自這些窮苦旅人所遭逢的悲劇，他們踏上改變一生的旅程，遭遇的卻是邊界巡邏、死亡沙漠、死亡航海；在美國則是刻意而殘酷的「盡可能利用天然障礙」來遂行移民管制。[18]在歐洲各國首都與華府，打壓移民是強硬右派屢試不爽的吸票伎倆，然而很少選民會關注打壓行動在邊地導致的死亡與苦難。身為民族誌學者，我的一部分任務就是揭露當移民行經無人地帶，國家如何以暴力對付他們。

另一方面，我也和其他作者一樣，除了肩負揭露的任務，也對祕密移民的人物特質念念不忘。穿越撒哈拉沙漠前往歐洲的漫長旅程，某些法語系非洲人稱之為「冒險」（aventure），讓我想到自己遊歷世界的年代。一九九〇年代，年輕的我從瑞典都市郊區的家出發，像嬉皮一樣走陸路前往亞洲。我一路搭便車，揹著小背包，帶著一點錢，高舉寫著「印度」的厚紙板攔下過往車輛，我曾經親身體會邁向未知的發現之旅。黑夜裡抵達伊朗或巴基斯坦的邊界城鎮，沒有旅遊指南，不通當地語言，可以比擬非洲冒險家或者他們追尋美國夢（el sueño americano）的拉丁美洲同路人遭遇的試煉，只不過我的處境要優越許多。就我的感受而言，祕密移民未必都是不見天日：它也是一場自我實現的旅程，透顯出一個人的韌性、動能、對當代人類處境的奮力追求。在田野調查中，我會設法探索這種處境，做法是追蹤這些移民的陸地冒險，分享他們的狂喜、恐懼與最終的蛻變。瑞士旅遊作家布維耶（Nicolas Bouvier）曾說：「你以為是你在打造一場旅行，但很快就會變成這場旅行在打造你——或者解構你。」我將他的話謹記在心，我探討的問題相當單純：**成為**「非法」是何種光景？[19]

其他描寫邊界地區的作者也注意到這場陸地「冒險」浪漫、戲劇化的一面。義大利新聞記者加蒂（Fabrizio Gatti）曾經加入移民橫越撒哈拉沙漠的旅程，告訴他的非洲旅伴，他們是「現代英雄主義的主角」。[20]我也曾在另一場陸地旅程中表露類似的景仰之意，那是二〇〇三年，結束上一趟亞洲冒險幾年之後，我為一家保護移民權益的非政府組織進行研究，踏上從中美洲前進美國之路。我跟隨一批移民落腳墨西哥南部城鎮塔帕丘拉（Tapachula），後來離開他們，前往首都墨西哥市（Mexico City），當時我寫道，這群移民是「二十一世紀真正的旅人，他們堅定無畏，經歷重重恐怖與無盡的故事，跨越一道又一道邊界：如果有個北方人嚮往冒險，這群移民將是他不願面對的鏡像，鏡面滿是裂痕」。[21]

二〇一〇年我到塞內加爾做田野調查，主題是與北美洲相映成趣的移民路線。然而我很快就經歷一場不請自來的體悟。鏡面不僅裂痕累累，鏡中的臉孔也回瞪著我，帶著質疑、憤怒甚至指控的眼神。首都達卡（Dakar）一處塵土飛揚的院子，我和一群塞內加爾的「被遣返者」（repatriates）坐在一起，他們對我此行目的提出一連串問題；他們先前試圖搭船移民，但是被西班牙政府驅趕回來。我很快就發現自己的研究繫於一道關鍵：對於悲情非洲旅人一廂情願的浪漫幻想。不僅如此，我還體認到這種幻想支撐了整個祕密移民的奇觀——跟隨移民船製作的新聞影片、紀錄片、文章、學術論文、政策報告。塞內加爾的被遣返者——我後來在陸地移民路線遇到他們的冒險同儕，也是如此——對於成為一場廉價悲劇奇觀的主角，感到厭惡至極，無論他們是否被稱為英雄。

本書第一章詳細記錄了達卡的田野調查，其實對於這樣的體悟，我應該早有準備才對。畢竟幾位作家先前都曾提醒，要謹慎處理非常態移民的研究主題。人類學家迪吉諾瓦（Nicholas De Genova）指出，將無證移民與「移民經驗」組合為研究目標，其實是一種「知識的暴力」（epistemic violence），以民族誌的視角將形形色色的人群化約，配合以國家為中心的視野。法國民族誌學者阿吉耶（Michel Agier）有類似的論點，他針對棲身營地的難民指出，從這些人的難民角色來進行研究，「等於是將研究目標與製造此一空間與範疇的干預者混為一談。」後者也就是負責難民營運作、管理難民生活的「人道主義政府」。[22]

在達卡的院子，我依循類似的脈絡隨即體認到，不應該任由祕密移民引發的幻想來主導自己的研究。我應該做的是探討這個幻想——更精確地說是**執迷**——本身以及它參與創造的新現實。於是我開始重新組織我的田野筆記，畫示意圖說明我原本認為次要的行為者：救援工作者與新聞記者、警察與政治人物、運動者與像我這樣的學者。我的目標在工作初期基地達卡逐漸成形：從民族誌的角度來探究過去數十年間，祕密移民如何成為一個干預行動和知識蒐集的場域。在這個場域中，有人成就了事業，有人建立了網絡，知識與圖像四處傳布，愈來愈多金錢流入。從海路與陸路通往歐洲的祕密移民為何會成為一種執迷？引發什麼樣的效應？一系列部門——救援與媒體組織、學術與國防產業、非洲與歐洲安全部隊——為何與如何在近年間涉入對於非常態移民流動的評估、量化與控制？我知道如果要回答這些問題，我不能採行人類學家慣用的做法，單純將「移民」視為研究的對象。我必須聚焦於控制與製造非法移民的**體系**，它的形態、它的運作、它往往令人痛苦的結果。

本書從一個特殊的角度來觀照這個體系，我在這裡要對照龐大的邊界與移民研究文獻，做一番簡要的說明。首先，本書並不追問誰「應該」被容許跨越邊界，這是專家與政治人物最津津樂道的話題。我們之後會進一步闡釋，這個問題一點也不簡單明瞭，它的基礎是一種幻想：邊界進出的「管理」**可以**做到最佳化，而且在此同時國家持續解除經濟管制，邊界兩方的社群網絡日趨複雜。[23]本書也不會檢視管制系統的細節，無論是全球層級或是全歐洲層級；這方面近來有些相關著作，例如新聞記者哈丁（Jeremy Harding）的《邊界守望》（*Border Vigils*）就全面、深入探索西方世界周遭的邊界。[24]本書鎖定歐洲與非洲邊界的一個特定區塊——西班牙邊界，希望能夠掌握邊界地區的日常運作狀況。在這裡，本書以一種間接迂迴的角度來切入非法移民體系，經常由移民自身來提供分析與敘事的動力。我的目的是將非法移民產業第一線運作的三個場域——執法與巡邏、照顧與搶救、觀察與認知——以及被它們鎖定的移民，整合進入單一的框架。三個場域大致對應本書的三個主要部分：邊界警衛（特別是西班牙國民警衛隊）、救援工作者（特別是紅十字會）、媒體與學術界。

根據這個框架，本書還會省略一些做法。它**不是**從旅人觀點出發的移民過程民族誌研究，也不會花太多篇幅解釋移民決定背後的複雜理由。本書另闢蹊徑，聚焦於一個體系，它讓這些旅人可被控制、可被觀察、可被圖利；移民自身特別強調最後一點。職是之故，那些被非法產業「視而不見」的人們，尤其是女性移民與無人陪伴兒童，在本書也蹤跡難尋。[25]

有些重要的非法移民產業獲益者與共同製造者，也只出現在這部民族誌的邊緣。首先是歐洲的企業主，他們對於廉價、無組織保護勞工的結構性需求，被公認是非常態移民得以持續流動的原因。其次是人口走私（與人口販運）網絡以及安全事務公司，後者負責的拘留與遣返業務蒸蒸日上，並且開發各種對付移民流動的新「解決方案」。走私者與民間企業在本書都有論及，但是更詳盡全面的探討請見一些近期著作，包括學術性的《移民產業與國際移民的商業化》（*The Migration Industry and the Commercialization of International Migration*），以及運動家兼作家賀迪耶（Claire Rodier）精采的《仇外事業》（*Xénophobie Business*）。[26]最後一點，政治與政策制訂的世界——相關研究汗牛充棟——在本書只會有輕描淡寫。[27]關於這方面的論述，人類學家費爾德曼（Gregory Feldman）的《移民機器》（*The Migration Apparatus*）對於歐洲的政策制訂運作，提供了重要獨到的民族誌見解。他在書中描述原本不相關的政策如何殊途同歸，進入一部運作過程模糊的機器，面對被其鎖定的移民，製造出一種深沉的冷漠。[28]

這些寫作上的省略讓我得以聚焦移民的「前線」，出現在此地的移民引發的反應不會是冷漠，而是與其人數完全不成比例的幻想與刻板印象。簡而言之，對警察而言，祕密移民帶來令人憂心的風險；對媒體而言，他們代表新聞性與戲劇性；對救援工作者而言，他們相當脆弱，所以必須關注；對學術界而言，他們是邊緣人，所以值得研究。對於祕密移民的多重執迷，在警衛巡邏、第一線新聞照片與歐洲各國政治的反饋迴圈（feedback loop）之中形成，對移民政策機制及其製造的冷漠感而言不可或缺。因為執迷會帶來政治、財務與媒體的力量，讓這個領域得以蓬勃發展。

「非法產業」一詞本身就凸顯一項事實：就整個移民產業而言，非常態移民的「管理」是一個成本特別高昂、也特別有利可圖的領域。相關經費數字因為來源多重——從內政部基金到他處挪用的開發援助——因此含糊不清，然而仍有幾個合計數字值得一提。歐盟從二〇〇七到二〇一三年的內政預算，有六〇%或四十億歐元編列給「移民事務的整合與管理」；而且儘管各國財政緊縮，相關經費未來幾年還會急遽上升。除了歐盟中央的經費，各成員國也對移民的收容、拘留、監控與巡邏不惜花費。西班牙將對抗非常態移民列入安全政策的主要目標，近年大舉興建拘留、收容與控制中心；二〇〇六到二〇〇九年之間的海上搜救經費增加了六倍，來到十億歐元；

邊界與移民事務人員在二〇〇三年是一萬零二百三十九人，七年後增加至一萬六千三百七十五人。除了這些投資，還要計算歐洲與非洲國家簽署的「援助」協議，例如二〇〇八年義大利與利比亞價值五十億元的「友誼協定」，以及本書討論的西非與北非大撒幣。[29]

隨著歐洲形同將公共服務委外經營，豐厚的資源不僅裨益非洲各國政府，也嘉惠安全部隊、研究機構與救援組織，他們積極爭取來自歐洲的經費。順帶一提，歐洲資金也會流進人口走私者的荷包，他們被政治人物貼上「黑手黨」（mafias）標籤，雖然組織化的程度遠遠不如，但生意隨著政府加強管制而欣欣向榮，收入據估計高達數十億歐元。[30]國防產業集團的生意也不遑多讓，對於打擊非法移民，它們愈來愈積極參與，不再只是被動受惠。本書將會說明，參與移民管制工作的公司——許多都還具有國營色彩，例如跨歐洲合作、法國支持的空中巴士集團（Airbus Group）與義大利的芬梅卡尼卡公司（Finmeccanica，譯注：作者誤為 Finmeccanicca）——都大力遊說政府採行新的安全「解決方案」與措施，在國際會議擺設攤位，歐洲各國安全部隊也會參加這類會議，爭取關注、經費與權力。[31]

這樣的進展雖然重要——包括對於移民理解自身的處境，本書接下來還會詳述，但「非法產業」一詞對於環繞著祕密移民發展出來的結構，也凸顯出其他更深層的特質。最重要的是，它透顯了「生產力」（productivity），亦即各種據稱是致力於「管理」非法性的機構，其實「生產」了更多的非法性，就像生產線上爭吵不休的工人。不過「生產線」這個比喻並不切合這項工作在地理上的分散性——「產業」一詞也凸顯了這個層面。在產業中，員工與機器相互搭配，對產品進行製造與加工，從工廠、辦公室到銷售點（points of sale），透過分工來添加價值。對於歐洲因應移民問題的方式，「非法產業」一詞精確點出幾個相互關聯的特質：它透顯出人、科技與環境的互動；它強調具體、實質的接觸過程如何一方面對抗、一方面製造非法性；它促使我們考量一種分散型態的「價值鏈」（value chain），亦即移民的非法性在幾個獨特的領域進行加工、「包裝」、呈現，最終變得有利可圖。[32]

「生產性」的層面——附錄中有進一步的討論——可能會讓人不以為然。首先，人們可以批評「產業」一詞涵蓋太多不同的行為者，從國防承包商到救援工作者，甚至包括批判他們的運動者與學者。的確，批判的聲音——來自產業**內部**而非**外部**——對非法產業而言相當邊緣，但仍然藉由彼此共享的資金來源、共同的關切事項、類似的工作方式，尷尬地連結到產業的核心。更有甚者，接收的一方——移民與其家庭——往往認為這些組織沆瀣一氣，第一章會再詳述。至於像我個人從事的批判性研究，我想到一位全球反貪腐產業的人類學家如此說道：「判定一項產業是否發展成熟，最後的徵兆就是它是否引發學術界的批判。」因此本書也無可避免，會被它分析的體系追上附身。[33]

其次，「生產性」的層面可能暗示那些被管制的旅人只扮演被動角色，但其實他們是主動參與成為移民的過程。移民往往以「冒險者」自居，有些人對自身祕密行動的技能引以為傲；

有些人大聲抗議遭到拘禁或失去行動自由，有些人強調自己道地的移民身分，以便向這個產業尋求金援。為了探討這些動態關係，我援引哲學家哈金（Ian Hacking）的「建構人」（making up people）觀念。對哈金而言，像「非法移民」這樣的科學與政治範疇並不只是單純的論證構造，而是要協助創造「成為一個人的新方式」。簡而言之，哈金認為「將人們分類的方式會與被分類的人們產生互動」。社會科學與公共政策的「互動性分類」（interactive classifications）會反饋到被分類者的經驗，途徑是哈金所謂的社會與物質背景「基質」（matrix）——就祕密移民而言包括文件、護照、巡邏行動、遷徙經歷的其他物質特徵。[34]我們將會看到，「非法移民」並不只是一個便宜行事、困擾歐洲各國政府的政治標籤，在非法產業邊地的「基質」，它已成為一個由真實生命構成的範疇。

對於非法產業的研究也涉及方法學的考量，本書的附錄做了說明，我在這裡只需指出，本書偏離傳統的人類學方法，設定了一個「延伸的田野調查場址」（extended field site），涵蓋歐洲與非洲邊界西班牙區段的全部。這樣的田野調查工作是流動的，在移民出發與被遣返的場址（達卡與巴馬科，塞內加爾與茅利塔尼亞邊界）、移民抵達與被收留的港口（加納利群島與安達魯西亞海岸〔Andalusian coasts〕）、遷徙路線的封鎖點（休達與美利雅，摩洛哥的烏季達與丹吉爾）、指揮與控制中心（華沙的 Frontex 總部，西班牙國民警衛隊總部）之間轉換。借用人類學家德斯加萊（Robert Desjarlais）對當代民族誌研究挑戰的形容，接下來的幾章將「連結現象層面與政治層面」，沿著這些刻度移動：政策論述與新聞敘事、雷達管制室中的螢幕光點、一名警察緊緊抓住一名獲救移民的肩膀。[35]

饑餓的故事：非法性的背景脈絡

非法移民是近世的現象，但有著深遠而複雜的歷史淵源。然而對於我以及其他研究當前高度政治性事件的人類學家而言，我們的民族誌寫作每一頁都在天人交戰：到底要挖掘出多少歷史的層面與碎片？近年有許多人類學家會參照法國哲學家傅柯（Michel Foucault）的系譜學（genealogical），利用歷史來撼動他們的研究對象。他們挖掘歷史，呈現今日人們視為理所當然的範疇、系統或觀念——無論是性別與種族的標籤，或者懲罰與診斷的形式——其實是由特殊情況決定、有待質疑爭辯。歷史可能走上不同方向。

本書不會採取系譜學的做法，而是穩穩扎根於現在以及新近的過往，將歷史——尤其是殖民史——視為無聲的背景，襯托發生在歐洲與非洲邊界的故事。然而我們在踏上本書鋪陳的陸地旅程之前，還是必須掌握非法移民的前因後果，就算是從最寬泛的角度著眼也好。

首先必須說明，「非法移民」一詞——本書當作通行（或「民間」）詞彙來使用——帶有貶意、汙名化，甚至是不正確的用語，暗示這些移民都是罪犯，其實他們只是違反行政規定。然而各方日益將移民罪行化，正在改變這個情勢，「非法」的險惡之處在於，它是對**人**而非行為貼標籤；美聯社（Associated Press）為了這個原因，在二〇一三年將「非法移民」從新聞用語表刪除。此外，「非法」一詞也掩蓋了出現在本書的移民，從入境、居留到就業陷入的複雜法網。我們即將看到，有些移民儘管是暗中越過圍籬與大海，進入西班牙之後還是能向地方當局登記；但有些移民儘管擁有申請庇護的妥善文件，卻還是被摩洛哥當局圍捕並驅逐。[36]

「非法移民」一詞不僅粗枝大葉，稍稍回顧歷史就會發現，這個字眼數十年前根本無人知曉。一直要到一九七〇年代之後，石油危機導致嚴酷的移民管制措施，「非法移民」此一範疇才在美國與歐洲受到關注。[37]在富裕國家之外的地區，「非法移民」更是一個與在地人口遷徙水土不服的外來觀念。以本書聚焦的西非地區而論，「非法移民」的現象是新來乍到，疊加在行之有年、規模更大的模式之上——包括區域內的循環遷徙（circular migration）、橫越撒哈拉沙漠的古老貿易路線、殖民歷史造就的跨國迴路。非法性對這些古老的模式形成威脅，扭曲了援助工作的優先順序，抑制了合法的移動，破壞了區域間的關係；而且訴諸殖民歷史，挑起西非地區最黑暗的記憶：將人類像貨物一樣驅趕過撒哈拉沙漠與大西洋的奴隸貿易。[38]

自從一船一船的黑人移民抵達西班牙南部，滿懷同情的新聞記者與邊界警衛就開始為他們粉飾，聲稱他們之所以踏上一趟莫名其妙的旅程是因為「饑餓」。荒涼貧瘠祖國的饑餓，乾旱與殘酷內戰造成的饑餓：移民化身為倖存者，有時令人畏懼，有時令人悲憫，逃離一座逐漸沉沒的大陸。然而，讓他們展開漫長旅程的真正理由，不是媒體想像的饑餓，而是另一種比較微妙、潛藏的渴望。

多年前大學時代的一個夏天，我到馬利做研究；當地既是西非的文化中心，也是全世界最貧困的國家之一。身為一個求好心切的人類學家，我試圖完全沉浸在這個新世界之中，找到一位相對而言環境不錯的東道主；這位索寧克人（Soninké）貿易商非常好客，讓我住進他位於巴馬科市郊、兩個房間的家。我還記得每天早上起來都有長棍麵包（baguettes）與雀巢咖啡，東道主和他妻子還會拿出一大桶煉乳，以花稍的手法倒進杯子，但我敬謝不敏。早餐後一天開始，懶懶散散，平平常常；時間流逝的跡象就只有院子裡一個女人打穀「剁、剁、剁」的聲音，以及一小杯又一小杯苦甜參半的中國「火藥」綠茶。泥巴巷道的街坊，一群一群男子坐在斑駁的陰影中，他們沒有工作，非常樂意邀請陌生人聊天並記下他們的住址。他們談論國家大事與剛上任的美國總統小布希（George W. Bush）。到了晚間，蚊子開始盤旋，召喚穆斯林禮拜的喊聲逐漸沉寂，我在街上漫遊，唯一的光源是電視機螢幕溫暖的閃爍；人們觀賞拉丁美洲肥皂劇（telenovelas），配上法文字幕，殖民地時期的官方語言。我回到寄宿家庭，坐在沙發上，東道主的姪兒莫迪博

（Modibo）會湊過來，和我討論他離開馬利的大計畫，任何方式都好：搭飛機、走陸路、使用偽造文件，要我給一些建議。東道主的老爺車——他在巴黎街頭當流動攤販時攢錢買下——嘈雜的引擎聲偶爾響起，打斷莫迪博的思考，結束街坊鄰居在門廊上的辯論，代表晚上可能會去逛時髦的超市，或者一家門可羅雀的夜總會。不消多久時間，我的「人類學家自我」就來到一條不歸路的起點：我原本想像自己會離開「家鄉」好遠好遠，其實一點也不遠。

我當年造訪的馬利，與世界經濟既有深刻連結，卻也嚴重脫節。那些一群一群喝茶的人是閒置的勞動力，全球市場對他們視而不見；但這些男性與其家人也是全球市場圖像、商品和欲望非常熱忱的消費者。在馬利，像莫迪博這樣的年輕男性受到兩個世界的拉扯，一方面渴望他們在電視螢幕上看到的世界，一方面眷戀自家破舊汽車與泥土巷道的世界。結果就是，有些人感受到一種近似癱瘓的幽閉恐懼症，於是死心蹋地想要連結兩個世界，而且只有一個辦法：離開。

民族誌學者曾經記錄這種對於離開的渴望，遍及西非各地，連結到一種社會性死亡（social death）的感受——這些人既無法就業，也不能離開。在馬利與塞內加爾的索寧克人村落，村民的生命週期向來依循勞工遷徙的節奏——走不出去的男性會被女性嘲弄「像膠水一樣黏住」。在鄰國甘比亞，年輕男性聽返國的移民大談他們如何在異鄉發跡，自己也覺得「勇氣百倍」。就如同其他後殖民地區，有無能力前往外國正引發日益嚴重的兩極化，歐洲化身為一座神祕的寶庫，財富推積如山，能夠讓人脫胎換骨。[39]

關於移民苦難，要再一次回溯一九七〇年代。石油危機不僅讓歐洲國家封閉前殖民地勞工的遷徙管道，而且導致西非國家債臺高築。接下來的二十年，國際貨幣基金組織（IMF）推動結構性調整計畫，各國變賣國有資產，正職就業大量減少，基本商品價格管制廢除。在此同時，當地漁業開始衰退，乾旱侵襲撒赫爾地區，棉花等大宗商品的價格低迷不振，這些因素將原本自給自足的農民和漁民推入赤貧。接下來是一九九四年區域貨幣中非法郎（CFA）——當時仍由前殖民者法國控制——急遽貶值，各國購買力大打折扣，迫使更多西非民眾將改善生計的希望寄托於海外：要為他們經濟苦難負最大責任的歐洲國家，其邊界如今樹起「禁止進入」的標誌。

二〇一〇年我來到達卡進行田野調查，結識一位年輕人馬立克（Malick），再一次親身感受到那種渴望。馬立克肩膀寬闊，長髮編得整整齊齊，舉止沉靜，但掩不住一股強烈的決心。他和幾個人同住一個房間，喧譁的朋友不是在打牌，就是用角落一部老舊的戴爾（Dell）電腦玩戰鬥遊戲。馬立克渴望離開達卡的生活——狹小擁擠的房間，沒完沒了的遊戲，揮之不去的青少年生活，沒有前途的二手行動電話生意。事實上，馬立克已經不只一次嘗試離開。他不可能拿到歐洲簽證，因此試圖走海路祕密移民，試了三次：第一次被西班牙當局拘留並遣返；第二次被塞內加爾海軍攔截，關了四十五天；最後一次被茅利塔尼亞警方逮捕並驅逐。然而他繼續盤算如何離開。朋友訕笑他在網際網路上貼出眼神性感、上身赤裸的照片，目的是吸引外國女孩，但一直沒有人上鉤。他說：「我到歐洲之後，做什麼工作都好。」他的計畫說好聽一點是模糊不清。至於他小小的賣手機「事業」，他到歐洲之後會想盡辦法繼續做，這觀念就是沃洛夫語（Wolof）的動詞「góor-góorlu」，意思是「盡力而為」，字源「góor」是指「人」。馬立克和其他塞內加爾年輕人一樣，有一種強烈的感覺：過去成為一個男人的正常條件——賺錢養活自己、獨立生活、建立家庭——如今幾乎是不可能的任務。對他而言，移民是唯一的選項。他說：「有一天，我會再一次存到三百中非法郎（六百美元）。你一定要嘗試，就算試到第十次，你還是要繼續。」二○一四年，馬立克抵達摩洛哥，準備衝刺前往歐洲的最後一程。[40]

可以這麼說，「渴望」是祕密移民的核心要素，但其意義並不是全然的匱乏。事實上，就西非這個地區而言，最貧窮的人們哪裡都去不了，能夠成行者多少都有一些人脈與金錢——多半是家庭老本——的門路，才能踏上通往北方、漫長而不確定的旅程。唯有在這樣的脈絡中，我們才能看清楚從西非出發的祕密移民路徑：那是一種走極端的反應，對象是這個新時代的封閉邊界、經濟混亂與全球化想像。人類學家盧赫特（Hans Lucht）曾經以動人的民族誌呈現貧窮的迦納漁民如何橫越撒哈拉沙漠遷徙，他寫道：「從西非前進歐洲的高風險移民是一項嘗試，藉由**重建連結**來重新賦予生命活力。」連結的一端是尚未實現的期望，另一端是冷漠麻木的外在世界。[41]

移民過程背後的渴求有雙重意義——不僅是要滿足馬立克、莫迪博這類年輕人及其家人的欲求，也是要回應西方勞動市場的巨大需求。當祕密移民搭上脆弱的小船、坐進擁擠的沙漠卡車，對於義大利與西班牙這些新近成為移民目的地的國家，他們為其建築業與農業提供了人數雖少但非常容易替換的勞動力。[42] 然後隨著南歐的經濟泡沫化，他們也開始扮演一個新的輔助性角色：非法產業的實驗對象。

獨裁者佛朗哥（Francisco Franco）一九七五年死亡之後，西班牙歷史進入快速「歐洲化」（Europeanization）階段，也包括國家的邊界。為了做好在一九八六年加入歐盟的準備工作，馬德里當局施行第一部《外國人法》（*Aliens Law*）。從此，邊界管制與祕密行動相伴相生。一九九一年前後，第一批移民小船（pateras）來到直布羅陀海峽，這時間點絕非巧合，那年西班牙加入《申根公約》（*Schengen Agreement*），國民得以在歐盟內部自由旅行，但是政府對摩洛哥人祭出護照簽證要求。[43]

然而西班牙邊界非法產業的真正引爆點，不是來自北非的哈拉加（harragas）或「邊界焚燒者」（譯注：意指移民在邊界焚燒身分證件以避免被查出身分），而是幾年之後媒體大幅報導撒哈拉沙漠以南移民如何搭乘破舊的小船湧入。到二〇〇〇年時，西班牙保守派政府從非常態移民攫取可觀的政治資本，並且快速採取行動，讓西班牙不再是歐洲脆弱、飽受壓力的入口，而是化身為移民管制的先驅；後來工人社會黨（Socialists）上臺執政八年，也以新的論述與科技繼續這項工作。

對照同一時期美國與墨西哥、義大利與利比亞的合作，西班牙與歐盟邀集北非國家加強管制與巡邏，因此迫使移民改走路程更遙遠、更危險的加納利群島路線，結果就是二〇〇六年的移民船危機（boat crisis），筋疲力竭的移民蹣跚踏上群島的海灘，讓日光浴遊客、紅十字會志工與新聞記者目瞪口呆。

對西方國家而言，西班牙近年的移民事務經驗既可以作為範例，也相當獨特。「獨特」是因為西班牙在一九八〇年代還是移民**輸出**國，二十年後卻成為富裕世界中移民比例名列前茅的國家，而且對新住民的態度要比歐洲其他國家更為友善。「範例」是因為工人社會黨政府一方面擁抱多元主義、人道主義與國際合作，一方面非常成功地遏阻移民船。二〇〇五年，剛上臺的工人社會黨政府針對非常態移民推行大規模身分合法化（mass regularization），反對黨與歐盟其他成員國批評此舉會引發「召喚效應」（call effect）。不久之後，休達與美利雅發生「大進擊」悲劇，似乎印證了批評者的論點。然而馬德里當局以迅速鞏固南部前線來搭配自由派政策，很快就占了上風。兩座飛地與加納利群島混亂事件幾年之後，西班牙內政部長宣布二〇一〇年是過去十年來移民管制最成功的一年。對於西班牙的方法，南歐國家在歆羨之餘群起仿效。[44]

西班牙「前線」絕不只是單一國家控制人類行動的作為而已，它是一個關鍵場域，讓我們深入研究歐洲或整個西方「對抗非法移民」的種種矛盾衝突。歐洲的邊界體制可說是矛盾衝突叢生。這個體制一方面高壓執法，一方面尷尬地標榜人權：瑞典籍的歐盟內政事務專員塞西莉亞·

馬爾姆斯特倫（Cecilia Malmström）是國際特赦組織（Amnesty International）忠實成員，堅稱「沒有人類是『非法』的」。[45]這個體制也將開發經費用來「對抗移民」，無視於倫理的顧慮，以及移民會隨國家開發而**增加**的事證。[46]這個體制也在歐盟的陸地與海洋邊界刻意升高壓力，主要做法是嚴苛的簽證與飛航管制，以及所謂的「都柏林規則」（Dublin Regulation）：要求庇護申請案件必須由申請者入境的第一個歐盟國家處理。本書的核心就在於深入現場實地，見證這些矛盾衝突。

衡量西班牙前線的「成功」不能不對照歐盟外部邊界其他地區的「失敗」。來自西非與其他地區、經由飛航的非常態入境持續增加，透過偽造或借用護照、黑市簽證或其他創意手法。希臘—土耳其與利比亞—義大利路線一直處於「危機」邊緣，西班牙南部海岸經常爆發警察暴力、示威抗議、新一波移民潮等事件，本書會進一步詳述。[47]另一方面，支撐西班牙「封鎖」邊界的外交協議也相當脆弱——尤其是談成協議的工人社會黨政府在二〇一一年下臺之後。然而無論政治風向如何改變，問題還有更深的層面。對照殖民地時期，法國在非洲的宰制地位並無法深入鄉村內地；今日歐洲邊界體制同樣無法掌控邊界鄰近地區，儘管它坐擁先進的監視裝備、創新的執法網絡。社會學家托爾佩（John Torpey）在《護照的發明》（*The Invention of the Passport*）一書寫道，國家「對於合法移動方式的壟斷」不僅是新近才萌生的現象，而且是一項野心勃勃的行動——試圖控制數千公里的海岸與陸地邊界，但注定會以失敗告終。[48]

如同移民的旅程、祕密的迴路，本書的書寫進程一路向北，走走停停，有時受到挫折，有時改變視角。從達卡的移民世界出發，本書各章漫遊在歐洲與非洲之間的邊地，詳述非法移民產業的互動介面——遣返、監控、巡邏、救援、收容與社會運動——如何塑造出自相矛盾的非法性運作模式。第六章抵達歐洲的門口，之後敘事再度向南轉進，最終回到達卡，見證當地運動者對非法產業的衝撞。各章還會加入其他邊界地區的場景，對比呈現高層與基層、近處與遠地的非法產業工作者，以及被他們鎖定的移民。

本書第一部「邊地」，勾勒非法產業分散的地理背景與其荒謬的地方影響。故事從移民旅程的終點開始，一群塞內加爾青年在搭船移民高峰時期前往加納利群島，下場卻是迅速遭到遣返。第一章藉由這些被遣返者的怨恨，窺見非法產業的不平等與怪異運作方式；這個產業在二〇〇六年大舉進駐達卡。我們也將看到非法產業荒謬的一面：被遣返者後來以「祕密移民」自居，在成為非法移民的過程中與這個產業合作。[49]

達卡的援助世界形成一種「涓滴經濟學」（trickle-down economics，譯注：認定上層階級的過剩財富會滲漏到下層階級的經濟學理念），第二章更進一步，鳥瞰整個非法產業的金流。安全部隊與接受補助的國防承包商，積極參與歐洲與非洲邊界的建設工作，將祕密移民化約為人命與歐洲外部邊界的「風險來源」，在過程中創造出一種去政治化（depoliticized）的安全威脅，進而獲取最大的價值。

第三章回到撒赫爾地區，焦點放在非洲執法合作夥伴，他們在「打擊非法移民」扮演關鍵角色。本章追隨遷徙者與執法者的腳步，踏上向北的陸路旅程，穿越一道與歐洲高科技體制截然不同的邊地：荒野沙漠連綿，邊界崗哨破落，「非法移民」有時被視為遭追捕的獵物，有時卻是幽靈一般的禁忌。

第二部「穿越」在移民最後的關卡與他們會合：歐洲外部邊界。第四章探討移民將會經歷的一體兩面奇觀：一面是海上人道救援，一面是休達與美利雅陸地邊界的武力展現。本章顯示，邊界的奇觀一直受到自身不一致性的威脅，同樣形成威脅的還有來自邊界內外的抗議與破壞，主事者愈來愈難以掌控局面。

移民與其合作夥伴飽受邊界管制行動打擊，也會做出反擊。本書第三部「衝突」從休達揭開序幕，終於進入「歐洲」空間的移民登場。但他們恐怕高興得太早，很快就會發現自己擱淺在這塊狹小的領土，一邊是大海，一邊是圍籬，脫身之日遙遙無期。第五章追蹤擱淺的移民，他們為自身困境發起抗議行動，結果卻是讓自身已被種族化的「非法者」角色出現痛苦的轉折。第六章從混亂局面退後一步，分析休達與美利雅的移民如何受到「時間政治」（politics of time）壓制：對西班牙當局而言，移民經年累月進退兩難的困境，本身就對其他企圖進入邊界者構成嚇阻作用。移民困陷在強制性的時間牢籠中，沒有多少選擇，只能訴諸荒謬或孤注一擲的解決方法。

第七章再度向南方行去，進入另一場由非法產業引爆的衝突。愈來愈多運動者聚集在歐洲與非洲邊界，本章追隨其中一個團體的「行動自由車隊」，在二〇一一年初從馬利出發，啟程前往達卡參加世界社會論壇（World Social Forum）。然而運動者很快就遭遇一個問題：他們的抗議缺乏明確的目標與一道具體的邊界。就如同休達的移民抗議行動，運動者的努力凸顯出一些困難；對於衝撞歐洲南緣複雜邊界體制的嘗試，這些困難造成了傷害。

整體而言，上述這些互動介面顯示了非法產業的發展歷程問題叢生、矛盾衝突。這個產業一方面倚賴它要管制的非法性而運作，一方面製造出更多、更痛苦的非法性。朝不保夕的客工（guest workers）世界在短短二十年間，浮現一連串令人困惑的現象——木殼漁船嚴重超載、受困蕞爾小島的移民、攀附鐵絲網或者隨著充氣筏沉沒的身體。隨著舊日的移民路線遭到封鎖，非法產業的奇特景觀也層出不窮。圍籬與搜索移民船的海上巡邏行動從地平線消失，拘留中心空空蕩蕩，移民文件販售乏人問津，慈善組織補助從此泡湯，「移民管理」中心耗盡經費。這些廢墟與殘存體制——散見於本書各章——或許可被用來宣揚打擊非法移民的「成功」，但它們其實也凸顯了更深層的徒勞無功。它們要對付的問題並沒有消失，而是轉移到其他地方：希臘或義大利、歐洲各國機場、邊地的緩衝區。這種有如旋轉木馬的情況也暗示了一種荒謬性，深植在非法產業諸般作為的核心，儘管它是按照一套嚴格的邏輯運作。這裡的「荒謬性」並不是一般口語的輕蔑，也不代表完全不講道理，而是具有一種特定的分析意義：一種手段與目標之間不斷的錯位，誇大它試圖對付的恐懼，刻意升高風險，引發意料之外的衝突，為它針對的旅人開啟痛苦的深淵。本書結論會進一步思考此一荒謬性，以及我們可以從中獲取哪些教訓。

對於西方世界在邊地封鎖不速之客的努力，本書探討了其中一道「前線」，但其他地方有許多非常類似的案例——希臘與義大利、美國與墨西哥交界地、以色列的邊界、澳洲的海岸。本書的寫作適逢南歐陷入長期危機，它呈現了非法產業的整合強化進入關鍵階段，景氣年代的廉價勞力需求與非法產業自身的黑暗邏輯相輔相成。有鑑於此，我們能從西班牙經驗得到什麼樣的教訓？未來有無可能出現不一樣的做法？就西方世界與其鄰國的矛盾關係、歐盟外部邊界的鞏固而言，西班牙經驗有何意義？面對這些問題尋求符合人性的解答，是西方與其他地區建構包容性民主（inclusive democracy）的關鍵，本書期望藉由現場實地觀察的洞見，能對相關論辯有所貢獻，甚至提供解答。

另一方面，在這些政治問題之外，本書還有一個非常人性的層面，充斥著深刻的矛盾。接下來的篇章將呈現非法產業的壯大，故事有一部分是關於一群辛勤工作的男男女女，他們多半兢兢業業、心存良善，共同打造出一部壓制人類移動性的機器，將那些受盡排斥的人們困陷在地獄般的扭曲世界之中。

【第一景】寂寞的獄卒

外國人拘留中心，加納利群島，西班牙，二〇一〇年初

外國人拘留中心（centro de internamiento de extranjeros, CIE）遠離人來人往的道路，連無所不知的現代地圖——谷歌地圖（Google Maps）——都忽略它的存在。我的計程車司機是個喋喋不休的阿根廷人，一直在談他即將移民倫敦的事。他終於發現一條臨時開闢、與公路並行的小路，努力爬坡，直到小路分岔。往右邊是軍事地區，往左邊是CIE空蕩蕩的停車場。我走向圍牆，一名警衛拉開厚重的大門。

歐洲的外國人拘留營地——約有四百座，持續增加中——形成所謂的「新監獄群島」（new carceral archipelago），西班牙的移民拘留中心是其最南邊的前哨站。[1]只有少數幾位獨立觀察員到過這些中心：在田野調查的第一個月，我曾經短暫見識其中的生活；我對歐洲非法產業創造的新現實，因此而有種忐忑不安的觀感。這座中心是龐然大物，以突兀的姿態呈現，用於阻擋、圍捕那些不速之客。中心也透顯一系列特異的混和：可見與不可見、忽視與關切、人道主義與暴力，這些也正是歐洲反移民種種努力的特質。最重要的是，中心讓我看到非法移民如何化身為一個具有種族色彩的人物，具備一整套不可或缺的性格特徵，再度勾起原本早已被遺忘的殖民地歷史痛苦。

我們走過空曠的庭院。山腳下就是大西洋，遷徙者曾經搭乘木造漁船橫渡。「從這裡看日出很美。」一位警衛傷感地說道。我點點頭，看看四周，心想旭日的光芒不知能否穿透高聳的圍牆。

來到接待大廳，塑膠椅連結空無一物的牆面，一張告示說明探視被拘留者（internos）的時間表。中心主任終於出現，說聲抱歉：他到幾公里外一座商場喝咖啡，那是距離中心最接近的休閒場所。主任帶我走進位於一樓的辦公室，他和藹可親，滿臉笑容，但是笑容中潛藏著一種不安的感覺。

「我抽菸沒關係吧？」主任坐下來，點燃一根菸。他的桌上放了一個塑膠製的「記住死亡」（memento mori）人類頭骨和一本書：非常適合這個中心，成立它就是為了收容那些從大西洋危險航程倖存的遷徙者。主任走向牆壁上一幅巨大的非洲地圖，以手指沿著非洲海岸追蹤遷徙者的動向，問道：「他們為什麼不再過來了？」他真的很困惑。搭船遷徙者突然間從加納利群島的海岸消失，這名負責安置遷徙者的官員不知該如何解釋。

第一批移民船抵達加納利群島的時候，島上沒有任何建築可以安置船上遷徙者。當局搭起軍方帳篷，一群一群遷徙者住進舊日的飛機棚廠。然後新的CIE落成，遷徙者在這裡最多拘留六十天，身分查證清楚之後會被遣返，國籍無法確定者則釋放。[2]剛開始的時候，來自西非的遷徙者很快就會被送往西班牙本土，然後發給驅逐令並釋放。遣返行動在二〇〇六年登場，一架又一架的飛機將船民送回茅利塔尼亞與塞內加爾。五年過去了，這些「遣返行動」引發的衝突仍未解決，在本書第一章會再詳述。

主任坐下來，吐出煙圈，向我解釋每天的例行公事：「我們早上八點鐘起床，有半小時淋浴時間……」然後是早餐，紅十字會安排的工作坊，午餐，午休，晚上八點鐘吃晚餐，十點鐘熄燈。他一直說「我們」如何如何，彷彿在談論一座度假營地；或是一座「異鄉家園」（home-away-from-home），他就是大家長。

對於中心牆外的救援工作者，主任並不是什麼受歡迎的人物，有人感嘆道：「他把中心當成遊樂場，但他其實是一名獄卒。」受歡迎與否姑且不論，以西班牙國家警察的標準而言，這名獄卒的職位有如一種無法擺脫的懲罰。他負責的中心受到各方日益高漲的抨擊，有報告批評它提供的保障連正規監獄都不如。[3]救援工作者也指出，中心內部一切都決定於主任的判斷，「這裡是他的城堡。」

造訪城堡的時刻終於到來。來到樓下，走廊空空蕩蕩，氣氛陰沉，幾乎看不到任何一個祕密移民。二〇〇六年露宿野外的大批人群已經消失，福利社裡坐著十來個悶悶不樂的遷徙者，在幾名警察的監視之下吃午餐。牆壁上有人用蠟筆留下圖畫，來自紅十字會員工為被拘留者開設的創意課程。走廊上張貼著關於被拘留者權益的通告，有西班牙文、法文與英文版本；此外還提供Ａ４大小的沃洛夫語單張，那是塞內加爾的主要語言。

「他們如果說謊，都逃不過我們的法眼。」獄卒一邊說一邊介紹診療室，「你可以觀察他們臀部與背部的傷。」如果被拘留者的臀部有傷，那就代表他們的航程不長；如果傷在背部，航程可能長達十五天，海水的鹽分會侵蝕皮膚。祕密移民的身體就像一部測謊機，會在醫療照護的過程中洩漏旅程的祕密，儘管他們並不願意透露。

獄卒帶我來到露臺，由單調的混凝土構成，在重要位置架設了幾具監控攝影機。中心建於一處窪地，因此放眼望去不見地平線，只見高聳的圍籬。中心曾舉辦足球賽，根據年齡、國籍、船隻或「主辦者當天的心情」來組隊。獄卒看著自己的疆域，似乎有一點自豪，「這裡唯一的欠缺就是，他們不能自由進出。」獄卒曾經如此昭告被拘留者：「這裡的一切，」他伸手橫掃空曠的庭院，「不是我的，而是你們的！」

二〇〇六年的時候，整個地方人滿為患：有人露天而眠，有人寄居帳篷，有人睡在圍籬外面。「他們很容易就可以翻牆出去，」獄卒說道，「但是沒有人逃走，為什麼？」他用西班牙語自問自答：「因為這些黑人在本質上都是好人。」

獄卒沒有察覺我的不安，繼續暢談種族議題，「我們教壞了他們，讓他們變得貪婪、一心只想消費。」為了證明自己的論點，他提到遷徙者剛抵達時的簡樸服飾，「他們來的時候都穿慢跑裝，像穿制服一樣，每個人都是如此。等到進來之後，有人可能會說：『我想要一雙球鞋。』『我想要一條牛仔褲。』——他們開始改變。」何以致此？「他們看到電視，看到我們，看到我騎摩托車或著開轎車上班。」

獄卒的口氣頗有同情意味，對自家城堡中的生活條件也不是全然肯定。他指出，人們會對撒哈拉沙漠以南地區遷徙者說三道四，說他們又危險又懶惰，「就因為他們是黑人，沒有別的原因，非常無知。」他也提到中心缺乏資源，被拘留者沒有什麼事好做，因此他們「整天躺在地上。如果中心有健身房……但我們就是沒有。你能怎麼辦？他們就因為這樣而被批評懶惰？這樣不對」。獄卒為非洲遷徙者的辯護是針對牆外世界的敵意批評，但卻將「黑人懶惰又危險」的指控直接扭曲成相反的形象：高貴的野蠻人（the noble savage）。

獄卒帶我走進女性居住的「模組」（modules），但「牢房」（cells）可能更適合用來描述這些陰暗、空無一人、沿著狹窄走道分布的房間。每一間牢房有三張雙人上下鋪，低垂的金屬網天花板很有壓迫感。共用的浴廁有新砌的花崗岩牆面，獄卒不屑地說，媒體曾以「豪華」來形容，但其實舊牆面用料廉價，久了之後整個坍塌。浴室裡有好幾個盥洗盆，但只有一個馬桶。獄卒為什麼要帶我來看女性的浴廁？我為什麼要到這個地方？我感到作嘔，覺得自己變成偷窺者。

我們往外走，經過一間以玻璃牆隔間、女性專用的電視室，裡面有一個女人。她的臉龐貼著玻璃，目光隨著我們移動，彷彿要把我們看穿，又像在懇求什麼。獄卒告訴警衛，女人想要出來上廁所。他怎麼知道？她為什麼被關在電視室裡，獨自一人？

我們走向中心出口，獄卒停下腳步，打開厚重的大門之前，他突然說道：「我來到這裡之後改變了很多。原本我對黑人既仇恨、又害怕。但我們白種人（blanquitos）太無知了。」blanquitos 這個字眼有親暱意味，對應他提到被拘留黑人時的「negritos」。「我們可以跟他們學到許多事情，有時只需要簡單地打一聲招呼。」他露出微笑，想起自己先前的無知，「是我們教壞了他們。」他再次說道，走進警衛室，打開大門，大門嘎吱作響滑開。我們握手，我被釋放了。我走進荒涼的停車場，感覺不知何去何從，只能呼叫計程車。司機抵達的時候，獄卒還站在那裡，出口的另一側，抽著菸，望著金屬大門之外的世界，一個人守著他空虛的城堡。

第一部

邊地

1　穆罕默杜與吃定遷徙者的人

慈悲媽媽（Mother Mercy）遲到了一個小時。塞內加爾一條沙塵飛揚的偏僻街道，她的車就停在一間房子外面。她從乘客座下車，走進簡樸、破舊的房子；她在這地方成立了一個組織，集結一群女性，她們的兒子都死於乘船移民。她身穿一件剪裁俐落的黑色洋裝，銀色線條環繞全身。她大搖大擺走過，對著手機高聲講話，手腕上戴著大大的手表。「啊，對不起。」她原本用沃洛夫語講電話，這時轉成法語招呼我；我坐在角落一張木頭桌子後方等候。「路況真是糟糕……」她彈響手指，要助理注意；助理是位豐滿的女性，待在房間後面一座搖搖晃晃的櫃檯。助理立刻拿了一本行事曆過來，上面已經標記前往法國、義大利與西班牙的行程。慈悲媽媽是一位非常、非常忙碌的女性。她一手翻閱行事曆，一手拿著手機，用一連串沃洛夫語和法語下達指令、安排會面，同時記下另一趟出國旅行的細節。

就在此時我體會到，祕密移民的世界正在發生奇怪的事。

穿著紅色、綠色、黃色服裝的中年女性魚貫走進辦公室，走到櫃檯前面，掏出五百二十五中非法郎（相當於一美元）交給那位助理。慈悲媽媽在達卡的組織建立了一個微型貸款（microcredit）計畫，參加的成員每天要償還五百二十五中非法郎。許多成員都像慈悲媽媽本人一樣，至少有一個兒子死在海上。櫃檯旁邊牆上貼著一張海報，大剌剌寫著：「向死亡之船說不！」（Non aux pirogues de la mort!）

慈悲媽媽終於結束手機通話，從桌面上滑送一本小冊子給我，「我們的兒子不幸犧牲，於是才有我們的組織。」她的聲音變得溫柔、母性，彷彿經過數百次演練。事實也的確如此。二〇〇六年大批漁船滿載遷徙者從塞內加爾駛往遙遠的加納利群島，她的組織也成為新聞記者與政治人物追捧的對象，從倫敦到帕馬斯（Las Palmas，譯注：加納利群島最大城市）都是如此。媒體很快就為她送上「慈悲媽媽」的封號，表揚她勇敢地「對抗移民」。她先後登上諸多媒體的螢幕與版面，包括英國廣播公司、法國電視二臺（France 2）、《魅力》（*Glamour*）、《她》（*Elle*）、《華盛頓郵報》（*Washington Post*）、法國《解放報》（*Libération*）與《世界報》（*Le Monde*）、西班牙《國家報》（*El País*）……名單沒完沒了。[1]小冊子詳細敘述這個**組織的義舉善行**，她快速翻閱，暫時不理會響個不停的手機。「我們的目標是要終結非法移民。」她如此解釋，儘管組織只有「微薄的資源」，「我們必須努力讓年輕人留下來。」

媒體與政治人物讚許她致力於協助讓年輕人留下來，做法是針對「非法移民的風險」來進行所謂的「敏感化」（sensibilisation／sensitization）與提升人們的覺察。BBC在二〇〇六年報導，她的工作「比歐盟派往大西洋的所有戰艦軍機還有成效」。果真如此，慈悲媽媽的成功也是她的致命傷。到二〇一〇年時，移民船不再出航，資金逐漸枯竭。她說：「我們的工作必須繼續下去。如果我們只在這裡做敏感化運動，人們會從別的地方出海。」這意謂著她們要把訊息散播到全國各地，甚至整個區域！「敏感化運動沒有結束期限。」她心不在焉地說著，一邊將一組號碼輸入手機，然後撥打電話。我的會面時間結束了。

我走到外面，打電話給穆罕默杜（Mohammadou）。慈悲媽媽先前吩咐：「告訴他，電話號碼是我給你的。」一邊在紙上寫下號碼。沒過多久，我就看到穆罕默杜漫步走向辦公室。他是當地被西班牙遣返青年協會的主席，但模樣實在配不上響亮的頭銜：寬鬆的牛仔褲、塑膠涼鞋、舊外套、鴨舌帽。他簡短地打招呼，面無笑容，然後帶我前往他住的地方，街巷裡滿地黃沙。這地方我稱之為揚古爾（Yongor），是一座漁村，面對達卡龐大的市區顯得渺小，搭船移民對當地造成很大的衝擊。穆罕默杜和他的朋友曾經從這裡出海，如今也在這裡遊蕩，沒有工作，無處可去，試圖療癒遣返經驗留下的傷口。[2]

「你可以帶給我們什麼？」穆罕默杜突然說道，我們走向海灘，沉悶的空氣瀰漫著腐爛的魚腥味與汽油味。他又追問：「你想要什麼？」兩個問題的次序似乎倒過來了，但原因可以理解：他見識過太多訪客。街角兩名女性身穿鮮豔的長袍，蹲在一部滿載芒果的推車旁邊；一群孩子在車旁邊奔跑，踩著泛白、滾燙的沙灘。我走過這一切，試圖想出適當的回答，但不知該如何開口。

我們來到阿里（Ali）的家，他是一位健壯的被遣返者，年紀二十來歲。海浪拍岸的聲音傳過狹窄的巷道，房子牆上以西班牙文與法文寫著鄰居親屬的電話號碼，阿里將一張板凳壓進沙地放好，穆罕默杜坐下來，拿出筆記簿，翻過一頁又一頁的姓名、電話與電郵，都是曾經與被遣返者協會接觸過的人。其中也包括新聞記者、研究人員、學生、NGO工作者，甚至還有一位歐盟代表。然而這些人留下聯絡資料之後，就再也不曾聯絡。「許多人來到這地方，但是只要他們回到歐洲，什麼消息都沒了。」阿里點點頭，分享他唯一的一支菸，穆罕默杜趁著餘燼熄滅之前吸了最後一口，說道：「他們吃定了我們。」嘴巴噘成不以為然的樣子，我很快就發現這是他常有的表情。就連救援組織也在吃他們的錢，被遣返者一無所獲。「我是協會主席，卻得跟他討一根菸來抽，你說這樣像話嗎？」穆罕默杜愈說愈氣，朝著朋友的方向點頭示意。

被遣返者受夠了，不想再跟研究人員或記者打交道。對那些事實調查員與代表團，他們只有怨恨與憤怒，更別提那些為白種人（toubabs）牽線的人，像是慈悲媽媽。「她為什麼要你來找我們？」穆罕默杜露出勉強的微笑，對這個問題他自有答案，後來變成我們常開的玩笑，「因為你沒錢。如果你開一臺四輪驅動車上門，她會請你到她家做客。」

悲劇的誕生

二〇〇六年夏天，祕密移民浪潮席捲塞內加爾海岸與歐洲報紙的頭版。色彩鮮豔的木船突然出現，滿載形容憔悴的非洲民眾，從關心時事的公眾到西班牙警察都感到震驚意外，但其實徵兆與警示早已出現。前一年，困在摩洛哥的撒哈拉沙漠的遷徙者已經一舉成名，發起大規模行動，企圖翻越休達與美利雅周邊的圍籬。因此引發的鎮壓將祕密移民路線推向南方：首先是摩洛哥占領的西撒哈拉（Western Sahara），然後沿著大西洋岸進入沙漠國家茅利塔尼亞，最後推向更南方的塞內加爾與更遠的國家。西非與歐洲之間突然開通了一條直達路線，塞內加爾等國的青年有機可趁，可以上路。二〇〇六年，將近三萬二千人抵達加納利群島。這座群島位於達卡西北方，兩地相隔一千五百公里的洶湧大西洋。[3]

早些時候，移民船就曾抵達加納利群島東部幾座較小的島嶼，通常是載運撒哈拉威人（Sahrawis，譯注：西撒哈拉主要民族）與摩洛哥人。然而一直要等到西非遷徙者現身特內里費島（Tenerife）與大加納利島（Gran Canaria），一場曠世奇觀才正式登場。身穿泳裝的觀光客熱心幫助海灘上筋疲力竭的遷徙者；一位研究移民的當地學者回憶，媒體很快就在港口「製作出一場大戲」。擔心群島被遷徙者「海嘯」或「雪崩」淹沒的道德恐慌，隨著日復一日的統計數字增強。儘管在二〇〇六年，當各方炒作三萬二千艘移民船湧現的同一年，大約一千萬旅客從大加納利島的機場通關，其中包括大批來自歐洲與拉丁美洲的移工：非常態移民的故事情節以種族形象來設定背景，成為一場無法阻擋的入侵。[4]

媒體的歇斯底里也蔓延到西非，當地媒體報導一條通往西班牙的新路線突然打開，但很快就會被歐洲部署的海上巡邏截斷，現在不走就沒機會了。[5]

劇場製作人與社區領袖烏斯曼（Ousmane）指出，塞內加爾濱海漁村的年輕男性心想「這是大好機會，我們不能錯過」。結果就是「全面的狂熱」。女人匯集自己的積蓄當作旅費，男人變賣家產籌錢。小船船長一夕之間成了英雄，女人唱歌頌揚。每個人都想踏上這種「一頭栽進」的旅程，沃洛夫語的說法是「mbëkë mi」。烏斯曼回憶：「那時大家都在談天氣預報。」人們不斷確認何時會出現最適合上路的天氣。謠言開始流傳：西班牙需要更多移民去那裡工作！直達歐洲的快車道已經開通！漁民轉行為人口走私販子，大型木造獨木舟滿載汽油罐、瓶裝水與乾糧。他們向馬拉博特（marabouts，穆斯林領袖）請示，收錢賣「船票」，以特內里費島為目的地設定全球衛星定位系統（GPS），然後出海，送上一船又一船心甘情願的勞動力。他們喊出「不到巴塞隆納誓不生還」（Barça walla barzakh）的口號。對於這股船運熱潮，男人如果心懷猶豫，會被嘲笑為娘娘腔、軟弱沒用。烏斯曼回憶，當時人們會說：「上船吧，娘兒們才搭飛機！」

熱潮之後迎來失落。半路被迫回頭的人們被警方拘留監禁，海上死亡人數不斷上升。親人撥出的電話無人接聽。小船與船上的人一起消失，從此杳無音訊。數千人葬身大海，沒有人知道確實數字。

穆罕默杜的漁村正是「一頭栽進」旅程的前哨站之一，當地青年遭遇的後遺症衝擊也比其他沿海地區社群更為嚴重。雖然有些走私販子（convoyeurs）與馬拉博特在船運熱潮中撈了一筆，但整體而言當地社群得不償失。妻子、孩童與父母承受喪親之痛，往往也因此喪失收入來源。穆罕默杜走過揚古爾的街巷，對死難者如數家珍。「你有注意到她嗎？」我們經過一位三十來歲、頭上頂著一桶貨品的女人，「她的先生死在海上，總共失去了五位親人，因此她現在非工作不可。」他向幾位朋友點頭示意，說道：「他跟我同船。」或者「他們家死了三個人。」他曾試圖統計死亡人數，但累計到四百七十五人時被母親喊停——這麼做等於是在撕裂本來就難以癒合的傷口。「在這裡，每個人都有親友葬身大海。」[6]

如果說加納利群島的移民船潮引發第一波媒體熱潮，那麼塞內加爾的悲劇就引發了第二波。新聞記者光臨海岸地帶的社群，搜尋關於死者、失蹤者、被遣返者的故事。揚古爾是這一波熱潮的中心，二〇〇六年有意角逐法國總統的塞格琳．華亞勒（Ségolène Royal）造訪當地，記者大肆報導，也讓慈悲媽媽和她的組織成為鎂光燈焦點。一篇報導形容揚古爾「從默默無聞躍升為世界知名」。對於西班牙媒體與政治人物津津樂道的「移民戲碼」，揚古爾成為最佳舞臺。

來到二〇一〇年，祕密移民已經退潮，但後續的衝突席捲揚古爾與其他地區，母親對抗兒子，曾經的遷徙者相互對抗。我前往當地是為了尋找故事，關於那些風波險惡的海上旅程，關於塞內加爾漁船如何短暫而驚人地湧入西方觀光旅遊的核心地帶——特內里費島與大加納利島的海灘。其他數以百計的研究人員與新聞記者也做過同樣的事。被遣返者的悲劇故事，已經為訪客反反覆覆說過無數次，但他們對於反覆陳述的厭惡也開闢了新的研究路徑。當我離開坐在板凳上的阿里與穆罕默杜，他們簡單、一再出現的問題已深植我心：是哪些人從非法移民得到好處？如何得到？

在接下來的幾個年頭，穆罕默杜與他的被遣返者朋友協助我，分析歐洲南部邊界非法產業的贏家與輸家。這項產業圍繞著「對抗非法移民」建立起來，吸引了媒體、國防承包商、公民社會、政治人物、學者與警方投入，諸多「成就」之一就是讓失業的被遣返者有事可做。被遣返者負責嚇阻任何「非法移民的高風險群」踏上旅程，他們也為地方組織、NGO與政治人物帶來經費，更為新聞記者與學者帶來扣人心弦的故事。

然而，以穆罕默杜的用語來說，光只是探究各方如何從非法移民「吃錢」並不夠。他關於非法獲利的質問指向更深層的糾葛：為什麼人們會著迷於遭逢厄運的海上旅人？為什麼儘管救援工作者、新聞記者與政治人物都有這種著迷，然而二〇〇六年大舉進駐達卡與其他西非移民出發地的非法產業，還是拒絕面對這些海上旅人？除了廣受宣揚的「對抗非法移民」成效，這個產業為塞內加爾的沿海地區留下什麼樣的社會現實？我在二〇一〇年、二〇一一年兩度造訪揚古爾，為本章的寫作建立架構，也試圖為這些問題找尋答案。

作為「人類嚇阻者」的移民

我從摩洛哥、馬利與西班牙移民路線的田野調查工作回來之後，穆罕默杜通常會到達卡一條車水馬龍的公路上接我。煙霧瀰漫的十字路口樹立了一面福特汽車的廣告牌，要求人們「就開這輛」（Drive One），旁邊配上一輛帥氣的四輪驅動車。這種車如果出現在揚古爾沙塵飛揚的巷道，車主一定是當地有頭有臉的人物；或是在達卡欣欣向榮的援助事業工作的外籍人士；抑或是沃洛夫語的「莫杜莫杜」（modou-modou），意指白手起家致富的移民，近幾十年來在達卡是成功的象徵。我們在揚古爾有時會遇到從歐洲回來探視的莫杜莫杜。他們看來骨架子粗大、養尊處優，穿著新牛仔褲，露出自信的微笑。他們從西班牙、義大利或法國匯錢回來蓋房子，對照之下讓被遣返者的失敗旅程更顯得不堪。[7]

如果莫杜莫杜是在宣揚離鄉背井的好處，被遣返者就是境遇最惡劣的反面人物：就像是人形告示牌，證明搭船移民的徒勞無功。他們只剩下陰沉的臉龐、空虛的口袋、破碎的夢想。他們拿出全部積蓄，支付五十萬中非法郎（相當於一千美元），換取這樣的旅程：搭上一艘擁擠的小船，被攔截、被拘留，棲身之處就像我在加納利群島造訪的拘留中心，最後被遣返。他們的朋友有些死於怒海；有些還沒抵達群島就回頭；有些像穆罕默杜一樣先被送到西撒哈拉，拘禁一段時間之後再被驅逐到茅利塔尼亞邊界。穆罕默杜告訴我，當時有好幾天時間，他在摩洛哥與茅利塔尼亞邊界檢查站之間的沙漠無人地帶來回跋涉，軍人持槍逼迫遷徙者後退，直到塞內加爾總統出面才出現轉機。最後，穆罕默杜回到老家，身無分文。遷徙者的夢想很快就變成夢魘。

被遣返的恥辱會擊潰一個人。警察有時會騙他們遣返班機是要飛往西班牙本土，當局有時會承諾要給他們錢，結果信封裡只有一萬中非法郎；他們因此被騙上飛機，回到家鄉。有些人會露宿在沙灘上，或者躲藏在朋友家中，因為覺得太羞恥而不敢面對家人。然而他們的恥辱除了是家庭的災難，也是種勸阻的武器；我的這份心得來自一個遠離揚古爾及其苦難的地方：西班牙大使館。

西班牙大使館位於達卡的高原區（Plateau District），一幢外牆以石灰水洗白的華廈，當時的任務與行動正持續擴大。隨著移民船在二〇〇五年、二〇〇六年不斷湧現，西班牙也在突然間「發現」撒哈拉沙漠以南的非洲。[8]工人社會黨政府對西非地區展開政治攻勢，開設幾座新大使館。在加納利群島移民船危機高漲期間，馬德里當局發布第一套「非洲計畫」（Africa Plan），二〇〇六到二〇一〇年間針對撒哈拉沙漠以南非洲的海外援助經費增加了一倍，駐達卡大使館的擴張也與此有關。西班牙多位部長先後造訪當地，總理也在二〇〇六年出訪。接下來幾年，一座新領事館落成，一個推動出口貿易的辦事處成立，西班牙內政部與勞動部都派遣專員進駐西非。

勞爾（Raúl）正是其中一位專員，一位和善的警官，在塞內加爾累積了多年移民管制經驗，也親身經歷二〇〇六年的混亂時期。「有一天早上我到咖啡廳吃早餐，一位侍應生告訴我：『明天我就要走了，我要去西班牙！』」勞爾笑著回憶，他認為是媒體助長了這種現象，散布來自加納利群島的謊言，到過當地的人「聲稱你一靠岸就可以打電話給警察，警察會帶你到一個房間，每天供應三餐，你甚至可以多點幾份。一段時間之後，他們會送你到西班牙」。後來遣返行動登場，先是在夏天初步試行，幾個月之後雷厲風行。他回答那位侍應生：「現在你知道自己有可能會被遣返，你還願意丟掉現有的工作、只為了出去一趟再被送回原地？」

勞爾指出，Frontex與西班牙國民警衛隊二〇〇六年發起的巡邏行動當然有助於減少遷徙者，然而遣返行動更為重要，他形容那是對抗非法移民戰役中「最主要的勸阻武器」，「很強硬無情，不過卻是最好的選擇」，遣返行動「遠比你能想到的任何宣傳行動都還有價值」，「非常困難，非常痛苦，非常強硬」，然而「清楚傳遞出一個觀念：你不應該離開」。

他的同事也強調同樣的訊息。另一位專員負責西班牙國民警衛隊在塞內加爾的行動，稱遣返行動具有「反向吸引作用」（efecto llamada al revés）。西班牙人使也認為遣返是勸阻的利器，「很多村莊都有人在幾乎喪命、浪費金錢、旅程失敗之後回來。」如今人們在嘗試之前會三思，這一部分要歸功於被遣返者。

對於移民研究者所謂的全球「遣返體制」（deportation regime）興起，加納利群島的遣返行動只是案例之一。富裕世界的許多地區都出現一個模式：面對試圖逾越國家邊界的貧苦移民與難民，各國日益積極捍衛與行使主權；這些移民與難民飽受歧視、凌虐與規訓權力（disciplinary power）壓迫，從以色列到薩爾瓦多都留下紀錄。[9]加納利群島刻意運用大規模遣返作為勸阻的武器，讓我們透過表演展現的角度來觀察全球遣返體制的運作。塞內加爾的被遣返者不僅遭到規訓懲誡，而且成為非法產業內部運作的「人類嚇阻者」（human deterrents）。

為了推行以嚇阻為目標的遣返行動，西班牙與塞內加爾進行了一場大規模交易。西班牙承諾提供金援與其他好處，換取與塞內加爾共同執行巡邏與遣返。這項交易為官僚體系提供了一種良性循環。發展合作為警政計畫鋪平了道路，同時將遣返行動冷酷、阻擋性的理念人性化。從二〇〇六年開始，西班牙與西非諸國簽訂一系列的「新世代」移民協定，仿照歐盟在二〇〇五年休達與美利雅悲劇之後推動的所謂「全球取向的移民政策」。藉由這套三管齊下——將移民出發國納入管制計畫，鼓勵合法移民，提供開發援助——的做法，西班牙得以運用財政支援與外交辭令，來緩和警察執法與遣返行動的剛硬無情；而且沒過多久，運作過程就顯得完美無瑕。從二〇〇六到二〇一〇年，抵達加納利群島的遷徙者從一年三萬二千人遽減為二百人。西班牙的「外部化」（externalization）模式讓其他歐洲國家群起仿效，似乎是破解了密碼，讓世人知道如何以人道、合作的方式來進行移民管制。[10]

然而，合作的道路未必總是康莊坦途。塞內加爾總統瓦德（Abdoulaye Wade，譯注：瓦德二○○○至二○一二年在位）二○○六年夏天面臨難題。總統大選在即，反對黨抨擊大規模遣返有辱國格。愈來愈多塞內加爾遷徙者從加納利群島鎩羽而歸，怒火中燒。「我們呼籲每一位青年、每一個人站出來。」莫克塔（Moctar）回憶，他是塞內加爾全國被遣返者協會主席，「我們決定大鳴大放……讓整個國家燃燒起來！」暴動延燒達卡的街道，被遣返者與警察爆發衝突，後來派代表晉見總統。瓦德一度對遣返政策有所動搖，但隨即對危機擬定一套連貫的回應對策。為了安撫被遣返者，他承諾會有西班牙資助提供的發展計畫與工作簽證。更重要的是，這些安排也有助於平息國內的反對聲浪。

這是西班牙—塞內加爾移民策略懷柔的一面，回歸農業計畫（Plan REVA, Retour vers l'Agriculture）率先登場。這項計畫是瓦德的心血，試圖將被遣返的遷徙者整合進入現代農業。二○○六年九月，塞內加爾內政部長宣布成立一家公司，西班牙發展援助基金出資兩千萬歐元；這項方案在六月遣返行動開始時就初露端倪，如今列入REVA計畫。REVA計畫後來被指控浪費公帑、政府藉機搞裙帶關係、淪為宣傳工具。被遣返者雖然一度接受總統安撫，但後來也拒絕為這項計畫背書。他們是漁民，不是農人，嚮往的是真正的工作，不是犁地耕田。謠言指稱，西班牙資金的真正用途不是協助塞內加爾青年，而是協助瓦德總統打二○○七年的選戰。[11]

這項策略的另一個層面是「簽證」的發給。西班牙推行一項「源頭招募」（contratación en

origen）計畫，勞動部專員伊斯邁爾（Ismael）直言：「目的就在於避免先前的狀況，人們乘船非法進入西班牙。」但是被遣返者儘管一開始得到承諾，但後來再度被排除在外。他們被禁止進入歐洲，馬德里當局也擔心給他們好處會鼓勵更多人鋌而走險。結果這項簽證計畫變成一場高賭注的政治博弈，政府會低調行事，讓某些被遣返者的親人坐上飛往西班牙的班機；被遣返者的「領導人」會拿簽證來當交換條件或做買賣；瓦德總統所屬政黨的要員也會分得簽證一杯羹。不消多久，指控如流彈四射。[12]

揚古爾也分到幾份簽證，穆罕默杜參與遴選受益者的工作。我和他坐在他位於海灘邊上、只有一個房間的家中談話，他年幼的孩子進進出出。回憶二〇〇七年申請簽證的慘痛經驗，他說：「有一天他們打電話給我：『你得到簽證了，明天八點鐘過來這裡辦手續。』」第二天早晨，他前往政府負責發給簽證的青年就業機構，「我準備好文件，該做的事每一件都做了！」儘管如此，沒有下文。過了一個月，對方又打電話過來，要他等下一輪招募合約，這回招募的是漁民。他說他和上回一樣：「我準備好要給西班牙人的文件，繳交之後，完全沒有下文。」被遣返者無緣申請簽證，對自己遭到排斥滿懷怨恨。穆罕默杜吃閉門羹是四年前的事了，至今耿耿於懷。

簽證爭奪戰有時會出現詭異的轉折。二〇〇八年工作招募的對象是七百多名女性，她們要到安達魯西亞（Andalusia）的草莓園工作。伊斯邁爾回憶，棘手的問題是如何「打破塞內加爾的文化窠臼」。塞內加爾方面堅持一半名額要給男性，但是「我們解釋說，採集草莓的工作需要某種程度的溫柔特質」。當然，真正的原因是另一回事。伊斯邁爾說明，這些女性必須「在塞內加爾有家庭責任」，以確保她們一定會回來，摩洛哥與西班牙的類似計畫也有相同要求。如此要求的結果就是招募了一群人脈良好的女性，一位西班牙NGO員工形容她們「穿高跟鞋、塗脂抹粉」，來到地形崎嶇的安達魯西亞。這項招募策略產生負面效果，有些女性甚至留下來。對於這場「災難」，伊斯邁爾怪罪塞內加爾當局，批評簽證申請者遴選過程問題叢生。然而一如預期，有錢有勢者是這場護照爭奪戰最後的贏家。[13]之後西班牙經濟爆發危機，招募合約成為絕響。伊斯邁爾承認這項計畫只是一個「救急的系統」，但是「沒有合約並不代表我們已經放棄塞內加爾」。

這套策略的第三個層面是提升人們的覺察，由幾個海外發展機構以及國際移民組織（International Organization for Migration, IOM）共同推行。IOM的運作中心位於達卡海岸地區外籍人士聚居的馬梅勒（Mamelles），是一個政府間（intergovernmental）組織——經常被誤以為是聯合國機構（譯注：IOM已在二〇一六年加入聯合國體系）——接受各國政府經費資助，從事所謂的「移民管理」（migration management）計畫，計畫的主要目標則是非常態移民。光是二〇一〇年一年之內，IOM就向全球募得二億六千五百萬美元來推動「自願返國」（voluntary returns）、反人口販運、邊界管理等工作。塞內加爾「移民船危機」期間，IOM從歐盟拿到一百萬歐元進行「快速回應」：強化各國因應非常態移民的能力、為返鄉的遷徙者提供協助、推行敏感化運動。[14]

IOM行動運用的敏感化模式在西非法語地區相當普遍，從對抗沙漠化到預防疾病都能派上用場。[15]在公眾參與的會議上，「社群領袖」發表睿智的談話，昔日遷徙者現身說法；後者常被形容為「打過疫苗」，不會再有離開的念頭。「敏感化不能只談風險，不能只警告『你會死在路上』，」一位歐洲的IOM主管說道，「還必須談談你在西班牙可能找不到工作，不會有好日子過。」這種說法透露了反移民運動外籍工作者的共同隱憂。在先前幾年，西班牙政府會在塞內加爾電視播出浮腫的屍體、沉沒的船隻，試圖以可怕的畫面遏阻移民潮的努力。IOM雖然也在當地進行類似的電視宣導，但會同時採行較柔性的策略，結合漫畫、劇場與演講比賽。它首先在漁村辦活動，然後擴展到內陸的移民出發地；這位IOM主管指出，內陸的民眾多半不太瞭解出海的風險，「敏感化的程度永遠不夠」，她的說法與慈悲媽媽相互呼應。

這場嚇阻的遊戲有愈來愈多的在地人士加入，慈悲媽媽以草根魅力獨樹一格，占得領先位置。在獨子死於前往加納利群島的旅程之後，她將自家的地方發展協會轉型為一個對抗非法移民的女性組織。除了推動敏感化，協會的女性也特別盯著揚古爾的年輕人，擔心他們也會嘗試進行一場祕密旅程。人們過去會指責這些女性鼓勵兒子踏上凶險不歸路，還提供金錢援助；如今對她們又有新的不滿。慈悲媽媽也承認，協會的工作「非常困難」，原因之一在於「漁村的女性不必擔負責任，因此也不能提出主張」。不過慈悲媽媽擁有強大的支持者，她對反移民的大聲疾呼吸引了金主，也得到警方肯定。西班牙國民警衛隊主管說：「這個組織中的母親幫了很大的忙。」一位研究這個組織的學者指出，這些母親就像她們的兒子一樣進退兩難，一邊是歐洲財富的美好願景，一邊是塞內加爾動盪破敗的經濟；她們的生計若不是倚賴海外移民的匯款，就是藉由參與反移民計畫拿錢。慈悲媽媽選擇第二種策略，將協會轉型為反移民訴求的機構，但她的動機相當複雜，有時會與支持者產生矛盾。她後來告訴我，創建協會「是因為我們失去了太多年輕人」；她也批評歐洲各國關起大門，將移民事務經費完全投注於Frontex，而不是創造工作機會。「我兒子和八十位同伴一起上路，他們全都在海上失蹤。身為一位女性，我因此呼籲遭遇相同（命運）的姐妹們，成立一個組織，對抗這種災難。」接下來一段時間，塞內加爾喪子母親與歐洲警方有**一致**的優先考量，然而這是一個非常脆弱的結盟關係，在家庭、性別與世代層面造成悲劇性的分裂，儘管人們都關切致命旅程背後的不公不義。

被遣返者見識到祕密移民利益快速而且不公平的分布，自身的遭遇卻是被驅逐、被欺騙、淪入赤貧，工作合約與援助資金都與他們無緣。塞內加爾總統「承諾了很多事情，但我們都沒看到。」莫克塔如是說，「他們什麼都沒做，完全沒有，一絲一毫都沒有。」然而被遣返者也得不顧顏面地爭取簽證與資金，因此一開始的憤怒也逐漸稀釋。不消多久時間，非法產業的吸引力就變得無法抗拒，穆罕默杜與其他被遣返者期望分一杯羹，期望自己的聲音被聽見。最重要的是，他們期望得到歐洲金主青睞；他們知道如果想要達成目標，就必須服從嚇阻遊戲的規則。結果就是，他們開始營造符合西方金主與政治人物喜好的形象：一群祕密移民的過來人，致力於嚇阻其他想加入他們行列的人。

穆罕默杜的協會位於通往揚古爾的幹道上，一間同時是手機修理店的破房子，波紋鐵板的大門上畫了一艘木船，上方寫著協會的口號：「阻止非法移民」；這句話在達卡的援助圈愈來愈常聽到，意味也愈來愈凶險。[16]「在我們的努力之下，現在誰也走不了。」穆罕默杜一再強調，慈悲媽媽異口同聲，她的辦公室距離被遣返者協會的破房子只有幾百公尺，但一望即知歐洲金主買誰的帳：門廊高掛著西班牙發展機構的標誌，四輪驅動車與計程車川流不息。

穆罕默杜的協會沒有金主，因此他們的計畫——整修揚古爾老舊的漁船、關建養雞場、為企圖或曾經祕密移民的人提供職業訓練——全都宣告失敗。然而藉由強調他們參與了對抗非法移民工作，被遣返者顯然覺察到自身的「人類嚇阻者」關鍵角色。

揚古爾迷宮般的巷弄出去就是海灘，到處都是垃圾，木造漁船一艘接一艘，讓海灘看起來就像停車場。這種類型漁船沃洛夫語叫「gaal gi」，法語叫「pirogues」，西班牙語叫「cayucos」，揚古爾海灘的船型要大一點，當初穆罕默杜和朋友們就是搭乘它前往加納利群島。漁船有著細長的船身，漆上鮮豔、美麗的色彩：紅色配上黃色、深綠色與黑色。船身還寫上塞內加爾摔角選手與馬拉博特（穆斯林領袖）的名字，偶爾會插上德國或西班牙的國旗，低垂在凝滯的空氣中。幾艘作業中的漁船停泊在地平線上；兒童四處奔跑，靈活地繞過魚骨、漁網、家庭廢

達卡海灘上的獨木舟
（作者攝）

棄物。

「你看那艘船！」穆罕默杜突然大喊，「是西班牙國民警衛隊！」他說警衛隊的巡邏艇每天都來報到，停泊在海面上窺伺，像一頭訓練精良的猛獸，隨時會縱身撲向違規越界者。「它阻止不了我們，」穆罕默杜說道，「如果歐洲那邊不快一點給錢，我們會再一次出海……這回將有十萬人上陣，或許還帶著數千名十二歲兒童。」這是警告，穆罕默杜清楚知道遷徙者被形容為可怕的威脅，也知道要遣返無人陪伴兒童有法律限制；愈來愈多這類兒童抵達西班牙海岸。[17] 穆罕默杜也特別強調，蠢蠢欲動的當地青年之所以還沒有人踏上旅程，都要歸功於被遣返者努力說服他們稍安勿躁。搭船移民熱潮一度不可收拾，如今受到遏阻；這樣的工作沒有報酬，默默進行，無人關注。[18]「我們現在就等歐洲送來開發計畫。」穆罕默杜強調；然而，他們不會永遠保持耐心。

穆罕默杜與朋友們當時仍蜷縮在被遣返的消極狀態之中。除了身體，他們的行為和言語也體現了嚇阻作用。然而被遣返者發出的訊息無人理會，儘管歐洲方面慷慨解囊，他們卻找不到合作夥伴。他們試圖從非法產業分一杯羹的做法，反而讓自己變成歐洲「人類嚇阻者」計畫的一部分。

遷徙者成了搖錢樹

二〇一〇年晚春，熱浪席捲撒赫爾平原地區，穆罕默杜和我躲在泥土地院子裡、一棵白人花生樹（guerté toubab）樹蔭下避暑。他的朋友們斜倚著牆壁，漁網攤在腳邊。他們以靈巧的動作進行編織，沿著漁網磨損的邊緣貫穿纜線。捕魚一直是揚古爾當地勒布人（Lebous）的主要生計；這個民族分布於達卡所在的維德角半島（Cap Vert peninsula）的海邊村落，也是首都地區的原住民族。當時勒布族社區正遭逢一場漁業危機。穆罕默杜曾經做過海產批發商（mareyeur），但那已是舊業往事。當地漁獲已經枯竭，部分原因在於小規模漁業活動暴增；這個現象則是來自塞內加爾經濟每況愈下，許多人將獨木舟漁船動力化。然而塞內加爾漁業資源被掏空，罪魁禍首是政府將漁權賣給其他國家，其中就包括西班牙。揚古爾地平線上的外國拖網漁船撈走一噸又一噸漁獲，供應歐洲與亞洲市場。慈悲媽媽和穆罕默杜都同意，這是二〇〇六年移民潮的成因，許多遷徙者搭乘的船原本正是用於捕魚，但當地漁民已經沒有工作。[19]

勒布人和塞內加爾其他民族不同，沒有什麼長途遷徙的經驗。以塞內加爾河（Senegal River）谷地的索寧克人為例，他們長期藉由循環遷徙來賺取收入、進行成年禮。沃洛夫人貿易商則透過組織緊密的穆里德兄弟會（Mourid）穆斯林網絡進軍歐洲與其他地區。相較之下，勒布人主要進行季節性捕魚，範圍及於茅利塔尼亞與幾內亞，生活深受海洋影響。後來他們也和西非其他區的漁民一樣，漁獲減少與祕密移民路線的突然開通，驅使他們駕船遠行賭一賭運氣。勒布人熟悉海上航行，因此很適合擔任遷徙旅程的船長或者幫手。他們駕著小船與大海搏鬥的歷程，是全球經濟分化日益嚴重最極端的結果；為此，歐洲的警察必須遠赴達卡的海岸線執行任務。[20]

穆罕默杜身體向後靠，啜飲著苦中帶甜的塞內加爾茶（attaya），又聊起一筆我很快就耳熟能詳的數字，「你知不知道瓦德總統和他的政府從非法移民賺了多少錢？一百三十億中非法郎！然後他為我們做了什麼？什麼都沒做。」一百三十億指的是西班牙在二〇〇六年大遣返時期援助的二千萬歐元，不僅讓穆罕默杜大表不滿，塞內加爾沿海各地的被遣返者也怨聲載道。傳聞還聲稱西班牙每遣返一人，可以讓瓦德進帳一筆錢。「非法移民涉及很多很多錢。」穆罕默杜非常堅持自己的看法。

卡亞爾（Kayar）是達卡北方的漁村與觀光勝地，當地的被遣返者同樣心懷怨懟，「二〇〇六年過後，許多NGO來到我們這裡，」卡亞爾被遣返者協會主席說道，「但是當時我們並不知道，這些組織只圖自家好處。」與協會其他被遣返者會面的時候，我們特別安排了一個大房間，讓每個人都出席，確保沒有人會懷疑其他人拿錢受訪。「你的書裡一定要寫到，那些來過這裡的人，對我們一點幫助也沒有！」一位被遣返者斬釘截鐵地說。NGO、新聞記者、研究人員都來過，「我們得到什麼？」他們質問，聲音愈來愈大，「四年了，都是空口說白話！」

被遣返者在自身遷徙經驗的每一個層面，都非常清楚地意識到非法產業獲取的巨大利益。穆罕默杜與朋友們知道，從他們出海、遣返到回鄉，圖利者一路相隨。那些「詐欺犯」、「騙子」隨時準備從他們的遷徙過程狠撈一筆。海上搜救與巡邏工作正是如此，當局將他們的船從西班牙海域引導到摩洛哥，好讓後者「從歐盟拿到經費」。歐盟代表團的造訪正是如此，「對我們做出一些承諾」然後揚長而去。新聞記者與研究人員的熙來攘往正是如此，「拿走了我們的故事」。西方NGO員工正是如此，「開著四輪驅動車來到」，靠著虛有其表的移民計畫拿到經費之後就早早離開。

穆罕默杜聲稱二〇〇六年迄今，超過一千人造訪他們的協會；我和那些人沒有什麼不同。我能提供什麼？經費？合作夥伴？人脈？

結果我能提供的就只是架設一個網站，而且當然不像慈悲媽媽組織的網站那麼光鮮亮麗，甚至不能算是真正的網站，而是一個部落格。穆罕默杜嘗試打字但無法克服鍵盤障礙，只能由協會的資訊專家在臥室裡用筆電輸入貼文。他們早期的一篇貼文內容如下，原文是法文：

> **請求協助**
>
> 首先要致上最誠摯的問候。我們希望各位知道，我們的協會是在二〇〇六至二〇〇七年間設立，宗旨是讓本國的青年留下來，因為我們在被遣返之後，看到大批青年死在海上。等待一段時間之後，我們開始在本地進行敏感化工作……但是在這段期間，我們沒有接受到任何原先承

諾的協助，就連去年曾經拜訪我們的歐盟也是一樣，沒有兌現任何承諾。現在很多談論移民的人，根本沒有經歷過痛苦的經驗；有些人打著被遣返者的名號前往歐洲，聲稱要為本地青年尋求資金，但根本不是那麼回事，他們拿到的錢都進了自己的荷包。就連歐洲為被遣返者提供的計畫與簽證，也沒有讓真正符合資格的人受惠……因此我們要向各位求助，希望能夠設立訓練中心來教育青年、為失蹤者的子女設立學校、增加就業機會。我們期待各位的理解，等待各位的協助。

感謝各位

結果「各位」並沒有現身，沒有任何回應。隨著每一次嘗試求助、每一次白種人造訪，穆罕默杜肩頭的責任愈來愈重。他是協會主席，必須能夠引進合作夥伴。「工作機會在哪裡？」協會的成員會這樣問，在街上攔住他交談。穆罕默杜不知該如何回答，愈來愈怨恨憤怒。他和某些所謂的被遣返者「領導人」不同，他並不是只想中飽私囊，而是真心誠意要為揚古爾數百位被遣返者與他們的家人尋求協助計畫。

在此同時，慈悲媽媽財源廣進，至少被遣返者認定如此。他們一開始還信任她，將她視為滿懷愛心的「遷徙者之母」。有些人甚至在她仲介之下拿到貸款，只是後來雙方都承受苦果。等到被遣返者淪為被忽視者，怨恨也日益滋長。到了二〇一〇年，雙方分歧愈來愈深，已無法彌合。

被遣返者說，移民船危機爆發之前，慈悲媽媽住的地方只有一個房間；現在，她有一幢很大、很大的房子，出門都由汽車接送。她會搭飛機到歐洲參加各項會議，但是不能到海岸地帶，否則會變成過街老鼠。她是個騙子。「她完全是胡說八道。」被遣返者反反覆覆說道，有如唱片跳針。她拜訪歐洲的資金機構，拿到錢，什麼都不分享。「十萬中非法郎，十五萬中非法郎，她拿錢就像在拿香菸。」穆罕默杜說道，露出他招牌的皺眉表情。[21]

被遣返者對慈悲媽媽的憤怒當然只是故事的一部分，顯現了揚古爾居民的雙重創傷：先是海上的死亡，然後是違反公義的遣返過程與之後不公平的利益分配。慈悲媽媽也知道自己遭受的指控，「這裡的人們看到白人就想到錢。」她告訴我，呼應穆罕默杜如何談論他與研究人員、新聞記者無利可圖的互動，「這會在社區造成問題和緊張關係，人們聲稱『我到這裡拿錢，到那裡拿錢。』沒有這回事！」然而她與穆罕默杜的協會不同，至少和西班牙的資助組織保持「垂直與水平的關係」。最重要的金主是西班牙國際合作開發署（Agencia Española de Cooperación Internacional para el Desarrollo, AECID），這個政府機構透過西班牙的NGO發放資金。我很快就會從他們的優先資助對象看出，被遣返者在達卡非法產業之中扮演的角色。

在ＡＥＣＩＤ位於達卡市中心的辦事處，羅琪歐（Rocío）翻閱手中的資料，應我的要求（我運氣不錯），檢視幾項移民相關計畫的預算開支。羅琪歐是一位四十來歲的西班牙的國際開發事務員工，對工作的熱忱溢於言表。她對我解釋這些計畫是逐年執行，很難得出精確的數字。我問她為什麼被遣返者什麼都得不到，她聳聳肩，「我們是一家開發機構」，相關資金「要用在死難者家屬身上，不是被遣返者」。的確如此，ＡＥＣＩＤ的計畫表明要賦權女性或幫助「移民船犧牲者的母親」，手冊上都是滿臉笑容的非洲婦女，她們縫紉、跳舞、挖土、烹調魚類，形成一個完美的案例：一個過去被視為激進的構想，如今被更大規模的國家計畫收編。[22]不過羅琪歐特別強調開發援助與移民管制之間的巨大差距，「我們對移民管制完全不感興趣，因為那不是我們的領域。」她一邊說一邊揮舞雙手，就像是要把海上巡邏的議題推到一旁，「那是內政部的工作。」

這種將開發援助純粹化的做法，其實是大費周章地撇清洗白。西班牙駐塞內加爾大使堅稱，開發援助與祕密移民無關，而是著眼於「非洲計畫」的目標：與撒哈拉沙漠以南非洲國家改善關係。姑且不論移民本來就是這項計畫的基本要素之一，大使的觀點也與近來關於西班牙援助非洲的研究矛盾。一項由ＡＥＣＩＤ贊助的大規模研究發現，二〇〇六年迄今，西班牙的ＮＧＯ在撒哈拉沙漠以南的國家大肆擴張版圖，主要原因正是政府援助暴增；這些ＮＧＯ半數以上與非洲沒有什麼淵源；西班牙政府投注在塞內加爾、馬利、茅利塔尼亞的經費與非常態移民有密切關聯。另一項聚焦這三個國家的研究也證實，「官方開發計畫必須配合西班牙的移民政策」，相關經費甚至可能阻礙了開發援助的政策目標——減貧、人權與民主治理。[23]

以警察執法與減貧的尷尬混合來說，西班牙在西非的實驗是一個極端案例，顯示了「共同開發」（codevelopment）的危害。這種做法起源於法國，將移民視為其母國開發過程的要素，然而又自相矛盾地試圖管制開發所導致的移民潮。[24]羅琪歐說：「共同開發是要避免……或者，嗯……」她再嘗試一次，共同開發「有助於……」還是支支吾吾，「未必能夠阻擋移民潮。」她繼續解釋，就AECID的職權而言，移民相關問題主要是「未成年人等易受傷害族群，他們可能會淪為非法移民的犧牲品」。她還建議，被遣返者轉型為「易受傷害族群」，或許可以吸引資金？

我離開之前，羅琪歐轉頭看看走廊，確定沒有人會聽見，「現在這裡沒有別人，我才告訴你，」她壓低聲音，「說實話，西班牙和塞內加爾有什麼連結？什麼都沒有。連結通常來自共用的語言、共有的歷史，但是我們與塞內加爾、與馬利都沒有。」她喃喃說道，好像在談一樁陰謀，「對西班牙而言，打擊非法移民與金援開發計畫顯然相關……儘管這個話題是個禁忌。」

就如同其他的國際援助行動，西班牙與移民掛鉤的開發援助有如「國王的新衣」。[25]每個人都開始談論打擊非法移民，努力維持國王有穿衣服的幻象。諷刺的是，西班牙與歐盟的政治人物為了將反移民行動去政治化，訴諸電視上的戲劇化場景與在地的開發計畫，結果反而創造出一個**政治化**的開發場域，吸引來掮客、創業家與詐欺犯。對於這個場域，政治人物已經無法完全掌控。

透過開發援助的涓滴效應，地方組織如果願意參與打擊非法移民，就會被納入體系、受到制約。的確，這是塞內加爾侍從主義（clientelism）與日常貪腐（everyday corruption）運作模式的一部分，然而非法產業的擴張已經超出塞內加爾，涵蓋歐洲的安全、媒體與政策領域。[26] 非法產業也倚賴一種能夠任意操弄的形象：羅琪歐所說的「非法移民的犧牲品」。IOM將這種形象渲染為非法移民的高風險群，相關產業也透過它深入塞內加爾的草根基層。

國際機構、塞內加爾政府、西方NGO與在地組織全都投入。食物鏈的頂端是從外交界或國際移民組織空降的「外籍人士」，他們受命壓制塞內加爾當地民眾的非法遷徙，出入達卡時髦的海邊餐廳，參加為外籍人士舉辦的派對，不時會遇到執行三個月任務的西班牙國民警衛隊人員。

食物鏈再下一層是塞內加爾政府與移民事務相關的部會。照理說，它們應該要堅守政府在二○○六年夏天琢磨出來的立場：「保護」塞內加爾人民免於搭船移民的風險；然而經濟與政治的誘因，把它們往不同方向拉扯。[27] 混亂因此可以預期，一如歐洲援助工作者的抱怨。接下來是歐洲的NGO，移民船危機之後，西方政府撒下資金，它們也聞風而至。草根階層也複製同樣的策略。在鄰近達卡的一個窮困社區，一個地方發展協會打字列出任務清單，結尾草草加上「祕密移民」。一個塞內加爾的人權NGO過去有激進的傾向，後來與IOM合作在達卡與遙遠的東巴孔達（Tambacounda）進行敏感化工作，製作的T恤前面寫著「還有別的選擇」，後面寫著「拒絕非法移民」，辦公室牆上張貼同樣訊息的貼紙。塞內加爾各地的劇團也做敏感化工作，用俗套刻板的角色解釋搭船移民的危險。在達卡的一座漁村，慈悲媽媽的分支組織發出募款信，表示要興建一座製冰廠，「我們鍥而不捨，要讓塞內加爾——尤其我們本地——的青年對非法移民說不。」儘管這個組織的五百名成員之中，頂多只有二十人曾經歷「一頭栽進」的旅程，但大部分都符合IOM定義寬鬆的非法移民高風險群：年輕、男性、未就業。

穆罕默杜與朋友們沒有任何合作對象上門。羅琪歐之類的援助工作者強調（倒也沒說錯），曾經嘗試移民的人不一定會比其他在達卡貧民區掙扎的青年辛苦，但他們看著一批一批金主、掮客與訪客經過，應得權益感（sense of entitlement）與挫折感與日俱增。不過他們的憤怒主要是針對慈悲媽媽與其他競爭者，不是出資機構與歐洲政治人物。一場無聲的戰火正在延燒，地方組織相互較量誰才是真正在對抗祕密移民。人們爭執不下，不僅在揚古爾如此，塞內加爾整個海岸地帶都是如此。莫克塔領導的協會號稱代表全國各地的被遣返者，然而當地青年與被遣返者指稱他只顧自身利益，不顧廣大人群。

來到卡亞爾，一位憤怒的被遣返者領袖在漁獲市場後面的街道追上我，告訴我一家跟他打對臺的協會最近拿到六千五百歐元，「他們吃乾抹淨」，他指著自己筆記簿上潦草的數字，「有些人打著非法移民的名號圖利。」他一邊說一邊揮舞一疊自家協會成員的文件，聲稱這些文件是來自加納利群島移民拘留中心，證明他們是貨真價實的非法移民。不過後來人們得知，這位領袖從來不曾搭船前往加納利群島。

慈悲媽媽對這些紛紛擾擾置身事外，將援助資金的遊戲操弄到登峰造極。其他學者曾經指出，她的成功來自於她的組織結合了西方世界關切的議題：女性賦權、開發與非法移民。但她並不是歐洲優先考量的受害者。她營造出一個良性循環，讓媒體曝光、政治力量、更多資金相互助長。資助女性製作肥皂與手工藝品的計畫很受金主青睞，就像她們先前結合女性賦權與「回歸土地」反移民策略。「有時候不幸的事情反而會帶來好處，過去我們從來不敢在自己的鄉里發聲，」她告訴我，「多虧了移民問題，多虧了我們子女的消失，我們才能夠讓自己融入男性社會。」

我們或許應該像發展人類學家摩斯（David Mosse）一樣提問，重點不在於西班牙移民與開發掛鉤這類計畫是否成功，而在於「成功」要如何營造、會產生什麼樣的副作用。[28] 敏感化工作、做肥皂的媽媽、穿高跟鞋的草莓園工人成為塞內加爾的成功事證，同時也避免社會運動者與「草根階層」過度關注由歐洲當局執行、瓦德政府背書的爭議性巡邏與遣返行動。非法產業也為當過或有意當遷徙者的人們打造了一個角色，然而並不是行為者、掮客或受益者。被遣返者把自身的海上悲劇經驗當成潤滑油，塗抹這部反移民機器的齒輪。他們負責吃力不討好的工作，反覆訴說自身的故事，聽眾是那些來到揚古爾、但是沒有資金的訪客：研究人員、調查人員、新聞記者。

作為內容提供者的遷徙者

我們坐在所謂的「辦公室」裡面，一個大盤子盛著花生燉菜（mafe），幾個人一起吃，手機鈴聲響起。協會的出納停止玩弄幾片舊款諾基亞（Nokia）手機的SIM卡，拿起手機接聽，以法語應答，然後把手機交給穆罕默杜，他走到外面談話。後來他解釋，對方是個記者，這星期日會帶一個報導團隊過來，討論他們要在揚古爾拍攝的一部紀錄片。

我和穆罕默杜、阿里離開辦公室，沿著將揚古爾一分為二的鐵軌前行。穆罕默杜心事重重，悶不吭聲。後來終於說道：「我會問她，我們參與拍攝有什麼好處？不斷有人來這裡訪問我們，談移民問題，永遠是如此。」阿里點點頭，「這很讓人厭煩……我們需要補償，或者談談別的事情。」對他而言，「最重要的就是我們出海**之後**發生的事。」親人為籌旅費承擔債務、工作與積蓄泡湯、爭取援助經費落空，更別提遷徙者與非遷徙者在塞內加爾脆弱經濟狀況中日復一日的掙扎。但穆罕默杜與阿里很清楚，這些都不是新聞記者最關心的事情。

沿著鐵道走了幾百公尺，來到揚古爾市長的辦公室。市長有一個兄弟、一個表親花錢「一頭栽進」卻死在海上，因此對被遣返者的辛苦遭遇相當同情。「告訴記者真相，」他如此建議穆罕默杜，我們坐在會客室漂亮的沙發上。穆罕默杜聽了點點頭，回應了幾句。回去的路上，穆罕默杜思索要採取什麼做法，「我們會說我們完全沒有看到歐洲的援助，但是不提慈悲媽媽。這樣比較好。」

被遣返者見過幾百位記者，但是如此程度的關注基本上只帶來跳票的承諾。「他們來這裡做報導，離開之後再也不會聯絡我們。」穆罕默杜過去會想，自己的照片不知道會出現在什麼地方，會有多少新聞報導，「如果我到英格蘭，看到自己的照片出現在一張海報上，我會問自己這是何苦。」

然而搭船移民海報上的人物不是穆罕默杜，也不是其他被遣返者，而是慈悲媽媽，她的特質非常適合專題報導，既是堅強不屈的母親，也是喪失至親、家境貧困的受害者。這種媒體形象迎合西方世界對非洲女性的刻板印象，一篇報導分析她的組織時指出：慈悲媽媽是一個「各方都能認同的人物，引發每個人的同情心」。結合了「運動者與受害者的魅力」。組織中的女性也在記者來訪時配合演出，一邊唱歌一邊展示死去兒子與丈夫的照片。有些心態積極的年輕被遣返者也會主動聯絡記者，提供人口走私販子、馬拉博特（穆斯林領袖）、喪親的親戚、失業的漁夫，就看報導工作需要什麼題材。穆罕默杜與朋友們也會玩這種遊戲，但他們已經厭倦。他們不是慈悲媽媽，記者造訪帶來的好處非常有限。

媒體報導熱潮過後，步調緩慢得多的研究人員上場。其中許多人還在撰寫研究所論文，有些人是為NGO工作，有些可能是臥底的警察。「說實話，」一位派駐達卡的聯合國官員洋洋得意地告訴我，「過去幾年大約有六十位研究人員來到這裡，都是研究非常態移民，我看他們最好找找別的題目。」

學術界突如其來的「發現」其實是依循一個人們熟知的趨勢。社會學家波爾特斯（Alejandro Portes）早在一九七〇年代就觀察到，非常態移民「是學者與政府機構關注的交集」。[29]雖然美國與墨西哥邊界長期以來都是學界研究的重點，但歐洲與非洲邊界在二〇〇五年的休達與美利雅悲劇之前，幾乎可說是無人聞問。以一位摩洛哥學者的話來說，非常態移民原本是個「空白領域」，研究者來到是希望為期刊論文、學位論文、調查報告拿到唾手可得的資料。移民船危機爆發之後的塞內加爾，同樣的模式再度出現：研究領域門戶大開，猶如學術界的克倫代克（Klondike，譯注：位於加拿大西北部，十九世紀末年曾出現淘金熱潮），任何早期研究成果必然會得到期刊編輯、遴選委員會與出資者的青睞，包括歐盟研究機構與無所不在的IOM。可以想見的是，大量政策論述一時間出現，建議各種零碎的「解決方案」；不過也有一系列不那麼引人注目的深度研究，探討移民潮的複雜面向。對被遣返者而言，他們明白事關重大，但是覺得這些做法都相當類似：都試圖發掘他們的故事，用來滿足歐洲金主的需求。[30]

被遣返者後來才知道，祕密移民其實是一種很有價值的商品，現在他們要從這門生意分一杯羹。被遣返者組織領導人莫克塔表示，他們已經決定除非能夠得到好處，否則不會再談論自己的經驗。「只要花一點錢，我就可以給你三、四個人。」他告訴我，「十萬中非法郎應該就足夠了，畢竟你還是個研究生。」他強調這是折扣價，有些新聞記者非常需要故事，牽線的中間人可以賺到十萬中非法郎以上。像我這樣的研究人員通常拒絕付費，但記者不斷花錢，有時候買禮物給慈悲媽媽的組織，有時候暗中拿錢給中間人。

除了這類一次性的交易之外，被遣返者無法從媒體報導得到金錢利益。他們在非法產業中的刻板形象，不是需要賦權的非洲人，而是有待馴化的狂野青年。他們唯一能販賣的只有自身的海上故事，那是絕佳的新聞素材——包含了苦難經驗與戲劇化歷程，既可以寫成嚴肅新聞，也適合做成專題報導。其他研究者指出，這樣的故事經過講述與重複講述，會染上一層矛盾與抵抗的色彩。[31]

有一天我和穆罕默杜一起去見莫瑪爾（Momar），他是被遣返者協會發言人之一，留著一頭髒辮（dreadlocks），是穆里德兄弟會「貝伊法爾」（Baye Fall）支派的成員；這個支派以色彩繽紛的襤褸服飾、四處乞討來供養領導人而知名。莫瑪爾的房間相當簡陋，我們坐在一張泡棉床墊上，他將一包「火藥茶」倒進一只金屬茶壺，放在煤炭上燒。我問他是否願意談談他的海上旅程，他很和善，難以拒絕我，最後說道：「看在穆罕默杜的份上，我可以談。」穆罕默杜則強調：「我們的政策是不跟任何人談。」並再度搬出數字：自他們被遣返以來，已有一千名記者與研究人員拜訪他們。然而他們還是繼續配合要求，供應故事。

「現在要離開比以前更難了，」莫瑪爾說道，他是一位自僱水電工，「二〇〇六年時，我還有客戶。但是等到我一離開，老客戶找上其他水電工，我回來之後得重新開始。」許多被遣返者表示，手頭拮据是他們不再嘗試移民的理由之一。相較之下，二〇〇六年時他們至少還有一些積蓄，可以充當旅費。

莫瑪爾開始談他的旅程，「只有勇敢的人（nit ñu am jóm）才會上路。」他的小船在二〇〇六年七月二十八日出海，船上每個人都記得那個日期。他以幾句話總結自己的苦難：「我曾經『一頭栽進』，花光每一分錢，失去許多朋友，回來後一無所有，什麼都沒有。」

我們一邊喝茶，莫瑪爾一邊解釋。出海第七天，船上的飲水和食物耗竭，乘客逼不得已開始喝海水。接下來燃料也用光，他們將覆蓋船身的油布剪下來做成帆，將側邊船身的木料拆下來做成桅杆與船槳。他們開始划船，兩邊各二十個人，連續划幾個小時。這艘船載了九十二人，在海上漂流，十一人死亡，其中幾位死在莫瑪爾懷裡。

「他們從第十四天開始死亡，」穆罕默杜幫莫瑪爾補充細節，兩個人你一言我一語，描述莫瑪爾的小船——還是穆罕默杜的船？——如何遭到攔截。最後是摩洛哥人而非西班牙人「來到加納利群島海岸，將我們帶走」。兩人說的愈多，故事就愈模糊。我逐漸瞭解，關於他們苦難經驗的敘述，這是非常典型的狀況。故事反覆訴說太多遍，他們已經滾瓜爛熟，彼此的悲劇相互融合，任憑訪問者取用。我聽到的究竟是誰的故事？在我之前有多少人聽過？

塞內加爾海岸地帶的被遣返者，尤其是那些加入協會的人，還可以說是因為訪客高度關注而受益。在貧困的內陸地區，諸如東巴孔達與偏僻南部的卡沙孟斯（Casamance），昔日的遷徙者不會看到多少記者、研究人員與援助工作者。此外，達卡和其他濱海城市有許多被遣返者不想與協會、非法產業有任何瓜葛。原因很簡單：他們無意重溫自己的厄運與隨之而來的恥辱。我問過一位這樣的被遣返者，請他描述他可怕的旅程，他突然站起身來，在房間裡來回踱步，「我忘得差不多了。」他看著通往樓下的房門，樓下是一家修車行，他被遣返後在長輩介紹之下來到這裡工作。他終於開始回想，他的船在出海第九天獲救，船上食物已在前一天吃光，「一名乘客陷入瘋狂，大喊『讓我下船！』我們只得把他綁在船身上……他看到女朋友出現在海浪中。」說到這裡，他停止踱步，坐在我身旁，像在船上一樣緊緊挨著；他雙手抱頭，船上乘客到晚上都會這麼做。對於這位修車技工和其他被遣返者，「一頭栽進」旅程深植在身體記憶之中。其實無法言喻。我很快結束訪談並謝謝他，他走下樓梯，解脫了再一次訴說的苦差事。

對於加入協會的揚古爾被遣返者，這種解脫感與他們無緣。莫瑪爾說他們決定不再接受訪談，因為想做訪談的人太多了，而且記者會問「你們是正常人還是瘋子」，質疑他們的理智。穆罕默杜指出，最讓記者震驚的是，移民船上的狀況很快就從團結變成混亂：「昨天我們一起吃飯，今天我們把你丟進海裡。如果你不這麼做，船上每個人都會死掉。」儘管被遣返者怨聲載道，而且聲稱要保持沉默，但他們還是會接受新聞記者、研究人員的訪談。畢竟，面對非法產業，自身的故事是他們能提供的唯一產品，也讓他們得以連結歐洲世界，那個他們曾經尋求進入的世界。

那年四月初，一支法國攝影團隊來到揚古爾。我與穆罕默杜以及他的朋友們在海灘上會合，他們坐在一艘擱淺的小船上，茫然看著攝影師將鏡頭對準一名正在洗衣服的女子。「她丈夫死在『一頭栽進』的旅程中。」穆罕默杜的聲音一如往常平平淡淡。海灘另一邊一艘小船準備就緒，要載攝影團隊出海。穆罕默杜說，法國記者付了汽油錢，請大家吃一餐「塞布珍」（cebujën，米飯加魚肉，塞內加爾傳統佳肴），還承諾會有「更多好處」，但不太確定是什麼，金錢？人脈？穆罕默杜也不願多提。

我們談到出資的合作夥伴，歐瑪爾（Omar）突然冒出來說道：「你已經是協會成員，應該幫我們尋找夥伴。」他說話速度很快，以協會的發言人自居。法國紀錄片的製作人聽到我們的對話，從天篷下的陰影走出來，加入我們坐的小船，手裡拿著一本筆記簿，「妳可以幫忙找到相關人士嗎？」協會的人急切問道，「你們應該準備一份資料來說明你們的計畫。」她露出狐疑的表情，「我們已經準備好了。」協會的人強調。歐瑪爾說先前來了一支歐盟代表團，做了一些承諾，但後來沒有下文。他用手機打給歐盟駐達卡辦事處，但代表團已經離開。對話到此為止，被遣返者漫步走向法國記者逗留的海岸線。「他們為什麼不再離開？」製作人問我，視線對著海面，越過漁船，望向哥黑島（Gorée Island）與貨輪，「人們真的知道歐洲經濟發生危機嗎？」

訪客雖然著迷於移民船的悲劇，但難以理解遷徙者為何決定離開。學者分析將他們的旅程視為一種集體的風險承擔，一種塑造身分認同感的經驗。新聞記者則訴諸更為便捷、簡明的解釋：孤注一擲和愚昧無知的混合，將歐洲當成地平線上的黃金國度（El Dorado）。這樣的觀點得到政治人物與金主的認同，證明有必要透過**敏感化**讓民眾瞭解旅程的風險與歐洲生活的困難，但這與遷徙者對自身旅程的理解大相逕庭。遷徙者的「不到巴塞隆納誓不生還」口號確實想像了一個黃金國度，但就像「一頭栽進」的說法一樣，他們預期這趟旅程會有許多麻煩。遷徙者對旅程的風險並不無知，他們冒險犯難，企圖證明自己的男性雄風；其他民族誌學者已經注意到這一點。[32] 失業的勒布人漁民踏上「一頭栽進」旅程之後，突然間發現自己以主角身分現身一場國家規格的大戲：不顧塞內加爾與西班牙政府警告，勇敢挑戰歐洲的海岸。

如今，在他們同樣「壯觀」的失敗之後，被遣返者與外國訪客的關係也充斥著曖昧矛盾。他們常常會閃躲對方提出的問題，有時候拿出虛假的答案，但他們總還是會回答。也許這回真的有人聆聽，也許這回記者能為他們找到合作夥伴。穆罕默杜不斷為繼續對話找尋藉口，「這是最後一次。」他會這麼說，或者拿出一張名片，告訴我這位記者值得他打交道：「他來自法國電視三臺（France 3）！」被遣返者儘管一再失望，但還是希望這回有所不同。只是這回遇上的法國電視團隊，會讓他們再一次深深失望。

秋天降臨，我回到達卡，穆罕默杜照慣例到公路上接我。路邊有人擺了一排音響與收音機，在塑膠盤子上堆疊瓶裝清潔劑，還將許多舊鞋子放在一張毯子上。「都是莫杜莫杜（致富的移民）帶來的。」穆罕默杜說，和我一起走回社區。那幾天正逢穆斯林的宰牲節（tabaski），許多移民返鄉探親。

慈悲媽媽的組織外面蓋了一間房子，頂端有AECID與幾個西班牙NGO的標誌；前者在當地已為人熟知。屋子裡坐著一位女性，表情百無聊賴，一身藍色衣裝，周圍的貨架上堆放著手工肥皂、非洲娃娃與紀念品組合。「她們每年都這麼做，」穆罕默杜解釋，「賣給訪客。但是今年行不通了，沒有訪客過來。」外界的慷慨捐輸已經轉移陣地。

不過穆罕默杜還是有些好消息可以分享。他的協會參與了世界社會論壇的準備工程，這項大型活動邀集運動者、NGO與政治人物，探討另類全球化（alternative globalization）。[33]那年輪到西非主辦，達卡成為會場。我在論壇的人脈幫了一點忙，讓穆罕默杜的協會得以參與。「我們原本不知道達卡會有這場論壇，」他後來告訴訪客，「在達卡辦論壇如果不談移民，那將是毫無意義。」

我們走出有遮蔭的院子，準備看一場切爾西（Chelsea）的足球賽，穆罕默杜透露他最近透過論壇接待了另一團記者，「我會告訴論壇，下回不做這種事了。」他說。協會和揚古爾的長老都受邀出席論壇的宣傳活動，搭巴士與計程車到場，就像一個代表團。「我們不會開口跟論壇要錢，我們只想尋求人脈。」穆罕默杜說，「就像我們跟你。你還記得我到慈悲媽媽的地方找你那天？怎麼著，現在你會帶香菸來！」他一如以往板著一張臉，但是聲音中浮現一股幽默感。也許情勢很快就會改變。

我們沿著鐵軌走回大馬路，穆罕默杜說他還沒有收到那團法國記者的回覆。他的一位朋友插嘴說，自己的姊姊在突尼西亞看到他們上電視。「就算我們空手而回，人們還是會認為我們拿到好處！」另一名被遣返者說道。我們在大馬路邊道別，一輛一輛卡車從達卡轟隆駛出，塞內加爾警方出動巡邏車，進行夜間取締移民行動。

人類學家與其他的悲劇記述者都曾指出，創傷經驗陳述會受到沉默與抗拒的阻撓。一位波士尼亞（Bosnia）戰爭作家說，戰亂與災難的倖存者還沒站穩腳跟，訪客卻能夠「從關於我們的寫作、拍攝或報導獲得名聲」。[34]然而移民船悲劇與戰亂的後遺症不同，並不指望對任何罪魁禍首究責。悲劇只能歸咎於大西洋的風浪、「無所不為的人口走私販子」與被遣返者自身。被遣返者的努力毫無著落；對於那些根據他們經歷而製作的照片、書籍與影片，他們連實體產品都拿不到。被遣返者對於自身悲劇的重述，結果只是讓他們在非法性的世界愈陷愈深，對那些藉由移民獲利的人們滿懷怨恨與不信任。

遣返與傷害的經濟學

二〇一一年二月，世界社會論壇在達卡登場，謝赫．安塔．迪奧普大學（Université Cheikh Anta Diop）湧進來自世界各地的另類全球化主義者（altermondialistes）、美洲原住民代表、摩洛哥民族主義者、好奇的達卡學生；通往校園的林蔭道上，聚集大批小販叫賣草帽、串珠、明信片。一齣劇作在紀念品攤位與洶湧人潮之間上演，人行道上擺放的道具——漁網、象徵船隻的木板——透露這是對抗非法移民的敏感化活動，女主角的哭訴也證實這一點。她的哭聲平息，男主角大聲疾呼，告誡觀眾不要動身：企圖前往歐洲卻「不通當地語言、沒有謀生職業」實在毫無道理。整齣戲以法語而非沃洛夫語進行，出資NGO的一位義大利員工解釋，這是為了外國訪客著想。幾位演員已有多語言演出經驗：除了為非法移民高風險群表演，也為觀光客提供敏感化節目；後者的「團結旅遊」（solidarity trips，譯注：強調關注與支持在地社群與生態的旅遊）是活動經費的來源，「如此一來，觀光客就知道自己的錢花在哪裡。」

聲譽卓著的黑非洲基礎研究所（Institut Fondamental d'Afrique Noire, IFAN）也位於這座大學，論壇為期一週，IFAN原本負責主辦移民與民族離散議程。但計畫完全趕不上變化，瓦德政府突然對論壇的激進色彩大感不滿，於是撤換大學校長，新校長則撤回對論壇的支持。IFAN大門深鎖，表訂會議取消，校園陷入混亂。

揚古爾的被遣返者協會也是論壇與會者之一，他們的活動場地在混亂局面中泡湯，不知何去何從。我和另外兩位研究人員跟著他們，最後總算發現一間無人使用的科學教室。陰沉的教室原本只有穆罕默杜、兩名協會的被遣返者和我們。另外一個來自揚古爾的對手組織「非法移民受害家庭」也來到這裡，包括發言人阿利翁（Alioune）和三位盛裝打扮的女性。他們因為不滿資金問題而與慈悲媽媽決裂，而且對打聽失蹤親人的消息仍然抱持希望。他們也在尋找可能合作的對象，和慈悲媽媽一樣；我們稍早看到後者在移民與民族離散的會場交際應酬。

午後教室酷熱，我們等候：也許會有更多人來到。穆罕默杜動搖了，不確定是否該堅持下去。他們為這一刻準備了幾個月。這時來了一位五十多歲的法國女性，走進教室坐定。穆罕默杜決定開始進行。

「我很清楚有些人不希望召開一場討論非法移民的會議，因為他們知道只要我發言，人們就會知道非法移民的真相。」穆罕默杜坐在教室前方一張凳子上，戴著鴨舌帽，深沉的聲音逐漸消沉為含糊咕噥。「那些人靠非法移民賺了許多錢，但是從二〇〇六年到今天，年輕的被遣返者沒有從非法移民得到任何好處。」他注視著那位法國女士的眼睛，開始敘述自己的十四天海上經歷，教室裡聚集了近一百人。「有些母親失去了兒子，有些人失去了親人，只為了到歐洲掙錢。」他凝視著那個女人，以平靜、穩定的語調談論隕落的生命。教室裡骯髒的風扇不會轉動，牆壁滿布沙塵，我們渾身是汗。「誰該負責？歐盟？誰？」有人欲言又止。教室門關上，但我聽到腳步聲，預示這場會議很快就會被打斷，我們要回去跟那些毫不在乎的學生廝混。「他們隱瞞所有事情，他們隱瞞所有事情，因為人們不想知道真相。」穆罕默杜繼續看著法國女人的雙眼，「他們不給任何資源讓年輕人安居樂業。」我轉移視線，看著牆上骯髒的海報，描述鈾元素連鎖反應過程。「我不代表協會，」穆罕默杜指著兩位同行的被遣返者，「協會需要協助……我們得學會說西班牙文，得說義大利文，因為我們沒法過去那裡。」他提到來過協會的記者，去年春天的法國記者團隊，那些打電話來說在電視上看過他的人，他協助歐洲人士撰寫的書籍。「但是相關的經費都到哪裡去了？」兩名來自揚古爾的母親癱在桌上，午後教室的窒悶讓她們昏昏欲睡。「對於非法移民的討論言結束了……各位必須幫助年輕人、幫助母親。」一陣溫吞、短暫的掌聲響起，然後陷入可悲的寂靜。

教室燈光白晃晃的，阿利翁和母親們談起自己的悲劇，「有八十六個家庭很想要分享，」阿利翁也鎖定那位法國女人說道，他遞出名片，她終於找到機會，迅速離開教室。

在尋找合作夥伴但無功而返的過程中，被遣返者以三種方式為非法產業效力：作為人類嚇阻者，作為NGO與當局進行交易的商品，作為適合用於新聞報導或學術討論的對象。然而非法產

業並不是一套順理成章的運作方式，由歐洲的決策者與政治人物在辦公室裡制定。它不斷變化，而且愈來愈顯荒謬，因為西班牙（塞內加爾也是）必須將爭議性的邊界管制行動去政治化；這些行動收編了由上而下的開發援助，在過程中也進行了由下而上的收編。[35]慈悲媽媽是攫取、網羅金主的高手，被遣返者也全力以赴。在這裡，祕密移民的偷窺性（voyeurism）——遮遮掩掩，等著被警察、新聞記者或可能的合作夥伴發現——激發出新的、變化不定的自我呈現模式。被遣返者有時候會決定以非法移民的角色現身；情況就像當他們漂流海上、成功無望、只求奇蹟獲救時，會扯掉保佑他們不被發現的護身符（gris-gris）。他們呼籲塞內加爾政府善待被遣返者、將自身故事賣給新聞記者與研究人員、對西方金主扮演非法移民高風險群安撫者的時候，身分正是非法移民。在過程中，各國政府、NGO與被遣返者一起合作，進行哲學家哈金所謂的非法移民「建構」（making up）。[36]

然而他們建構的是哪一種型態的移民？移民批判學者認為，全球遣返體制將每一個人分配到世界各地特定的位置，維持一種人人各有歸宿之地的假象。西班牙在塞內加爾就是企圖實行這種「領土解決方案」（territorial solution）。[37]西方的盔甲一度出現裂縫，但到二〇一〇年時已恢復秩序，通往歐洲的大門砰地關上。當年企圖叩關歐洲海岸的「野蠻人」回到自己的地方，在自己的祖國進退不得、滿懷怨恨。

剛開始的時候，被遣返者的形象有如悲劇英雄。民族誌學者卡洛琳·梅里（Caroline Melly）

如此評論塞內加爾船運移民潮時期「失蹤男性」的故事：「透過移民嘗試失敗故事的重現與重述，男性形象大放異彩，成為國家級的探險家、冒險犯難的開創者、願意為別人犧牲自己的顧家好男人。」[38]然而他們回來之後，捲入一場資金與尊嚴的爭鬥，形象因此大打折扣。他們必須努力爭取非法產業的油水，過程中，各方對他們遷徙經驗的想像發生變化，不再只是英雄故事的素材，「一頭栽進」反而成為一種汙名。非法移民被敏感化運動渴阻，呈現為被遣返者死氣沉沉、無用武之地的身體，與其說是勇氣與犧牲的象徵，不如說是一種類似疾病的傷害。

對政府當局而言，這是正中下懷。然而穆罕默杜和朋友們無意充當籌碼，任憑NGO、「社區領袖」、政治人物與警察、新聞記者與人類學家交易。在他們前進加納利群島的悲劇性嘗試過程中，他們有如向通往歐洲的水域投下釣線與釣鉤，建立前所未有的直接連結。他們的旅程不但讓西班牙與非洲兩地的政治人物、新聞記者與NGO締結關係，也讓遷徙者有資格向歐洲要求資金、補償與承認。[39]到二〇一〇年時，揚古爾昔日的遷徙者大部分都已在家鄉落地生根，面對警察巡邏、貧窮境遇與自身過去的悲劇，沒有多大興趣再次離鄉背井。他們尋求合作夥伴的努力永無止境，在過程中嘗試將自身的海上苦難轉化為政治與經濟資本。結果他們失敗了，剩下的就只有傷痕累累、滿懷怨懟的自尊。

回到海灘，看著湧向西班牙國民警衛隊巡邏艇的混濁海水，穆罕默杜對我說：「誰都無法阻擋我們，我們是非洲人。」為了證明這一點，他解開上衣鈕扣，露出一條蛇一樣的皮革護身符，纏繞著他的腹部。如果他要再度上路，這個護身符會庇佑他直達加納利群島，讓驚濤駭浪中交錯縱橫的塞內加爾警察、西班牙警衛隊、雷達、紅外線相機都看不到他。現在市面上有更新款、更強大的船隻發動機，六十匹馬力的山葉（Yamaha）機型會讓他們以更快的速度抵達目的地。「我們什麼都不怕。」穆罕默杜說，「我們不怕飛機，不怕巡邏艇，不怕危機。」

穆罕默杜和其他昔日遷徙者被拖進達卡援助產業點滴下滲的經濟體系，不僅如此，他們也變成一種資本，投入建立歐洲邊界的高賭注博弈。歐洲邊界的控制網就像穆罕默杜的吉祥物一樣無影無形、作用神奇。這些無影無形的線索連結了穆罕默杜的海岸、他昔日奔赴的加納利群島，以及歐洲警政機構在一個分散式邊界體制中的各個總部。這個規模史無前例的邊界體制、它如何發掘、利用被遣返者曾經擁抱的「風險」，將是下一章的主題。

2 一場風險的賽局*

馬德里，二〇一〇年六月。一間開放式辦公室，深藏在西班牙國民警衛隊總部內部，十個人圍坐著一張小小的木桌。穿制服的海軍、衣裝畢挺的警察、一身綠色的國民警衛隊員，有人緊抓著手機，有人用桌上一排同款筆記型電腦笨拙地打字。一名來自波羅的海地區（Baltic）的警察打電話給自家總部；一名表情嚴峻的官員對著電話說著不太靈光的英文。這些人來自東歐、冰島、義大利、荷蘭與西班牙。他們的桌子有如一座神經中樞，歐洲邊界執法機構 Frontex 在這裡對西班牙南部海岸執行移民管制。

纜線與衛星網絡從這個房間向外擴展，你如果跟著走，會來到大加納利島的帕馬斯，以及負責大西洋海岸移民監控的地區協調中心。協調中心由國民警衛隊負責的控制室有一幅電子地圖，

＊作者注：本章部分內容原刊於《今日人類學》（*Anthropology Today* 28(6)〔Andersson 2012〕）。主要新增部分是導論與部分結論、〈非洲邊境的硬連線〉一節、楷體短文，以及關於「證券化」的詳盡解釋。

巡邏艇化身為光點，呈現在加納利群島與非洲之間的海域。隔壁辦公室坐著塞內加爾、摩洛哥與茅利塔尼亞的官員，透過電話線路與衛星連結聯絡遠在非洲的同事，有如編織出一張透明、巨大的蜘蛛網，一路擴展到達卡與穆罕默杜家園外面的海岸。

在歐洲南緣，一道隔離歐洲與非洲的邊界正在建造。搭船進行的祕密移民只是一個小規模的現象，但是大量經費被投注於雷達、衛星、先進電腦系統以及海陸空巡邏行動，一切只為釜底抽薪，阻止遷徙者離開非洲海岸。從位於歐洲、裝備先進的控制室到年久失修的西非邊界檢查站，從大西洋岸到地中海，一個新的邊界體制開始運作，全心全力追蹤一個目標——非法移民。

學者在當代國家的邊界發現一種「劇烈的轉變」，歐洲新興的邊界體制正是印證。日益膨脹的執行預算、新科技、更嚴格的移民法規，在在都讓富裕國家進行「再邊界化」（rebordering），而且距離自家領土的疆界愈來愈遠。邊界如今出現在非洲警察的帳簿、接受檢查有無暗藏遷徙者的卡車、監控軟體、遠端簽證管控。隨著這樣的擴展，政治學家華特斯（William Walters）指出，歐洲的邊界愈來愈不像堡壘的牆壁，愈來愈像流動運作的網際網路防火牆。然而儘管形態日益分散，這個邊界體制仍具有非常獨特的歷史與地理淵源。在地中海與大西洋的水域，它訴諸古老的強權來進行分化與連結，同時模仿羅馬帝國界牆（Roman limes）：一道帝國防禦工事緩衝區，蠻族在牆外窺伺。來到二十一世紀的歐洲，「Limes」成了一項邊界管制計畫的名稱；希臘與羅馬諸神出借自己的名號，化身為聯合巡邏行動。[1]

本章接下來將展開一場步調快速的旅程，巡禮歐洲邊界監控機制，不時加入遷徙者的祕密穿越場景。旅程從馬德里出發，那是西班牙邊界管制行動的核心；造訪加納利群島與當地負責攔截移民船的協調中心；北上波蘭的首都，歐洲邊界事務機構總部在此，讓人難以想像；然後再度南下，來到西班牙海岸與控制中心。這些從海上到天上的片段——從移民小船到監視螢幕，後者將前者化為四處游走的畫素集合——或許能讓我們拿起一具想像的萬花筒，窺見這道邊界如何透過截然不同但縝密連結的片段來運作。[2]

歐洲—非洲邊界正在崛起，其新特質在於一種逐步的抽象化——邊界本身的抽象化，試圖越界的祕密遷徙者的抽象化。此一過程的先決條件則是將遷徙者與其小船轉化成一種特殊的風險。社會學家貝克（Ulrich Beck）指出，這種風險的表述正席捲全球：引發金融市場恐慌、恐怖主義憂慮、氣候變遷的世界末日景象。貝克新近的著述將風險視為對於災難的預期：它被製造、被展演、被當成行為準則，在過程中變得愈來愈真實。[3]「風險的賽局」（game of risk）正是這樣一種展演，由歐洲的邊界機構在公海上、控制室中進行，專家與安全部隊面對災難的威脅想方設法。他們在這麼做的同時，將遷徙者與其破舊小船從政治場域移走，界定為一種新生、抽象的事物：步步進逼歐盟外部邊界的安全威脅。

這樣的過程稱之為「安全化」（securitization），下文將有更詳盡論述。「securitization」在國際關係與國際金融領域的意義截然不同（譯注：在後者意為「證券化」），然而從 Frontex 的總部與西班牙當局的控制室可以看到，兩種意義的展現都是試圖分散與降低風險。然而邊界體制既不可能遏阻風險；對於因為建立歐洲邊界利害關係升高而引發的衝突，它同樣無能為力。

一道邊界的誕生

歐洲的邊界體制藏身在相距遙遠的城市角落與歷史建築，就連執法人員往往也一問三不知。二〇一〇年夏天，我來到馬德里有如一座堡壘的國民警衛隊總部，把守大門的警衛隊員沒有一個人聽說過負責移民管制的「國際協調中心」（International Coordination Centre, ICC）。「啊，是因達羅（Indalo）嗎？」一位警衛問道，終於打電話給負責的官員。西班牙當局在海岸地帶執行兩項移民巡邏行動，「因達羅」是其中之一，涵蓋安達魯西亞與莫夕亞（Murcia）；「因達羅」本意是西班牙南部阿美里亞（Almería）地區一種古老的吉祥物，據說能抵擋邪惡。

因達羅／wikipedia commons

走過庭院，走下一道迴廊，來到ＩＣＣ的控制室，法蘭西斯科（Francisco）少校坐在一張磨光的木頭桌子後方，牆角懸掛一面巨大的西班牙國旗。法蘭西斯科領導國民警衛隊的因達羅行動，也負責 Frontex 在西班牙的另一項海上聯合行動：巡邏西非與加納利群島之間的大西洋。

大批移民船湧入加納利群島的時候，西班牙猝不及防，「我們一開始沒有做好準備。」法蘭西斯科回憶。「這裡是島嶼，是群島。」他在特內里費島的同事也說，「我們能有什麼問題？這裡的邊界管制從來沒出過大問題。」然而負責西班牙海陸邊界巡邏的國民警衛隊很快就站穩腳跟。建立新邊界機制的基本要素在二〇〇六年之前就已到位，移民船潮的爆發讓當局全力以赴。西班牙工人社會黨政府爭取歐盟支援，與茅利塔尼亞、維德角、塞內加爾等國簽署巡邏與再入境（readmissions）祕密協議。[4] 不久之後，西班牙政府也引進新近成立的歐洲邊界機構 Frontex。法蘭西斯科曾到茅利塔尼亞的奴亞迪布（Nouadhibou）出差，這座港市常有強風吹襲，是二〇〇六年夏天的移民船出發地，因此號稱「非法移民之城」（la ville des clandestins）。法蘭西斯科的任務是要在非洲海岸地帶發起一項史無前例的反移民巡邏行動。不久之後，加納利群島周遭的大西洋海域成為一座「移民遷徙管理」實驗室，這個模式後來出口到歐洲南部邊界各個地區。

Frontex 的聯合行動取名「赫拉」（Hera）。赫拉除了是宙斯（Zeus）的妻子，還是希臘神話中的愛與婚姻之神，而她也讓西班牙、歐盟合作夥伴與西非國家締結天賜良緣。「赫拉一號」（Hera I）行動在二〇〇六年七月登場，一批專家前往加納利群島，協助查證被拘留遷徙者的國籍。一個月之後「赫拉二號」（Hera II）行動上場，Frontex 資助的國民警衛隊巡邏船進駐非洲海岸。史上頭一遭，歐洲與非洲國家一起巡邏歐盟的外部邊界。

赫拉在 Frontex 的萬神殿（pantheon）之中占據顯耀的位置。Frontex 有一本深褐色的小冊子《超越疆界》（*Beyond the Frontiers*），綜述該機構成立五年來的成就，將赫拉描述為「獲致成功的轉捩點。在赫拉行動之前，一切都只是理論。赫拉行動之後，前方的道路浮現……代表海上行動的誕生」。[5] 法蘭西斯科少校說：「赫拉是一種計畫原型，讓 Frontex 套用到其他聯合行動。」這些計畫「在遷徙者出發的海域運作，是非常理想的行動。」他說，「你必須阻止他們離開，不能等到他們抵達……如此將拯救許多生命。」他也補充說明，早期攔截還可以節省經費：一旦遷徙者來到，「你必提供食物，照顧他們。」

從數字可以看出赫拉行動為什麼大受歡迎。二〇〇六年抵達加納利群島的遷徙者多達三萬二千人，到二〇〇九年時已減少至二千二百人，到二〇一〇年時人潮幾乎已經終止，只有少數人從西撒哈拉海岸出發。從西非直通歐洲的管道實質上已經封閉。

對於一個以 Frontex 及其新增力量為中心、歐洲化的邊界體制，赫拉行動是第一個成功的嘗試。此外赫拉也首度在海洋上畫出一道清楚的界線，將歐洲最南緣與非洲海岸分隔開來。然而這道界線在畫定之後就開始擴散；對於移民船危機之後的歐洲建立邊界工作，赫拉行動只是第一步。

赫拉行動的推展讓人印象深刻。二〇〇六年夏天，國民警衛隊與其非洲同僚合作，船艦首先在茅利塔尼亞海岸巡邏，之後進抵塞內加爾海岸。拜Frontex資助經費之賜，西班牙軍機盤旋在大西洋上空；西班牙海上安全與救援協會（Salvamento Marítimo）仔細搜尋海面上有無搭船的遷徙者。參與巡邏行動的機構愈來愈多，需要一個協調中心，於是「加納利群島區域協調中心」（Centro de Coordinación Regional de Canarias, CCRC）應運而生，邊界事務工作者稱它為「el Frontex」，由國民警衛隊負責運作。國民警衛隊既是警察也擁有軍事位階，一位成員認為由它負責CCRC是最適當的安排：「國民警衛隊也有文職的性質，因此軍方不會抱怨，文職機構也不會生氣。」一位安全專家則形容CCRC是「一項超前時代的安全事務實驗……它的任務代表新世代的安全事務觀念：不再局限於內部與外部、國家與國際、民間與軍方的劃分」。CCRC的「跨領域」（multidisciplinary）模式後來在馬德里的ICC更上層樓，對南方海上邊界做到史無前例的視覺化與掌控。[6]

CCRC在二〇一〇年進駐帕馬斯市中心軍事宮（Military Palace）的辦公室，等候位於市區外的新大樓完工。軍事宮的走廊上懸掛照片裝飾，警衛隊其他協調中心很快就出現同樣的景象：溺水的非洲人被拖上甲板，巡邏艇乘風破浪。在樓上的控制室，一幅數位地圖被投射在牆壁上，顯示加納利群島的六座島嶼、警衛隊的船艦與車輛；海洋被畫分為幾個監控區，讓軍機掌握大西洋的情況。[7]控制中心負責整個行動地區，包括加納利群島、維德角與塞內加爾之間廣達四十二萬五千平方公里的海面。

CCRC光是架構本身就凸顯出近年以來，移民日益成為邊界理論學者畢哥（Didier Bigo）所形容的「全球安全問題」，盤據在內部安全與外部安全的門檻上。冷戰結束之後，隨著富裕國家的邊界政策重心從發動戰爭轉移為打擊犯罪，安全部隊的角色也變得愈來愈混雜。畢哥強調，新的安全情勢與一般的看法相反，「移民管制並不是安全問題的解方」。各個安全機構會擔心自身的前途，因此「為了將自家的目標送入政治人物的施政計畫而相互競爭」。CCRC一方面有如一座紀念碑，表彰這場戰爭在西班牙戰線的贏家——國民警衛隊；另一方面它的軍事宮辦公室、它的新科技、它的跨部門人員為打擊移民行動提供一種「催化劑」，模糊了非軍事手段與軍事手段的界線。[8]

軍事化的做法需要一套堂而皇之的理由，答案已經由法蘭西斯科點出，並由CCRC辦事處迴廊的照片凸顯：拯救生命。法律學者認為，要讓Frontex海上攔截行動在法理上站得住腳，就必須套上救援工作的框架；對此，邊界警衛高級官員似乎謹記在心。[9]義大利海岸警衛隊官員、前赫拉行動專案計畫負責人朱塞佩（Giuseppe）則說：「我們的當務之急是拯救人命，因此必須攔截所有企圖前往西班牙的船隻，不讓它們靠岸。」他也證實攔截行動的法理基礎是依據《國際海上人命安全公約》（*International Convention for the Safety of Life at Sea*, SOLAS）「拯救人命」。

海洋邊界本質上的分散性與相關國際法規定的各行其是，都對歐洲南部的建立邊界工作有所幫助。[10]至於人道主義，它一方面為公海或「自由通行」海域的攔截行動提供法理基礎，一方面也預先為非洲國家領海的爭議性執法行動準備理由；西班牙與非洲沿海諸國簽署合作備忘錄，允許歐洲當局巡邏各國領海，前提是由各國官員決定是否進行攔截。[11]「真正重要的是幫助人們，」一位國民警衛隊官員說，「不管是一海里、十五海里、三十海里或兩百海里……幫助這些船隻不應設限。」

這種人道主義動機似乎與地中海的移民船悲劇有所矛盾，光是在二〇一一年就有至少一千五百名遷徙者死於地中海。學者指出，國際搜救任務體制（search-and-rescue regime, SAR）與SOLAS存在漏洞，讓歐洲地中海國家可以將救援移民船的責仕推給鄰國。人權守望（Human Rights Watch）組織指出，搜救相關法律對於「海難事故」（distress at sea）觀念不清，「讓船隻得以對過度擁擠、裝備簡陋的危險移民船視而不見。」[12]

西班牙的巡邏行動與馬爾他等國不同，將所有移民船視為遇難船隻（náufrago）。以一位西班牙海上救難事務主管的話來說，移民船在本質上就是「對航行造成危險」，就像一部「沒有煞車系統」的巴士衝進公路。這種思考促成西班牙對超過一百五十萬平方公里的搜索與救援區（SAR zone）進行早期介入，其中三分之二屬於加納利群島海域，並且接壤非洲海岸線。在地中海的因達羅聯合行動，巡邏區域也仿效西班牙的搜索與救援區，並不局限於各國領海。在直布羅陀海峽，搜索與救援區涵蓋摩洛哥領海，意謂西班牙船艦經常在摩洛哥海岸「拯救」移民船，超越了原本關係緊張、劍拔弩張的邊界。[13]

西班牙對人道主義的利用並不是獨門絕活。華特斯研究其他地區「人道主義邊界」（humanitarian border）的興起，注意到在義大利的蘭佩杜沙島從二〇〇五年開始，移民船會遇到聯手行動的警察、海岸巡防隊、紅十字會、國際移民組織與聯合國難民署（United Nations High Commissioner for Refugees, UNHCR），這個「尷尬的結盟」混合了收容與驅逐、照顧與脅迫，一如西班牙的聯合行動。西班牙的案例以無比清楚的方式顯示，人道主義打消了各據一方的海洋邊界，讓邊界管制從歐洲的海岸向外發展。安全專家批評，「警方同時執行攔截與救援任務，傷害了他們作為嚇阻力量的形象。」然而就是因為這種人道主義—警方執法的連結，非洲與國際海域的移民管制行動才獲得正當性與效益。[14]

歐洲—非洲邊界原本只是一道線，但救援與巡邏行動很快就顛覆了這個線性邏輯。海上與空中行動依據搜救區與非洲巡邏協議，將開放的海洋切割成一個一個監控區。美國一項邊界管制行動曾使用「固守陣線」（holding the line）這樣的名目，然而監控的運作其實是「監視網格」（monitoring a grid）。[15]這類行動的先決條件是強調搭船移民的危險本質，以一位國民警衛隊官員的話來說就是「喪命的風險」。為了遷徙者自身著想，必須讓他們「無法出發」。然而遷徙者不僅在大海上對自己造成風險，他們也是威脅歐盟外部邊界完整性的風險，將這種風險概念化的責任，就落在角色多變的歐洲邊界事務機構 Frontex 身上。

Frontex 與移民的雙重安全化

「啊！你要寫移民船的故事。」阿里（Ali）滿臉笑容，彷彿照亮了大雨中的天井，這裡是加納利群島。「我知道有法國記者到西撒哈拉拍紀錄片，甚至搭船來加納利群島，什麼都拍。如果你有興趣，我可以做一些安排，我有人脈。你拍片可以賺不少錢。」阿里過去也賺了不少錢，他的生意是「運輸業，任何一種運輸」，開卡車載運違禁品，還做人口走私。阿里熟悉路線，知道如何可以不用賄賂摩洛哥安全部隊，如何快速充氣一艘 Zodiac 充氣船，如何在二十四小時之內從撒哈拉沙漠的海灘前往大加納利島海岸。「我一直把人送來這裡，送了兩個兄弟，然後自己過來……過去送人很簡單，警察不會來煩我。我集合人們，我有 Zodiac，我們走下海灘，甚至不用付錢給警察。」阿里有時候也服務來自撒哈拉沙漠以南非洲與亞洲的顧客，「他們付的價錢更高，一個人二千歐元，亞洲人要三千歐元。摩洛哥人付一千歐元就可以坐上 Zodiac，五百歐元只能搭小型漁船。」後來他決定自己也要前往加納利群島，「我還帶了一個駕駛……我們都叫他『老大』（al rais），但他什麼都不會。所有東西都是我買的，路費也是我出的。」阿里暫停一下，講述那趟旅程讓他興奮起來，「我上網查詢，等待適合的天氣……」然後一行人出發，「距離西班牙還有四小時航程的時候，天氣出現變化，狂風大浪。公海比近海危險得多，水又黑又深，非常深。老大很聰明，看到一艘巡邏船就停下來，這樣我們就不會出現在對方的雷達螢幕上。」清晨時分，他們抵達一處荒涼的海灘，阿里的兄弟等在那裡：他也曾經歷同樣的旅程，在同樣的地方上岸。「他特別在GPS上注記，然後把他的GPS郵寄給我。」阿里露出微笑，「我直接進到他家，沖個澡，弄了一些吃的，然後睡覺。」這趟VIP等級的旅程告一段落。

華沙，二〇一一年七月。Frontex總部遠離非洲的海岸線與沙漠，遠離地中海與大西洋。「Rondo1」是一幢玻璃帷幕的摩天大樓，矗立在後共產主義時代波蘭首都的商業世界，門面上掛出安永（Ernst & Young）會計師事務所的標誌，只有一面低垂的Frontex旗幟，讓人們知道這是歐盟邊界事務機構的總部所在地。

歐洲民眾對Frontex仍然相當陌生。它負責管理歐盟外部邊界的「行動合作」，主要工作是阻擋非常態移民湧入，近年預算快速成長，二〇〇六年開始全面運作時是一千九百一十萬歐元，到二〇一二年已增加至八千四百九十萬歐元（譯注：二〇二三年為八億四千五百四十萬歐元）。各方批評Frontex執行巡邏任務、驅逐尋求庇護者的合法性，運動人士譴責它對遷徙者發動「戰爭」。但我造訪之後很快就明白，從軍事化的觀點來看待Frontex，既有過之也有不及。[16]

透明電梯在十一樓砰地一聲打開門，一張地墊歡迎我來到 Frontex 刷卡才能進入的辦公室。接待處後方的牆上有 Frontex 的標誌，鑲嵌在一片木板上，很有質感。一座玻璃櫃展示著 Frontex T 恤、Frontex 手電筒、摺得整整齊齊放在盒子裡的 Frontex 領帶，櫃子上還貼了一張告示：「非供販賣」。我坐下來翻閱一本波蘭文的警政雜誌。辦公室後方，一名員工在感應器上刷她的門禁卡，一道玻璃門滑開，現出一個有如減壓艙的房間，一具攝影機掃描她的臉部，然後內部又一道門打開讓她進入。這個 Frontex 員工所謂的「防盜陷阱」（mantrap）、波蘭文警政雜誌與「非供販賣」告示，在在都顯示這地方不是什麼會計師事務所或律師事務所的總部，而是歐洲邊界體制的大腦，一位員工所說的「警察局」（cop shop）。

亞歷珊卓（Alessandra）是 Frontex 的女發言人，身穿樸素的灰色套裝，脖子上圍著一條愛馬仕（Hermès）絲巾，帶我進入副局長的辦公室。傑拉多（Gerardo）曾在西班牙國家警察任職，說話相當溫和。Frontex 創建初期，西班牙政府就建議由傑拉多出任局長。後來出線的是芬蘭邊防警察出身的拉蒂寧（Ilkka Laitinen），但由傑拉多擔任副手仍然是馬德里當局一大勝利。傑拉多聘了一位西班牙祕書，帶有濃厚的西班牙口音，特別重視西班牙相關事務，相當肯定西班牙打擊非法移民的成功。訪問進行中，我無意間看到他的牆上貼了一張海報，豔陽高照的庇里牛斯山（Pyrenees）；遙遠家鄉有如明信片的圖像似乎是一個恰當的比喻：在一個理應歐洲化的邊界體制之中，對國家的忠誠仍然無比重要。

西班牙經驗後來成為 Frontex 每一項行動計畫的基礎。傑拉多形容赫拉行動是日後所有聯合行動的「基準」，但也立刻淡化 Frontex 在赫拉成功過程中扮演的角色。「這項聯合行動或許有一些幫助，但當時西班牙正在（與非洲各國）磋商協議。」他強調這些協議包括邊界監控、警政合作、遣返與「逮捕人口走私販子」，都有立竿見影的成效。「我們不會以成功的關鍵角色自居。」亞歷珊卓後來呼應傑拉多的說法，「我們討論移民減少的因素時必須非常小心，我們不能邀功。」

這絕對是一種溝通傳播的策略，在展現形象與默默耕耘之間求取平衡——對 Frontex 的宣揚要恰到好處，讓它在幕後運作，將榮耀與指責都留給地主國。不過就赫拉行動而言，Frontex 的確只是次要角色，並非領導者。一位 Frontex 官員透露，當時前往加納利群島訪談遷徙者的警官「把這項工作當成度假」，而且需要指導，幾年後冰島的巡邏人員前往塞內加爾也是如此。傑拉多也強調聯合行動是由地主國當家作主，日後 Frontex 與非歐盟國家締結協議時，應該也不會改變這一點。在歐洲南緣的海洋邊界上，各國政府很不願意釋出自家的掌控權。[17]

因此，邊界事務基本上仍然是一種雙邊事務，就如同 Frontex 的全稱「歐盟成員國外部邊界行動合作管理署」（European Agency for the Management of Operational Cooperation at the External Borders of the Member States of the European Union）。*以一位評論者的話來說：「Frontex 至今仍然是一個欠缺獨立性的機構，其表現決定於西班牙等國的政治考量，各國則是藉此將國內利益升級為全歐洲的層級。」[18]事實上，西班牙領導赫拉巡邏行動的基礎是它與各方簽署的雙邊協議；CCRC的負責單位不是「el Frontex」，而是西班牙國民警衛隊，一直到不久之前都在西班牙的軍事宮運作。Frontex在這裡似乎被降格為一具漏斗，既讓歐洲挹注資金，也讓成員國行使發言權。

然而這樣的結論忽視了Frontex一個重要的影響：對邊界的重新思考。借用人類學關於移民官僚體制的一個詞彙，Frontex的「思想工作」（thought-work）協助重新畫定歐洲南部各自為政的邊界，置於更大規模的外部邊界敘述架構之中。西班牙—摩洛哥、義大利—利比亞、希臘—土耳其，以及受影響較小的東部陸地邊界：這些地區如今都是一樁歐洲共同事業的前線；對此，Frontex提供了一套語言，從移民遷徙的角度來理解這些前線，讓它們可以運作。我們即將看到，Frontex的思想工作再一次將移民遷徙界定為一種風險——不再只是人命的風險，同時也是歐洲外部邊界的風險。[19]

---

*譯注：二〇一六年改名「European Border and Coast Guard Agency」，歐洲邊界與海岸警衛署。

對 Frontex 而言，邊界意謂著業務。一位評論家如此形容：「Frontex 穿西裝不穿制服。」[20] 它的運作依循企業創投（corporate ventures）的脈絡，「專案團隊」（project teams）負責各項聯合行動（JO），運用的人員涵蓋 Frontex 大部分的單位，包括風險分析組（Risk Analysis Unit，RAU）、「送回」（returns，強制遣返）與「行動」（ops）。據一位風險分析師說明，RAU 首先準備主題報告與區域報告——專屬風險分析（tailored risk analysis, TRA）與戰術焦點評估（tactical focused assessment, TFA），然後草擬行動方案，送交各成員國與法務、公關等部門評估。行動的地主國有決定權，接下來會有一份完整的行動方案，列舉成員國可以提供的相關資產——例如人員或船艦，然後聯合行動隨時可以上場。

聯合行動、風險分析組、專屬風險分析、戰術焦點評估、資產與行動：Frontex 的術語就像許多行業的術語一樣難以理解。它的報告談到「業務領域」（business fields）如何在帶有軍事意味的外部邊界「行動戰區」（operational theater）啟動。「行動組合」（operational portfolio）包括將「戰略與行動風險分析產品」送交給「客戶」，也就是成員國的邊界警衛機構。[21] 儘管亞歷珊卓不以為然（「講業務就好像涉及獲利，對不對？」），Frontex 帶有軍事隱喻的業務語言顯示了這個機構的雙重自我認知：一方面是「解決方案」與「最佳實務」的供應者，一方面也是劍及履及的緊急狀況部署力量。

Frontex 作為歐盟「整合型邊界管理」（integrated border management）的支點，透過一系列

工作將邊界重新概念化（reconceptualize）：訓練邊界警衛、建立場域讓參與聯合行動的官員討論工作、將專業術語輸出至成員國以便蒐集統計數據。不過作為 Frontex 思想工作核心的風險分析，仍然是其所有行動的基礎。RAU 透過 Frontex 的風險分析網絡（Risk Analysis Network）蒐集情報，後者的參與國家則是透過派駐「過境國」的移民事務聯絡官員彙整資料。隨著風險的語言散播到這些網絡，並且一層一層進入邊界巡邏工作，Frontex 讓阻止移民遷徙再度成為邊界工作的優先要務。[22]其他事務像是偵測燃油外洩、協助遇難船隻、攔截毒品走私都成了次要工作。亞歷珊卓如此形容：「因達羅聯合行動的有趣之處在於……副產品。我們的任務是邊界管制，控制非法移民，」但是他們在因達羅行動之中「查扣了四公噸大麻，就在行動期間」。[23]這樣的邊界管制意謂非常態移民是當務之急，Frontex 作為一個情報驅動的機構，任務就是透過風險的概念來定義與理解這個目標。

依據 Frontex 的定義，風險是「一種由威脅、脆弱性與衝擊組成的函數」：「『威脅』是一種施加於外部邊界的力量或壓力，有一定的強度與可能性；『脆弱性』的定義是系統承受威脅的能力，『衝擊』則是威脅可能造成的後果。」[24]

透過這種三管齊下的風險觀念，Frontex 似乎為移民遷徙的「安全化」提供了關鍵要素。如前所述，安全化意謂將一個議題去政治化，藉由宣示說法或實務做法界定為安全威脅。近年已有學術研究分析 Frontex 如何助長歐洲移民遷徙的安全化，儘管如此，很少人關注作為組織脈絡的風險觀念。風險是人道主義與打擊犯罪、宣示與實務、政治與巡邏之間的橋梁：它提供一種不帶政治色彩的語言，以便將移民船轉化為外部邊界的抽象威脅。此外下文還將論及，風險也容許從第二種「securitization」（證券化）來看待移民遷徙，有如銀行業彙集資金、從財務風險獲利的模式。[25]

風險在一個由箭頭組成的世界中（譯注：意指地圖上標示非法移民行動的箭頭）得以真實化；但那些在海上巡邏與搜救任務中可見、可觸及的移民船，卻被抽象化到前所未有的地步。在Frontex的一間會議室裡，一名風險分析師在桌上攤開地圖，追蹤祕密移民的路線。在移民事務智庫「國際移民政策制定中心」（International Centre for Migration Policy Development, ICMPD）製作的「iMap」（本書開篇有一幅簡化的版本），箭頭指向利比亞、尼日、阿爾及利亞與茅利塔尼亞的沙漠，然後會合到奴亞迪布、烏季達與阿加岱（Agadez）等移民節點。用Frontex的行話來說，這些路線會封閉（closed）、轉移（displaced）、重新開啟（reactivated）。另一套術語來自學術界對於推拉因素（push and pull factors）的研討，談論「小群」（pockets）遷徙者如何進行「轉送」（transfers）。於是移民路線化為銳利的箭頭、Frontex風險定義中的「力量或壓力」，威脅歐盟「脆弱的」外部邊界。

風險分析師用手指沿著箭頭移動，從濱海的茅利塔尼亞前往阿爾及利亞沙漠。分析師說：「從大西洋到地中海西部，曾經發生轉移效應（displacement effect）。」那是二〇〇九年的事。

「一直到二〇〇九年，這都是一條最危險的移民路線。」隨著大西洋與東部前線（從尼日通往利比亞、義大利的路線）壓力與日俱增，這條路線是碩果僅存。「小群」遷徙者必須被轉送，西班牙的因達羅行動區域則是「重新開啟」。

實際進行轉送與重新開啟的人——人口走私販子——在 Frontex 的行話中稱之為「協助者」（facilitators），指涉對象從希臘—馬其頓邊境的計程車司機到人口販運組織無所不包。Frontex 藉由在遷徙者拘留中心進行的「盤問」（debriefings），得知他們的路線與協助者運作模式。相關資料由風險評估進行彙整。[26]

風險分析過程中逐步發生的抽象化——從 i-Map 圖像與 Frontex 術語可以明顯看出——將邊界地區複雜的實際狀況扁平化。一名阿富汗難民代表的風險是否和一名塞內加爾海上遷徙者一樣高？[27]馬其頓的計程車司機與奈及利亞的人口販運幫派是否構成同等的威脅？Frontex 行話的中立性讓各種狀況得以迅速翻譯為邊界語彙（border terminology）。當人口走私網絡以專業化來因應管制行動的強化，這項變化也會呈現為 i-Map 上的箭頭與 Frontex 術語中的「重新開啟」與「協助」。Frontex 的思想工作藉由自身的中立性，營造出一種單一化的景觀：邊界就是一群無差別遷徙者與其幫助者被阻擋、被拘留的地方。

這種單一化景觀與搭船移民的真實狀況大相逕庭，西班牙警方也心知肚明。西班牙警方派駐達卡專員勞爾指出，二〇〇六、二〇〇七年塞內加爾移民網絡的形成是因緣際會，「這些人是塞內加爾的漁民，本身往往也很想踏上移民之路，他們有船，有發動機，有願意付錢的顧客。」在揚古爾這樣的漁村，一系列的角色投身於網絡之中，勸誘者（coxeur）幫運送者（borom gaal）找到顧客；運送者除了是船主，也負責規劃整個旅程。所有「船票」都賣出去後，運送者會找一個人當船長或嚮導，操作船上的GPS；還必須找幾個人當駕駛，代價是免費船票。對Frontex而言，運送者、勸誘者、船長與駕駛全都歸類為「協助者」，西班牙媒體譴責他們是「黑手黨」，法院則將他們以走私者（pasadore）身分判刑。在摩洛哥，移民船駕駛「老大」和他的老闆阿里也被貼上同樣標籤。

將遷徙者與協助者設定為風險的來源，然後透過視覺和語言的抽象化將他們「安全化」。然而風險並不只是對危險的預期，它也可能帶來豐厚的利益。要瞭解風險的這一面，我們可以思考「securitization」第二個、金融領域的意義「證券化」，並結合它在執法領域的意義。[28]對銀行家而言，「證券化」意指將債務捆綁、切割、進行交易。二〇〇八年全球信用緊縮危機的核心就是證券化的衍生性金融商品（financial derivatives），將高風險的次級房貸（subprime mortgage）包裝之後置入一個資產負債表外工具（off-balance-sheet vehicle），在全球市場以曝險程度不同的「分券」（tranche）方式交易。運作的重點在於達到前所未有的風險分散，然而也正是這種分散性造成系統的崩解。[29]

令人不安的是，歐洲的邊界體制似乎正以類似的方式分散、分銷風險。這個體制首先透過

Frontex 的情報網絡與 i-Map 之類的工具，讓專家藉由圖形界面來設想新的「解決方案」，進而將移民人流「安全化」為一種威脅。在此同時，風險也被「證券化」，過程類似金融業——捆綁成小群、路線、人流與脆弱性，交給警政機構與外部投資者。這樣的分銷過程就像金融業的證券化，在「下層」（junior）與「上層」（senior）投資人之間衍生出新的風險與日益升高的緊張關係，下文還會論及。

Frontex 其實很像一個步調快速的金融家或者它要對付的「協助者」，面對風險既要規避又要擁抱。為了即時掌握遷徙路徑的變化，Frontex 需要一套精實、有彈性的營運方式。華沙一座摩天大樓的幾層空間，已經符合它的需求。Frontex 沒有——至少現在沒有——大而無當的基礎設施要對付。[30] 相較於歐洲舊日僵化、笨拙的邊界警衛工作，Frontex 對整個外部邊界地區提供迅速、明快的介入。因此，這個「Frontex」與帕馬斯控制室裡的軍事化邊界執法者「el Frontex」不同。Frontex 運作彈性、具機動性、可隨時撤離，就像其借調成員參與聯合行動時配戴的藍色臂章。Frontex 就以這種輕量級的方式，在成員國強大國力的庇蔭之下，低調進行為歐洲建立邊界的工作。

非洲邊境的硬連線

從移民船上望過去，歐洲首先會以光的形式出現——地平線上一抹微光，一道閃閃發亮的海岸線；為了抵達光的所在，你必須先穿越怒海與沙漠上的黑暗，躲過邊界警衛的搜索目光。滿載遷徙者的小船從西撒哈拉啟航，接受福提文土拉島（Fuerteventura，譯注：位於加納利群島東部，距離非洲海岸不到一百公里）上的安塔拉達燈塔（La Entallada）引導，與強風拚搏前行，「Fuerteventura」正是強風的意思。從北方摩洛哥出發的海上遷徙者，則是追尋亞伯蘭島（Alborán Island）的微光，那是美利雅北方地中海上的彈丸小島；如果錯過，下一個目標是西班牙本土海岸的三道光芒：格拉納達（Granada）與阿美里亞的三座燈塔。在茅利塔尼亞的港市奴亞迪布，遷徙者說他們看得到大海對岸歐洲的光。但歐洲的光傳得更遠，穿透沙漠。「啊！祖埃拉特（Zouerate）。」一位西班牙警察說道，那是茅利塔尼亞深處一座荒涼的礦業城鎮，「黑手黨把遷徙者丟在那裡，指著市區的燈光，聲稱那就是西班牙，要他們向著光走過去。」

帕馬斯，二〇一〇年四月，一年一度的大拜拜。穿制服的警察，白色軍裝的海軍，綠色制服的警衛隊，集合在大加那利島首府美利亞大飯店（Hotel Meliá）的大廳。這是歐洲與非洲移民警政會議，邀集來自二十五個國家的八十九位警政首長與會，國家權力在會場展露無遺：背脊直挺挺的男士、會議桌上的國旗、大批精美的警方海報。講臺後方張貼巨大橫幅，以落日海景凸顯歐洲外部邊界。從大型窗戶望出去，幾步之外就是沙灘，遊客悠閒地做著日光浴。

簡報一場接一場，法蘭西斯科興奮地報告「新世代的監控系統」，完全整合海洋邊界管制，「讓所有系統都能相容」。研討會與談人是一位來自荷蘭的歐洲刑警組織（Europol）官員，要求在場的非洲警政主管掃蕩人口走私販子，並且「將你們關於走私網絡的資訊交給我們」，「懲治人口走私的法律條文，在聯合國毒品犯罪防制署（UNODC）網頁可以下載。」他鼓勵非洲官員回國後好好推動立法。他向來自北非的同儕點頭示意，語帶同情地說：「我們正在建造歐洲堡壘，想進入歐洲會愈來愈困難……（因此）你們也正面對同樣的問題：非法移民、非法居留者。」

休息時間到了，非洲海軍官員與西班牙國民警衛隊主管在飯店陽臺交際應酬，小口喝著咖啡與茶，大啖糕點。我四處蒐集名片：馬利憲兵隊總監、塞內加爾海軍作戰長、甘比亞移民事務專員。他們都是非洲邊界事務機構的高官。一名北非軍官與一名希臘軍官互相拍照留念。真正重要的活動是密室會談：幾名馬利人員與西班牙國民警衛隊員在大廳裡大笑，一名茅利塔尼亞憲兵官員用他老舊的諾基亞手機記下電話號碼。

研討會進入尾聲，新聞記者才獲准進入會議廳。他們聚集在後方，西班牙安全部隊領導人走上講臺。他說話速度很快，非常肯定「這次會議氣氛極佳，信心洋溢」。並提到非法移民已經減少七成，對抗這場災難的工作正快速進行，這要歸功於「今天出席會議的各個機構通力合作」，他們必須「懲治拿人類來做生意的罪行」，意指人口走私網絡。他還警告大家不要沉溺於「虛幻的勝利感」，但口吻仍然信心滿滿。大官居高臨下，只覺前景一片光明。問題在於：付出了什麼樣的代價？

剛開始的時候，要求非洲國家合作相當困難。西班牙國民警衛隊駐達卡主管表示：「原因可能是他們並不確切瞭解我們想做什麼。」這是非常委婉的外交辭令。前幾年，「甚至有警察或憲兵會送自己的孩子上路」，如果他們知道有船要出海，「他們把搭船當成搭巴士」。還有報導指稱非洲官員半途離開警政會議與確認遷徙者身分的任務，從此下落不明。

「所有成員國都知道，想要對付移民問題就一定要與第三國合作。」法蘭西斯科少校強調，而西班牙在各國之中率先體認到這一點。上一章討論過的西非國家與西班牙移民協議，基礎就是警政合作。安立克（Enrique）是一名派駐摩洛哥、口吻強硬的西班牙警察，長期推動西非國家與西班牙協商，「首先會是兩國外交部長簽定合作協議，搭起門面（para tapar），」接下來是內政部長簽定合作備忘錄，「我想想看，」他開始列舉自己曾協助推動協商的國家，「塞內加爾、茅利塔尼亞、馬利；摩洛哥原本就有；維德角、甘比亞、幾內亞、幾內亞比索，還有哪些……

噢，對了，尼日。協議內容基本上都一樣，剪下再貼上就可以了。」透過這些協議，歐洲南部邊界迅速建立起一個龐大的警政執法網絡。

這個網絡的關鍵是「海馬計畫」（Seahorse Project），從二〇〇五年開始進行，拿到歐盟六百萬歐元經費，隸屬於規模更大、一億二千萬歐元的「伊尼亞斯計畫」（Aeneas program，譯注：歐盟針對移民與申請庇護為第三國提供金融與技術援助），目的在於建立「遏阻非法移民的有效政策」。[31] 海馬計畫由西班牙國民警衛隊負責執行，試圖透過會議、訓練、增加部署聯絡官員與聯合巡邏，將各國警方連結成一個更緊密的網絡。計畫的祕書處連續五年負責籌辦帕馬斯會議。根據西班牙警政首長閉幕時的談話，這場會議很快就會成為一項傳統。西班牙官員也前往西非國家的首都，訓練非洲警察對付非法移民，邀請高階官員參訪西班牙警方的控制室與警察學校。這些會議、課程與參訪，不但做到西班牙警方駐馬利專員所說的「觀摩其他國家如何處理移民問題」，它們也讓非洲官員藉由公費旅行，培養一種對於邊界事務的共同觀感，同時建立非官方的人脈連結。在帕馬斯會議上，蛋糕與咖啡對於強化邊界網絡的貢獻，不在沒完沒了的電腦簡報之下。

但海馬計畫主要是一項高科技的投資事業，它不但針對非法移民擴大跨國執法網絡，也將這些網絡硬連線（hardwire）為一套使用衛星的保密通訊系統。科技引發合作，這套保密通訊系統「海馬網絡」（Seahorse Network）到二〇一〇年時已有西班牙、葡萄牙、茅利塔尼亞、維德角、塞內加爾、甘比亞、幾內亞、幾內亞比索與摩洛哥等國加入。[32]

赫拉行動以海馬網絡為基礎，這個網絡從帕馬斯的CCRC出發，擴張為一面天羅地網。Frontex 最熱忱的合作者塞內加爾在達卡海軍基地設立一個全國協調中心，讓參謀首長聯席會議（joint chiefs of staff）透過塞內加爾內政部另一座控制中心聯絡帕馬斯，有時也透過西班牙大使館的專員聯絡。然而，相關資訊不會停留在帕馬斯：到二〇一〇年時，一道穩定的資訊流從CCRC、達卡與非洲海岸其他地方匯入馬德里的控制室、匯入華沙的 Frontex 總部。[33] 藉由這種日復一日的接觸，此一通訊網絡變得愈來愈精細複雜，它的跨國特質愈來愈被視為理所當然。

在這個由海馬網絡串連的體制中，有一點特別重要：所有的資訊都會經過西班牙；相較之下，茅利塔尼亞與塞內加爾、塞內加爾與甘比亞之間都沒有這方面的通訊管道。這個資訊網絡有如一條單行道。

邊界理論家克里斯托夫（Ladis Kristof）很久以前提出一個區分：邊界（boundaries）與邊境（frontiers）——前者是「內部導向」（inner-oriented），用以隔離自己人與局外人；後者是接觸區域，也是「光明與知識的矛頭，向黑暗與未知的領域擴張」。[34] 諷刺的是，西班牙為了自我封閉，首先必須向外伸展，建立一個接觸區域，也就是邊境。在這個過程中，西班牙政府將「剪下再貼上」的合作備忘錄物盡其用；為了關上自家大門，它敲了每一扇該敲的門。然而，西班牙建立邊境的工作畢竟功效有限：暢通的人造衛星頻道會引發摩擦；緊張關係再怎麼枝微末節與短暫，有時候還是會公開爆發。

西班牙國民警衛隊領導人踏上講臺、宣稱打擊非法移民戰役勝利在望之前，新聞記者獲准進入會議廳之前，帕馬斯會議有一段簡短的發問時間。一位非洲官員說道：「要解決非法移民問題，警察執法不是唯一可行之道。」另一位西非官員也舉手發言，他以溫和的語調說著流利的法文，會場有同步口譯：「資訊交換必須是雙方互惠，」否則就不能算是「合作」。講臺上的歐洲刑警組織官員回答，他完全瞭解對於難以獲取機密訊息的不滿，但是資訊分享要遵循嚴格規定。也許未來會有更開放的做法，這位官員自言自語。然後他想到有些東西可以提供給非洲官員：前一年的ICMPD報告相當完整，而且是公開資訊，從中心的網站就「可以免費下載」；如果非洲同僚有需要，他可以給他們一個網址。

在海馬計畫中，歐洲—非洲邊界不再是——或者不再只是——大海上的一條界線，一個搜索與救援區域，一個複雜的風險管理場域；它演變為華特斯所謂的「跨國網絡的戰略節點」，西班牙——在這個地區並沒有殖民歷史包袱——占盡天時地利，可以和西非國家建立同盟關係，來因應彼此共同關切的移民風險。然而，在貝克設想的國際化海洋分界線上，出現的不是一個運作順暢的「風險社群」（risk community），而是帝國時期的不對稱關係。回到金融業的「證券化」類

比，如果說邊界體制做到了分散風險，那麼在打擊非法移民的事業中，非洲移民拿到的是風險最高、最「下層」的分券（tranche）。以貝克的話來說，這是將風險從富國向窮國「輸出」。那位歐洲刑警組織官員對「歐洲堡壘」的副作用殃及非洲表示同情時，就形同承認這一點；非洲國家與會代表的問題也暗示了這一點。在此同時，邊界事務「安全化／證券化」的主要利益流向別的地方——歐洲的安全產業，因為它針對祕密移民造成的風險提供了技術性的「解決方案」。35

緊盯螢幕的人

來到位於非洲頂端的「自由城市」丹吉爾，哈法咖啡廳（Café Hafa）曾經讓許多垮世代（Beat）詩人流連徘徊；距離咖啡廳僅僅三十公里的地方，就是西班牙海岸。瑟吉（Serge）一邊啜飲著薄荷茶，一邊凝視著地平線上的西班牙城鎮塔里法（Tarifa）——海上薄霧與晴朗藍天之間，安達魯西亞地區一團泛白的影像。瑟吉來自剛果共和國（Congo-Brazzaville），十二年前逃離家園，當時他的一位兄弟差一點死於內戰。他剛到摩洛哥一年，正在申請庇護。「我只想離開這地方，這是我唯一的心願。」他說，「但是我絕不搭船出海，太冒險了。」瑟吉認識一個奈及利亞人，靠人口走私賺了不少錢，在市郊蓋了一間大房子。「我問他去歐洲的事。」他說，但對方沒有回音。他嘗試其他的門路，主要是與來自歐洲的女性談情說愛，希望靠感情拿到前往歐洲的通行證。他喝完茶，仍在思考搭船前往西班牙的可能性，「如果我要出海，一定搭Zodiac。」Zodiac船身小、速度快，已經取代一九九○年代第一代摩洛哥遷徙者使用的木殼漁船。[36]這時他轉頭問我一個問題：「聽說如果你搭小船從這裡的海灘出發，他們會在雷達螢幕上發現你，是真的嗎？」

如果說風險分析是歐洲邊界體制的「大腦」，一如Frontex的構想，那麼螢幕與監控裝備就是它的眼睛。從華沙、馬德里到國民警衛隊遍布西班牙海岸線的據點，各個控制室讓邊界被看到、被解讀、可以進行任務。西班牙在這方面再度成為開路先鋒，它的「外部監控整合系統」（sistema integrado de vigilancia exterior, SIVE）結合了雷達、高科技相機與巡邏，形成一個強而有力的監控網絡，被認為是移民船大幅減少的頭號功臣。SIVE的工作重心從毒品查緝轉移到非法移民之後拿到歐盟經費，協助西班牙國民警衛隊轉型為一支科技先進的邊界部隊，也讓安珀（Amper）、西班牙國防系統工程（Isdefe）、因陀羅（Indra）等西班牙系統開發商大發利市。「因陀羅」公司名稱來自印度教的戰神（而且正好對應到赫拉的丈夫宙斯）將SIVE出口到羅馬尼亞、拉脫維亞與香港等地。[37]

走進一間SIVE控制室——近年已有許多各國代表、安全專家、新聞記者造訪，你會看到一排一排電腦終端機，負責操作的警衛隊人員盯著監視器。牆壁上也嵌著螢幕，顯示即時更新資訊的電子地圖，以及海岸與海洋上的攝影機畫面。每個操作員負責一部終端機，搜尋移民靠近海岸線的跡象。跡象可能突然出現：螢幕上一艘以畫素呈現的小船，以向量標記速度與方向。警衛隊員將地圖投射到牆上，仔細檢視，知道有可能是虛驚一場。也許雷達偵測到的是一陣大浪、一艘小型漁船、甚至一頭鯨豚。判定是否為移民船需要經驗：今日天氣如何？如果吹的是起自西班牙東部（Levante）、越過地中海的強風，那麼遷徙者不太可能會從阿爾及利亞或摩洛哥出航。目標如何移動？如果螢幕上的畫素顯示一道蜿蜒曲折的軌跡，那麼就有可能是一艘移民船。目標正快速移動嗎？在加納利群島海面，大型木殼移民船會載運多達一百名乘客，負荷相當沉重，緩慢的速度會讓它暴露身分。在直布羅陀海峽，如果目標很小而且快速移動，那可能是毒品走私，或是搭乘輕巧Zodiac的遷徙者。操作員只需輕輕一按滑鼠右鍵，就能辨識一艘移民船，並追蹤它的動向。當小船造近海岸，操作員使用搖桿來控制攝影機，緊跟著目標，就像電腦遊戲一樣。如果確認是移民船，操作員會啟動相關規定，一艘警衛隊巡邏艇迅速出動，後面跟著海上安全與救援協會的救援船。介入行動的四步驟即將完成：偵測、辨識、追蹤、「攔截或救援」。最後，螢幕上的移民船位置出現十字瞄準線符號，代表這艘船遭到攔截。

SIVE螢幕上的歐洲—非洲邊界是一個擴散式的介入行動區域，缺乏清晰明確的界線。[38]真正重要的是雷達的偵測距離、攝影機的規格、巡邏的範圍——全都以視覺方式顯示在螢幕上。在這個其實沒有邊界的世界，「不正常船隻行為」會讓移民船現形，有時走走停停，有時曲折迂迴、漫無目的。

「拯救生命」的SIVE似乎非常成功：它不僅實況呈現邊界狀況、宣揚西班牙科技、阻擋移民船前進，它也將移民風險轉化為一種螢幕上的異常狀況。但是SIVE的螢幕也遮住了訪客的視線，不讓他們看到海洋監控如何改變海洋邊界上的貓捉老鼠遊戲。國民警衛隊有一本談SIVE的出版品承認：「SIVE部署地區的監控與管制大幅增加，迫使非常態活動轉移到戒備較為鬆散的地區」——這意謂更漫長、更危險的航程。[39] SIVE之外，還有其他策略在這幾年興起。現在大部分來自撒哈拉沙漠以南的遷徙者都知道，他們恐怕難逃SIVE的法眼，但他們不像摩洛哥或者阿爾及利亞遷徙者那樣害怕遭到立即遣返，他們對立即遣返求之不得。另一場邊界的賽局展開，每一個的行為者——協助者、遷徙者、救援服務、警衛隊員、警察——都有被指派的角色。遷徙者或他們的同夥經常在出發前就發出求救訊息，海上救援船搜尋他們的蹤跡，一旦發現就把他們帶回港口，他們會接受身體檢查、遭到拘留、期盼獲釋。其他的遷徙者則承擔更大的風險，他們試圖避開雷達、節省成本，因此使用小型、充氣式的「玩具船」，駛過海水又深又湍急的直布羅陀海峽。他們通常也會被偵測到。但是要偵測他們有更簡單的方法，其實不需要昂貴的SIVE。每年有數千艘船舶行經直布羅陀海峽，西班牙當局鼓勵它們一旦發現移民船就通報。像這樣的高科技與低科技結合，結果就是到二〇一〇年時，大部分移民船都遭到攔截。西班牙海灘日光浴遊客驚見移民上岸事件，已成為過往的記憶。

操作SIVE的工作有時會帶來沉重壓力：當數十名遷徙者擠在一艘下沉中的船上，他們的生死決定於SIVE操作員能否正確解讀螢幕上的訊息。前幾年的大規模遷徙潮，有報導指出警衛隊員出現憂鬱症狀。警衛隊全國工會批評各地的控制室缺少SIVE人員、工作環境不佳；援助工作者私下指出，人力不足導致SIVE的效能大不如前。[40]

然而，針對這些局限性的解決方案卻是更多的科技，整個歐洲的邊界體制都是如此。法蘭西斯科少校說：「我們必須擴大運用科技。」他對於邊界監控的願景包含三個層面：首先是SIVE與海岸地帶巡邏，其次是監控公海的飛機、船艦與衛星；第三是搜索非洲各國領海的聯合巡邏，例如赫拉行動以及與摩洛哥的合作，但後者的關聯性要打一點折扣。[41]

這項全方位監控的願景已經開始實現。Frontex首度進行跨機構行動「因達羅」時，歐洲海事安全局（European Maritime Safety Agency）提供衛星支援。全球環境與安全監測計畫（GMES）是歐洲的地球觀測計畫，與Frontex合作進行耗資一千五百萬歐元的「G-MOSAIC」計畫，建立區域城市的「態勢感知」（situational awareness），其網站展示阿爾及利亞沙漠的車輛軌跡、顯示「邊界穿透性」（border permeability）的色彩標記地圖。[42] GMES與其他政府經費計畫吸引了因陀羅等國防事務公司，開發利潤豐厚的科技。Frontex也透過其研發單位扮演核心角色，協調各項研究，連結學術界、歐盟當局、安全業者與邊界警衛隊。安全產業與歐洲的邊界體制來往密切、成果豐碩，包括海陸空監控系統的電子光學感測器、「用於偵測密閉空間人類與物體移動」的小型感測器、先進的指揮管制系統（C4I）與船隻追蹤工具等等。以一位評論者的話來說：

移民管制是「我們相關產業的機會，利用一個無與倫比的實驗室來推動新產品的研發」。歐洲—非洲邊境激發的創造力似乎無窮無盡。[43]

激發創造力的火花一部分來自歐盟第七期科研架構計畫（Framework Programme, FP-7），它從二〇〇七到二〇一三年為安全研究提供十四億歐元經費，目標是「增進歐洲安全產業的競爭力」。不過那些國防事務公司絕不是消極坐等政府補貼與優惠：它們與邊界防衛隊一樣，在布魯塞爾（Brussels，譯注：歐盟總部所在地）、華沙等地積極為其「解決方案」**創造**需求。對於安全研究的輕重緩急如何取捨，歐洲安全組織（European Organisation for Security）等遊說團體扮演關鍵角色。業界代表以「專家」身分參與各項公部門與民間企業對話，例如「歐洲安全研究與創新論壇」（European Security Research and Innovation Forum）。在此同時，歐盟及其成員國積極嘗試強化各自為政的防衛部門，將相關產業的產品推銷到利比亞等鄰國，通常是以出口信貸來敲定買賣。《移民產業與國際移民的商業化》的一位學術界作者詳述這些動態發展，指出「歐洲邊界軍事化的根源除了企圖防堵移民，也在於支持軍方、以政府經費控制出口的歐洲政治運作；儘管這種做法會導致其他國家債務增加，開發中國家受害最深」。移民遷徙的安全化與證券化在這裡具體成形：移民泡沫製造出新的債務，然而國防公司及其股東與債權人沒有多大風險；後兩者除了歐盟成員國，還包括當年次級房貸金融危機的老面孔——投資銀行。[44]

全面研究安全產業的運作會超出本書的範圍，不過我們仍可以著眼於邊界警衛隊、Frontex

人員、政策制定者與國防公司的合作，探討此一過程中浮現的邊界監控願景。新近的邊界「解決方案」提供的全面監控願景通常有兩個共同特徵：動態的風險視覺化；強調監控系統本身能營造空間秩序。[45] FP-7資助研發一個新式邊界管制系統，其模擬影片顯示一名非法遷徙者試圖入侵，在一個圓形感測器區域被偵測到，被標示為威脅；一部無人車鎖定他，形成一道攔截線，做法類似SIVE以雷達、攝影機與船艦追蹤流竄的移民船。「不要動！」無人車發出聲音，遷徙者停下腳步，兩手抓著手提箱，邊界巡邏隊趕到，螢幕亮出「任務完成」的字樣。

對於將邊界視覺化的工作，推展到最高點就是衛星系統與無人機，讓各國警方美夢成真，也讓運動者大感不滿。系統使用美國與以色列的科技，法蘭西斯科少校說：「一架小型無人機就能涵蓋一千平方公里的地區。」他表示他的願景就是完全監控，涵蓋整個邊界地區和其他地區。

想要達成這個目標，一項計畫不可或缺：歐洲外部邊界監控系統（European external border surveillance system, Eurosur）。Eurosur是一個「系統的系統」，早從一九九〇年代就開始規劃，也受到西班牙SIVE系統的啟發，要歐洲建立一套非法移民早期預警系統。在歐盟執委會（European Commission）與西班牙等成員國大力推動之下，Eurosur進展快速，二〇〇八年還只是路徑圖，二〇一一年提出法規草案與「大型先導計畫」，二〇一三年開始運作。有了Eurosur，警方的美夢與運動者的噩夢——歐洲邊境全知全能的監控系統——成真指日可待。但是我很快就發現，這個無所不見的邊界怪物有一個意想不到的天敵，就埋伏在Frontex的總部伺機而動。46

殺死獨眼巨人

塞內加爾的漁村揚古爾，伊布拉（Ibra）與恩迪歐古（Ndiogou）蹲在房間外面的地板上，親朋好友進進出出，音響播放著雷鬼音樂（reggae）。他們是穆罕默杜的朋友，二〇〇六年從加納利群島遣返達卡。恩迪歐古的旅程駭人聽聞，他說明時畫了四個方塊，分別代表塞內加爾、茅利塔尼亞、摩洛哥與西班牙。他用筆尖指著塞內加爾方塊與茅利塔尼亞方塊的間隙：沒有狀況，海象平靜。筆尖滑向茅利塔尼亞方塊與摩洛哥方塊的間隙：小船遭遇大浪，「十二公尺高的浪……像天一樣高。船難都是在這裡發生。」其他遷徙者描述渡海旅程有如「登山」，在海上感受到沙漠吹來的風，如果轉成寒風就代表他們抵達「歐洲的海岸」。在這些紀錄中，邊界是實體的障礙，是一座深淵，不是行政區域的劃分。對於恩迪歐古和他的朋友們，這趟祕密旅程有如「攀登」北方一座大山，相當艱辛；但歐洲邊界警衛與官員卻將它想像成居高臨下、威脅性的「流洩」。

華沙，二〇一一年七月。回到 Rondo1 摩天大樓，電梯快速掠過瑞士信貸（Credit Suisse）與安永的辦公室，停在二十二樓。這裡是歐洲邊界體制的心臟：兩層樓打通，Frontex 的管理與行動部門。龐大的接待處國旗羅列，旁邊有專用樓梯，讓二十二樓的主管與二十三樓的「行動」人員便於來往；同時將Frontex的心臟包裹在一個安全的泡泡中。處於核心位置的則是Frontex戰情中心（Frontex Situation Centre, FSC），全方位監視邊界的千里眼。

FSC是邊界管制整合最新世代的成果，一座「控制室的控制室」，監控希臘、義大利與西班牙海岸的所有行動。一具螢幕顯示義大利蘭佩杜沙島周遭的部署，另一具螢幕照應希臘的行動。「我們的地圖每星期更新一次。」負責官員說道。第三具螢幕一片漆黑，「這是西班牙的狀況嗎？」我問，「不，它只是當機了。」主管笑著回答。FSC與西班牙並沒有即時通訊。終端機區域不見人影，主管的同事都去吃午餐。FSC人員星期一到星期五、每天八點到五點上班，其餘時間會有一名官員輪值。歐洲邊界想要做到一覽無遺，似乎仍是可望不可及。

僅僅兩年之後，這些FSC員工口中的「石器時代」界面已汰舊換新，由近乎即時運作的系統取而代之，並由借調Frontex、派駐義大利、希臘與西班牙的邊界警衛隊員負責更新。但是邊界全面監控仍然受到限制，至少這是安東尼奧（Antonio）的看法；這位西班牙男士留著鬍子，脖子上掛著Frontex的識別證，態度親切直率。他是Eurosur的主要建構者之一，對新世代的邊界管制興致勃勃，然而對先進科技就不是那麼熱中。47

「跟你講個小故事，」我們在公用區，俯瞰大樓下方的雨中景色，安東尼奧邊喝咖啡邊說，「我去西班牙，到卡塔赫納（Cartagena）的海軍控制中心，他們用螢幕展示船隻自動識別系統

（ＡＩＳ）的軌跡，我說：『真漂亮！但這有什麼用處？』他們竟然回答：『噢，這是給參訪來賓看的。』！」他搖搖頭，繼續說道：「我們為什麼要做這種（資訊）交流？」

安東尼奧認為，產業界的遊說造成這種科技浮濫現象，「衛星沒有用處，」他告訴我ＧＭＥＳ曾經用電郵發送利比亞—突尼西亞邊界的衛星照片，「但是我不久前才在半島電視臺看到這段邊界的情況，那些人待了三天，已經無水可用，情況相當困難！」[48]「你知道他們怎麼做嗎？」他笑著問道，「他們把照片拿來，改成自家的名稱『Global Monitoring for Environment and Security』，他們需要客戶！」無人機同樣派不上用場，因為它們受限於安全法規，不能在民航機空域飛行。安東尼奧認為真的要做好邊界監控，關鍵在於「派駐 Frontex 的聯絡官，給他們經費賄賂地方官員，獲取資訊」。他指出人類情報（human intelligence）帶來九五％的成果，衛星的貢獻可能只有五％，兩者的成本比例卻正好相反。「但是產業界很開心，因為可以拿到政府補助。」安東尼奧喝完咖啡，高聲說道：「這是國王的新衣！」

其他官員對於積極採用新科技也抱持審慎態度。ＦＳＣ與ＳＩＶＥ等類似系統都倚賴大量資源與人工，衛星則還無法提供持續性的即時影像。「對於赫拉行動，你在六、七個小時內接收到的資訊可能還有點用處。」義大利ＩＣＣ主管朱塞佩表示，「但是在希臘或義大利，移民船可能在這段時間空檔過來，這些資訊沒有附加價值。」

學者畢哥指出，對於全面電子安全措施的徒勞追求讓「完全掌控邊境的迷思」根深柢固。然而這種追求還有其他成果，安東尼奧已經明白點出。在移民遷徙的安全化與證券化過程中，歐洲的工業鉅子扮演最大手筆投資者，收購最「上層」、幾乎沒有風險的分券。對這些大企業而言，虛擬邊界的夢想創造出一個各顯神通的場域，迷航移民船代表的風險成為大生意。二〇一二年一份獨立報告《邊界》（*Borderline*）指出，Eurosur是這個過程的最高點。這份報告的作者批評Eurosur背後的「科技官僚程序」不受政治控治，也譴責當局為計畫研發開出「空白支票」：從二〇一一到二〇二〇年的花費，保守的官方估計是三億三千九百萬歐元，實際數字可能要乘以好幾倍。49

在這個邊境經濟體之中，資訊既是權力、也是金錢。結果就像海馬計畫的非洲國家，導致邊界機構與國家之間的鬥爭。「任何一方都不願做任何讓步，」安東尼奧感嘆，「邊界機構會認定：如果我讓出資訊，那就代表我會讓出職責，我的經費也將因此縮水。」以西班牙的情況而論，監控社群與情報社群不時會出現嚴重分歧，兩者各以國民警衛隊、西班牙國家警察為核心。安東尼奧說：「他們互不來往。」

邊界事務官員也知道計畫的誘因產生偏差，政治操弄形成威脅。事實上，Eurosur希望從設計層面克服這些問題。第一個相關做法就是更加聚焦在邊界的珍貴目標：祕密遷徙者。邊界應該是一個資訊分享的場域，但資訊有如昂貴的商品，因此分享必須適量。在這方面，Eurosur將大部分資訊當成雜訊加以過濾。這套系統肇建初期的三重目標——對抗非法移民、打擊跨國犯罪、拯救海上人命——在實務上其實是同一回事：攔截與拯救遷徙者，拘留人口走私販子。[50]然而安東尼奧指出，就連這單一目標也並非易事，「問題不在於技術，問題在於政治，問題在於意志。」正因如此，他總是對各國安全部隊強調，Eurosur是一個去中心化的網絡。「Eurosur並沒有一個中心節點，」他說，「因為他們並不樂見老大哥（Big Brother）出現。」

安東尼奧也說，關於「Frontex能夠完全掌握邊界狀況」的傳言相當荒謬，「這套系統將會是……那個只有一個眼睛的怪物叫什麼來著？」他輕拍前額，「獨眼巨人（Cyclopes）……我們會變成人人喊打的獨眼巨人！」想要看到一切事物就像獨眼巨人的命運，唯一的眼睛決定他能看到什麼。[51]「因此我們要去中心化！」安東尼奧精神一振，「我們不會交換毒品的資訊，只交換關於非法移民和其他共同關切事務的資訊。」例如「一艘船起火了」。他宣稱這套去中心化系統「殺死了獨眼巨人！」

在安東尼奧看來，科技一方面造成問題，一方面也是答案的一部分。他帶我來到一個小房間，風扇高速旋轉，三座大型玻璃門櫃子矗立，幾乎頂到天花板。櫃子裡有一排黑色的電腦主機，紅燈不時閃爍。這些是「節點」，Eurosur的電子心臟，將機密的邊界資訊分享到一個龐大

的網絡，最終將涵蓋每一個歐洲國家。其中一個「母節點」（mother node）會為自身製造兩個副本，Frontex 與波蘭各拿到一個。其他裝備會陸續進駐。如果說赫拉代表海上行動的誕生，那麼我們在這個房間也見識到另一種誕生：一個全面整合的歐洲邊界監控系統。

在 Eurosur 系統之中，每一個國家都要設立一座職司邊界監控的國家協調中心（national coordination center, NCC），「一個非常難以達成的目標」。安東尼奧的策略是正面對決，要求各國做出抉擇，「我問他們：你們想不想要 Eurosur 節點的資訊？然後我強迫他們做選擇。」如同海馬計畫，科技會促成服從配合。

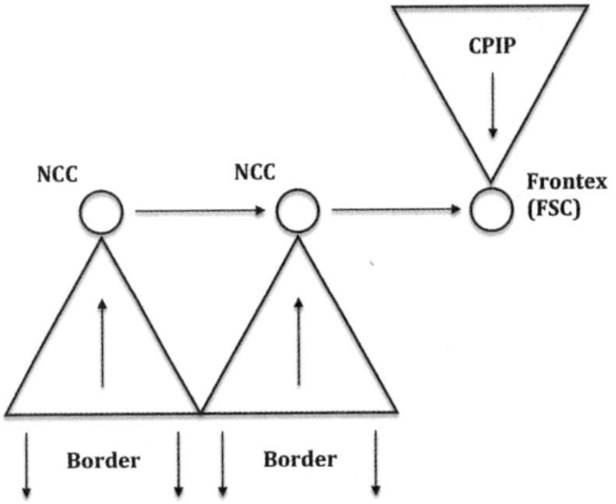

Eurosur 資訊流（資料來源：作者訪談）

藉由NCC與 Frontex 的無縫接軌，歐洲—非洲的邊界完全監控首度有了實現的可能性。安東尼奧畫出他對 Eurosur 邊界的構想（見本頁圖）：新的控制中心是彼此相連結的圓形，兩個頂點向上的三角形代表有共同邊界的成員國，箭頭代表資訊流向。「Frontex 沒有邊界，但是有另一項要求。」安東尼奧邊說邊畫了一個向下的三角形並寫上「CPIP」，也就是「前邊界地區共同情報狀況」（common prefrontier intelligence picture）。我們在SIVE的螢幕上已經看到它如何以科技抹除邊界，「前邊界地區」（prefrontier）也是如此，意指邊界體制無法監控的區域——非洲各國領海、穿越沙漠的卡車、經營藏身處的人口走私販子、貧民窟。

來看看圖中最底層的箭頭，安東尼奧解釋它們代表海上的感測器、雷達與其他監控措施，然而它們的方向是朝外，從歐盟外部邊界指向非洲國家。當然，與非洲軍警的資訊分享已經開始。西班牙的監視攝影機如果發現移民船從摩洛哥出海，就會通知摩洛哥憲兵隊。摩洛哥的監控系統鎖定船隻在公海的位置，ICC通知阿爾及利亞當局，如果距離其海岸不遠，就由阿爾及利亞「救援」船上遷徙者。然而Frontex一直極力迴避「前邊界地區」。儘管Frontex的風險分析師會蒐集非洲各地遷徙路徑的資料，但Frontex人員堅持他們的任務在歐盟外部邊界前止步。Eurosur將改變這一點，藉由它新式的跨邊界資訊分享界面，以及未來與海馬計畫的整合，「前邊界地區」將更容易被各方接受。[52]

在安東尼奧的Eurosur構想中，邊界類似某種細胞膜，其表面可以滲透，鄰近的細胞之間可以互通一連串訊號。然而Eurosur的訊號經過選擇；軟體對資料進行檢查、過濾、選擇，然後以圖形界面呈現，過程中涉及許多政治因素。[53] Frontex總部有一套西班牙GMV公司研發的互動式Eurosur地圖，系統會將其主要目標加上「非法入境」（Illegal Entry）的標誌，代表有人有明顯意圖要穿越歐洲—非洲邊界。官員還可以在對話方塊中注記個人意見，功能就像臉書

（Facebook）或 Messenger。「非法入境」標誌帶有強硬的拒絕意味，有如西班牙古老避邪吉祥物「因達羅」的現代版。

「非法入境」標誌

這些界面與符號——更別提那個「禁止入境」標誌——透露了國家方略在歐洲邊界體制的神奇運作。宛如變魔術，汪洋大海上的一艘木殼船變成風險的來源，被販賣給歐洲在非洲的合夥人與產業界投資者。風險在螢幕上呈現為箭頭與曲折線條，打亂了邊界管制的直截思維；最後風險被抽象化，進入 Eurosur 界面資訊流形態多變的三度空間場域。在這裡，風險分散但沒有消失。在漂亮乾淨的界面之外，遷徙者面對的邊界與 Eurosur 的建構截然不同：混亂的邊境、洶湧的大海、酷熱的沙漠，只有最幸運、最強悍的人才能安渡劫難。歐洲的邊界事務工作者追尋一道虛擬的邊界，過程中卻創造出一片新的、後現代的荒野。

歐洲—非洲邊界的建立

馬德里，二〇一二年六月。歐元區（eurozone）危機深重，西班牙首都似乎陷入停頓。過去代表西班牙房地產經濟榮景的建築物鷹架、廢料桶與工程車，如今已從街頭消失。不過至少還有一個地方，營建業無懼經濟陰霾。國民警衛隊的總部有如一座堡壘，起重機與挖土機在廣大的庭院施工，這裡將興建一座Eurosur管轄的國家協調中心。南部港口阿赫西拉斯（Algeciras）的區域協調中心已經啟用，法蘭西斯科少校從當地出發去迎接西班牙國王。阿赫西拉斯當局已簽署一項合作協議，西班牙海軍也是如此。我們在這裡看到一個領域，似乎不受財政撙節（austerity）年代影響：歐洲的非法產業與它對抗非法移民的努力。

國民警衛隊庭院旁邊有一間控制室，最近剛安裝Eurosur界面，官員已經開始輸入即時資料。加入Eurosur界面的歐盟成員國每個月都在增加，儘管歐洲議會（European Parliament）還要一年時間才會批准整個系統，正式啟用日期訂在二〇一三年底（譯注：已於二〇一三年十二月二日啟用）。要不了多久時間，非洲國家可能也會獲准加入，任何政治顧慮都被Eurosur界面的科技語言掃到牆角，移民遷徙「事件」被創造出來，一個國家的「資產」可以「讓渡」給另一個國家。用一位官員的話來說，「你必須創造出另一個使用者。」在Eurosur的監視螢幕上，「非法入境」的標誌遍布地中海各處。「速度有一點慢。」一位操作終端機的警衛隊員嘆息說道，她的螢幕暫停運作，同事的電腦傳出平克・佛洛伊德（Pink Floyd）的〈牆上另一塊磚〉（Another Brick in the Wall）：對於建立歐洲邊界，這是平常的一天。

日益顯著的歐洲—非洲邊界是一個多重思維集結、捉摸不定的產物。它在海洋上犀利一刀劃過，然而你愈靠近看，界線就愈是模糊。它有固定的位置——對控制室、巡邏基地、監控系統而言，但又會向外瀰漫。這道邊界有時就像吉祥物「因達羅」或者「禁止入境」標誌：到此為止，不得越雷池一步。它有時也呈現為邊境的形態，不斷延伸擴展。它無所不在又無處可見。政治學者旺—威廉斯（Nick Vaughan-Williams）指出：「Frontex 的邊界工作（borderwork）製造出一個已經離開邊界的邊界。」[54]

前文曾經論及，這種分散性伴隨著移民遷徙風險的分銷與管理，會衍生出更大的風險。貝克提醒我們：「風險分析的危險性就在於一樁事實：想像我們先前無法想像的危險，有時會在無意間促成危險的發生。」[55]

乍看之下，赫拉行動似乎推翻了這個結論。它在設計上是一種緊急應變行動，但是到了二〇一〇年卻成為常設機制。以塞內加爾一位邊界警察首長的話來說，他們快速做到「透過執法部門取回領土」，沒有任何人被半路遺棄。正如那位首長的話，邊界已經部分軍事化。赫拉也是媒合婚嫁之神，如今撮合非洲與歐洲的警方、軍方與產業締結良緣。

赫拉雖然是希臘神話的婚姻之神，但主要特質仍是忌妒心重、有仇必報。她—— Frontex 自己也承認——將移民遷徙路線推向更危險的撒哈拉沙漠，因為遷徙者擅闖她的海洋而懲罰他們。如此一來，赫拉為遠在東方的其他神祇：赫米斯（Hermes）、諾提拉斯（Nautilus，譯注：希臘文意為水手，並非神祇）、波賽頓（Poseidon）送上麻煩；Frontex 在地中海東部與中部的行動，正是以這幾位神祇為名。移民管制仍然是一場零和賽局（zero-sum game），一方獲利必然對其他方造成損失。二〇一〇年，大批遷徙者前進希臘與土耳其陸地邊界。二〇一一年，突尼西亞與利比亞人民起義，輪到義大利遭遇史無前例的搭船移民潮，兩年後發生了媒體大幅報導的蘭佩杜沙島外海慘劇。「移民遷徙永遠不會休止。」法蘭西斯科少校說道，這是許多邊界事務官員的同感。因此我們要問：為什麼要部署如此龐大的系統，來對付一小群試圖前往歐洲的勇敢男女，不計任何代價、海陸同步攔截？

一個理由是先發制人，不讓遷徙者有啟程動身的機會。「我們不能放棄在茅利塔尼亞與塞內加爾的部署。」法蘭西斯科說道，「如果我們放棄，兩天之內就會出現移民狂潮。」朱塞佩也同意這種觀點：「西班牙與非洲國家一再表明，撤回部署將是大錯特錯，因為這麼做等於是對想移民的人發出訊號：可以嘗試再次上路，前往加納利群島。」的確，在非洲海域進行的赫拉行動曾經被含糊形容為轉移焦點或者攔截的行動，如今 Frontex 對它們的定位是嚇阻行動。

然而嚇阻只是一部分原因。本章已經說明，歐洲—非洲邊界有自身的動能、自身的需求。邊境總是會吸引創業家：淘金客、江洋大盜、自告奮勇的警長，在新近發現的蠻荒之地追尋財富。歐洲—非洲邊境也不例外。除了走私者與詐欺犯、勸誘者，安全產業與國防產業也前進邊境地區，追尋非常可觀的商機。邊界成為不斷擴張的投資園地，置身其中的人期望快速致富，歐洲領導人向它投射自身的恐懼和願景。非洲各國的安全部隊與西班牙國民警衛隊不會想放棄赫拉行動與區域協調中心；幾位警方人士告訴我：這之間牽涉太多經費與影響力，太多機構已經分到邊界地區埋藏的寶藏。

Eurosur 並不會讓邊境地區的政治操弄消失，而且它在新的陣線引發新的爭奪戰：安全部隊之間、成員國之間，甚至是在 Eurosur 官員之間。「主要原因在於個人主義、傳統、權力。」這是二〇一三年華沙「歐洲邊界警衛隊日」活動上，一名官員對 Eurosur 權力鬥爭的輕描淡寫，他緊接著對在場心懷疑慮的警方人員強調：「火車已經離站。」這輛列車的駕駛正是 Frontex。儘管各方高談「去中心化」，但 Frontex 將透過 Eurosur 在歐洲外部邊界扮演日益關鍵的角色，接收歐洲南部海岸邊界警衛隊匯入系統的資料；更怪異而且所費不貲的是，Frontex 甚至會接收地中海區域之外其他成員國的資料。火車也許已經離站，然而它要駛往何處、會付出什麼代價，仍有待觀察。

除了這些爭奪戰，歐洲—非洲邊界的強化還有更深層的原因。這道新近出現的邊界起源於一股象徵性與政治性的渴望：清楚界定歐盟的外部邊境。西班牙則希望把握這個機會，藉由結合人道主義、先進科技與政治本領，來強化自身的歐洲身分認同。邊界的歐洲化（Europeanization）有如一把雙刃劍，向來問題叢生，二〇一一年夏天的事件就是顯例，當時大批移民船從突尼西亞湧入義大利，讓《申根公約》承受前所未有的壓力。人在華沙的 Frontex 副署長企圖置身事外，嘆息表示「我們與這場爭議無關」。他還表示，申根區自由移動空間的理念，就是要「讓你感受到自己是歐盟的公民」。他指著自己的心臟，然而「每逢選舉逼近，每一方都得玩這場遊戲。」

人們常說，一個政治實體需要一個「構成性的外在」（constitutive outside）才能團結凝聚，然而歐盟在這方面的做法無比獨特。一如那個「禁止入境」的標誌，歐盟以移動中的人群為目標，並為此打造出一個形態複雜的產業。這部機器雖然是由西班牙等國家提供零件、進行製造，但 **Frontex** 負責編輯使用手冊、監督工作進程、評估工作成果。進一步借用「證券化」的類比，**Frontex** 的運作在某些方面像是金融危機之前衍生性金融商品使用的「特殊目的機構」（special purpose vehicle）——分散資產負債表上的風險，協助主權國家與其民選政府規避究責。在移民遷徙的證券化與安全化過程中，垃圾債券風險（junk risk）被推送到非洲的邊境地區，後者再將風險複製、放大，或者就如一名歐洲警政專員的形容：「我們現在身處暴風中心……當你把每一道門都閂上，就會製造出一個壓力鍋。」接下來，我們就要討論這個壓力鍋，以及壓抑非洲人民移動性的艱難工作。

3 獵人與獵物*

在非洲的土地上，歐洲的高科技邊界體制以一種不那麼高尚的姿態呈現，這是我回到達卡、造訪揚古爾被遣返者與西班牙官員的發現。走進位於濱海大道的達卡市警察局（Cité Police），二樓一道門上貼著一張A4印出的「打擊非法移民處」告示，這裡是與Frontex合作的當地警政單位，負責巡邏塞內加爾海岸地帶。大廳一片漆黑，我敲敲一扇門，門把已經壞了，門扇標明「人口走私網絡研究組」。處長尚—皮耶（Jean-Pierre）打開門招呼我，很友善地跟我握手。他的辦公室裡擺滿了紙箱，箱子裡裝的是夜視鏡等邊界執法裝備，也是來自西班牙合作機構的禮物。牆角放著一張大型的i-Map，我在Frontex的華沙總部也看過。尚—皮耶主動談起祕密移民的成因，「原因就是貧窮、缺乏就業機會。」但是現在所有遷徙路線都封鎖了，「海上路線被阻斷，空中路線愈來愈困難，還能怎麼辦？陸地路線也是如此，同樣遭到封鎖，造成許多人死亡。」尚

*作者注：本章部分內容曾發表在《人類學季刊》（*Anthropological Quarterly* 87(1)（Andersson 2014））。

——皮耶自己是外來移民後裔，似乎很能同情遷徙者的苦難，「每一件事情都變困難了，都跟以前不一樣了。」

西班牙官員一再強調，搭船移民潮之所以會戛然而止，主要是尚—皮耶這些官員的功勞。這不僅是讚揚，也是事實。遏阻非常態移民能獲致成功，關鍵不在於Frontex先進的系統裝備，而是撒赫爾與撒哈拉地區的非洲執法當局，它們是歐洲移民管制的轉包商。至於維持轉包機制的順暢運作，主要功勞要歸於西班牙政府，而非Frontex或布魯塞爾歐盟總部。二〇一一年西班牙安全部長訪問達卡，盛讚兩國在移民遷徙事務上的警政合作，「西班牙推動的政策無比成功，眾所皆知，歐盟尤其看在眼裡。」西班牙大使也說：「二〇〇六年我們與塞內加爾展開協商時的態度，就讓他們非常感謝。」[1]西班牙「對話與合作」的立場與舊日殖民強權法國截然不同，後者繼續以強硬手段迫使前殖民地國家就範。塞內加爾與馬利官員對法國勢力滿腹怨言，對西班牙同僚卻是頗有好評。然而光只是讚譽和對話，並不足以讓非洲國家甘心合作。西班牙很少談起，但是像赫拉之類的Frontex行動能夠成功，除了得靠分發援助經費，還必須為地方當局提供誘因。簡言之，你拿出來的條件要贏過人口走私販子。

拜這些誘因之賜，一場獵捕非法遷徙者的行動在遠超出歐洲—非洲邊界的沙漠、森林與城鎮展開。然而遷徙者是一種難以捉摸的獵物。他是什麼樣的人？他在哪裡出沒？如何區別他與其他形態的旅行者——數十年來在這個地區自由移動的移工、商人與寄居者（sojourner）？為了試圖回答這些問題，本章將跟隨警方「獵人」與他們難以捉摸的獵物——祕密遷徙者，越過邊界、一路向北：從達卡的海岸出發，行經茅利塔尼亞—塞內加爾邊界，最後來到撒哈拉與摩洛哥的轉運站與丟包地（dumping ground）。我們將會看到，在歐洲—非洲邊界的非洲這一側，歐洲的轉包商不僅要偵測、防堵非常態越界，還要協助將他們的目標——非法遷徙者——轉化為真實的存在。

遷徙者的建構並不只是某個社會範疇的指定與挪用（appropriation）——我們在達卡的被遣返者身上已經看到；它還涉及旅行者如何一步一步將這個範疇**實體化**。本章以美國—墨西哥邊境、以色列等地邊界管制的開創性民族誌研究為基礎，探討非法性如何化為真實的人生——有時甚至直到死亡的那一刻。人類學家阿吉耶指出：「如今只要一發現不受歡迎者，邊界就會出現。」包括讓旅行者的身體也成為邊界、成為執法地帶的未定區域（indeterminate zone）。[2]走過沙漠、藏身荒涼海灘的灌木叢、爬進運貨的卡車、躺在木殼船上望著移動的天空，都讓這些旅行者的旅程變得像是在穿越地雷區。扭曲的姿態、腹痛、脫水、顫抖、雙腳疼痛，這些因素有如感官的路標，標示遷徙者逐漸通過邊界的歷程。旅行者如果試圖逃避這些痛苦，就等於向警方發送非法性的訊號。一邊是非洲執意上路的旅行者的身體策略，一邊是警察的巡邏與偵測行動，在這樣你來我往的過程中，非法遷徙者被蒙上愈來愈強烈的他者性（otherness），光是自己的身體存在就會導致汙名化。

背包與餅乾：達卡的遷徙者搜尋行動

夜晚，達卡的海岸。警車的大燈照亮前方的車道，一路往海灘駛去。帶頭巡邏的警官穿著格子襯衫、寬鬆長褲，開車速度很快、漫不經心，車身顛簸得很厲害，彷彿在配合揚聲器播放的阿拉伯音樂節奏。「這個時間只有夜班警衛才會出來！」警官大喊，一邊按喇叭一邊駛往海灘。他和警方其他的巡邏小組都是為歐洲當局效勞，追蹤非法遷徙者。我們踏上無人的海灘，警官帶我走向一片岩岸，旁邊是一家法國人經營的旅館。「非法遷徙者都藏在這裡，」警官指著一片灌木叢，有如進行一場考古之旅。飯店老闆過去會通報企圖遷徙者的行蹤，當地線民也會通風報信領賞。「一般來說，他們還沒出發就會被我們逮到。」一位警官說道，「所有的非法移民，不管什麼國籍，我們都會抓起來。」二〇〇六年的時候，有新聞記者拍到塞內加爾警方拘留室的照片，擠滿了人，幾乎是疊羅漢。遷徙者一被拘留就是幾個月，這種做法是要嚇阻其他人起心動念。走私販子則被送進監獄，下場淒慘。[3]到二〇一〇年時，「非法移民時期」（temps des clandestins）宣告結束；這是一位官員的說法，言下不無遺憾之意。對於遷徙者的出發和拘留，達卡只留下這樣的記憶：黑漆漆的海灘邊上，岩石與灌木叢之間的藏身之處。邊界警察，任務完成。

塞內加爾邊防警察局（Direction de la Police de l'Air et des Frontières, DPAF）是尚—皮耶「打擊非法移民處」的上級機關，一開始是由歐洲方面進行規劃，二〇〇四年在法國強力推動之下成立。一位高階警官形容DPAF的成立「彷彿有先見之明」，意指二〇〇六年的搭船移民危機與Frontex的因應措施。之後，西班牙成為DPAF的主要合作夥伴。二〇一〇年，塞內加爾四個軍警機構參與Frontex的巡邏行動，分別是空軍、海軍、憲兵與DPAF。海軍與空軍監控海洋，憲兵負責海岸，DPAF巡邏達卡的海岸，以及鄰近茅利塔尼亞與幾內亞比索邊界的羅索（Rosso）與烏蘇耶（Oussouye）。DPAF可說是塞內加爾海軍的窮親戚，也是西班牙國民警衛隊的主要合作夥伴。DPAF的成員在移民管制扮演的角色，說難聽一點是黑市小販、打雜的、坐辦公室的，雖然一定要充場面，但是無緣參與海上第一線行動。

海上的赫拉巡邏行動有它美侖美奐的一面——隆隆作響的飛機與船艦，輔以科技先進的雷達、衛星與紅外線攝影機。向西班牙出發的遷徙者確實有可能因此落網。西班牙國民警衛隊或Frontex的船艦會靠近小型漁船，檢查有無任何涉及「非法」旅程的跡象，儘管地點仍在塞內加爾領海。漁船出海作業一趟要好幾天，載運三十來個人是正常的事；船上看不到漁具或出現汽油桶，都會啟人疑竇。歐洲邊界警衛會記錄船長的身分，稍後還會確認船隻是否已經返航。一位西班牙少校指出，這些執法行動都有「法律護身符」——船上會有一位塞內加爾官員。表面上看來，主權完整無損，國家疆界受到尊重。「我們協助塞內加爾打擊非法移民。」法蘭西斯科少校一本正經地說道。

這種「協助」方式在陸地上顯然幫不上什麼忙，執行巡邏行動的警員——甚至他們的長官

——感受不到合作的喜悅。DPAF的工作也比海上執法同仁更為困難，要在遷徙者向西班牙出發之前就進行攔截。西班牙國民警衛隊派駐達卡的主管承認這是苦差事，「如果我們攔查到一輛載有五十人的巴士，也無法證明他們是遷徙者。」行跡可疑的旅行者被稱之為「潛在的非法移民」，一如塞內加爾「敏感化」運動的用法。DPAF的巡邏行動非常關鍵，對遷徙者進行界定、賦予形象，將他們從廣大多樣的人群中獨立出來，然後他們才會在大海上露臉現形。另一方面，非法產業各方成員獲利不公平的情形，在這裡也讓人感受特別深刻。

一部用西班牙經費購置的四驅車，在通往漢馬里斯特（Hann-Maristes）的道路上顛簸前行。我參加一場日間巡邏行動，和四名警員擠進這部警車；另一名警員騎乘四輪摩托車，也是由西班牙捐贈。我們來到達卡所在的維德角半島，要巡邏位置分散的沙灘。這些警員隸屬於一支海岸監控分隊，任務是以三班制二十四小時巡邏海灘，搜尋非法移民。「對於處理非法遷徙者，沒有一支警察或憲兵的分隊比我們更有技巧。」阿布杜雷伊（Abdoulaye）轉頭對我說道，高高瘦瘦的他是這個小組的領導人；警車快速駛進一條通往海灘的泥巴路，「海灘上發生的任何事，我們都一清二楚。」

我們來到海灘，漁船被拖上白色沙地，當地人不時閒逛經過，沒看到什麼非法遷徙者。阿拉薩尼（Alassane）是一位年輕警員，在這個分隊待了幾年，對我解釋如何判別誰是遷徙者、誰是無辜漁民。「要逮到非法遷徙者相當容易。他們不會一個一個出現，而是十到十五個人一組，每個人都揹著一只背包。」對於達卡海灘上的遷徙非法性，背包與成群結隊只是其中兩個徵兆。阿拉薩尼解釋，非法遷徙者會囤積餅乾，以免上路後挨餓；他們穿運動鞋或者塑膠涼鞋，這樣就不怕船身進水；他們有時會多穿幾層衣物，抵擋海上寒風；他們帶著作工精緻的護身符，求取安全保護或隱祕行蹤。他們平日沒有什麼活動，也因此引起注意。當一群人來到並留在海灘，似乎在等候什麼，阿拉薩尼會判定他們是非法遷徙者，進行搜索。檢查他們的背包，他會發現歐元，但沒有中非法郎，也沒有手機。對警方而言，這些徵兆都是唾手可得的線索，幫助他們追蹤那些蠢蠢欲動的旅行者。

塞內加爾的巡邏行動對於抽象風險模式的監控沒有什麼興趣，儘管那是帕馬斯、馬德里與華沙控制室熟悉的模式。巡邏警員的工作——阿拉薩尼已經說明——是為西班牙與 Frontex 解讀潛在威脅剛出現時的**徵兆**。為了讓這樣的轉包工作成功，西班牙發展出一套精細的禮物經濟（gift economy）。首先，馬德里當局為打擊非法移民工作「開銷」（按日計算的津貼）慷慨解囊。他們也為非洲執法機構提供裝備——尚—皮耶辦公室角落堆放的夜視鏡，還有分隊的車輛與電腦。第三項誘因則是上一章談到的公費旅遊。為了啟動一部遏阻非洲人民移動的機器，歐洲必須花錢讓非洲執法機構的高官「移動」，讓他們穿梭於各國警政會議與考察訪視之間。對歐洲而言，這總比自行執法阻擋非洲人穿越邊界來得好。

人類學界有一項關於禮物交換的長期辯論，我也受到影響，因此將這些誘因視為禮物，而非付費甚至賄賂。歐洲邊界管制工作的委外經營，涉及一連串的誘因，從邊界執法工具的交換到針對合作國家的大型金融援助方案。由此看來，**禮物經濟**這個詞語凸顯了雙方警政合作的三個關鍵特質。首先，西班牙透過**個人化**的誘因，在同仁之間建立社會連結，讓受惠的塞內加爾方認為「必須有所回報」——不是物質，而是以行動回報。然

西班牙政府出資購置的四輪摩托車，用於巡邏攔截祕密移民。（作者攝）

而從禮物送出去的那一刻開始，歐洲與非洲官員之間原本平起坐的關係一筆勾銷，取而代之的是一種利益的階層，禮物的曖昧角色催生出日益高漲的需求，加上「什麼人拿到什麼好處」引發的緊張關係，充分顯現一連串的不平等權力關係：地方警察與上級長官之間、相互競爭的邊界機構之間、歐洲贈與方與非洲接受方之間；各方在過程中提出各種要求，也彷彿是舊日殖民地與宗主國的互動。[4]

塞內加爾官員表示他們的資源是由 Frontex 出錢，但 Frontex 矢口否認。前赫拉行動主管朱塞佩聲稱，任何相關誘因都來自西班牙與塞內加爾的雙邊協定，Frontex 對此一無所知。他也以審慎語氣指出：「跟非洲人打交道時如果要給錢，可不像提供歐洲警方經費那麼簡單，你不會知道錢是怎麼花的。」這番話暗示有些錢必然會「不知去向」。對於打擊非法移民的分隊警員，經費與資源如何涓滴下滲、不公平分配、最後消失無蹤，也讓他們大感不滿。

我與阿拉薩尼交談的時候，他的同事也靠攏過來。我問起西班牙的事，其中一人說道：「我們見過……西班牙的船隻出現在那邊。」他遠眺灰暗平靜的大海，那是西班牙國民警衛隊巡邏的區域，「但是我們從沒見過他們的人。」他繼續說道：「西班牙那邊有移民身分查證的任務，但是從來輪不到我們警察！我們應該去的！」阿布杜雷伊插嘴：「像那種有好處的任務，都是坐辦公室的人拿去。但身分查證應該是警察的工作！」其他警察紛紛表示同意。

除了誰能出國旅遊的問題，這些警員也要求更多資源。他們的單位得到幾部交通工具，包括一艘快艇，還有一些很容易「回收」為私人用途的裝置，一名警員微笑承認：手電筒、一具iPhone、兩具雙筒望遠鏡、行動通訊額度。然而相關經費即將用罄，不再有額度、不再有新的裝置。警員也抱怨車子的保養費沒著落，整天曝曬、行駛沙地的結果，不是生鏽就是拋錨。「每個分隊都應該有自己的車子，」一名警員說，「他們應該提供後勤支援，好讓我們順利工作。」

最大的不滿還是關於薪水。西班牙與Frontex在二〇〇六年來到塞內加爾時，提供的日薪條件頗具吸引力。警員說一開始他們每人每天領到四十歐元，這在塞內加爾是一筆財富。但是好景不常，只維持了兩個月。阿布杜雷伊說：「後來，每一個人都想參與。」面對非法移民帶來的好處，警方每一個單位都想分一杯羹。分隊的津貼撥款愈來愈慢，間隔從剛開始的一個星期拉長為一個月、四十五天、兩個月。阿布杜雷伊指出，「Frontex」提供的經費流向與打擊非法移民毫無關聯的機構與警方首長，長時間執勤的員警卻「吃盡苦頭」。其他警員紛紛應和，抱怨休息時用餐很花錢、海灘上蚊蟲猖獗、夜間巡邏很辛苦。申訴清單似乎沒完沒了。「對於打擊非法移民，我們警員扛起大部分的工作，卻沒有拿到任何好處。」一位警員說道；奇特的是，沿著這條路再走幾公里，穆罕默杜和他的被遣返者朋友也有同樣的論調。

我雖然滿懷同情，但也不禁自問：還有什麼「工作」可言？我們站在海灘上聊天，旁邊幾名漁民觀看。到二〇一〇年時，這支警察分隊的苦差事不再是偵查非法移民蹤跡，因為再也沒有人從當地海灘出發。照警方首長的說法，如今進行巡邏是為了保持「能見度」——讓有意出海的人與他們的家人知道：任何船隻膽敢踏上非法移民之路，都會遭到警方攔截。的確，這種任務聽起來很無聊，不像分隊原來的任務那麼辛苦。

巡邏行動的「能見度」有另一重意義。西班牙國民警衛隊的巡邏艇經常駛過遊客雲集的哥黑島；同樣的道理，DPAF的巡邏至少有一部分也是要表演給金主與研究人員看。揚古爾的被遣返者說他們從來沒遇過DPAF的巡邏，儘管警方信誓旦旦他們確實執勤。被遣返者也堅稱，Frontex 並沒有能力阻止他們出發；對他們而言，Frontex 就是一群時運不濟、收取賄賂的塞內加爾執法人員。「在我看來，Frontex 成了人們的生財之道。」穆罕默杜帶著他的招牌皺眉說道，「那些人不正經，雖然到場執行任務，但只要花錢就能打通關節。這就是為什麼在我看來，Frontex 根本不存在……那些人不幹正事！」他愈說嗓門愈大。儘管被遣返者很諷刺地批評塞內加爾警察不幹正事，但是到二〇一〇年時，想移民的人已經不會從達卡海岸動身。相關經費開始向下流通，通風報信者的荷包受惠。歐洲金主、非洲執法機構、當地青年、蠢蠢欲動的「走私者」形成一種微妙的財務平衡，然而能維持多久則是另一回事。

除了利益分配不均，Frontex 在其他方面也會引發摩擦。尚—皮耶討論 Frontex 巡邏行動時特別關切國家主權問題。穆薩（Moussa）也有同樣的顧慮，他是塞內加爾警政首長，經常搭飛機出差，讓海岸分隊之類的單位好生羨慕。穆薩已近退休年齡，能經常前往帕馬斯的協調中心，對他而言是一大福利；我也是在帕馬斯認識他。參與 Frontex 任務的塞內加爾執法機構會輪流指派聯絡官，讓大家都能在大加納利島的首府過幾個月好日子。在穆薩看來，搭船移民熱潮結束「對各方都是好事」，可以減少海上人命傷亡。但他也有一項批判性的觀察：滿懷挫折感的青年困在國內，恐怕會對當權者造成問題。

穆薩還有其他顧慮，儘管是以相當委婉的方式表達：「非洲目前的情況相當困難。人們接受教育、拿到學位，卻還是找不到工作。」他的幾個兒子在法國念書，他建議他們留在當地。中非法郎在一九九〇年代大幅貶值之後，人們維生更不容易。「我們並沒有真正獨立，中非法郎仍然由法國控制。」穆薩抱怨，也提到法國在塞內加爾的軍事部署，「達卡是戰略要地，對美國人、阿拉伯人都是如此……法國人來到這裡，向整個地區擴張，Frontex 也是如此。」他如此結論。

穆薩、阿布杜雷伊與尚—皮耶都是轉包歐洲打擊非法移民工作的警察，也都對這樣的角色表達不安。這份不安感包含最上層的政治矛盾，也包含基層人員對財務問題的怨懟；隨著非法產業的收益日漸縮水，怨懟也日漸擴大。當祕密遷徙者大批出現在達卡的海灘上，官員一開始會收取賄賂，甚至安排自己的親人免費登船。二〇〇六年之後，這些斂財行為被西班牙的金援取代。西班牙當局深知必須提供誘因，並且讓一部分資金透過歐盟支持的西撒赫爾計畫（West Sahel program）輸送。然而這種合作模式的核心，有一種難以忽視的荒謬性。今日的塞內加爾執法機構是在追逐幽靈——可能上路的祕密遷徙者、一事無成的走私販子。西班牙與塞內加爾合作的基礎已經消失。

同樣的合作模式轉進到其他地區。歐洲的邊界機制已經阻止移民船駛往加納利群島，儘管如此，它還無法封鎖穿越撒哈拉沙漠的路線。與達卡的海岸相比，非洲執法當局在沙漠路線的任務更加困難——設法偵測遮遮掩掩的遷徙**意向**。在此一過程中，歐洲為非法遷徙者的建構加入新的要素。來到邊界地帶的遷徙者原本就被賦予特定的服裝、財物與行為，以凸顯他的非法身分；如今又多了一項難以言喻的特質：他的心態。

塞內加爾北部：在羅索邊界解讀非法心態

通往邊界的道路蜿蜒前行，坑坑洞洞，塵埃飛揚。滿載乘客的車子顛簸輾過坑洞，有時急轉繞過沒有瀝青路面的沙坑。撒哈拉沙漠的霧氣瀰漫，我們經過幾座環境極度乾燥的哨站，駛往羅索—塞內加爾（Rosso-Senegal）。路邊有時會出現幾個年輕人，向路面的坑洞傾倒沙土，期望像我們這樣的過客會打賞幾個零錢。在塞內加爾河沿岸地區，民眾就業前景就像一只生鏽的水桶。

許多非法移民都踏上這條路線，前往遙遠的馬格里布。他們漫漫長路、步步漸進的旅程，想法與二〇〇六年的搭船移民不同，後者大多只想以最快的方式抵達歐洲。塞內加爾北部的旅行者被稱之為「過境遷徙者」（transit migrants），然而他們並不只是從A地「過境」到B地。他們的旅程目的地不確定，往往會延續好幾年，行經撒赫爾與撒哈拉地區的複雜路線。[5]

會踏上這趟旅程的人物之一是「冒險者」（aventurier）。這類人物最早出現在一九七〇年代飛往巴黎的民航班機上，他們來自後殖民時期非洲法語區（Francophone Africa）的城市，前往歐洲尋找財富。最新一代「冒險者」和他們的前輩一樣，面對破敗的地區經濟與封閉的邊界，選擇挑戰高風險的生活。對他而言，移民旅程不只是企圖逃離貧窮，也是追尋自我實現與解放；無論過程有多麼危險、多麼倚賴不穩定的家庭收入。相較之下，英語系國家的遷徙者像是賴比瑞亞人、迦納人、奈及利亞人，不會以「冒險者」身分穿越危險的沙漠；女性遷徙者也不走這條路，她們通常被歐洲國家簡化視為「人口販運受害者」，會在男性同伴、走私販子或「保護者」幫助之下行動，但要付出可觀的個人代價。然而儘管這些旅行者的路線、背景、願景都有不小的差異，他們很快就會面對相同的現實：邊界地區形勢混亂，他們因此遭受大幅度的化約。6

來到羅索破舊的公車站，我從七人座計程車走出來，聽到一陣陣「諾克少（Nouakchott，譯注：茅利塔尼亞首都）？諾克少？」的拉客喊聲。我前次造訪結識的一位警官招呼我，立刻跟我談起非法移民的「新系統」。載運柑橘與其他商品前往達卡的摩洛哥卡車司機，回程路上順便載客，收取費用。這些乘客會在抵達羅索的碼頭之前下車，單獨渡過塞內加爾河，在茅利塔尼亞境內與卡車司機會合。「很難管制，」警官高聲說道，「因為一切資訊都在他們的腦袋裡！誰知道他們最後目的地是哪裡？你無法阻擋他們，你就是不知道，最重要的是他們的想法。」他反反覆覆說道。

在達卡的時候，警方根據物質和行為的跡象來判定旅行者的合法或非法；來到羅索，非法移民捉摸不定的形象多了一個特殊的心理成分：旅行者「腦子裡的想法」會讓他在邊界成為非法遷徙者。非法遷徙者上路之後遭遇日益嚴重的本質化（essentialization），而且不只是論述性的現象；非法性籠罩在旅行者身上，對他們的心理狀態造成實質影響。當旅行者因為可能有某種意圖而遭到拘留，他們也被吸入一個循環的世界：旅程中斷、拘留、羞辱、遣返、破產。他們被推進「下層世界」（below-board），陷入一種過渡的狀態，人類學家蘇珊・畢布勒・庫廷（Susan Bibler Coutin）形容為「在路上」（being en route）：對於他們行經的司法管轄區，他們既存在又不存在；對於追逐他們的邊界執法當局，他們既可見又不可見。[7]

邊界城鎮的特質，羅索一應俱全。坑坑洞洞的巷道，纏著頭巾（turban）的摩爾人（Moors）坐在簡陋的房子裡，有一搭沒一搭地兜售茅利塔尼亞烏吉亞（ouguiya，譯注：茅利塔尼亞貨幣），換取中非法郎或者歐元。他們的游牧同胞帶著駱駝過河尋找草場，這是一種古老的生活方式，與獨立後的邊界地區經濟活動相較是小巫見大巫。邊界經濟在羅索隨處可見：小販在通往河邊碼頭的馬路邊爭搶攤位，販售廉價電子裝置、小包裝的阿根廷高菲歐麵粉（gofio flour）、西班牙生石

灰、味道像沙土的茅利塔尼亞餅乾。還有水，茅利塔尼亞的瓶裝水，一飲而盡暫時解渴。羅索位於撒哈拉沙漠邊緣，氣候乾燥炎熱，薄薄的沙塵擋不住熾烈的陽光。困在這裡的遷徙者抱怨炎熱、空氣乾燥、細沙飄散。蒼蠅撲面而來。想要躲避熱浪，只能在破舊的床墊上小睡，或者喝一種比撒赫爾南部地區口味更濃烈的綠茶。謝赫（Cheikh）就坐在這樣一張床墊上，他身材高大，一口甜食蛀爛的牙。他用煤炭爐煮開水，泡一壺濃烈的塞內加爾茶。謝赫的同事都叫他「移民先生」，他領導的羅索紅十字會接受西班牙政府資助，為遷徙者提供人道援助。

近年來羅索已成為祕密移民的過境點與丟包處，北非「白人」與西非「黑人」在此交會，茅利塔尼亞憲兵在這裡遣返試圖非法進入加納利群島的外國人。我曾在二〇一〇年移民熱潮尾聲造訪羅索，當地已成為歐洲移民管制轉包鏈的一環，地方警察與人道組織對遷徙者進行拘留、遣返與照顧。然而我們很快就會看到，儘管歐洲做了最大的努力，羅索仍然是脆弱的一環。

謝赫照著老習慣喝完第三杯茶之後，帶我參觀紅十字會的「營運基地」，羅索在祕密遷徙迴路中最顯眼的象徵。這是一座不起眼的人道主義設施，門口掛著西班牙外交部的標誌。園區架設了一、兩座帳篷，透過破舊的籬笆可以看到茅利塔尼亞與塞內加爾的界河。「二〇〇六年的時候，我們每天要照顧一百人，一星期下來是六、七百人。有人受傷。還有各式各樣的狀況。」謝赫說道。我們旁邊有一位瘦削的歐洲女子，蹲在地上抽手捲紙菸。她是碧倫（Belén），西班牙紅十字會駐羅索代表。西班牙與塞內加爾紅十字會進行合作，照顧筋疲力竭的被遣返者，提供他們食物和飲水，讓他們沐浴休息。不過紅十字會最重要的目標，是要將被遣返者送到達卡或者他們在塞內加爾的故鄉。由於大部分被遣返者都不是塞內加爾人，這種做法只是將他們從邊界地區移走，而且通常是違背他們的意願。將被遣返者移走前還有一個必要步驟：帶他們到羅索大街上的警察局，做形式上的交代，警察有時也會斥責他們一番。

紅十字會與邊界警察都是西班牙的轉包商，執行不同但互補的任務：將遷徙者視為受害者，一方面需要人道援助，一方面其違法行為有待處理。在謝赫看來，這種警察與援助工作者的合作模式，並沒有什麼不尋

從羅索—塞內加爾的紅十字會基地遠眺茅利塔尼亞（作者攝）

常。警察對於拘留或者騷擾被遣返者沒有多大興趣；在他們的辦公室裡，邊界事務持續以零亂、懶散的步調進行，反正把這些人關起來也拿不到錢。

走陸路的旅行者、飽經風霜的摩爾人與兌換外幣的小販，都聚集在大馬路上的羅索警察局附近。副局長五十多歲，身材瘦削，走到一個看起來岌岌可危的櫃子前，旁邊是一堆垃圾。他瀏覽櫃子，拿出一個貼有「非法移民」的檔案夾。新來到遷徙者的資料會被歸入這個檔案夾，再轉交給達卡的邊界警察。羅索的警察只能這樣做，副局長解釋：「我們會偵訊非法移民，但是不能拘留他們。」他堅稱塞內加爾「歡迎每一個人」，不像與他們關係緊張的茅利塔尼亞安全部隊。接下來他給我一份他的履歷，說道：「你或許可以幫我找到一些機會。」口氣懷著希望。

從工作、金錢到升遷，「機會」的缺乏意謂西班牙必須為非洲國家提供誘因，換取對方合作。在羅索，「Frontex」與西班牙是同義詞，提供河川巡邏需要的油料、手電筒、夜視功能雙筒望遠鏡、按日計算的津貼。對被遣返者進行偵訊與處理，然後把他們交給紅十字會，這些工作相當容易；困難的是在非法移民進入茅利塔尼亞**之前**就查獲。來自塞內加爾、馬利與甘比亞的旅客要以合法方式通過國界，只需備妥疫苗接種證明、相當於五十歐元的茅利塔尼亞烏吉亞財產證明或存款。其他國家國民更只需在羅索—茅利塔尼亞（Rosso-Mauritania）的碼頭花一點錢賄賂官員。「非法移民在奴亞迪布準備穿越邊界，拋棄身上所有文件，」謝赫說明，「他們故意要讓警察難辦事，拒絕透露自己祕密。要將他們分門別類是一大問題。」

來到羅索，謝赫與邊界警察談論的隱藏性、遷徙者腦子裡的「祕密」，成為遷徙非法性的關鍵構成要素。「非法移民」的法文「clandestin」與茅利塔尼亞文「siriyan」字源都來自「祕密」。要讓非法遷徙者說話、交代內心世界並不容易。此外，遷徙者被認定會說謊，本質上不值得信賴。一位法國駐外警政專員告訴我：「遷徙者都很會騙人。」非法產業的其他成員也有同樣的感受；除了代表一種憑空想像的非法遷徙者關鍵特質，這種感受還有其他意義。對於那些陷落在困境中進退不得、受到非洲轉包商及自身無望的夢想打擊的旅行者，真相與謊言混淆是他們日常經驗的一部分；而且我很快就在羅索發現，那也是幫助他們遷徙的工具之一。

謝赫找來三個賴比瑞亞人和我對談，地點選在紅十字會陳設簡單的辦公室，馬路對面就是收容遷徙者的營地。其中一位名叫愛德華（Edward），年紀很輕，衣冠楚楚，坐在辦公室中唯一一張塑膠椅子上等候我。「拿英文護照的人在這裡很辛苦，」他嘆息道。他所謂的「英文護照」是指西非英語系國家發放的身分證明文件。對英語系國家而言，在這個地區旅行從來不是容易的事。特別是奈及利亞人，他們要在邊界付高額的「費用」，儘管西非國家經濟共同體（Economic Community of West African States, ECOWAS）所有成員國都簽訂了自由出入境協議。愛德華和

朋友們是被茅利塔尼亞遣返，這個國家在二〇〇〇年退出ECOWAS，原本仍繼續施行這項協議。[8]但是從二〇一〇年開始，茅利塔尼亞對所有英語系西非國家國民實施入境限制，迫使原本可能從陸路入境的旅客改搭飛機。英語系國家旅客愈來愈被一概視為非法移民，遭到當局鎖定與打壓。愛德華解釋，他與朋友們在河對岸的羅索—茅利塔尼亞被驅逐，無法繼續北上。我和他談論這場磨難的時候，他的朋友們也到了，艾倫（Alan）是他的兄弟，克拉拉（Clara）則是親戚。克拉拉很快就為愛德華的故事帶來矛盾，她說他們是在首都諾克少找工作時遭到拘留、監禁。他們對於這趟旅程的目的也交代不清——先說是「想看看茅利塔尼亞」，又說是想前往歐洲；如今他們的前途更加模糊渾沌。我問他們，為什麼不拿紅十字會的錢轉往達卡？艾倫回答：「我們在達卡一個人都不認識。」愛德華則說：「很困難，我不知道什麼是最好的選擇。」既然紅十字會幫不了他們，他們必須打電話給一位親戚，請對方寄錢過來，好讓他們回家，或到比較南邊的地方安頓下來。他們也問我：能不能給他們錢買電話卡？

稍後我在營地與謝赫會合，他對賴比瑞亞人的故事大搖其頭，聲稱他們都是「潛在的非法移民」，只想再次越過邊界；我不給他們錢是對的。「他們說他們是兄弟姊妹，」謝赫說道，「但是沒有人會像這樣帶著姊妹出遠門。」他壓根不相信他們的故事，我也不知道該信到什麼程度。這三個賴比瑞亞人處在一種過渡地帶，真相與虛假不再有明確的輪廓，界線一天比一天曖昧模糊。他們知道自己的故事頂多只有工具性的價值；尷尬地笑著敘述他們曾經謊稱自己是穆斯林，騙過一名當地的伊瑪目（imam，譯注：伊斯蘭教領導人），只為了在清真寺睡一、兩夜。他們的所作所為都不太正當，啟人疑竇。一個月之後我再度回到羅索時，他們已經找到門路，一個接一個過河前往茅利塔尼亞。

三個賴比瑞亞人在這個體系中流轉，碧倫暗示，像他們這樣的祕密遷徙者愈多，非洲轉包商愈是有利可圖。我和她在附近一家體面的飯店共進晚餐，她看起來脆弱削瘦，總是焦躁不安，菸一根接著一根。她沒有時間理會紅十字會任務的政治面，或者思考與之平行運作的邊界巡邏任務。她要撰寫報告，馬德里上司不斷做出要求，辦公室的塞內加爾人卻什麼事都不做！她說她有時會陷入恐慌，在壓力中動彈不得。移民計畫經費開銷太慢，原因是近來被遣返者大量減少，造成麻煩的會計問題，也讓上司對她施加更大壓力。西班牙紅十字會向西班牙國際合作開發署（AECID）轉包業務，本身則要倚賴塞內加爾的轉包者或「夥伴」，雙方的合作關係有很大的改進空間。碧倫覺得她永遠都在追趕、逼迫、提醒當地同事做工作，他們則永遠都在跟她要東西，「資料夾、紙張、筆……」，在她眼中，他們就像不斷張口索討食物的雛鳥。營地有一個以油布覆蓋的「儲水站」，專供遷徙者使用，結果她的同事們竟然把水用光！碧倫搖搖頭，很挫折。遷徙者計畫因為乏人問津、經費撥款到期，很快就會畫下句點。對於自己即將脫身，她似乎如釋重負。

謝赫和他的志工們認為沒什麼理由特別照顧祕密遷徙者，他們也許有過一段辛苦的經歷，但境況恐怕還是優於羅索本地的窮苦民眾。西方援助工作者與當地合作夥伴，因此形成一種局促不安的互動界面，而且情況相當普遍，愈來愈多針對國際開發計畫的批判性研究已經證實這一點。9然而在羅索——以及遷徙路線行經的其他地方——有一種荒謬情況：這些緊張的互動關係必須倚賴捉摸不定的遷徙非法性。沒有後者就沒有前者，外國援助將會斷絕，非法產業將會消失。

邊界執法是另一番光景。我在一部巡邏車上發現，同樣的捉摸不定也有可能讓金援源源不絕。巡邏車行駛在泥土路上，沿著塞內加爾河岸前行。此地的警察和達卡一樣，一路追逐幽靈，但是他們將遷徙者渲染為一種威脅，持續吸引歐洲金主的關切。巡邏車駛離羅索，「打擊非法移民已經是我們的主要工作，」車上四名警官其中一人說道。他們都沒有穿制服，這是一項由西班牙資助的巡邏任務，但唯一的標誌只有車身上一張「警察」貼紙。過去當地的主要問題是稻米與糖的過河走私，但後來被 Frontex 設定新的優先要務。這趟巡邏任務與獵遊（safari）有一種詭異的相似性：我們一路顛簸搖晃，掀起雲霧般的塵埃，但愈是深入邊界地區，我們愈明白當地看不到非法遷徙者。我們看到有人駕船走私水泥，有人帶著手提箱，孩童在河床上嬉戲，幾個纏著頭巾的孤單人影。我拍下一張照片，四名警官站在一艘廢棄的漁船上，「現在我們也成了非法遷徙者！」其中一人笑著說道。這個笑話凸顯了這些警官的工作是如何荒謬絕倫、緣木求魚，他們要在一道人來人往的河川上追查旅行者的意圖，並且因此將這些旅行者本質化。「偵查非法遷徙者非常困難，」一名警官嘆息說道，「就像這樣，他有可能搭船出海，或只是一個單純的旅行者……他們在塞內加爾不會顯露自己的非法性，你也無法偵查。」但他也說，來到奴亞迪布就不一樣了，在茅利塔尼亞這道「通往歐洲的大門」，警察總算能夠根據旅行者的真正身分來逮捕他們：道道地地的非法遷徙者，隨時準備坐上木船、挑戰怒海。

奴亞迪布，茅利塔尼亞：數字遊戲

來到茅利塔尼亞港市奴亞迪布沙塵飛揚的郊區，距離羅索約四百公里，距離加納利群島八百公里，有一間荒廢的學校用地「小關達那摩」（Guantanamito）。西班牙軍人在二〇〇六年將它改建成一座拘留中心，關押等待被遣返的搭船遷徙者，經費同樣是來自AECID。國際特赦組織與西班牙難民援助委員會（Comisión Española de Ayuda al Refugiado, CEAR）都曾發布報告批評小關達那摩，中心的遷徙者分兩種：一種是在海上被攔截之後，由西班牙依據再入境協議送來茅利塔尼亞；另一種是在城鎮中因為被控企圖非法入境歐洲而遭逮捕；後者愈來愈多。[10]

「小關達那摩」成立不久就被批評者取了這個名字，它是一連串特殊情況之下的產物。二〇〇五年八月茅利塔尼亞發生政變，雖然在這個獨立後局勢動蕩不安的國家並不是頭一回，但還是引發國際社會廣泛的譴責，包括歐盟。一個幸運的巧合是，政變之後不久，搭船前往歐洲的非法移民大幅增加，迫使歐洲做出回應。後來歐洲必須和茅利塔尼亞協商，因此也承認新政權。[11]

隨著移民船從二〇〇五冬天開始增加，西班牙執法也必須跟進因應；發展到翌年夏天，Frontex正式啟動運作。當時，新聞記者也湧入奴亞迪布，帶著攝影機、筆記本，還有對遷徙狂潮故事的強烈渴望。學術界觀察家批判這種濫情取向，指出奴亞迪布多年來都是吸引地區移工的聚集地。但是這些意見沒有作用：環繞著非洲移民出走潮的歇斯底里快速升高，警方也因此加強鎮壓行動。[12]

西班牙當局對它們在茅利塔尼亞的工作守口如瓶。根據維基解密（Wikileaks）公布的外交電文，諾克少的美國大使館抱怨，想得知西班牙如何因應移民潮就像是在「拔牙」。[13]原因或許在於，移民管制的運作處於法律真空地帶。西班牙難民援助委員會等重要的觀察家指出，茅利塔尼亞試圖讓其他國家分擔祕密移民並不違反自家法律，這就意味茅利塔尼亞的拘留或遣返行動都不會遭到國際制裁。從這個角度來看，將遣返中心取名「小關達那摩」十分恰當：一個法律鞭長莫及的空間，然而有一項重要的附加條件：遷徙者只是暫時被拘留（原則上只有幾天，實際上通常更久），他們隨後會被送進箱型車，運往羅索的塞內加爾邊界，或者戈吉（Gojui）的馬利邊界。[14]茅利塔尼亞政府在二〇一〇年通過一項移民人口走私法律，並推動另一項移民遷徙立法工作，為已經展開的行動提供法律依據。茅利塔尼亞政府如此熱中其實不足為奇，它新近推行的「移民策略」由歐洲提供大部分資金；新近興建的邊界哨站也是如此，人員則是由國際移民組織（IOM）與西班牙國民警衛隊訓練；負責監控海岸地區的單位也拿到西班牙提供的船隻與經費。[15]

小關達那摩名義上是由茅利塔尼亞政府掌管，協助被拘留者的工作實際上是落在該國紅新月會（Red Crescent）頭上，西班牙紅十字會也伸出援手。遣返中心來自安立克的構想，他就是那位與西非國家談判雙邊移民協議的西班牙警官。儘管各方對中心嚴厲批判、呼籲關閉，安立克還是引以為傲，堅稱：「這座中心是沙漠中的一座綠色島嶼，就像飯店一樣。」中心是為了「人道理由」而成立，設施裝備相當齊全，以至於茅利塔尼亞憲兵後來開始五鬼搬運，從中心搬東西回自家使用。到二〇一〇年時，安立克對中心的現況已經懶得理會：年久失修，破舊不堪，不如忘卻。

一位西班牙記者形容這是「小關達那摩的挫敗」，而且是一敗塗地。[16]它的物資被軍人劫掠一空，被人權運動者貼上「監獄」的標籤，儘管茅利塔尼亞紅新月會稱之為「接待中心」。關於西班牙與非洲的禮物經濟，小關達那摩淋漓盡致呈現了其中的荒謬性。

對於警方針對遷徙者北上旅程的執法行動，小關達那摩也透顯出與日俱增的武斷特質。羅索的邊界警察已經指出，偵查工作在茅利塔尼亞要比在邊界容易進行。遷徙者暴露自身非法性的方式，與達卡遷徙者準備動身的徵兆一樣：成群結隊，揹著小背包，身上有餅乾和歐元。但是茅利塔尼亞對於偵查「非法移民」的熱忱非比尋常。運動人士形容當地非法產業的特質是一種「數字遊戲」（la politique du chiffre）。羅索警方會區分「被逮捕的外國人」（raflés）與茅利塔尼亞遣返的非法移民。聲稱前者只是一般的外國移工，不是企圖非法入境歐洲的遷徙者，抓他們只是為了湊足人數。在奴亞迪布，來自撒哈拉沙漠以南非洲的民眾會因為穿兩條牛仔褲而遭到拘留，因為這一點足以「證明」他們企圖前往歐洲。遷徙者上路的人數下降之後，認定非法性就連這一點都不再必要：光看膚色就已足夠。全面蒐集被拘留者資料是西班牙紅十字會的獨門工作，他們對「數字遊戲」也有類似的結論。一位主管指出，小關達那摩原本是一個「所謂的『接待中心』」，後來卻「轉型為拘留中心，拘留任何疑似企圖移民的人」。[17]

歐洲邊界管制工作的轉包不僅會破壞茅利塔尼亞與鄰近國家的外交關係，還可能因為將非法性摻入膚色政治學，而危及該國黑人（haratin）與白人（bidan）社群原本就脆弱的關係。奴隸體制的遺緒一直沒有被人淡忘；一九九九年的強制驅離事件也是如此，當時茅利塔尼亞與塞內加爾交惡，因此將自家的黑人驅離到塞內加爾。達卡公民社會一位激進的意見領袖指出，從二〇〇八到二〇一〇年，茅利塔尼亞對異鄉的人汙名化日益嚴重，部分茅利塔尼亞黑人甚至被驅逐到南部邊界，她說：「現在所有的黑人都可能被認定為非法遷徙者。」

雅克（Jacques）是一位被拘留、被遣返的遷徙者。他身穿破舊的運動外套、骯髒的牛仔褲，在羅索的紅十字會營區等候我。我看不太出來他的年紀，但猜想他大約三十來歲將近四十歲。我

們在儲水站旁邊一張凳子上坐定，他咧嘴而笑，似乎滿懷期望。他緊抓著一個小小皺皺的背包，因此洩漏了他遷徙非法性的跡象。背包裡面是他全部的家當：一把牙刷、一塊髒兮兮的毛巾、一條毯子、一個肥皂盒；後兩樣是他被拘留在奴亞迪布時，紅十字會人員拿給他的。除了身上穿的衣褲，他只有一件相較之下還算乾淨的襯衫。「他們在幾內亞和塞內加爾邊界偷走我的行李，」他說，「我到塞內加爾的時候一無所有，只有一個塑膠袋拿在手裡。」他保持微笑，談起自己在幾內亞長大的過程，然而他說他的出生地是法國的加勒比海屬地瓜德羅普（Guadeloupe），希望進入歐洲。事實上，他有一個法國朋友答應在摩洛哥與他會合，幫他解決文件的問題。他在旅程中——不太確定是在哪裡——遺失了一些文件，與達卡的法國大使館打交道也無法取得新文件，大費周張之後，他繼續北上。來到奴亞迪布，他花錢找了一名司機，想前往摩洛哥北部的德土安（Tetuan），一個難以抵達的目的地。他和許多被騙上當的前輩遷徙者一樣，下場是被丟包在四十公里外的地方，那名司機要他自己走到西撒哈拉邊界。他馬上被邊界警察逮到，送回奴亞迪布，揍了一頓，關了一夜。他因為「腸胃不適」而拒絕進食。第二天，他被送進小關達那摩。

雅克菸癮愈來愈重，食慾愈來愈差，「我很害怕，」他說，「『你要多吃點東西！』他們告訴我，但我說我在這裡吃不下，我沒辦法在監獄裡吃東西，這裡臭得要命。」每當他要上廁所，得由警衛護送。當地有一位來自紅十字會的「西班牙女士」，但她沒幫什麼忙。雅克待了幾天之後，茅利塔尼亞紅新月會前來蒐集資訊，問他為這趟旅程花了多少錢、他在國外有沒有親戚……

又過了幾天，警方將雅克和其他被遣返者送往首都諾克少。警察給他食物，他回憶：「我很焦慮，連一小塊餅乾也吃不下。」最後，雅克被送到羅索—茅利塔尼亞，他再次拒絕進食。一天晚上，他被遣返過河，但塞內加爾警方因為他缺少一份「文件」而拒收。後來茅利塔尼亞警方再次嘗試遣返，塞內加爾警方已經下班，雅克總算上了河岸，前往紅十字會營區。

在羅索警察局長塵封的非法遷徙者檔案中，雅克和許多人都沒有被列入。他們成了隱形人。這種不可見與不確定性，被權威隨機、突然且任意地施加在遷徙者的身體上，對他們的身體與心理健康造成很大的傷害。來到羅索一間蒼蠅飛舞的食堂，面對一盤花生燉菜，雅克現在可以大快朵頤，但他細嚼慢嚥，唇邊始終掛著微笑，「來到塞內加爾，總算有了自由。只要你通過邊界，他們就不會來煩你。」然而當身後有人盤子掉落，他突然抽搐了一下，露出受驚嚇的眼神。在他僵硬的微笑背後，似乎有一種緊張情緒正在悶燒，不時爆發為肌肉抽搐、腸胃不適、菸癮發作。

想要理解雅克的經驗，我們可以回頭看看人類學家庫廷的論點：她認為在路上的遷徙者經歷了一種「存在感的抹除」（erasure of presence），一種「實體的轉化」（physical transformation）。「當他們保持祕密形態，遷徙者同時將法律與非法性實體化。面對禁止他們存在的司法管轄區，遷徙者消失了——他們躲避藏匿、冒用身分、瀕臨死亡。藉由消失，遷徙者變成他者（異化者）、變成事物化（能被運送）……儘管他們『無法存在』，遷徙者還占有實體空間。他們的身體成為一種不存在的空間（absent space），一種空缺，被法律團團包圍。」[18]

這種空缺表現為雅克的無處扎根與漫無目的。他該往何處去？他沒有明確的答案，只能說：「我不會回去……我的目標是摩洛哥，我會找出辦法，繼續追求。」但這種說法完全不顧現實，雅克的荷包已經見底，只剩五百中非法郎（一美元），「還有我的香菸。只要我能到拉巴特（Rabat，譯注：摩洛哥首都），那位朋友就會找到我。」朋友的唯一聯絡資料是電郵信箱，雅克原本儲存在手機的 SIM 卡中，但 SIM 卡已經搞丟。雅克失去了一切，連皮夾也丟在往奴亞迪布的路上；當初他能從諾克少來到奴亞迪布，也是因為一位警官可憐他，讓他坐上一部箱型車離開。雅克的境遇比那幾個賴比瑞亞人更不堪，關於他的一切都在快速變化、充滿不確定性；他描述的一切模糊了真相、謊言與白日夢的界線。那天晚上他就寢時將一如以往，睡在那件備用的襯衫上，希望不會被塞內加爾的憲兵叫醒。也許第二天他會遇到一位船夫，免費送他過河。

兩個星期後我回到達卡，再次遇到雅克。他聽從我的建議，搭上紅十字會的箱型車。在達卡，只有天主教的明愛會（Caritas）為遷徙者提供基本的協助，雅克改用「易卜拉辛」（Ibrahim）之名登記，年紀寫成二十二歲而非將近四十歲。我試圖幫雅克／易卜拉辛說幾句好話，強調他確實嘗試移民歐洲，因此應該得到幫助。如此一來，我和非法產業其他成員玩一樣的遊戲：援引一名旅行者的意圖，來說明他為什麼一方面值得懷疑，一方面有其權益；在這樣的過程中，我將一位朋友貼上「非法遷徙者」的標籤。我最後一次尋找他的時候，是到達卡的社會轉型研究實驗室（Laboratory for Research on Social Transformations），這家大學研究機構很適合他求助食宿，但是不見他的蹤影。也許他別無選擇，只能再度北上。然而一趟漫無目標的旅程不太可能讓他通過非法遷徙者在西非的最大障礙：撒哈拉沙漠。

馬利與沙漠：越過非洲的內海

從奴亞迪布再往北走，沙漠路線戛然而止，遷徙者稱之為「坎達哈」（Kandahar），一片無人地帶，介於茅利塔尼亞與摩洛哥占領的西撒哈拉之間。它也是一個過渡地帶，穆罕默杜與其他被遣返者曾經被困在這裡，像乒乓球一樣來回於邊界哨站，在槍口下被迫退卻。然而對於走陸路的旅行者而言，整個沙漠都是過渡地帶。在越過沙漠的同時，他們徹底化身為非法遷徙者的過程也進入下一個階段。他們以加里（gari）為主食，那是一種加水調和的奈及利亞麵粉。他們學會變化快速的邊界語言，其中混合了英語、法語和當地詞彙，讓他們在溝通時能跨越語言的壁壘。他們將身上少許的現金藏好，以免被邊界警衛查獲。在尼日與馬利北部，道路檢查哨成了生財工具，讓國家執法機構鎖定非法遷徙者。穿越沙漠有如一場成年禮，遷徙者如果幸運通過，這趟旅程——具備同等的興奮、沉悶與致命特質——將會值回票價。

二〇一二年馬利爆發動亂，在此之前，它漫長的沙漠邊界已經成為推動邊界管制的最新陣線，這要歸功於塞內加爾與茅利塔尼亞海岸管制的強化。Frontex 對沙漠地區不感興趣，因為它遠離歐盟的外部邊界，因此西班牙必須倚賴其他的經費機制。西班牙曾在二〇〇七年與馬利簽署移民協定，馬德里當局以此為基礎增加開發援助，資助各項「移民管理」計畫，並且（與歐盟合作）為十七座邊界警察哨站提供裝備。[19]馬利的邊界警察、憲兵與邊界事務官員也拿到西班牙資助的電腦、發電機、指紋辨識裝備、車輛與各種裝置。就如同塞內加爾與茅利塔尼亞的情形，這些個人化的禮物能夠營造良好的人際關係。西班牙大使館的警政專員使用一位馬利同事的姓氏，表示親切友善。負責移民事務的馬利憲兵上校則滿足地輕拍自己的筆電，說道：「這是西班牙送的。」不過也就如同達卡海灘的情形，禮物一方面會形成薄弱的道德連結，另一方面也催生出一種明確要求、需索無度的機制。

「帶我去歐洲！」一名馬利憲兵咯咯笑著說，一邊帶我走進他長官那空調隆隆作響的辦公室。為了接待我，這位憲兵總監召集所有移民事務高級主管，每個人都強調對於邊界警察工作，他們需要更多的裝備。「一直到現在，國家憲兵隊（Gendarmerie Nationale）都還沒拿到相關的裝備。」一位上校如是說，「如果我們的三十五個邊防單位都能拿到裝備，將可以強化移民人潮管制工作。」其他需求也讓人應接不暇：他們的邊界辦公室需要電腦，他們需要太陽能發電裝置，需要更多車輛，車輛需要更多油料！這些都有助於「從上游」截斷遷徙者越界。馬利憲兵官員最重要的訴求則是，開發計畫不可或缺。一位邊界警察主管也有同樣主張，「歐洲必須幫助我們進行村莊計畫，讓人民安居樂業。」他在呼籲的同時也抱怨歐盟只會花錢打擊非法移民。然後他同時為兩道陣線要求經費，「如果你想有效打擊（馬利）北部的非法移民，你必須建立一個類似 Frontex 的系統。」他提到在海上進行的赫拉行動，接著高聲說道：「我們也很重要，我們有一座內海，就是撒哈拉沙漠！」禮物引發更多要求，透過歐洲—非洲邊界的語彙清楚傳達。

那些在「內海」漂流的人，不只是像遷徙者雅克那樣漫無目的漫遊。霍斯拉維（Shahram Khosravi）在他關於祕密穿越邊界的「自我民族誌」（auto-ethnography）中寫道，這種穿越挑戰了「邊界儀式與象徵符號的神聖特質」。在他看來，遷徙者在這裡扮演的角色不是新成員（initiates），而是「邊界儀式的犧牲品」。霍斯拉維與庫廷都指出，其中涉及動物化（animalization），從世界各地關於祕密遷徙者及其走私者的用語可見一斑：在摩洛哥，綿羊任憑野狼擺布；在墨西哥，雞群被雞農（polleros）或郊狼（coyote）帶走。[20]

將西非旅行者建構為非法遷徙者的過程，不僅在於論述，也發生在他們的身體上。塞內加爾冒險者尤蘇（Youssou）曾經從馬利與尼日穿越撒哈拉沙漠，他回憶自己坐上一部「陸地巡洋艦」（Land Cruiser）越野車，北上進入沙漠，後來卻因為要擺脫警察而被迫棄車。這群遷徙者在沙漠中跋涉，嚮導卻通風報信，引來一群圖阿雷格人（Tuareg）強盜，「他們搶走我們的錢、我們的衣服、我們的行李。」尤蘇回憶。強盜剝光他們的衣服，要他們赤裸躺在沙地上。他們扯開鞋跟、縫線與護身符，尋找私藏的現金。他們將遷徙者的水倒光，丟棄他們僅剩的加里麵粉。他們擄走四名女性，其中一人從此杳無音訊。強盜離開之後，尤蘇迅速再度上路，不能將時間浪費在沙漠裡。他來到一處水坑，推開幾頭山羊，大口喝水。當時的尤蘇已被降格為一種野蠻的存在，生還者對這種遭遇津津樂道。祕密遷徙者經常會形容「我們變得像動物一樣」。一名生還者回憶他如何被阿爾及利亞當局遣返，和一批殺人犯關在一起，只能喝遣返營地的髒水，搭乘運牛卡車行經沙漠，身體隨著道路顛簸劇烈甩動。「我是羊還是牛？」他憤怒地問道。

庫廷指出，祕密遷徙者在旅程中也會被「事物化」。他們把自己當成貨物，或許因此成功穿越沙漠。尤蘇就是這樣離開撒哈拉沙漠。走私者要他躲藏在卡車油布下方，化身為運送私菸車隊的商品。包括尤蘇在內的冒

塞內加爾—馬利邊界的邊防警察（作者攝）

險者以這種方式抵達北非，在自身的非法遷徙者建構過程中經歷了幾個階段。達卡海灘上出現的衣服與配備、羅索官員思考的遷徙者「心態」、奴亞迪布的種族化現象、沙漠的非人化經歷，這一切融會成更具體化的遷徙者非法性，由旅行者的「制服」、他的野蠻特質、他的漫無目標、他的黑人特質所定義。我們接下來就要探討，北非的警政執法如何精煉這種原始的非法性；在這裡，歐洲邊界非法遷徙者的建構加上了畫龍點睛的手筆。

摩洛哥：承認的政治

達烏答（Daouda）與莫度（Modou）都找到了捷徑。我第一次遇見他們是在費尼迪克（Fnideq），一座摩洛哥商業城鎮，緊鄰西班牙飛地休達。他們在咖啡廳餐桌之間來回走動，兜售護膚乳霜。他們利用羅索邊界警察提過的「新系統」，從塞內加爾走陸路到摩洛哥。他們甚至不必化身為貨物，藏匿在運送水果或者香菸的卡車；由於擁有塞內加爾國籍，他們入境茅利塔尼亞或摩洛哥都免簽證，只有從坎達哈進入西撒哈拉蓋印記時需要付一筆「費用」。達烏答與莫度都是二十歲出頭，第一次出國；當我用沃洛夫語打招呼，兩個人立刻眼睛一亮。他們對摩洛哥的生活似乎如魚得水，學了一點阿拉伯文，住在丹吉爾的分租公寓，每週一次到費尼迪克的市集做買賣，沒有什麼限制，儘管他們的流動攤販身分還有法律疑問。

他們的悠遊自在令我訝異。達卡與拉巴特當局外交關係堅實，這意謂塞內加爾國民在摩洛哥享有特殊待遇，但是達烏答與莫度的自在感還涉及別的因素。阿吉耶指出，摩洛哥是第一個「被歐洲各國政府安全政策涵蓋」的北非國家。[21] 西班牙與法國體認到，對於撒哈拉沙漠以南的非法遷徙者而言，摩洛哥是進入歐洲的跳板，因此兩國長期推動在摩洛哥強力執法。西班牙工人社會黨贏得二〇〇四年大選之後，與拉巴特當局關係解凍，移民事務合作關係迅速發展，並在二〇〇五年秋天休達與美利雅悲劇來到最高點。隨著媒體對悲劇的緊迫盯人報導告一段落，拉巴特當局也亡羊補牢：不可再有負面的頭條新聞，不能再有恣意為之的暴力。摩洛哥身為歐洲睦鄰政策（European Neighbourhood Policy）的重要成員，非常希望建立值得信賴、做法乾淨的形象。在此同時，摩洛哥成為愈來愈多遷徙者的**目的地**，不再只是一個「過境國」。[22] 摩洛哥一方面讓路途受阻的撒哈拉沙漠以南遷徙者與難民落腳安頓，一方面也吸引來自其他非洲國家的高階主管、學生與勞工。結果就是，摩洛哥必須在乾淨的管控、彈性的入境與強硬的鎮壓之間，保持有如走鋼索的平衡。

這套策略的核心機構是移民與邊界監控局（Direction de la Migration et de la Surveillance des Frontières, DMSF），位於規模有如市鎮的摩洛哥內政部，奶油色的建築面對整齊的草坪。DMSF局長梅赫迪（Mehdi）以專業素養從容應對複雜的情勢。國王穆罕默德六世（Mohammed VI）推動摩洛哥政治進入新年代，歐洲各方要求就移民問題展開對話與強硬執法。他在一間明亮的會議室中解釋摩洛哥關於移民問題的思維，如何在策略層面從「全球性」轉型為「過程導向」。「我們看到黑幫掌控了相關活動，涉及大筆金錢，我們必須有一套全球性的策略。」他的英語帶有美國腔，幕僚在會議桌上分送印出來的統計資料，顯示被官方破獲的人口走私網絡。摩洛哥原本採行梅赫迪所謂的「多重水族箱策略」（multiaquarium strategy），名稱有點費解，但重點是從警政執法更進一步，涵蓋「敏感化、溝通傳播、開發、安全、立法與體制改革」等做法。梅赫迪指出，拜這套策略之賜，摩洛哥「讓前往歐洲的非法遷徙者減少將近九〇%，改善的狀況達到了難以理解的水準。」舊策略在二〇〇七年進入「成熟階段」之後，DMSF推動一套新的程序導向做法，「每個人都在同一座水族箱工作」。新策略名為「預防、起訴、保護」（prevention, prosecution, and protection, PPP）兼顧摩洛哥自家的祕密遷徙者——所謂的「哈拉加」或「邊界焚燒者」，在一九九一年西班牙開始要求簽證之後渡過直布羅陀海峽——與來自撒哈拉沙漠以南的遷徙者，「從上游截斷」後者的旅程。

梅赫迪的論述中有一項關鍵要素被略而不提：脅迫性的邊界執法。他熱忱談論DMSF與摩洛哥NGO的合作，談到西班牙國民警衛隊與摩洛哥每個月一次的聯合巡邏如何「建立互信」，談到多年來透過高層會議與西班牙培養出來的良好關係。除了金援之外，摩洛哥還要求認可與平起平坐的參與。我向梅赫迪問起歐盟資助摩洛哥移民工作的事，他的回答起先讓我震驚：「什麼資助？」他笑著反問，「是有一個MEDA計畫，經費大約六千七百五十萬歐元，呃……我講的是移民工作，這不算多少錢。但我們是一個負責任的國家，很負責任，不會打這張牌來獲取金援或者……今天我們要打擊活躍的非法移民網絡，最重要原因是我們要負起地區責任。我們要保護自己的同胞，好嗎？我們不能容許摩洛哥變成一個遷徙者或是毒品的過境國，因此必須扮演好自己的角色。」[23]

梅赫迪當然很清楚，移民議題幫助摩洛哥大幅提升自家面對西班牙、歐盟的政治優勢。他也知道歐盟的開發援助策略運用「移民牌」，而且摩洛哥受益良多。的確，摩洛哥一直拒絕針對過境外籍人士與歐盟簽署再入境協定，儘管相關談判頗有進展。摩洛哥在一九九二年與西班牙簽署協議，但一直到二〇一二年都拒絕依照協議接收被遣返的非本國人，唯一一次例外是二〇〇五年的美利雅「大進擊」事件；至於例行性的**非正式**邊界圍籬遣返，摩洛哥更無可能配合西班牙。[24]然而，外交上的遲疑並沒有阻止摩洛哥利用甚至宣揚自家的「過境國」地位，不論為旅居國外僑民爭取權益、作為西撒哈拉占領區議題的政治壓力點，還是用於農產品貿易與外國漁權談判。[25]當然，壓力的運作是雙向的。歐盟—摩洛哥行動計畫與其他北非國家同類型計畫一樣，包含「確保移民潮得到有效管理」與再入境的條款。歐盟與摩洛哥在二〇一三年簽署的「移動夥伴關係」（mobility partnership）協議也將「打擊非法移民」列為目標之一。[26]在與移民議題相關的援助金流之中，摩洛哥短短三年中從歐洲睦鄰與夥伴關係工具（European Neighbourhood and Partnership Instrument）進帳六億五千四百萬歐元。雖然其中四千萬歐元限定安全事務使用，但其他援助款項大體上「乾淨」，如同梅赫迪對於摩洛哥移民政策的描述。然而在平順進展的外表下方，潛伏著不那麼平順的現實，藏身在摩洛哥北部的偏僻街巷與森林之中。[27]

非常態移民在摩洛哥的種族化，在休達與美利雅事件爆發之前就已開始，事件爆發之後加速進行。就如同幾年之後的茅利塔尼亞，黑人特質成為非法性的表徵。二〇〇三年，摩洛哥施行惡名昭彰的《02/03法》（*law 02/03*），將非常態移民列為刑事罪、訂定遣返條款。約莫同一時間，丹吉爾的計程車司機開始拒載黑人乘客。當地舊城區（medina）髒亂的青年旅館也對摩洛哥南方鄰國的來客關上大門，儘管他們過去一直是常客。有正當訴求的難民愈來愈容易遭到圍捕、送進警察的箱型車、丟包在摩洛哥—阿爾及利亞封閉邊界的無人地帶。

隨著鎮壓行動的升高，來自撒哈拉沙漠以南的旅行者也做出回應，發展出精細的組織與欺敵做法。摩洛哥（以及其他北非國家）的城市出現許多藏身處。這些被遷徙者稱為「貧民窟」（ghetto）的房子或公寓位於遷徙路線上，以國籍或種族劃分，遷徙者必須遵守規定才能入住，通常還得花一筆小錢。[28]他們知道自己的身體與行為會讓他們曝光，因此也培養出一些技能來「冒充」有證件的觀光客，而不是會被遣返的非法遷徙者。史蒂芬（Stephen）就是這樣一位冒充專家，他來自賴比瑞亞，尋求庇護，落腳丹吉爾。他穿著畢挺的襯衫、愛迪達（Adidas）球鞋，有時還會戴上英語系遷徙者所稱的「男學生眼鏡」（schoolboy glasses）。出門行走的時候，他會將重心移到雙腳前方，以一種專注、快速的步態前進。史蒂芬手裡隨時拿著一瓶礦泉水，「就像觀光客一樣」。他知道誰是祕密警察：他們都穿一樣的皮夾克、戴一樣的太陽眼鏡。更重要的是，他知道如果遇上這批人，不能轉身離開，而要直接走過去，有如一名身分合法的外國人。[29]

達烏答與朋友們倒不必訴諸這些閃躲的伎倆。他們來到丹吉爾的卡薩巴拉塔（Casabarata）市集，將乳霜陳列在白布上，與摩洛哥同行閒聊。達烏答說，也許他們還期望前往歐洲，但並不急著動身。他還在學習如何當一個街頭小販，這是他生平頭一次出國，和幾位塞內加爾同胞以及幾內亞人分租公寓。然而要不了多久，他就會嘗到移民非法性的滋味。

在塞內加爾與茅利塔尼亞，辨識非法遷徙者是根據他的「制服」——拿著背包、穿兩條長褲。但是在摩洛哥，衣服與其他「道具」被用來**表明**合法性而不是透露非法性。在當地光是身為黑人就足以啟人疑竇，而且是有罪推定（guilty until proven innocent）。被逮捕的風險揮之不去，在羅索邊界營造的祕密「心態」也凝聚為更明確的形態。在摩洛哥，非法遷徙者將自身的非法性與其可怕後果內化，人類學家迪吉諾瓦稱之為「可遣返性」（deportability），也就是無證外籍人士持續遭受的驅逐出境威脅。[30]摩洛哥執法當局有權力阻擋、運送遷徙者，為日後的攔截行動製造恐懼感。在位於摩洛哥—阿爾及利亞邊界的烏季達，恐懼與強迫移動的周期循環最為明顯。

在冒險者的世界裡，烏季達是個既神祕、又可怕的地方。有些法語系遷徙者將遣送至烏季達形容為「進行朝聖」；這種說法相當諷刺，被遣送到這個混亂地帶的人，只會陷入暴力與絕望。作為一座熙熙攘攘的大學城，烏季達一方面是當局驅逐（梅赫迪與他的人馬稱之為「送回邊界」〔reconduite à la frontière〕）行動的目的地，一方面也是西非遷徙者走陸路進入摩洛哥的門戶。學校（la fac）位於市郊，是許多遷徙者落腳的地方，在他們被驅逐到鄰近阿爾及利亞封閉邊界的無人地帶之後。近年西方國家的新聞記者與研究人員也群聚此地，試圖在大學校園傾頹的圍牆中，窺見棲身破敗房舍的非法移民。學校周遭是奈及利亞幫派的地盤，他們甚至會沒收訪客的相機，對方付費之後才能觀察烏季達的遷徙者世界。這個世界蠻荒而原始，遷徙者淪為幫派與警察的人質，隨時隨地可能遭到打擊。在森林的另一邊，運氣不佳的被遣返者躲藏在「平靜地帶」（tranquilos，冒險者的行話）等候時機。像史蒂芬這種摩洛哥遷徙迴路的熟面孔，都曾經多次被遣送到烏季達，有些人甚至超過十二次。

我在二〇一〇年夏天將盡時來到烏季達，當時遣返行動正如火如荼。然而近年，少量、漸進式的遣返取代了先前的大規模驅逐，媒體的負面報導減少了，被遣返者人數也大幅降低。那年摩洛哥與西班牙一度因為美利雅邊界執法問題而相持不下，爭端落幕之後，西班牙內政部長八月訪問拉巴特。兩國迅速宣布深化移民事務合作，重啟取締從摩洛哥越界的非洲黑人的行動。這回輪到賣乳霜的小販達烏答經歷驅逐的暴力。

我幾經嘗試，終於聯絡到達烏答，他告訴我他在一場搜捕行動（rafle）中落網。他的摩洛哥入境印記在幾天前過期，如果要更新，他必須回到茅利塔尼亞的入境地，問題是路程遙遠、花費昂貴。後來摩洛哥警方突襲他的公寓，他和朋友們遭到拘留，然後「送回邊界」，但卻送錯地方——不是茅利塔尼亞邊界，而是阿爾及利亞邊界。「阿爾及利亞人拿走我所有的錢，嘟、嘟、嘟……」這是他電話斷訊前的最後訊息。他的朋友莫度在警方搜捕時正好外出，驚嚇之餘立刻離開。我聯絡到他時他在西撒哈拉的達克拉（Dakhla），距離茅利塔尼亞邊界還有一半路程，電話通話情況很糟。到了邊界之後，他得花一百歐元換取通行證。他要回老家，冒險結束了。

又過了一個星期，我在丹吉爾遇到達烏答，一起吃飯；他穿著整齊，但身上行頭可能是借來的。他告訴我，一天晚上，摩洛哥人帶他到烏季達外面的無人區，指著返回摩洛哥的方向，「我們搞不清楚狀況，往那個方向前進，結果到了阿爾及利亞。」他說。情況愈來愈糟，他步上許多前輩遷徙者的後塵，遇到「強盜」：

> 他們是阿爾及利亞軍人，什麼都偷，不留餘地。他們盤問我們為什麼要從這裡入境？要求我們交出所有東西，否則就要殺掉我們。他們拿走每一分錢，包括我的七百歐元、我朋友的五百歐元……他們也拿走我們的手表和手機，但是沒有拿 SIM 卡。他們還拿走我們的衣服，我們身上只剩內衣褲，當時天氣非常寒冷，我們打赤腳走過樹林，走到早上八點。我們來到烏季達的學

校，但是並沒有在那裡睡覺……當地並不安全，警察隨時會出現，要求看文件，然後再次驅逐我們。

達烏答和朋友們後來走到一座村莊，遇到一位好心的警察，幫他們支付前往丹吉爾的巴士車費。達烏答回到原點，但事情有了一些變化。他變得焦躁不安，不再自在，眼睛不斷掃描餐廳門口。他還是能暢所欲言，但也保持戒心。他吞下一塊雞肉的同時，眼睛會突然瞄向門口，但頭部卻紋風不動。他顯現出來的效應讓人非常不安。

由於警察執法的武斷任意，達烏答以令人暈眩的速度墜入非法性的世界。被驅逐到烏季達常被形容為「進行朝聖」，「暈眩」的說法則來自一個更普通常用的英語詞彙，「他們用頭撞你（They [head]butt you）」，史蒂芬如是說。他的表兄弟也附和：「感覺就像內出血。」這人剛經歷遣返過程，很害怕當初幫助他回到丹吉爾的奈及利亞幫派會找上門來。史蒂芬繼續說道：「你心裡覺得很困惑，頭暈目眩，開始思考：這種事為什麼會發生在我身上？我年紀不小了，一事無成，沒有未來，為什麼？」史蒂芬的用語和達烏答的身體反應，都顯示遷徙者面對步步進逼的非法性，心中絕望感的身體化（somatization）；我在遙遠的羅索也從雅克身上看到這種現象。

隨著摩洛哥與歐洲合作進行邊界管控，邊界對遷徙者心理與身體的影響每一年都在加深。無國界醫生（Médecins sans Frontières）在二〇一三年撤出摩洛哥之前，一直負責照顧那些被驅逐到烏季達、被毆打、身心創傷累累的非法遷徙者。他們指出被遣返者除了身體上的傷害，愈來愈多人出現嚴重的心理問題。女性在無人地帶遭遇的性暴力駭人聽聞，引發愛滋病與憂鬱症、創傷後壓力症候群、意外懷孕。在這種情況下出生的孩子，無論是留在摩洛哥抑或被走私到歐洲，往往面臨黑暗的命運。儘管摩洛哥對撒哈拉沙漠以南非洲民眾的醫療照護有所改進，但是原有的惡性循環無法以頭痛醫頭、腳痛醫腳的方式解決。當年輕男性頭上、腿上裹著紗布，蹣跚走回烏季達與美利雅郊外的「平靜地帶」與森林，他們仍然深陷在邊界的混亂漩渦之中。[31]

邊界引發的心理效應也出現在我身上，雖然與非法遷徙者相比，強度遠遠不如，但方式同樣偏執。來到烏季達，我快步走過大學校園，試圖——和史蒂芬一樣，後來我才明白——扮演觀光客或學生的角色。我一直看到祕密警察或者通風報信的線民。我有我的理由。在丹吉爾，我在餐廳裡訪談一位運動人士時，被一名穿西裝男子錄影存證。一位喀麥隆申請庇護者在和我談話過後，被人攔下、搜身、偵訊。邊界體制將人們吸入它的軌道，在他們身上留下心理與身體的效應，將冒險旅程原本自由的逃逸路線（line of flight）強制納入一座隧道，由國家控制行動、進行監控。這是一場對抗非法遷徙者的消耗戰，結局往往是——史蒂芬就是如此——所謂的「自我遣返」（self-deportation），這是美國共和黨人的用語，國際移民組織則美其名為「協助自願遣返」（assisted voluntary return）計畫。[32]

西班牙對撒赫爾地區推行的小恩小惠禮物經濟，在摩洛哥已幾乎完全被承認的政治（politics

of recognition）取代：只要西班牙與歐盟持續深化合作關係，拉巴特當局就願意扮演好自己的角色。歐洲官員的來訪、新協議的簽訂，或者僅只是年終統計工作的需求，都足以促使摩洛哥當局發起新一波逮捕、拘留與流放行動。如同茅利塔尼亞的情況，如果符合「非法」資格的遷徙者人數不夠，當局會依據種族界線擴大資格範圍，不會多在乎外籍人士的法律地位。這就意謂遷徙者無論是否企圖前往歐洲，都得不斷對自己的身體進行調整，試圖擺脫外界認定的非法性；另一條路則是越過邊界前往西班牙，逃避當局的騷擾。二〇一二年，茅利塔尼亞針對非洲黑人發起前所未有的逮捕行動，摩洛哥的類似行動也加速展開。祕密遷徙者就像貨幣，必須保持流通，才能讓非法產業保持運作。

結語：非法性的運作

西班牙與非洲的邊界事務，從本書前幾章探討的援助工作世界與安全措施，到本章描述的警政執法工作轉包，是一樁教科書經典案例，彰顯移民管制與日俱增的授權（delegation）現象。其他論述者已經指出，授權讓國家得以處理一個核心的邊界難題：如何一方面平息公眾對於移民遷徙的恐懼，一方面避免傷害經濟或違反人權法。[33]此外，將邊界事務委外經營頗具成本效益：與其等遷徙者到了西班牙再進行援助、拘留與遣返，不如與其他國家——特別是貧窮的西非國家

——合作。但本章也指出，這種授權涉及一個更大的難題：太多組織投入打擊非法移民工作，利害關係升高，衝突此起彼落，怪異誘因出現。

西非與西班牙之間的祕密遷徙迴路，在某個層面可以粗略視為一種簡單的交易關係，被認定為非法的遷徙者有時是一種人類商品，有時是自動提款機。然而每一次財務交易過後，非洲與歐洲執法機構的關係就會出現新的面向。禮物經濟營造出一種前所未見的社會連結，將歐洲邊界體制個人化，將收受者和給予者連結為一種給付（prestation）與對待給付（counterprestation）的緊張關係。這種禮物關係也會對遷徙非法性的本質構造加上新的面向；依照庫廷的概念，遷徙非法性可以被視為一種漸進**形成**的「在路上」過程。西班牙給予塞內加爾警方的每日津貼讓遷徙非法性得以延伸擴張，讓它從實際的違法行為轉向物質與行為的徵兆。西班牙送給茅利塔尼亞的禮物——從巡邏艇、現金到政治承認——導致被拘留者大幅增加，移民管制也更加種族化。開發與外交的利益迫使摩洛哥運用節制適度的警力，來對付日益恐懼、躲躲藏藏的遷徙者身體。這些身體被剝奪了權力與資源，只能在囂張黑幫與阿爾及利亞軍人的槍口下任憑劫掠。

然而遷徙者隨著自身的脆弱性日益惡化，也會開始接收一般民眾、援助工作者與警察的善意。藉由這種漸進、複雜的方式，向歐盟外部邊界前進的非法遷徙者，從單純的論述性形象轉型為實體化形象：一方面是眾人獵捕、卻也引人同情的獵物；一方面又如幽靈、成為禁忌。

上述的一切都不意謂歐洲可以對南方鄰國予取予求，從達卡到拉巴特的官員已經以曖昧態度與滿腹怨言表明了這一點。另一個錯誤認知則是，以為遷徙者面對外界強加的非法性範疇，會放棄抵抗、逆來順受。本章指出「在路上」是一種線性的過程，非法的要素逐漸添加到遷徙「產品」之中；但這個過程還有更細緻複雜的一面，遷徙者採納非法性也是如此。庫廷認為遷徙者的存在感遭到抹除，其實並沒有那麼單純：有些陸路遷徙者扮演「冒險者」，藉由在法律邊緣地帶磨練出來的祕密行事技能，打造出一種獨特的**存在感**。雖然一部分冒險者以身體呈現絕望感，但也有人更加鍥而不捨，以自身苦難為榮。另一方面，雖然許多遷徙者自覺地採納非法遷徙者的名稱，但也有人拒絕採納。重點在於：歐洲精簡化的非常態移民策略在邊界地帶徹底失敗，製造出一種荒謬的循環。獵捕非洲遷徙者委外經營送出的禮物與好處愈多，尋找新獵物充數的壓力也就愈大。拜邊界管制措施成功之賜，它們要打擊的「問題」永遠存在。這些措施也在過程中為遷徙非法性營造出一種有生命的模式特質，實體化為祕密遷徙者的人物形象，當他們逐漸接近前往歐洲的最後障礙：地中海與大西洋海域、西班牙飛地休達與美利雅周邊的高聳圍籬。遷徙者穿越進入歐洲空間的過程複雜困難，邊界地帶也因此出現一幕一幕奇觀；這些將是本書下一個部分的主題。

第二部　穿越

【第二景】遇上船難的特派員

勇敢的老記者帶移民船前進西班牙，這樣的故事卻乏人問津。

藍色木船奮力前進，迎向一道又一道大浪。船頭切過強勁的浪頭。水花噴濺船身；船上的非洲遷徙者搖搖晃晃，穿著鮮黃色的雨衣圍成一團。每個人都得自顧性命。一名男子蜷曲在船身前方，頭靠著船錨的下端，似乎無視於風浪，也可能只是暈船。他身旁坐著一位美麗的年輕女子，戴著一頂黑帽子抵禦寒冷：她往船尾看了幾眼，又回眸凝視前方的浪頭，緊抓著覆蓋船身的潮溼油布。大西洋海風陣陣，將油布灌滿帶有鹹味的新鮮空氣。油布覆蓋並不代表安全無虞。周遭的聲音除了波浪的拍擊，就只有引擎的聲音。後者照理說會讓人安心，代表大海上還有文明可言，然而那是一種尖銳刺耳、沒完沒了的隆隆聲，像一具欲振乏力的鏈鋸。三十九名乘客上船才二十四小時，但已經陷入無聲的昏沉呆滯。天空厚重灰暗，小船有如醉漢，踉蹌行經怒海。

特派員走進房間，在桌子上放了一盤水果。「我需要你的意見！不論好壞都要。」他一邊說，我一邊把葡萄丟進嘴裡，同時讚美他的攝影作品。我們調大影片播放的音量，引擎的隆隆聲隨之升高。他的作品在螢幕上展開：記者與遷徙者一起搭船從西非前往加納利群島，這是首開先例。

羅倫（Laurent）是法國人，當過戰地記者，為了這趟報導任務賭上了一切。他在二〇〇七年離開長期駐紮的拉巴特，前往奴亞迪布，一心一意要坐上搭載遷徙者的小船。儘管先前已有記者從西撒哈拉前往加納利群島東部，但羅倫的行程更遠，還沒有記者能夠做到（一名西班牙記者上船不久就呼天搶地，被拯救他的邊界警衛傳為笑談）。羅倫熟悉航海，也知道自己必須做好許多準備工作。這趟冒險花了他兩年時間，包括兩度長期居留奴亞迪布，在當地充分發揮戰地記者的技能。「奴亞迪布什麼都沒有，」羅倫告訴我，他的英語帶有一種拉長音的美國腔。那是二〇一〇年，我們在他位於拉巴特的別墅，他自在地穿插使用英語、法語和西班牙語，「那地方只有性交易、毒品、沙塵、洶湧險惡的大海、惡劣的天候，經常刮大風，有時候冷得要命。官員非常腐敗，但同時又是個很美的地方。」但羅倫對詩情畫意沒有什麼興趣，他是一個作風強悍的老記者，知道如何搶獨家新聞。有些同業認為他譁眾取寵，他倒也大方承認，「你要做好心理準備，為了做出最棒的新聞，踩在自己母親頭上也在所不惜。因為如果你不這麼做，別人會。這一行的競爭是割喉戰。」

羅倫在二〇〇七年來到奴亞迪布時，媒體報導非法移民的熱度已經消退，但他還是繼續進行他笑稱的「邪惡透頂的策略」。他拿著偽造的採訪許可入境茅利塔尼亞，安頓好之後，他聲稱自己是援助工作者，隨身帶著某個虛構NGO的名片。走在奴亞迪布街頭，他新近蓄的鬍子與摩爾人纏頭巾，讓他很容易混入當地人群。用他自己的話來說，他只是「化身為不同的人物」——對安全機構而言是西方記者，對認識的遷徙者而言是NGO醫務輔助人員，對路人而言是一名摩爾人長者。

羅倫很快就開始融入當地社會。他跟一個西班牙人租了一間魚腥味瀰漫的破房子，日常生活就如同他打算報導的祕密遷徙者。人口走私販子拿走他的錢，打過交道的非洲旅行社人間蒸發。他自掏腰包進行這項報導計畫，「有誰會資助性質如此瘋狂、時間如此漫長的工作？」他在拉巴特的妻子已懷孕六個月，氣沖沖地要他回家，不要上船玩命。但羅倫就像他接觸的遷徙者一樣，看不出有任何理由會讓他放棄，「騎馬過河的人不會中途換馬，否則你不是摔進河裡，就是失去一切。」他說，「我投入了那麼多時間、精力和金錢，放棄將是一場災難。」

羅倫知道他必須嘗試新的策略。來到奴亞迪布的泥淖，羅倫逐漸被一個新角色附身：人口走私販子。「後來我變成這場鬥爭（fight）的籌劃者。」他喜歡用「鬥爭」來形容遷徙者的渡海旅程。羅倫的旅伴是一批頑強的西非人，他對他們不假辭色，質問他們已經做到什麼、「錯失了什麼、有哪些事要擔心、必須花多少錢賄賂海關官員……」如果說祕密遷徙涉及不斷地轉化變形，那麼像羅倫這種記者就是專家等級的變形人（shape-shifter），他自己也這麼認為。羅倫最後採用的人口走私販子化身，凸顯出搭船移民絕對不是媒體報導的非洲民眾「集體出走」，而是一場奇觀，新聞記者、人道工作者、警察與遷徙者都有角色；這些角色相互融合，形態令人困惑。

羅倫和他的乘客們終於出發。他們在船上儲備了燃油、飲水、一具衛星電話、兩具GPS裝置，駛向西北方八百公里外的加納利群島。羅倫在影片的旁白中說，他們正要離開「茅利塔尼亞的荒原」，前往「黃金國度」。

社會分歧很快就在船上浮現。船身前方與油布下方坐的是「牛群」（cattle），比較沒錢的乘客；船身後方則是「貴賓席」。有技術能力的乘客輪班操作舷外引擎。但是出海之後，引擎出現異聲，發生故障。責燃油給他們的「魔鬼」——貪腐的茅利塔尼亞海關官員——在油中摻水。過了第一個晚上之後，船上氣氛愈來愈緊張。「你退讓一吋，別人就進占一吋。」羅倫在影片的旁白說道。緊接著災難降臨，船身開始進水，乘客「像機器人一樣舀水」。他們發射信號彈，沒有任何回應。小船大海漂流，他們看到一艘大船正對著他們開過來。羅倫關掉攝影機，協助船員及時重新啟動引擎，避免小船被大船的螺旋槳捲進去。第三天，羅倫透過衛星電話聯絡到西班牙緊急救援服務，後者請一艘俄羅斯油輪搭救他們。他們總算被送上大船，爬過搖搖晃晃的梯子，羅倫再次停止拍攝。非洲乘客散布在甲板上，羅倫被分配到一間艙房。儘管俄羅斯人並不怎麼樂意接待，他們還是懷抱著希望，希望會被送到西班牙。一艘沒掛旗幟的船開過來，他們期待那是一艘西班牙船，但船上突然升起摩洛哥國旗。「陷阱被關上了，」影片旁白說道，「我的一個夥伴躲進垃圾桶」。他們被送往西撒哈拉，羅倫再一次與其他人分開，接受偵訊，後來獲釋。他的同行者則被拘留、遣返、遺忘。「誰會在乎非洲？」旁白問道，影片以悲傷、沮喪畫下句點。

羅倫失敗了，他沒能抵達加納利群島，更重要的是，他辜負了其他乘客。三個年頭過去，他仍難掩失望之情。這部紀錄片以精簡版在西班牙電視臺播映，他出席各項活動備受矚目，他的故事廣泛流傳，包括北歐與美國。然而，「人們容易感興趣的是漫遊奇遇和探險家」，而不是非洲苦難的「背後故事」。這部史詩旅程紀錄片的完整版還沒找到買主，「釘子一枚接著一枚（Un clou chasse un autre，譯注：法國諺語，意謂永遠有新的事件發生）」，羅倫感嘆說道，新聞的世界就是如此。幾年前的媒體總編輯會對精采的遷徙者故事求之不得，到二〇一〇年時卻已興趣缺缺。「我花了一大筆錢，成果卻少得可憐。」但他堅稱刺激他創作的並不是追求名聲與財富，而是拍攝遷徙者旅程的「專業挑戰」。此外他也希望這部影片能夠發揮「警世作用」，「我想提醒人們：『各位，不要這麼做。』這一點非常重要。」

羅倫的故事原本是要呈現一座「下沉的大陸」，以及它的人民出走潮。影片封面上的非洲已被海洋淹沒，一艘移民船漂浮在上方，場景被詮釋為一場救援行動。「我們終於來到達克拉的時候，一支電視拍攝團隊已經在等候我，一部救護車也在等候我，還有兩位醫師與三名穿制服的上校。」羅倫說道。他的形象——一個溼淋淋髒兮兮、滿臉鬍子的西方人，和一群黑人遷徙者蹣跚走上海岸——本身變成焦點故事，他形容為「宣傳工具」。遇上船難的特派員先是模仿這群祕密遷徙者，後來幫他們做好準備，帶領他們航向加納利群島，最後在無意中反映他們的命運：他被融入一場海上救援的奇觀，在歐洲最南方的邊界上演。

4 邊界奇觀

阿瑪杜（Amadou）經常躺在休達旁邊的岩石山坡上等候。[1]他仔細觀察，眼睛像攝影機一樣掃描著圍籬。他有時一待就是兩、三個夜晚，盯著圍籬另一邊的西班牙國民警衛隊官員，觀察他們的例行動作、他們如何來來去去。他只以幾顆椰棗與一些甜食果腹。一段時間之後，他什麼都知道了，知道巡邏警衛走到另一邊要花五分鐘，他的攻擊行動時間設定必須恰到好處。

這道耗資數百萬歐元的圍籬有如一副盔甲，阿瑪杜努力磨練技能來突破它。他等待的時候，全身每一條肌肉都必須協同運作。不能分心，全神貫注。不能恐懼，恐懼會引來摩洛哥軍犬的狂吠與攻擊。你的眼睛要惡狠狠盯著軍犬的眼睛，這樣會讓牠平靜下來。這樣的教訓得自阿瑪杜的一回慘痛教訓，他曾十度嘗試攀爬休達與美利雅的圍籬：有一回躲在灌木叢中的時候，一名同伴害怕起來，他們立刻被發現、被軍犬攻擊、被逮捕囚禁。阿瑪杜從每一次攀爬嘗試、每一次被驅逐到烏季達、每一趟長途跋涉回到圍離的經驗學習。他不斷訓練自己，假以時日，他的時刻終將到來。

對祕密遷徙者而言，歐洲外部邊界是一道分隔兩個世界的門檻。門檻後方是他們經年累月跋涉的邊地，一個暴力的世界；門檻前方則是一個「人權」的世界，自由的希望。當他們準備進行最後的穿越，保持沉默或隱匿行蹤，他們知道成功關鍵在於自身的冒險者技能、自己能否保持冷靜，還有「上天的恩典」。這是他們的機會，他們漫長旅程的終極目標，他們絕不能錯失。

對邊界警衛而言，歐洲外部邊界是他們的工作場所。他們的巡邏艇馳騁廣大海域，他們的哨兵監視圍籬有無入侵者。當他們的目光掃過地平線，他們知道想要獲致成功就得與各方合作，包括邊界另一方的同行，也包括自家的援助工作者、新聞記者與政治人物。在這些互動過程中，邊界成為一種資源，用途在於禁止人們穿越。他們絕不能讓邊界失守。

遷徙者與邊界工作者被所謂的「邊界奇觀」或「邊界博弈」連結在一起。在政治學家安德里亞斯（Peter Andreas）看來，邊界警政執法是一種觀眾導向的「儀式性表演」，目的在於「重新打造邊界的形象」，讓這種形象更為堅實、真實。迪吉諾瓦則從馬克思主義理論家德波（Guy Debord）的「奇觀社會」（society of the spectacle）概念更進一步，認為那是一種執法工作的展示，要讓遷徙的非法性無比凸顯。迪吉諾瓦也指出，透過執法工作與大量的論述以及影像，邊界奇觀「催生出對於將遷徙『非法性』視為事物的拜物情結，視為一種不證自明、自成一格的『事實』，源出於它自身被指認的違法行為」。[2]

穿越行動讓歐洲觀眾首度看到祕密遷徙者的模樣；在此之前，他們一直藏身於邊界後方。就在這裡，非法性被轉化為不一樣的、規模更大的事物，西班牙與媒體稱之為「雪崩」（avalancha）。有如獵物的邊地遷徙者集結成兩群截然有別的人類「雪崩」——在即將沉沒的船上擠成一團，或者以可怕的方式成群結隊「攻擊」休達與美利雅的圍籬。本章將探討這種雙重的轉化過程，以及它如何從內部與外部展現同樣是兩面並存的奇觀。

國際邊界的轉化力量並不是專門針對「非法」旅行者。邊界理論學者已經指出，當人們越過邊界，他們會融入一套新的價值系統。就像血汗工廠做出的襯衫變成時尚商品，一袋一袋的古柯鹼變成跟黃金一樣值錢的粉末，遷徙者會歷經人類學家奇爾尼（Michael Kearney）所謂的「重新分類／階級化」（reclassification）；這是一語雙關，他們穿越邊界時既會被貼上新的標籤，也可能會轉換為新的階級。美國—墨西哥邊界是這類轉化的經典研究場域，然而日益受矚目的歐洲—非洲邊界恐怕是目前全世界最高的價值觀門檻（value threshold）：穿越者面臨深峻的經濟落差，還有象徵符號、法律與政治力量的影響。[3]

本章將會深入探討這些轉化過程，以及它們發生的場景，但主要做法將是強化前述的幾個觀點背後的馬克思主義價值觀點。祕密遷徙——尤其是西非與南歐之間的移動——並不會對經濟的地域變化亦步亦趨，而是依循自身一套糾葛的邏輯思維。迪吉諾瓦等批判性作者正確地指出，大型邊界奇觀背後極其惡劣的「場景之外」（off-scene）現實，是西方世界對於非法勞工的持續需求。但本章要揭示另一個「場景之外」，它存在於邊界奇觀自身的內部與邊緣，也存在於它的視覺秩序（visual order）之外的現實。[4]

對西班牙而言，邊界奇觀基本上是一把雙刃劍，符合其南方邊境的特殊地理性質：既有分散的海洋邊界，也有休達與美利雅一清二楚的陸地邊界。這些邊界被賦予不同的人道主義與軍事邏輯思維。西班牙政府從觀念上嚴格區分陸地與海洋邊界，因此在二〇〇五年之後避免重蹈義大利與希臘的覆轍，這兩個國家的邊界奇觀兼具「強硬」與「人道」兩個面向，情況相當混亂。[5]然而西班牙的經驗絕對談不上完全成功，儘管它將邊界奇觀清楚劃分為兩幕戲，但兩者都倚賴類似的軍事化，參與邊界事務的機構也是同一批。此外，邊界奇觀並無法脫離其視覺秩序之外的世界——一個深藏不露的後臺世界，但有時會從舞臺兩翼湧現，闖進邊界行動運作的舞臺。

因此本章也是一場分為兩幕的奇觀：海洋與陸地、拯救與驅逐、擠成一團與成群結隊。第一幕前往加納利群島的海岸，重溫二〇〇六年在當地上演的奇觀。第二幕來到休達與美利雅兩座飛地，鋼鐵圍籬猶如二〇〇五年「大進擊」事件的紀念碑；然後回到現在，觀照二〇一二至二〇一四年新出現的遷徙潮。本章要呈現邊界事務參與者戴上的面具，不僅有遷徙者，還包括邊界工作者。這些工作者包括新聞記者、紅十字會緊急應變團隊、海上安全與救援協會；也不能忽略負責保衛西班牙陸地與海洋邊界的安全部隊：曾讓遷徙者聞風喪膽的西班牙國民警衛隊，其幹部在邊界奇觀中占有舞臺中心的位置。

第一幕 加納利群島：大海上的守護天使

啊，吉普賽人的城市！
國民警衛隊緩步前行
行過一條寂靜的隧道
只留下滿身火焰的你。
——羅卡（Federico García Lorca），〈西班牙國民警衛隊之歌〉（Romance de la Guardia Civil Española）

通往歐洲的大門相當厚重，承受歷史重量的則是守門人：西班牙國民警衛隊。這支具有軍事位階的警察部隊，會讓人聯想起西班牙最黑暗的年代：佛朗哥將軍統治的年代，扼殺西班牙民主幼苗的一場政變，羅卡詩中提及的西班牙共和國迫害吉普賽人與貧民。然而過去二十年間發生了一些事，國民警衛隊在世界各地活動，幹部們熱忱討論人道任務。對於這支安全部隊能夠由黑翻紅，祕密移民遷徙扮演了重要的角色。

對於被暱稱為「卓越者」（La Benemérita）的國民警衛隊，進入美好新時代之後的最佳代言人，莫過於法蘭西斯科少校與他海洋監控工作的同事。法蘭西斯科甚至拍攝了一部影片《移民大戲》（*The Drama of Immigration*），用來向訪客說明警衛隊的轉型過程。

法蘭西斯科坐在馬德里的辦公室，按下播放鍵，熟悉的影像閃過螢幕，搭配西非的吉他音樂。木殼船滿載乘客，被壓得咿啞呻吟。非洲黑人散布在甲板上，那是一艘西班牙的救援船。茅利塔尼亞挖出無名墳墓。遷徙者擱淺在海面上，腳下踩著海水淹沒的船身，勉強保持平衡。「阿非利加—啊—啊—啊」，影片配樂傳來塞內加爾歌手伊斯梅爾・羅（Ismael Lô）的藍調風味嗓音，〈我們是非洲的孩子〉（Nous sommes des enfants d'Afrique）。另一艘滿載乘客的船出現在警衛隊攝影機鏡頭的十字線，一頂臨時搭建的天篷占據了半個甲板。一艘巡邏艇出現，隨著一波一波大浪逐漸靠近。遷徙者擠在船邊，伸手想抓住警衛隊員，一個一個被拖上巡邏艇。「警衛隊做的工作沒有得到應有的關注。」法蘭西斯科說道，影片配樂轉換為席拉・倩卓拉（Sheila Chandra）的新世紀（New Age）歌曲，悲傷的嗓音配上低沉的印度曲風。一名穿制服的警衛隊員抱著一名癱軟無力的女子，另一人抱著一名嬰兒，還有一人揹著一名兒童。浮腫的屍體漂上西班牙海岸。一名男子跪在加納利群島的沙灘上，模糊的背景是毫不在意的日光浴遊客。一具屍體裹上銀色的包覆物。一具海水浸泡過的屍體呈現屍僵（rigor mortis）狀態，被拖上充氣艇。「我乘浪而來……每一口死亡的氣息。」席拉・倩卓拉唱道。夜間的大海上，四名溺水男子的眼睛、腦袋與手臂，他們拚命想抓住施救者的手。「我們拯救了許多人的性命。」法蘭西斯科說道，口氣像在辯護，「你必須防止他們將自身置於險境。」影片的尾聲是幾段文字，有西班牙文、法文與不太通順的英文：二〇〇六年迄今，國民警衛隊與非洲同僚「拯救了超過兩萬人，並且阻止他們搭上危險的船隻前往歐洲，威脅自己的生命」。警衛隊的徽章停留在螢幕上：西班牙王冠、一把寶劍、一把束棒（fasces）。法蘭西斯科少校按下停止鍵。

從加納利群島爆發移民船危機那時候開始，一連串影像讓全世界觀眾看到祕密遷徙者的苦難。一名筋疲力竭的男子跪在沙灘上，以手勢乞討飲水。一名白人女孩穿著比基尼，手搭在一名男性遷徙者肩膀上，男子緊緊裹著紅十字會的毯子。一艘五顏六色的船滿載遷徙者，駛入港口。這些圖像提供了一扇窗口，讓我們窺見西班牙邊界奇觀的第一幕：人道主義與充當主角的國民警衛隊。

許多評論者探討歐洲邊界體制的角度相當負面，來自哲學家阿岡本（Giorgio Agamben）與他對於古羅馬「神聖之人」（homo sacer）形象頗具影響力的解讀。「神聖之人」是一種被放逐、可以被殺害、但不能在宗教儀式中被犧牲的人。有一派主張認為，祕密遷徙者就像現代的「神聖之人」，處於一種例外狀態，國家主權對他們「見死不救」。然而本書第二章已經指出，邊界管制同時也是「救人性命」的力量展現，阿岡本「裸命」（bare life）觀念的另一面——脆弱的生命形態，可以被行動拯救，也可以被忽略殺害。警衛隊高階官員不斷強調拯救生命的重要性。一位前社會黨政府駐加納利群島代表形容，警衛隊是「茫茫大海上的守護天使」；這位前代表對於移民船危機的回憶，可以由法蘭西斯科影片尾聲的一張照片概括；照片呈現幾名溺水的遷徙者，由路透社（Reuters）得獎攝影記者胡安·梅迪納（Juan Medina）拍攝。照片中一名遷徙者即將被夜間的海浪捲走，「他滿臉驚恐，眼珠子幾乎要奪眶而出，緊緊抓住拯救者的手」，前代表回憶，「他們溺水，情況危急，你只能伸長手臂，能救誰就救誰。」[6]

在西班牙的海上救援行動中，非法遷徙者並不是 Frontex 地圖上抽象的風險流動圖示，不是邊界地區被追捕的獵物，也不是可以被殺害但不能被犧牲的裸命。大海上出現的是一個需要幫助的身體，因為寒冷與恐懼而僵硬，其形象可以被捕捉、流傳、販賣與展示。這些形象就像是關於非洲難民潮的一組同源圖片，描述一座沒有歷史脈絡的「人類之海」（sea of humanity），將祕密遷徙者的概念界定為一具無助、無名，沉入黑暗海水的軀體。[7]在拯救這具溺水軀體的同時，一種良性循環從此誕生：與祕密移民遷徙相關的巡邏、照顧與通報工作模糊了界線，融為一體。

祕密遷徙形象的生產、分配與挪用——簡而言之，祕密遷徙的視覺經濟（visual economy）——都反映甚至促成相關角色的混合。[8]法蘭西斯科的影片與其他許多影像都看得到這種混合的現象，包括國民警衛隊辦公室走廊展示的救援工作照片，電視上的海上攔截行動影片。在警衛隊的特內里費島指揮部，牆壁上掛著紅十字會的感謝函，感謝警衛隊海事分隊（SEMAR）的「人道協助」。藉由這樣的角色混合，警衛隊、非洲執法當局、新聞記者、海上安全與救援協會以及紅十字會員工，結合為社會學家卡爾霍恩（Craig Calhoun）所謂的「緊急狀況想像體」（emergency imaginary）。卡爾霍恩指出，當官僚體系「接管」難民危機之類的事件發生，是這種想像體啟動的時候，因為這些事件「牴觸了全球秩序的概念」。[9]二〇〇六年加納利群島的移民船危機正是如此，我們也將進行回顧。

第一部　共生

阿布杜（Abdou）已經不想再談他雙腳截肢的事，「我的事有四篇文章、三部DVD，但對我一點幫助也沒有。」這位馬利青年告訴我，我們在大加納利島一座由慈善組織經營的遷徙者收容中心。進中心之前，阿布杜在大西洋上吃盡苦頭。「你可以上網搜尋我，都在那裡。我接受訪談很多次了，對我根本幫不上忙，我厭倦透頂。」我們低頭看看他的腿，西班牙方面提供的義肢被球鞋、襪子與牛仔褲遮掩，但我在一部電視紀錄片已經看過。他的絕望感在螢幕上呼之欲出，攝影機拍攝他的手如何翻找一張母親的照片；在他回憶船上的汽油與海水如何毀掉他的雙腳時，則是特寫他的眼神。「我在醫院裡待了七個月，」這時一大群遷徙者從我們身旁走過，「我花了四個月時間學習走路。來到西班牙之後，我沒有做過一天工作。」他的聲音帶有一種絕望感，就如同紀錄片中的他。我早就停止做筆記，兩人陷入沉默，灰色的天井小雨已歇。

在二〇〇六年之後的幾年，對於以南歐為目的地的祕密遷徙，阿布杜與其他西非船難受害者的悲劇是最扣人心弦的奇觀。然而他們代表的全面危機其實早有徵兆，少量遷徙者先前陸續抵達加納利群島東部，過程同樣悲慘。也就在群島東部，媒體聚光燈不那麼關注的地方，針對祕密遷徙形成一套條理分明的人道回應做法；以此為基礎，幾年之後，特內里費島與大加納利島出現一種涵蓋媒體、警察與援助工作者的共生關係。

艾密里歐（Emilio）是帕馬斯的紅十字會員工，也曾經歷前述群島東部的事件，如今帶著懷念的心情回顧。一九九〇年代晚期，打前鋒的移民小船來到福提文士拉島。船上乘客先是撒哈威人，後來出現撒哈拉沙漠以南非洲人，甚至還有亞洲人。夜晚來臨，當地人會「聽到人們的尖叫聲，因為小船翻覆了，」艾密里歐回憶，「第二天早上，屍體出現在海岸邊……民眾要求當局拿出辦法。」

二〇〇三年，當局請求紅十字會協助。艾密里歐的緊急應變團隊（Equipo de Respuesta Inmediata en Emergencias, ERIE）趕往海灘與港口，用毯子裹住遷徙者，為他們提供傷病急救、熱飲與身體檢查。福提文士拉島地型崎嶇，艾密里歐的工作因此更加辛苦，「我們要跋涉一條八公里長的泥土路，安裝發動機、設立野戰醫院，還有許多工作。」他說，「就實地工作而言，與海地（Haiti）大地震的狀況差不多。」每當紅十字會應對自然災害，它必須為介入行動建立一套緊急應變規範，艾密里歐說：「實地工作讓人應接不暇。」但一時間，外在世界似乎不當回事。

後來艾密里歐想到一個主意：主動聯絡媒體。每當有移民船抵達，他會背著當局聯絡記者，「沒有人知道當地發生了什麼事，直到我們建立了紅十字會與媒體的共生關係，不過我們保持低調。」他回憶，「國民警衛隊會問：『到底是誰聯絡記者？』我回答：『我怎麼知道？也許他們是在無線電上聽到的。』」艾密里歐承認，自己的做法只有一部分收效。一直要到大型移民船開始出現在特內里費島與大加納利島，才催生出更大規模的「緊急狀況想像體」。

艾密里歐回想，他們與警衛隊的關係有時相當緊張，工作過勞的警衛隊員會對遷徙者「吼叫與推擠」。但他寬大為懷，堅稱那些警衛隊員與紅十字會員工「有同樣的心腸」，許多人因為看到當時的狀況而心理受創，「國民警衛隊在他們的營區幫助了許多移民，自掏腰包買三明治給他們吃，隊員的妻子還為移民送來衣服。」

海上的情況更為微妙。當一艘木殼船在黑夜怒海中下沉，船上有數十名已經因為失溫而身體僵硬的遷徙者，想救出他們需要最高度的協調與專業。警衛隊、政府與媒體流傳的照片，正是要表現這樣的戲劇性：一場拯救行動的**表演**或**表現**——既是邊界奇觀，也是專業工作。

國民警衛隊的汽艇靠近一艘移民船時，神經緊張與焦躁情緒往往會引發災難。遷徙者不是驚慌站立，就是渴盼救援，因此導致船身翻覆。受過特訓的警衛隊潛水夫必須跳入冰冷的海水，或者搜尋並緊抓住遷徙者的手，期望救起即將溺斃的人。路透社攝影記者胡安就是在加納利群島海遇到一艘翻覆的船，拍下那張著名的照片。各方很快開始訓練人員，將風險降到最低，也為船上的遷徙者帶來詭異的歐洲第一印象：救援工作者身穿全套防護服裝，將遷徙者轉移到救援船上，像隔離病原體一樣隔離他們，將他們護送到港口。[10]

遷徙者抵達港口前，總會有人通知新聞記者。援助工作者、邊界警衛會與特定幾位記者保持密切接觸。到二〇一〇年時，遷徙者抵達的景象在西班牙電視上司空見慣。首先，鏡頭呈現海上安全與救援協會的船隻駛入港口；其次，獲救的遷徙者魚貫走下甲板，警衛隊一旁監視，攝影記者閃光燈此起彼落；最後，紅十字會志工以毯子裹住遷徙者，讓他們排隊接受身體檢查，然後送往拘留中心。一場對於專業化、精簡化的拯救工作的道德論述——緊急狀況想像體以讓人安心的方式收場——反覆播放，結局符合各方期望，就如同法蘭西斯科少校影片的尾聲。

港口的奇觀顯示，艾密里奧點出的「共生關係」不僅涉及援助工作者與新聞記者的關係。福提文土拉島的人道工作規範剛建立時，直布羅陀海峽周邊地區出現一種情形，參與移民工作的各個機構在角色上愈來愈混合，彼此界線模糊。舉幾個例子就足以說明。

首先是資訊蒐集。紅十字會對新近抵達的遷徙者進行簡短訪談，海上安全與救援協會在救援過程中拍攝移民的船隻。艾密里歐和他的團隊與國民警衛隊分享、比對資料，這些資料會被送到西班牙內政部。海上安全與救援協會將拍攝影片提供給國民警衛隊與警方，協助他們確認「船長」身分以便拘留、調查移民船可能的出發地點。如此一來，這些影像具備了證據的價值，暫時不再屬於那個規模更龐大、各機構都有貢獻的邊界影像媒體迴路。

其次是人員、實務知識與資源的流通。福提文土拉島的警衛隊員在空閒的時候，會擔任紅十字會緊急工作的志工。在較大的島嶼和西班牙本土海岸，角色劃分比較清楚，但是人們仍然會在機構與角色之間做交換。大加納利島一名前ERIE組長現在是警察，塔里法一名紅十字會資深員工當上海上安全與救援協會的船長，一名紅十字會發言人成為報導搭船移民潮的知名記者。

裝備也會互通有無。紅十字會從移民船拆下老舊的山葉發動機，海上安全與救援協會和警衛隊也會分享與回收再利用各種資源，這些現象也呼應了邊界影像的流通。紅十字會經常和海上安全與救援協會舉行聯合演習，國民警衛隊有時也會參加；海上安全與救援協會一位首長曾說，聯合演習有助於參與移民工作的機構形成「獨特的情感」。

第三是翻譯與偵訊。加納利群島紅十字會一位塞內加爾裔的前志工回憶，二〇〇六年的時候，他經常在島上各地奔波，有時一個晚上要應付兩艘移民船抵達。他為紅十字會擔任翻譯，「遷徙者會找上我，他們很願意談。」他會查出遷徙者來自什麼地方，或者根據線索來做猜

直布羅陀海峽救援行動，二〇一二年九月。（Photo courtesy of Salvamento Marítimo）

測。他指出當時紅十字會與警方關係相當友善，這要感謝當地的警察局長，「他後來給我一份工作。每天向警方報到上工，蒐集資料（進行訪談），政府付我薪水，**非常、非常**好的薪水。」這就是警方如何利用一名非洲裔紅十字會志工的善意，從船上遷徙者獲取資訊。在其他的情況中，也有類似的工作分享機制。

第四是遷徙者如何看待這些角色混合。艾密里歐指出，想要獲取遷徙者信任並非易事。他們一開始會誤以為紅十字會員工是警察。在直布羅陀海峽周邊地區，遷徙者常說他們被紅十字會救起，實際狀況則往往是海上安全與救援協會，甚至是國民警衛隊施救。在奴亞迪布，西班牙紅十字會試圖與「小關達那摩」劃清界線，但茅利塔尼亞紅新月會卻稱它為「我們的中心」或者「接待中心」。羅索—塞內加爾的紅十字會志工表示，被遣返者往往拒絕與他們打交道，將他們視為國家脅迫機制的一部分，自己已在奴亞迪布吃過他們的苦頭。

第二部 轉化

紅十字會的品牌形象隸屬於西班牙的人道主義體制，而且就如那位特內里費島代表的堅稱，他們因此獲得大量的資源。在西班牙對於移民爭議的回應中，整體而言，紅十字會代表「acogida」的觀念，這可翻譯為歡迎、收容或庇護。社會黨政府透過一筆收容與整合基金，來實現「acogida」，讓NGO為新近抵達的遷徙者提供短期的住所、食物與其他支援。幾個公民社會組織拒絕參與，原因是不滿基金的短期運作性質，「儘管它對我們的財務會大有幫助。」一位NGO員工如是說。然而西班牙紅十字會接受這筆基金援助，外加長期收容計畫、港口協助、羅索與奴亞迪布的人道援助、特定的遷徙者收容與拘留中心。紅十字會擁有眾多志工，長期扮演輔助政府的角色，組織宗旨強調審慎行事，這些因素都讓它變得不可或缺。然而，隨著紅十字會角色的擴大，檯面下的批評也日益高漲。有些運動人士與警察貶抑紅十字會的功能只是「粉飾門面」，也有人強調它將爭議性的執法行動合理化。紅十字會自身很清楚這些兩難，因此只參與少數幾座收容中心運作。在這些中心「角色可能會混淆，」馬德里一位官員指出，「作為公權力的輔助者，有好處也有壞處。」

一位派駐西非的國際紅十字會代表說得更坦率：「紅十字會成了獄卒。」並補充說各國家紅十字會「正在推行的計畫未必合於人道……這是紅十字運動內在的問題」。對於各國分會在歐洲移民行動之中扮演的角色，這樣的評論反映出一種不安感，他在紅十字國際委員會（International Committee of the Red Cross, ICRC）的同事通常會說得比較委婉；ICRC是《日內瓦公約》（*Geneva Conventions*）——紅十字運動的核心——的監護者。北非紅新月會（North African Red Crescent）則有另一番顧慮：他們是善盡職責的政府輔助者，但是與歐洲國家紅十字會不同，處理國內的外籍人士並不是他們的優先要務。

這些衝突反映了全球性組織ICRC與帶有「愛國」本質的國家紅十字會之間的長期分歧，

也透顯了更大的人道兩難。數十年來在各個交戰地區，戰鬥人員與援助工作者間出現一道灰色地帶，例如伊拉克與阿富汗的軍事組織挪用紅十字會的標章。結果就是許多人焦慮地指出，人道主義已走到十字路口。雖然有些人宣稱黃金時代到來，援助金額提高到數百億美元，援助組織也增加到數千個；但其他人認為人道主義已被政治化，它的普世性遭到質疑，員工遭到攻擊。批判者指控，人道主義已經被轉化為一種政治——一種倫理的建構與治理的模式，靠著偽裝成不涉政治來獲取效益。[11]

然而就如同許多學者的論述，人道主義**一直**都是政治性的。另一方面，人道主義也一直與軍事密切相關，兩者關係可以上溯到一八五九年，杜南（Henry Dunant）在見證血腥的蘇法利諾戰役（Battle of Solferino）之後創立ICRC。[12]因此人道工作者與海岸警衛的共生關係並非異常現象，真正特異的是各個大異其趣的機構如何深度參與，以及因此引發的機構角色的轉化。[13]特內里費島那位代表二〇一〇年的評論就揭示了這一點，當時他批評西班牙保守派反對黨不應該要求出動軍隊來阻止移民潮，但後來也承認：「海軍的確提供合作，然而是從人道主義出發。」他們成了照顧船上遷徙者的守護天使，不再是抵擋敵軍入侵的官兵。

在這些守護天使之中，國民警衛隊曾經歷最大幅度的轉型。它將「卓越者」的古老道德優勢與「海上拯救者」的照片、影片與表演結合起來，儘管歷史包袱沉重，置身國家支持的緊急狀況想像體之中，但還是能進行重新改造。西班牙昔日的邊界警衛部隊垂垂老矣，轉型為人道救援機構；法蘭西斯科少校的影片、國民警衛隊總部走廊的照片與牌匾就是要呈現這樣的故事。這是一個動人的故事，然而若想袪除人們的懷疑，還是需要海上安全與救援協會鮮豔橙色的救援船與紅十字會的標幟。

海上安全與救援協會也經歷過一番轉型，「西班牙海上救援服務如今在全球備受推崇。」那位特內里費島代表談到祕密移民時如此解釋。[14] 然而紅十字會也當得起這樣的形容，它在邊界擔任的角色一直受到各種威脅，包括紅十字運動內部的「人道主義」衝突、來自外界的批判、來自上層機構的經費刪減。紅十字會過去對西班牙管制移民行動的形象頗有幫助，然而隨著用處愈來愈不重要，它也會被打入冷宮，就像遷徙者遺棄印有紅十字會標幟的毯子。

在邊界奇觀中轉變的除了這些機構，還有它們要對付的目標：撒哈拉以南人（subsaharianos，撒哈拉沙漠以南非洲人）與馬格里布人（magrebíes，北非人）。邊界工作者堅稱，他們運用種族類型只限於容易從遠處辨識的事實，然而這些類型也會用於區分遷徙者的**類型**。撒哈拉以南人被視為遵守秩序、服從規定，甚至可說是溫馴；相較之下，馬格里布人就比較會惹是生非。撒哈拉以南人會乖乖坐在海灘上，等候救援工作者抵達；摩洛哥人與阿爾及利亞人不守秩序、自我傷害、試圖逃竄。邊界工作者對北非人的行為時而抱怨、時而寬貸，談論黑人遷徙者時則往往帶著敬意與讚嘆。「撒哈拉以南人的性格超級堅強。」一位紅十字會協調員如是說，佩服他們儘管經歷海上劫難，仍保持鎮定，「我們會屈服退讓，他們不會。」

這些前線地帶複雜的範疇類型，透過邊界圖像變得更為清晰。從國民警衛隊的影片、邊界監控手冊到新聞報導，最重要的人道主義主題都是撒哈拉以南人，不是馬格里布人。那些在視覺經濟中獲致經典、象徵與財務價值的照片，呈現的是黑人遷徙者坐在破舊的船上，雙手伸向歐洲拯救者。紅十字會的毯子、衣服與用品包為新近搭船抵達者提供「制服」，提供電視螢幕上的遷徙者外觀：擠成一團，被包覆起來，腳上穿著涼鞋或簡陋的塑膠鞋，全都一模一樣，無名無姓獲救遷徙者的完美意象。[15]

以一位新聞記者的話來說，二〇〇六年從加納利群島發送的影像，其力量在於觀光海灘上「石器時代男子」（Stone Age man）與二十一世紀比基尼女子的超現實遭遇。男子眼神狂亂，頭髮糾結海鹽，衣裳襤褸溼透，無語跪在特內里費島的金色沙灘上。照片中的搭船遷徙者有如原始人，在經歷一場荒謬絕倫的旅程之後獲救。

第三部　救援的圖像

從搭船移民的複雜現實抽取這些圖像，正是邊界奇觀的核心。其他的人道主義事件一再顯示，「緊急狀態」需要一個視覺與敘事的框架。[16]這些圖像與新聞標題是**行為性**（agentive）的，而不是描述性的：媒體注視之處，經費與官方關注隨之而來。在這個特大規模的視覺經濟迴路——救援行動的圖像成為新聞商品，四處流通——之中，緊急狀況想像體找到了它的框架；但也就是在視覺經濟的迴路之中，這個框架的間隙與裂縫開始清楚浮現。

在緊急事件中，媒體會迫使政治行動做出回應，這種力量通稱為「CNN效應」（CNN effect），但它是否確實存在，仍有廣泛爭議。在二〇〇六年加納利群島的混亂局面中，此效應的運作似乎是反方向進行：政治人物主動**出擊**，建構緊急狀態的框架。對於加納利群島與西班牙反對黨而言，救援的圖像凸顯了政府左支右絀；對於執政的工人社會黨，那些圖像是迫使歐盟採取行動的工具。在一連串紛爭中，新聞記者也扮演一定的角色，有時候是運氣不佳的臨時演員，有時候則是積極行動的主角，與其他邊界工作者一起投入非法產業。

「守護天使」與新聞記者不僅共享緊急狀況想像體的運作，他們為了完成工作也相互混合、相互依賴。記者會登上巡邏艇一起出海，接獲警方聯絡人訊息前往碼頭，與海灘上的援助工作者打成一片，有時也會出手幫忙。對於嘗試挖掘「雪崩」之外更精采故事的記者，這些人際互動尤其重要。當媒體對於搭船移民的著迷來到最高點，這些記者紛紛勇敢出擊，例如遇上船難的羅倫。他們偽裝成祕密遷徙者，搭乘卡車或小船展開旅程，手裡拿著攝影機。他們前往遷徙者的家鄉村落，報導死難者的新聞；他們追蹤被遣返者，深入非洲的沙漠與拘留中心。這些無所畏懼的記者形成一個群體，他們追求的不是搶時間的獨家新聞，而是同儕的肯定。這群記者最看重的是追逐重大新聞的技能，其實與長途遷徙冒險者的心態相去不遠。[17]

儘管記者非常努力，「緊急狀態」仍持續框限他們的介入行動。一位獲獎肯定的英國電視記者嘆息表示，移民的新聞若想受到關注，就必須呈現「我們遭到遷徙者包圍」；他相當不滿電視臺主管擅改他的報導節目標題，只為煽動恐懼。有些人則是出版書籍時書名被修改，「非洲」移民改成「非法」移民。有些記者明明是調查報導遷徙者在邊界地區的惡劣處境，卻被套上「移民即將入侵」的敘事框架。派駐摩洛哥的西班牙記者拉菲爾（Rafael）為一家保守派日報「報導移民事務」多年，觀點相當務實，堅稱儘管報社立場分明，他仍然擁有自己的報導空間。其他新聞工作者就未必那麼被體諒，長駐馬德里的攝影記者胡安是其中一位，他在加納利群島拍攝的經典照片曾登上無數媒體的頭版，也見於法蘭西斯科的影片，還有那位特內里費島代表的回憶。

胡安強調自己也是移民，來自阿根廷；就像他拍攝的移民一樣，他本身也成為媒體的焦點。半島電視臺一部記錄片《為流亡者留影》（*Photographing the Exodus*）如此描述胡安：「真正關心這些絕望生靈的苦難」，不僅「拍攝他們的悲慘遭遇」，而且與他們長期保持聯絡。紀錄片中，胡安與一位警衛隊員翻閱他拍攝一艘翻覆移民船的得獎照片；下一個鏡頭，他前往馬利拜訪生還者家屬，讓他們觀看這些照片。警衛隊員與家屬的反應如出一轍：聲音低沉，眼神柔和。「這實在太絕望了。」一位生還者的兄弟邊說邊搖頭，另一人痛哭失聲。胡安的作品有如一種自覺的批判，對象是主流媒體對於搭船遷徙者「無言以對」、單一面向的描繪。然而他的作品似乎也正是最鮮明的例證，呈現了遷徙者被賦予的角色：一個一無所有、赤裸、溺水的生命。「攝影記者就像一具遙控器。」他在一場會議上表示：編輯只需按下一個按鈕，就可以讓他的照片出現在網站首頁，或記者會的新聞畫面，不需背景脈絡，不需說明拍攝者的意圖。這方面最極端的案例可能就是國民警衛隊眾多的「人道主義」影片，配上柔和的音樂，和喧囂的緝毒影片做出區別。胡安的救援影像經過特內里費島代表與法蘭西斯科少校的挪用與重新定位，變成人道主義的證據，不再是胡安所譴責的「殘酷恐怖的障礙賽場地」——場地鋪設者正是政府與國民警衛隊。18

胡安淪為「遙控器」的感受——就像阿布杜悲傷、疲憊的回憶——凸顯了救援的影像如何既與其「目標物」、也與其製作者發生異化。當然，馬克思早已指出，這種異化適用於任何商品。但是當救援影像被送進祕密遷徙的視覺經濟四處流通，奇怪的事情發生了。胡安的商品化影像與來自主流媒體、人道組織與安全機構的影像混合，並被這些影像製造者挪用。雖然國民警衛隊影片信心滿滿的「人道主義」定位顯示，政府在二〇〇六年之後已掌控了祕密遷徙的敘事，但這些影像並不會那麼容易就被概括（encapsulation）。影像開始流通後，呈現出的是一系列時而互補、時而競爭的價值。這些影像是身心受創的紅十字會志工、警衛隊員、生還者與其家屬的紀念物；是國民警衛隊走廊與宣傳小冊的經典畫面；是連結各機構共事經驗的黏膠；也是海上安全與救援協會和警方交流的證據。在其他時候，這些影像會出現自我延續（self-perpetuation）和能動性的特質，一如德波奇觀社會觀念及其背後的馬克思主義商品拜物教（fetishism of commodities）理論的預測。一位警衛隊主管強調了這種拜物教的力量，聲稱一張非常經典的加納利群島照片「金髮女孩擁抱黑人男子……對打算踏上移民之路的非洲人有極大的拉力效果（pull effect）」。為了抵消這股吸引力，西班牙必須對非洲發送死亡的影像，以發揮嚇阻作用。救援的圖像一如一艘進水的移民小船，難以完成原本的任務。邊界奇觀的視覺秩序被逼到極限，面臨崩解。

第四部 移民遷徙的密室

一個炎熱的夏日午後，我到紅十字會的地區分會（asamblea）觀看救援行動影片。「啊，這是我的時刻。」一位海上安全與救援協會船長說道，他和紅十字會同仁一起看影片：協會汽艇上的國民警衛隊員，擱淺海灘的移民船，被拖上救援船的屍體，將塑膠手套吹成氣球送給兒童遷徙者。船長誰都認識，談起影片中警衛隊士官的小故事。但當我們看到一名警衛隊員揹起一個孩子，船長突然高聲說道：「這不是真的！所以我討厭這一切。」我問他怎麼回事？船長又舉了一個例子：警衛隊員拿自己的三角帽給兒童或成人遷徙者戴，抵擋炙熱的陽光。他還說他有一部關於「移民遷徙的密室」（la trastienda de la migración）的影片，呈現記者離開之後的場景：推擠、吼叫、暴力毆打。

胡安與其他記者很清楚，邊界奇觀只是整個邊界活動的一小部分，它省略了「密室」——也就是一個暴力被國家遮掩的幕後世界——的部分，以及海上的苦難與動盪。這種現象有一部分符合德波對於奇觀社會的預言：從狹隘範圍所選擇的形象來取代現實世界，這些形象「成功讓自身被認定為現實的典範」。[19]暴力的密室在影像的領域遭到割除，被送進一個氣味、接觸與聲音的深層幕後世界。對於邊界奇觀以「赤裸」形式呈現的遷徙生活，這個幕後世界既會加以強化，也會造成損害。

紅十字會緊急事務主管艾密里歐渴望媒體關注，但並不滿意媒體產出的光彩影像，儘管這些媒體也是他找來的。他曾經帶朋友與家人進行體驗，讓他們知道移民船抵達的真實情況與電視上的「冰冷」呈現迥然不同。他回想起有一回介入行動，他們在岸邊等待，「人們做好準備，碼頭瀰漫海洋的氣味，船隻尚未抵達，聲音愈來愈大，因為你在一哩外的地方就能聽到巡邏船，你知道他們要來了。」除了聲音、緊張情緒、海洋的氣息，最深刻的記憶就是移民船的氣味。艾密里歐談到「遷徙者的衣服也吸收了船身油漆的味道」：

> 我們往往都知道。我們到某個地方，也可能會聞到那些氣味，飄散在海灘上，一艘擱淺的移民船。我們抵達，聞到氣味，說這就是介入行動的氣味。很特別的氣味。每一件事物都聞得到，包括密閉空間的人們；聞起來都一樣，也許有點像廣藿香，很有特色，黑人也有特別的氣味；救援行動也有特別的氣味。氣味中混合了油漆、汽油，也透露了他們抵達時的狀況——基本上他們都是就地解決便溺問題。

移民船的氣味縈繞艾密里歐的記憶，為介入行動在他心中闢出一個特別的空間，也凸顯了船上遷徙者可被救援、種族化的特質：他在國民警衛隊、海上安全與救援協會的同事也熟悉這種混合了海水、汽油與強烈體味，令人暈眩的氣味。一名警衛隊員告訴一位西班牙記者，他們還沒看到移民船，就會先聞到「濃烈的人類氣味……那是一種悲慘的氣味」。[20]

救援行動還有另一個層面超越了邊界奇觀，也就是遷徙者的眼神（mirada），「他們不說話，然而他們的眼神道盡了一切……彷彿在說：『幫幫我。』」一位紅十字會志工描述。艾密里歐則說，遷徙者的眼神「告訴你許多事情，告訴你這個人將過往的人生全部放下，甘冒極大的風險，失去了許多事物，最後卻一無所有」。

眼神、氣味與聲音，這些印象無法被邊界奇觀完全概括，也無法透過其視覺經濟順暢地分布流傳。在船難特派員羅倫拍攝的影片中，來到最危險、最關鍵的時刻，攝影機卻被關掉：遷徙者在夜間手忙腳亂修理發動機，一艘大船迎面駛來；俄羅斯貨輪搭救，遷徙者攀爬梯子上船。「你快死掉時不會想拍片。」羅倫告訴我。然而因此產生的影像缺口是不可或缺的，為他的影片與形象營造出光環。

胡安也有類似的回想，當他拍攝那幀溺水男子的經典照片時，「我聽到船隻翻覆的過程，我擁有的記憶就是聲音。」他告訴會議出席者。當天晚間一片漆黑，他蹣跚爬上巡邏艇的梯子，打開相機閃光燈開始拍照，其實自己什麼都看不到。可以這麼說，搭船移民最經典的照片，是對不可見事物的驚鴻一瞥，超越新聞記者與人道工作者的凝視。在半島電視臺的紀錄片中，胡安的警衛隊同儕回憶，他當天晚上聽到黝黑的水面傳來嘶吼聲——代表的不是奮力一搏，而是「放棄」。他對於救援行動的記憶是「他們如何抓著你，緊緊扣住你的雙手與臂膀」。接觸、聲音與氣味，駭人的幕後世界，邊界遭遇最人性化的一面；對此，人道救援的奇觀只有些微的暗示。

然而進入邊界奇觀的第二幕，黑暗面將占據舞臺中心。那是一個淪入暴力的幕後世界，奇觀再度登場：休達與美利雅周遭的高聳圍籬，二〇〇五年秋天大規模攀爬引發的悲劇。

第二幕　休達與美利雅：守門人

休達，二〇一〇年七月。令人應接不暇的一天，微風帶著野生藥草的氣息。巡邏車在山路上迴繞，從B區進入C區。車子在海拔最高的一座哨站停下來，周遭景色讓人驚嘆。「拍照啊！」負責管理休達邊界圍籬的國民警衛隊官員要求大家。我開始拍照，費德里科（Teniente Federico）的視線越過兩座高聳的圍籬，它們讓巡邏車顯得渺小，也將此地的北非山麓一分為二。往左邊，山麓高低起伏向下進入山谷，消失在塔拉哈爾（Tarajal），那裡是西班牙與摩洛哥的官方邊界，通往海洋。往右邊，山麓蜿蜒前往漁村班祖（Benzú），那是西班牙飛地的另一側，坡度相當陡峭。休達和美利雅一樣，都裝設了攝影機與聲音動作感測器，追蹤摩洛哥境內的動靜。國民警衛隊的車輛在西班牙這一側巡邏；透過鋼質鐵絲網，可以看到摩洛哥的軍人與輔助部隊，遷徙者稱後者為「阿里部隊」（Alis），他們駐紮在歐盟購置、外牆以石灰水洗白的崗哨中。這道邊界被警衛隊稱為「圍籬」（valla）或者「周邊界線」（perímetro fronterizo），看似銅牆鐵壁，無人可以闖越。

那場人道主義奇觀出現之前，歐洲—非洲邊界原本就是一道圍籬。一九九〇年代初期，休達與美利雅的國際邊界只有糾纏不清、雜草叢生的鐵絲網，然而隨著西班牙加入《申根公約》，這兩地成為歐盟與非洲唯二的陸地邊界，企圖入境歐洲的新一批遷徙者也開始抵達。這些遷徙者溼淋淋、苦哈哈、黑皮膚，出發地與目的地不明，與早年來到兩座飛地的摩洛哥工人、印度商人與安達魯西亞勞工截然不同。他們的人數愈來愈多，圍籬也隨之擴張。圍籬原本相當薄弱，很容易被剪開或被雨水沖走。隨著更多遷徙者來到，圍籬在歐盟資助下慢慢強化。鍍鋅鋼質鐵絲網拔地而起高逾三公尺，沿著休達的山丘與美利雅的平原高低起伏。感應器、攝影機與明亮的聚光燈羅列在整個邊界。遷徙者被推往其他路線，有些試圖越過直布羅陀海峽，有些轉往加納利群島東部，艾密里歐和他的紅十字會伙伴在那裡照顧他們。緊接著二〇〇五年爆發「大進擊」，一如本書開篇的描述：數百名遷徙者「猛烈襲擊」圍籬，至少有十四人死於軍人槍下，更多人被驅趕到沙漠。不久之後，圍籬進一步強化，美利亞建了三道，休達建了兩道，高度也增加到六公尺，將兩座飛地像軍火庫一樣重重包圍。二〇〇五年成為休達與美利雅的歷史分界線，圍籬則是歷史的紀念物，像一道巨大的疤痕嵌入山丘。[21]

邊界理論學者溫蒂．布朗（Wendy Brown）在她開創性的研究著作《築牆的國家，衰微的主權》（*Walled States, Waning Sovereignty*）中指出，焦慮不安的政治實體愈來愈傾向以圍牆與圍籬環繞自身，試圖阻擋「進犯民族國家邊地的無法無天之徒」。美國—墨西哥邊界如今以實體障礙與「虛擬」圍籬隔絕，從太平洋岸延伸到格蘭德河（Rio Grande）出海口。以色列的「安全隔離牆」（security barrier）穿越巴勒斯坦人的橄欖園，試圖阻擋恐怖分子滲透；與它類似的隔離牆最近出現在西奈半島（Sinai）與內蓋夫

休達的兩道圍籬，二〇一〇年七月。（作者攝）

沙漠（Negev Deserts）之間，目標鎖定非洲難民與遷徙者。在希臘—土耳其邊界，也已出現類似的反移民圍籬。這些強化工事興建的目的與傳統上的不同，不在於抵擋對政治實體造成威脅的軍隊，而是針對跨越國界而來的威脅，包括其中最搶眼、突出的祕密遷徙者。[22]

某些批判性的邊界理論學者認為，這類邊界壁壘的主要目的在於宣揚嚇阻作用，而不是阻擋潛伏在壁壘之外的危險。布朗更進一步，將它們視為某種愚行的紀念碑，見證民族國家主權的衰微；而且從佛洛依德學派的觀點來看，它們還是一種「抵抗全面失敗的心理防衛機制」。這些壁壘無法抵抗威脅要侵入國家的危險，但是藉由製造出「一個代表主權及其保護力量的意象（imago）」，它們恢復了主權神聖的層面。布朗的結論認為，民族國家的圍牆其實是「奉祀政治主權幽靈的現代神殿」，發揮神奇的保護力來對抗無法理解的力量。[23]

乍看之下，休達與美利雅令人望而生畏的圍籬似乎證實了布朗的觀點：對於人類學家、歐盟代表、媒體與其他特定訪客，圍籬是無可比擬的展示品。然而就如同海上邊界的情況，它們的展示只是局部，並不完整。圍籬之所以作用強大，關鍵在於發生在邊界奇觀之外的事。

早在興建圍籬之前，休達與美利雅就有築牆阻擋不速之客的歷史。西班牙還沒有開始殖民摩洛哥北部的時候，兩座飛地就是西班牙的非洲軍事據點與流放地（presidios），也一直是中央政府意識形態與邊疆混亂情勢的衝突淵藪。[24]西班牙人曾在美利雅的中世紀城牆之中，籌劃對里夫柏柏人（Rifian Berbers）發動攻擊，後者也會圍攻美利雅。但儘管有這些軍事衝突，飛地與內地之間仍發展出興盛的跨邊界貿易。摩洛哥獨立之後，緊張情勢與貿易活動起起落落，但有一項因素維持不變：拉巴特當局始終不承認西班牙對兩座飛地的主權。這就是過去二十年間飛地突兀地出現圍籬的背景脈絡，它們要對抗新興的跨國境「威脅」：與舊日的城牆以及護城河不同，它們抵擋的不是摩洛哥部落與部隊，而是來自撒哈拉沙漠以南（以及亞洲）的「雪崩」。

對於遷徙者、政治人物與警察，邊界圍籬一如布朗的論述，帶有近乎神聖的特質。在遷徙者看來，原因無比具體：它就像約旦河西岸（West Bank）的隔離牆與昔年的柏林圍牆（Berlin Wall），周遭圍繞著致命的禁忌。「它不可碰觸。」佩佩（Pepe）說道，他是美利雅一家NGO的領導人，也是邊界體制的死對頭。遷徙者如果接近圍籬，摩洛哥軍人會開火；如果他越過圍籬，他會被私下送出圍籬的門，回到摩洛哥。這是因為圍籬對布魯塞爾與馬德里當局極具象徵意義，佩佩說：「如果你無法捍衛十公里（美利雅的陸地邊界周長）的圍籬，你如何能捍衛歐盟的陸地邊界？」就圍籬而言，「唯一的目標就是一個人都不能闖越。」佩佩說道，「他們往上報告統計數據時，入境者人數必須是零。」

結果就是，圍籬成為邊界搭檔演出的黑暗面。在這裡，受到飛地的軍事歷史而非紅十字會的人道主義影響，軍事化以暴力的方式進行。邊界的軍事化除了運用國民警衛隊與摩洛哥軍方，也納入問題重重的西班牙外籍兵團（Spanish Legion）與里夫志願軍（Regulares del Rif）；後者由當地原住民組成，起源於西班牙殖民摩洛哥北部時期。二〇〇五年圍籬危機爆發時，這些部隊都被動員以封鎖邊界。

第一部　模擬

美利雅，二〇一〇年十月。「這裡就是事情發生的地方。」拉蒙（Ramón）開著國民警衛隊的車子，來到美利雅的邊緣，圍籬在這裡突然分成兩道，然後突然結束，此處地形也陡峭下降，遙遠的下方是大海與海岸公路。這裡是美利雅圍籬的最末一段「A〇」，一般通稱「十八邊界哨站」（hito 18），「十八」是指邊界的半徑，一八六二年從美利雅中心地帶發射炮彈決定。拉蒙站立的地方，西班牙工人社會黨副主席瑪麗亞．特蕾莎．費南德斯．德拉維加（María Teresa Fernández de la Vega）五年前也曾來過，那是二〇〇五年「大進擊」前夕。德拉維加在護送下繞過圍籬時，警衛隊員突然察覺立即的危險。遷徙者在摩洛哥那一側的灌木叢中守候，「我們聞到味道，因此知道有人躲在那裡。」拉蒙說道。警衛隊估計可能「多達數千人」，在他們建議之下，副主席當下就被送離現場。在德拉維加的戲劇化經驗之後，政府決定增建圍籬，成本原先預估為二千萬歐元，但很快就開始節節高漲。[25]

隨著休達與美利雅的邊界管制與相關論述走向軍事化，同樣的趨勢也出現在移民遷徙實務上，從摩洛哥—阿爾及利亞邊界的森林藏身處，到馬德里與拉巴特的控制室，都是如此。國民警衛隊注意到，一九九〇年代的早期遷徙者逐漸不再那麼害怕，因應邊防人員的做法與圍籬的擴建，他們的做法也出現變化。遷徙者在飛地外側的山區形成複雜的社群，來自不同國家的遷徙者有自己的主席或輪值領導人，建立模仿聯合國的「藍盔部隊」（blue helmets，譯注：聯合國維和部隊）維持治安，決策也有一套民主架構。摩洛哥安全部隊在二〇〇五年開始加強騷擾他們，他們強大的組織能力也轉向邊界運作。另一方面，圍籬的物質特性也有助於引發「大進擊」，因為要有夠多的人攀爬才有可能成功。一名警衛隊少校坦承：「想要進入圍籬，唯一的方法是大規模行動，只要他們能夠攀爬。」對於這樣的行動，遷徙者、警衛隊員與新聞記者的說法不約而同：大進擊。[26]

二〇〇五年的大進擊從古魯古山（Mount Gurugú）的坡地發動，那是美利雅郊外一座神祕的山丘，來自喀麥隆的皮耶（Pierre）是行動組織者之一，聲稱西班牙人設下陷阱圈套。皮耶在馬利首都巴馬科重述他的故事，他和許多遷徙者吃盡苦頭之後被送到當地。二〇〇五年大進擊前夕，阿里部隊（摩洛哥輔助部隊）到山上找遷徙者組織的主席，跟他們保證第二天早晨海岸不會有阻礙。其實遷徙者應該知道怎麼回事，他們與國民警衛隊一直有聯繫。遷徙者開始進行準備工作。「我們給阿里部隊一些威士忌，幾個奈及利亞女人。」皮耶說道，毫無悔意，這是叢林法則。然後他們向山下出發：打頭陣的是斥候（cibleurs），負責觀察地形；然後是拿梯子的人，然後是女性。他們分批出發，每一回前進一小段距離。等到他們逼近圍籬時，直升機已在上空盤旋。有人在前一天晚上出賣他們。有人——他們永遠不會知道是誰——打電話給警衛隊主管，通風報信換取前往西班牙的機會。緊接著摩洛哥部隊出動鎮壓，遷徙者分散開來，皮耶逃入灌木叢中，準備前往邊界村莊法哈納（Farhana）。他試圖藏身在一個黑色垃圾袋之中，但袋子裡面已經有人，是一名「老兵」（ancien soldat），皮耶解釋這個字眼是指某人曾多次攻擊圍籬但無功而返。皮耶找到另一個垃圾袋棲身，第二天，他和「老兵」決定「攻擊城鎮」。這種比喻說法顯示祕密遷徙者的軍事化，已經延伸到最簡單的日常行動，例如偷偷摸摸穿過一處住宅區。他們來到森林地帶，但安全感稍縱即逝。摩洛哥部隊搜尋樹叢與邊界村莊，最後在一家商店逮到皮耶。接下來就是強制驅離；攻擊圍籬事件過後，他看到幾部大巴士駛離森林，如今自己也坐上一部。運動人士與新聞記者一路跟隨，試圖記錄他們被驅離的過程。他們在撒哈拉沙漠地帶下車，地上鋪了兩塊白布，「走在白布中間，」摩洛哥軍人說道，「你們會一路走到阿爾及利亞。」白布外側的沙地埋藏地雷。皮耶的悲慘冒險才剛開始，一路行經西撒哈拉、茅利塔尼亞、塞內加爾與馬利；五個年頭過去了，他仍被困在馬利。

皮耶的回憶無論如何局部片面，都顯示了安全部隊與遷徙者使用的邊界語言，有種共通的軍事特質；此外也顯示了兩者複雜的社會連結。但除了這兩者之外，還有其他群體參與邊界圍籬的爭端。紅十字會在圍籬與飛地的收容中心照顧傷患。二〇〇五年時，佩佩等運動人士與工作者帶著補給品，進入休達與美利雅郊外的古魯古山與本尤奈許（Ben Younech）山區。新聞報導團隊也很快就聞風而至。相關影像與故事極為搶手，例如皮耶告訴我的故事。隨著圍籬攻擊行動畫下句點，消息靈通的新聞記者已經和軍人打成一片。[27]一名西班牙記者在大進擊之前就來到古魯古山，表示願意花錢找遷徙者攻擊圍籬，好讓他拍攝影片。「他找上喀麥隆人，那些人為了錢什麼都願意做。」一位美利雅的「老兵」在巴馬科告訴我。喀麥隆遷徙者同意進行，發起攻擊，宣告失敗，慘況被攝影機拍下，就像悲劇性的實境節目參賽者。

二〇〇五年後，邊界控制以更高的效能延伸到圍籬之外的地區，其他的軍事化效應也出現在移民遷徙迴路。遷徙者的出發地被稱為「打擊點」（striking points），遷徙者的聚居區變成「碉堡」（bunkers）。一名美利雅老兵說：「那趟冒險之旅，就像是上戰場。」軍事化也進入遷徙旅程的社會迴路，奈及利亞的人口走私集團——被稱為「特遣部隊（task force）或「塔利班」（Taliban），擁有許多可怕的「突擊隊員」（commandos）——設立自家的「碉堡」，還在拉巴特建了一座監獄，將遷徙者當成人質扣押，直到家屬付贖金。官員經常提到的「黑手黨」之所以能夠誕生，也要感謝原本衝著他們來的管制措施。少部分遷徙路線較不受走私集團掌控，然而西班牙政府卻指控它們在這些路線上丟包遷徙者：前往飛地的短程海上路線，或是渡過圍籬彼端的直布羅陀海峽。這樣的穿越嘗試主要倚賴遷徙者自身的機智、力量與狡猾。

在歐洲經費加持下，表面上看來有如楚河漢界的邊界圍籬，已成為更密切地跨邊界合作的媒介。它們也是種催化劑，促成圍籬科技、摩洛哥部隊、西班牙國民警衛隊、新聞記者與遷徙者的軍事化聯盟。然而與海上的情況不同，這種混合與雜交過程在檯面下進行。在這裡，這幕戲的唯一主角是圍籬，是它那發亮、高聳的鋼鐵壁壘，是它對徹底隔絕的保證。

國民警衛隊一方面要炫耀展示邊界圍籬，一方面要遮掩它黑暗的運作方式，因此必須護送觀眾從現場離開，就如同二〇〇五年「大進擊」前夕他們對西班牙執政黨副主席所做的處置。一旦觀眾離席，深層的現實將取代圍籬的視覺光彩。遷徙者的氣味、他們雙手攀著冰涼鐵絲網的觸感、他們前進時發出的聲音，全都被融合進入圍籬的架構之中，警衛隊雙重角色的曖昧矛盾也是如此：既要扮演守護天使，也要擔任歐盟外部邊界的守門人。

第二部 曖昧矛盾

一位國民警衛隊員曾經表示，邊界地區的武力展示充斥著「雙重標準」（doble moral）。他並沒有詳細說明自己的用意，但其實也毋須多言。當地人都還記得二〇〇五年秋天大進擊之前的「跳越」（saltos），許多黑人男性蹣跚走進美利雅中心地帶，身上帶有嚴重的傷口；休達的援助工作人員則看到渾身是傷的遷徙者，「有如被切割過的雞排」。西班牙記者拉菲爾對二〇〇五年的記憶掛在致命的刮刀刺網上，「有些人就掛在那裡，像西班牙香腸（chorizos）一樣。」

在西班牙公司「投射科技」（Proytecsa）一系列的「先進安全解決方案」之中，美利雅的新圍籬可說是明星產品；以那位西班牙社會黨副主席的話來說，它不僅「更有效率」，而且與被它取代的上一代產品相比，降低了傷害性與侵犯性。[28] 這種「人道」圍籬在設計上兼顧兩座飛地的

休達的圍籬，塔拉哈爾的景觀。（作者攝）

需要，但後來只在美利雅興建，休達繼續使用經過強化、仍然很有「侵犯性」的刮刀刺網。所幸後者的邊界被崎嶇的山丘地形遮蔽，而且警衛隊管理的周邊道路不對外開放。

在建立美利雅圍籬的時候，「雙重標準」是其本質構造的一部分。如同歐洲外部邊界監控系統以及西班牙的雷達與衛星系統，科技被當成一根魔杖來揮舞，承諾會帶來不涉政治與暴力的移民管制。外層的圍籬向飛地外部傾斜，讓攀爬變得更為困難，也讓刮刀刺網不是那麼必要；後者在二〇〇七年移除，媒體曾大幅報導。[29]好不容易爬上外層圍籬的人，會遇到一塊活動式的上層板，板子一偵測到動作就會下降，將攀爬者困在下方。攀爬者如果前進到中間地帶，很快就會陷入一層由金屬纜線構成的網羅，名為「立體拖索」（sirga tridimensional）。拖索絆住人之後會綳緊，將遷徙者困住，就像蜘蛛網困住昆蟲。如果遷徙者讓所有人都跌破眼鏡，掙脫網羅，接下來會是一道較低矮的中層圍籬，最後則是一道內層圍籬，又是六公尺高。拉蒙提到拖索時說：「當初賣方強調它不會傷人。」並且以辯護的語氣強調：「要確保它不會傷人，那是政治人物與企業（投射科技）的責任。」感測器與攝影機（總共一百零四具）能夠偵測圍籬各處的風吹草動。一旦發生大規模攻擊事件，攻擊者會被噴灑胡椒水，在強光照射下失去方向感。「這些設備從來沒有派上用場，謝天謝地。」拉蒙說道。

在海洋的遷徙路線上，一如救援的影像顯示，人道主義幫助邊界警衛克服扮演「反派角色」的良心不安。長駐非洲的警官安立克回憶他與一位紅十字會員工的爭執，「我問她：誰救的人命

休達的圍籬，摩洛哥一側。（作者攝）

比較多，是妳還是我？你們等他們到了加納利群島才給他們毯子、一點食物果腹，但我們是出海救人。」他強調警察的工作「九九％是人道工作」，「我想做的就是拯救人命……我也許會扮演壞人，但我的良心過得去。」然而，陸地圍籬的警衛隊員無法以人道主義者自居。來到圍籬，沒有任何一位官員製作影片，做出正面陳述。

對於人道主義與暴力行為、守護天使與守門人之間的裂痕，粉飾彌縫的舉動有時會出人意料。在十八邊界哨站，圍籬上綁著截成一半的水瓶，「警衛隊員放在那裡讓鳥兒喝水。」拉蒙解釋。這是一種溫柔的姿態，與三層圍籬、刮刀刺網、軍人房舍與阻擋溪流進入飛地的構造形成鮮明對比。這種姿態顯示野生動物比人類更為重要，也讓人想起西方世界各地將隔離牆人性化的嘗試，例如美國—墨西哥邊界隔離牆能否讓動物自由通行，位於遙遠聖誕島（Christmas Island）的澳洲難民拘留中心影響螃蟹遷徙，都曾引發關切。30

鋼纜、鐵絲網、感測器與攝影機，更別提鳥兒專用水瓶，都無法消除邊界管制的暴力成分。「他們宣稱圍籬只是一道障礙。」佩佩說道，指的是國民警衛隊聲稱圍籬只能為他們爭取幾分鐘時間，「但其實它不是障礙，而是獵人的陷阱。」跌入拖索的遷徙者身受重傷，救護車無法進入多層圍籬之間的地帶。新圍籬還做到另一項成效：捕獲入侵者，而且只需要最微小的身體徵兆：腳步、呼吸、氣味、聲音、抓住鐵絲網的手。與海上的情況不同，這些發自內在的身體徵兆落在邊界體制之內而非之外。遷徙者的手不再是等待被人一把抓住，而是觸發控制室的警報；他的氣味不再代表苦難，而是意謂威脅。這些內在的徵兆與視覺意象組成一場密室演出，唯一的觀眾是國民警衛隊員，他們守在休達與美利雅的控制室，一旦某個鬼祟的身體徵兆觸發圍籬上的感測器，他們就會看到數位地圖上亮起紅燈。

圍籬非常敏感，最微弱的戳刺與撫觸都能察覺，就像一塊滿布末梢神經的皮膚。在休達的圍籬上，一名警衛隊守望員打開門，讓我們進入摩洛哥。刮刀刺網披覆在外層圍籬上：捲成手風琴形狀，露出刀片般銳利的尖刺，長達數公尺。費德里科指出藏在層層鐵網、纜線、軍事等級刮刀刺網之間的感測器。他說這些感測器很容易發出警訊，因此警衛隊員會使用攝影機或雙筒望遠鏡「來確認是動物、黑人或莫卡茲尼（mokhazni，亦即阿里部隊，摩洛哥輔助部隊）」。如果熱成像攝影機在夜間發現入侵者，警衛隊會聯絡阿里部隊，要他們帶巡邏犬搜索樹叢。摩洛哥軍人有時候「從他們旁邊走過卻渾然不覺」，費德里科說道。但是警衛隊會用夜間影像引導阿里部隊，「他們就在你們腳邊，你們幾乎要踩到他們了！」

圍籬科技與其網絡化運作的人力——拉蒙稱之為圍籬的「生命系統」——提供了超過布朗所探討的「神奇」保護力量。它很有效，但必須藉由一種特殊的方式運作，而且與邊界奇觀密切相關。最重要的是，圍籬將遷徙者群體帶離陸地邊界，讓他們在海上再度現身，擠成一團，苦苦等待救援。圍籬的內在運作也重現了邊界地區常見的獵物存在形態：遷徙者留下的蛛絲馬跡很容易被誤以為是風聲、野生動物或迷路的摩洛哥軍人。此外，圍籬也催生出點點滴滴的遷徙人流，改從海路與官方邊界哨站進入飛地。然而描述這些方式的影像——從汽車座位伸出來的人頭、遷徙者的身體取代了座椅、模糊片段的身影鑽入卡車下方、遷徙者以水上摩托車或水力踏板越過直布羅陀海峽——都只不過是邊界工作者收藏品的一部分。邊界奇觀一切都在控制之中。

成功需要可觀的成本。「圍籬幾乎是個無底洞。」費德里科在休達這麼說。無論先前投入多少經費，總還是需要更多才能維持運作。安全公司因此大發利市，國民警衛隊也得到更多人力與資源，後者在飛地的主要職責是做好邊界的「封鎖」（impermeabilización）。成功也造成一些社會後果。職司抵擋遷徙者「雪崩」的低階警衛隊員抱怨連連：工作環境惡劣，行動的法律地位不明。除了引發這類專業爭議，封鎖邊界也製造出更大的兩難。如果說歐盟愈來愈像一座門禁森嚴的社區，那麼休達與美利雅就是它最具體的縮影。民族誌學者已經指出，對富裕的飛地設立門禁是自相矛盾的做法：為了將威脅阻擋在外，他們催生出自己設法抵擋的恐懼。[31]恐懼不僅來自蓄勢待發的「雪崩」，也來自與牆外鄰居日益緊張的關係。佩佩在美利雅津津樂道地解釋，有一些邊界的里程碑如今位於圍籬之外。摩洛哥曾抗議西班牙進入「他們的」領土興建圍籬——儘管飛地周邊是官方認定的無人地區，西班牙因此必須讓步。佩佩指出，這意謂當一名遷徙者奔向圍籬、開始攀爬，阿里部隊會開槍或者擊退他，而且是在西班牙的土地上。

國民警衛隊官員原本就對炫耀圍籬抱持矛盾心態，這些問題更是雪上加霜。費德里科一方面對官員訪問如數家珍，一方面承認他大概不會在休達待太久，因為圍籬會帶來幽閉恐懼症的氛圍。在美利雅，拉蒙提到有些人將圍籬比擬成加薩（Gaza）與約旦河西岸的隔離牆。「我不同意這種說法，但是沒有其他方式可以……」他沒有把話說完。他從一座懸崖的邊緣退後，談起他童年時期的美利雅，指著圍籬另一邊乾淨美麗的小海灣，說道：「我小時候會去那裡游泳。用兩隻手就可以抓到魚。」他沉默半晌，「移民問題讓這座城市封閉起來，徹底改變了它。」他承認與摩洛哥的關係也因為圍籬而惡化，儘管圍籬的用意只是要阻擋撒哈拉以南人與亞洲人（asiáticos）。接著拉蒙改變態度，以確定的口吻說道：「也許我們一直處於挨打狀態。但是拆掉圍籬沒關係啊，讓一百萬人湧進來！」

佩佩曾形容圍籬是新的「實質邊界」（de facto border），拉蒙也表示認同這一點，但沒有多做說明。他開車行經美利雅的圍籬，摩洛哥那邊是阿里部隊的崗哨。西班牙在邊界退讓了幾公尺，摩洛哥後來進占。同樣的情況也發生在班尼恩札（Beni Enzar）口岸，摩洛哥逐漸進占無人地區。在奧羅河（Río de Oro）乾河床這一側，甚至掛了一塊摩洛哥輔助部隊（Forces Auxiliaires）的告示牌，就在西班牙入境處旁邊。二〇一〇年夏天，圍籬奇觀的最新一集將在此地上演。

第三部　被劫持的奇觀

拉蒙沿著圍籬開車，一股噪音愈來愈大聲。車子突然轉彎，來到讓人大開眼界的唐人街

（Barrio Chino）：位於美利雅郊區，有許多倉庫與貨棧。整個地區瀰漫亢奮情緒，人們等候、走動、包裝、吼叫、排隊、爭鬥。步道沿著圍籬起伏延伸，老年女性蹣跚走向大門，被背上扛的重物、繫在肚子上的包袱壓得彎腰駝背，她們帶著捲起來的床墊、衛生紙、內衣褲。一名年輕男子試圖擠過人群，引發衝突，一名警衛隊員拿起警棍隨意揮擊。更前面一點的地方，另一名警衛隊員對著一群噪動不安的男子咆哮，男子坐在自己的包袱上。他們獲准通行之後，會推著毯子、輪胎等家當向上坡出發，就像巨大的骰子。拉蒙感嘆說，回到警衛隊總部，「唐人街沒有消息」就是最好的消息。

搬運工和每天川流不息的臨時工一樣，進入飛地時不需簽證；這是適用於鄰近摩洛哥省分納多赫（Nador）與德土安居民的申根規則例外。他們每天一大早就在圍籬的特別入口排隊，然後走步道前往西班牙一側的購物商場。因此引發的騷動混亂不僅見於美利雅的唐人街，也見於休達。拉蒙稱之為「非典型商業活動」（atypical commerce），這也是官方的委婉說法。「如果他們不這麼做，生活要如何維持？」他們的非法貿易也是飛地的經濟命脈，而且為摩洛哥官員提供賄賂來源。光是休達一地的邊界貿易，一年就高達十億至十五億歐元，占當地經濟產值超過七成。[32]

西班牙一方對商品出境不加管制，摩洛哥一方動用部隊禁絕人們非法移動；這樣的安排至少可以用「不平衡」來形容。圍籬更加重了不平衡的態勢，但與其他強化邊界的負面經濟效應不同。藉由導引邊界貿易活動，圍籬讓價值鏈（value chain）的斜度更為陡峭，因此促進了商業活動。[33]之所以會引發緊張態勢，原因在於它對勞工、運送者、貿易商的效應；簡言之，就是圍籬的羞辱作用。

圍籬也呈現出兩種形態的動物化流動（animalized flows）：家畜通過官方許可通行的口岸，野生動物則另闢蹊徑。「大家看！」一名NGO員工開車經過美利雅圍籬內步道時大喊，「我們不是動物！」人們「像牛隻一樣」被趕過廊道，承受這種羞辱的是摩洛哥人而非西班牙人；有些西班牙人還為圍籬辯護，聲稱它是必要之惡。然而，援助工作者口中的「我們」指涉一種跨邊界的身分認同，其基礎是飛地當局的官方觀點：將自身視為基督徒、穆斯林、猶太教徒與印度教徒和平共存（convivencia）的避風港。這種觀點過去一直與歧視的現實格格不入，圍籬對情況也沒有什麼幫助，抗議爆發是遲早的事。

抗議在二〇一〇年爆發。摩洛哥運動者譴責美利雅邊界哨站班尼恩札對其同胞的種族歧視待遇，並立即針對圍籬發起示威抗議。被許多觀察家懷疑與摩洛哥祕密警察合作的公民社會組織，阻斷了水泥、磚塊與生鮮農產品的進口。運動者在邊界地區各處張貼海報，嘲弄被他們指控侮辱摩洛哥人的西班牙女警。[34]西班牙保守派反對黨領導人、後來的總理拉霍伊（Mariano Rajoy）訪問美利雅，新聞記者簇擁著他，也追逐憤怒的邊界運動者。在此同時，摩洛哥當局出其不意，指控西班牙國民警衛隊將來自撒哈拉沙漠以南的遷徙者，遺棄在休達外海一艘小船上。[35]伴隨著這些衝突，湧入美利雅的祕密遷徙者也大幅增加，規模前所未見，在西班牙國會與媒體引發猜測：認為可能是摩洛哥政府刻意放行，讓遷徙者充氣「玩具」小船像炮彈一樣射進飛地，不可思議。

果真如此的話，摩洛哥的真正意圖很難得知。休達與美利雅以及西撒哈拉的地位問題，一直是西班牙—摩洛哥關係難以癒合的傷口。雪上加霜的問題則是歐盟尚未到位的援助，以及摩洛哥王室的奇特言行。摩洛哥國王經常到鄰近美利雅地區度假，對軍用直升機的聲響大感不滿；那些直升機飛往位於摩洛哥北部海岸、西班牙占領的島嶼和露頭（outcrop）。這些面積很小的「主權地」（**plazas de soberanía**）和休達以及美利雅一樣，幾百年來都由西班牙控制，但拉巴特當局一直堅持擁有主權。在這些政治議題外，又加上一些美利雅邊界較小的問題，除了所謂的虐待之外還有別的爭議。圍籬危及「以少許賄賂換取巨大利益」的古老秩序，那是美利雅周邊民眾的主要生計。對示威抗議者而言，西班牙女警只是個方便的標靶，象徵美利雅邊界的歐洲化；在此同時，撒哈拉沙漠以南遷徙者則成為示威者為達目標所使用的武器。在圍籬，不請自來的行為者，為了追求自身更廣泛的地緣政治秩序的目標，劫持了邊界奇觀。

八月底時，西班牙內政部長訪問拉巴特，雙方的「誤解」得以化解。隨之而來的驅逐行動，賣護膚產品的達烏荅也成了受害者，前一章已有描述。至於飛地內部爆發的抗議行動，將在下一章討論。

儘管西班牙安全部隊堅稱他們與摩洛哥夥伴關係極佳，他們仍一再重申：「如果遷徙者闖關成功，那是因為摩洛哥方面放行。」摩洛哥邊界事務主管梅赫迪則委婉澄清，飛地是吸引遷徙者的拉動因素（facteurs d'appel），「他們可以安裝攝影機，做任何想做的事，但事實就是，如果你不能從上游阻斷人流，做什麼都不夠……一旦遷徙者來到美利雅與休達，那就沒有辦法了；你無法擺脫他們，沒有辦法。」

圍籬並沒有減損兩座飛地的吸引力，而是使它們變得更難以忽視。就像一座社區周邊的門禁，圍籬將休達與美利雅劃定為兩個富裕的避風港，同時也是適合進行抗議的地方。圍籬自身作為一種奇觀，不僅吸引了遷徙者，也招徠了心懷各種不滿的團體，除了摩洛哥民族主義者外，還包括抗議歐盟邊界的跨國運動者，後者會出現在紀念二〇〇五年悲劇週年的儀式活動中。圍籬在抵擋蜂湧而至的遷徙者的同時，也製造出新的問題。揮舞標語牌的人、示威遊行者與商人，現在都可以對圍籬運用古老的包圍技巧。但這種現象並沒有嚇阻作用，反而吸引更多團體投入圍籬的懷抱。緊貼著圍籬的阿里部隊崗哨，聚集在附近的新聞記者、運動者與煽動者，唐人街或邊界步道上浮躁的群眾，全都加入了這個由日益精細複雜的反遷徙壁壘所生出來的網絡。圍籬持續壯大，沒有盡頭；對於在圍籬陰影下登場的奇觀，原本的主事者已不再能控制。[36]

第四部 後臺入口

阿瑪杜最後一回嘗試攀爬休達的圍籬。夜間，他帶領一組四個人穿越山上的隘口，他對一切瞭若指掌。天氣必須保持在最適當的狀態，最好是下雨或者寒冷，軍人比較不會出來活動；起風讓警犬聞不到你的氣味；起霧會降低警衛的能見度。他們要爬過海拔最高的隘口，就連軍人也沒到過，然而一旦跌落將是死路一條。阿瑪杜警告同伴，大家必須保持絕對靜默。看，圍籬到了！近在咫尺。一名緊張的遷徙者發出聲響，他們沒有多少選擇，必須發動攻擊。儘管西班牙警衛隊員正在刮刀刺網的另一邊巡邏。

現在阿瑪杜已經摸清楚圍籬的每一個部分、每一個層面——聞來聞去的警犬、守望員的例行工作、有彈性的刮刀刺網、感測器與柱子與入口、蛇腹形鐵絲網與鐵絲細網。他準備好要將圍籬大卸八塊，就像一個技術純熟的汽車技工拆解一部車子。

阿瑪杜與同伴一個接一個上陣。為了通過圍籬，你必須穿上舊衣服，新衣服容易纏住刮刀刺網。布料要選擇棉布，不能穿尼龍。你必須戴手套來推開蛇腹形鐵絲網，然後一腳踩在上面，以免衣服被勾住。刀片可能會割傷你的手臂或腿部，但是要避免腹部或胯部受傷。來到圍籬頂端，刮刀刺網可能會纏住你，甚至要你的命，不過有訣竅可以讓你過關。然後你要找到一根柱子，從圍籬內側滑下；不要一緊張就直接跳下，跌斷骨頭。圍籬高達六公尺。阿瑪杜從一根柱子滑下，迅速察看四周，門在哪裡？在德土安——最接近圍籬的摩洛哥城市——的監獄中，其他遷徙者跟他提過內層圍籬的門。他原本不確定是否確有其門，後來有一回闖關失敗，親眼看到警衛隊員從一道門進來，將他驅逐回摩洛哥。現在，他看到一道門。有人告訴他，訣竅在於找到一道隙縫，想辦法把頭塞進去，頭過身就過。阿瑪杜爬了過去，他聽說會有一座犬舍（la perrera），可以讓遷徙者藏身躲過警衛隊員。他尋找犬舍，進入山區，終於踏上西班牙領土。他越過了最困難的邊界。

謝幕　奇觀之外

本章呈現邊界穿越奇觀的搭檔演出。第一幕，遷徙者在船上擠成一團等待救援，船身即將沉入分散的海洋邊界下方。第二幕——其實是邊界的重頭戲，遷徙者來到清楚劃分的陸地邊界，集體進行激烈的反抗。幕與幕之間，椅子大風吹，有些演員退居舞臺兩翼，有些以英雄的姿態登場。然而整體陣容幾乎沒有改變，改變的是道具、布景，以及由邊界事件產生的非法性的模式型態。

我們在這裡應該停下腳步，思考一下奇觀的視覺秩序，以及它對穿越邊界的現實面遺漏了什麼，後者正是本章的核心主題。奇觀可以依據官僚世界的空間二分法來做切割，它設想的觀眾也是如此。在海洋邊界上，奇觀不僅聚焦在被拯救的遷徙者，也集中在讓拯救工作得以進行的混合安排：紅十字會標誌、國民警衛隊汽船與海上安全與救援協會的船隻，共同為國內與國際的觀眾鋪陳出一場在海上拯救生命的精采大戲。來到陸地上，遷徙者與各種角色組合都退居場景外，只剩紅十字會偶爾客串演出，奇觀就在於邊界本身——在於方方面面都令人驚嘆的圍籬，而不是它複雜精細的社會網絡；最重要的觀眾則是歐洲的金主。海洋邊界的相關影像廣泛流通，陸地邊界的影像則受到限制、淪為禁忌。遷徙者在海洋上擠成一團等待救援，在陸地上卻是成群結隊的可怕團體。[37]

這些類型範疇一點也不靜態，也不清楚分明。它們會隨著選舉週期、媒體報導與遷徙路線變化，地形與科技的差異也會造成影響。西班牙二〇一二年夏天爆發危機，一時間救援的影像被化約為最簡單的訊息：紅十字會志工以毯子裹住遷徙者，化身為可口可樂（Coca Cola）贊助的廣告，鼓勵電視觀眾推動國家繼續前進。[38]

以迪吉諾瓦的話來說，這樣的救援影像藉由兩種互補的轉化，呈現了移民非法性的「拜物教」本質：兩種轉化都取決於影像的力量——這本身也有拜物教的特質。在這裡，邊界奇觀的兩面性似乎創造出阿岡本「神聖之人」的雙重形象：易受傷害且「擠成一團」與沒有權利且「成群結隊」，可被拯救的人與被見死不救的人。然而阿岡本在這裡有其局限性。一位批評家曾指出：「阿岡本的主要興趣不在於生命，而在於生命的『赤裸性』（bareness）。」對於移民非法性在邊界的分化、本章對於它如何在經濟層面全力發揮的探討，這種赤裸性都無法充分解釋。[39]

邊界奇觀後來又進一步複雜化，原因來自視覺秩序之外：非法要素的混合、氣味與聲音、幻想與恐懼，都無法完全呈現在螢幕上。這些後臺特質凸顯出奇觀是不完整的、衝突的、過量的。沒有任何單一的故事能獨占鼇頭。不速之客——摩洛哥民族主義者、跨國界運動者、緊急援助工作者——隨時準備跳上舞臺。新聞記者有如非法產業的攪局者，總是想方設法來戳穿、複雜化官方版本的敘事，但也總是有可能陷入同樣——或較新版本——的故事框架中。邊地的旅行者與走私者也有攪局者的意味，有時會尋求聚光燈照亮他們戲劇化的遭遇，有時默默待在後臺，就像阿瑪杜那樣。

援助工作者與邊界警衛也有自身的掙扎，要處理留置在奇觀之內與之外的事物，以及自身扮演的角色。他們回憶移民船靠近時發出的強烈氣味、遷徙者揮之不去的眼神、尖叫聲與伸出的雙手。邊界穿越最根本的經驗混合，不會呈現在奇觀之中，也不會是生活最赤裸裸的基本組成：短暫的遭遇，一方是溺水、攀爬或奔跑的人，一方是出現在他路徑上的人；這不是邊界警衛與非法移民、人道主義者與撒哈拉以南人的交會，而是兩個人無比奇特、彼此都無法完全理解的相遇。

二〇一二年夏天，美利雅的圍籬發生令人不安的狀況。「大進擊」七年之後，遷徙者又回來了。據西班牙媒體報導，一天深夜時分，約五百名來自撒哈拉沙漠以南的遷徙者集體趨近圍籬，但是在最後一刻遭到摩洛哥憲兵「驅離」。西班牙政府駐美利雅代表感謝摩洛哥「全力合作」，同時警告說這種集體闖關嘗試還會再發生。果真如此：那年秋天，一大群遷徙者又回來了，也讓圍籬再度成為聚光燈焦點。接下來一年裡，大群遷徙者有時會組成「神風特攻隊」（kamikaze），

開車衝過美利雅的邊界口岸；有時會以更壯觀的方式闖關，脫光衣服在大街上奔跑，逃進公共建築尋求庇護，甚至闖入一名反對黨政治人物家中，只為了避免被摩洛哥的阿里部隊逮捕與驅逐。二〇一三年七月，又一場集體闖關行動，兩名遷徙者死亡，邊界兩側各一人。[40]

這些「攻擊」的本質很容易解釋。就如同二〇〇五年的情況，事前有連續幾個月的掃蕩與驅逐行動。摩洛哥媒體大談「黑禍」（black peril）來煽動道德恐慌，有些評論者甚至指控這些撒哈拉沙漠以南非洲人是傭兵，拿利比亞人民起義來比擬，援用已經軍事化的邊界論述。隨著馬德里與拉巴特雙邊關係在二〇一二年好轉，對遷徙者的壓迫卻與日俱增，他們不顧一切的闖關嘗試也變得更頻繁。二〇〇五年與二〇一〇年的模式重複出現，最終導致二〇一三年底美利雅的圍籬再度裝設刮刀刺網。[41]

成群結隊的遷徙者重返，擠成一團的遷徙者也是如此，只不過他們不再飾演邊界奇觀分配給他們的角色。

二〇一二年九月，摩洛哥濱海城鎮荷塞馬（Al Hoceima）的海灘遊客見識到一幕荒謬景觀。從當地海灘游泳就可到達的西班牙小島「大地島」（Isla de Tierra），八十一名撒哈拉以南人在熾熱陽光下遊蕩。他們圍繞著一面升起的西班牙國旗，西班牙軍人丟食物和飲料給他們，攝影記者按下快門，幾天下來不知如何是好的政治人物開始拿他們當籌碼。如果將他們轉送到西班牙的其他地方，那會吸引更多遷徙者；如果政府認定他們**不在**歐洲，那就等於承認摩洛哥對於「被侵占領土」擁有主權。拉巴特當局先前已經抗議西班牙計畫在其「主權地」派駐國民警衛隊官員。情勢相當微妙。42

從名稱來看，大地島正適合作為邊界奇觀簡短第三幕的背景。遷徙者尋求一個結合海路與陸路運作方式的邊界空間，人道主義邊界與軍事化邊界的刻意區分不再適用。西班牙政府譴責「黑手黨」的「人道勒索」，指控他們將遷徙者丟包在大地島。這項指控代表對移民遷徙的強硬保守立場，也流露出一種日益嚴重的挫折感：前任社會黨政府精心建構、收編人道主義的工作，本身也在一種由下而上的全新方式中被收編。

在摩洛哥國王介入下，各方終於找出化解僵局的解決方案。西班牙國民警衛隊藉由夜色掩護，將大地島的遷徙者拖走，交給摩洛哥當局，援引兩國的再入境協議；這項協議在一九九二年簽署，如今總算派上用場。接下來就是例行性的遣返程序，大批西班牙記者來到目的地烏季達等待。媒體呈現陰暗海灘的模糊照片，暴力的邊界後臺運作終於曝光，儘管只是短暫片刻。

後臺的暴力很快就成為黃金時段的固定新聞。二〇一三年十二月，馬德里政府不顧布魯塞爾歐盟當局反對，再度為美利雅的「人道」圍籬裝設刮刀刺網。兩個月之後，十五名遷徙者試圖游泳繞過休達的圍籬，不幸溺斃。緊接著民眾拍攝的影片曝光，顯示警衛隊員對著寒冷的二月海水發射橡膠子彈。對此，西班牙內政部長毫無悔意，聲稱有八萬名遷徙者正等著進入西班牙，歐盟必須提供更多經費才能阻擋。這時有消息指稱當局將進一步強化圍籬，於是遷徙者發起二〇〇五年美利雅事件以來最大規模的闖關行動。有些人在圍籬頂端待了幾個小時，大聲歌唱，對攝影機與警衛隊員揮手，暫時延後他們無可避免的驅逐命運。他們跨越了不同世界，就像大地島的遷徙者或休達的溺斃者，既不是成群結隊也不是擠成一團；他們據守在邊界的門檻上，見證它最致命的搭檔演出。[43]

闖過邊界的人會陷入另一個進退兩難的困境。遷徙者不斷湧入飛地的收容中心，讓當局頭痛不已；以休達的情況而言，許多人是先穿越直布羅陀海峽、抵達西班牙本土後才被**轉送**到當地。那些被如此「獲救」的人們很快就發現，他們被整合進入飛地在移民遷徙迴路扮演的新角色：海外處理中心。邊界理論學者觀察到，圍籬與隔離牆既能阻擋不受歡迎的人，也會將人們留在內部。這就是休達與美利雅發生的狀況。[44]

在馬德里控制室工作的警衛隊員特別提到，二〇一一年出現一項奇特的邊界穿越行為。那年二月，一名滯留休達的馬利遷徙者試圖爬過圍籬，回到摩洛哥。這名遷徙者被國民警衛隊拘留，他說他在休達待了四年，如今只想回家。[45]接下來，我們將探討圍籬的誘捕作用，以及因此產生、讓人難以承受的緊張態勢。

第三部

衝突

5 白人媽媽，黑人兒子

二〇一〇年夏天來到，天氣熱得很不尋常。西班牙東部吹來的風，讓休達連續幾天籠罩在潮溼的霧氣之中。直布羅陀海峽對岸的直布羅陀巨岩（Rock of Gibraltar）從視野中消失。人們每天談論的都是又溼又悶、持續高溫的天氣。向來被稱為「鯖魚」（caballas）的休達居民躺在沙灘上曬太陽，面對東邊的地中海或者西邊起風的大西洋。但是往山上走去，遠離乾淨的沙灘與刷白的市政大樓，遠離市區的小餐館與教堂，總之盡可能遠離休達七平方哩的領域，你會看到另一種現實在眼前開展。八座預製模組房屋在二〇〇〇年緊急設置，以便應付日漸增加的祕密遷徙者，如今將熱浪鎖在內部，居留者只能待在外面。氣溫持續上升，無可阻擋。

二〇〇五年秋天悲劇性的大規模「進擊」，不僅徹底改變了圍籬的警政執法，也在飛地**內部**激發出對付非法移民遷徙的新策略。飛地不再將遷徙者送往西班牙本土，而是對他們下達驅逐令，然後就地釋放；這是經濟繁榮時期的正規做法，如今代表著一種「圍堵政治」（politics of containment）的出現。一位移民律師表示，這個政策構想是要「避免休達與美利雅成為通往伊比利半島的跳板……遷徙者被當成案例，用來勸阻其他有意進入者。」休達與美利雅曾是跳板，如今成為警方、運動者與律師口中的「捕鼠器」（ratoneras）或「陷阱」（trampas）。

對於政府當局以及聚集在休達的新聞記者、援助工作者與研究人員，陷阱機制讓休達成為重要的移民遷徙實驗室。對於管制非常態移民湧向西班牙南部邊界、進入歐盟，休達的地位相當關鍵。遷徙者的移動性在這裡踩下煞車，他們也因此成為現成的目標，讓警方的執法行動、搜尋故事的研究人員與記者、尋找困苦受惠者的人道工作者、確認遷徙者國籍以便進行遣返的外交官員各取所需。

然而，在實驗室裡，實驗有時會出差錯。

二〇一〇年夏天，休達的祕密遷徙者——幾乎都是非洲黑人——入侵市區，在這個歐洲的前哨站大聲抗議。抗議沒有維持多久，但休達短暫的夏日騷動揭露了歐盟移民政策的矛盾衝突：人道主義對上管制措施，關押人們對上釋放人們，隱藏或展示不受社會歡迎之人，恐懼或憐憫歐洲最終極的他者。本章將呈現這場抗議，它的圍堵政策背景，遷徙者陷入歐洲南部邊界動彈不得的絕望感。此外本章也探討非法移民日益嚴重的種族化與幼兒化（infantilization），以及黑膚色如何界定他們在飛地的生活型態。

營區

道路向山上蜿蜒行去，行經滿地垃圾的坡地：壓扁的藍德堡（Landerbräu）啤酒罐、巧克力飲料瓶、菸蒂、塑膠袋。接下來是一大段爬坡路，在非洲的溼熱天氣中踩著沉重的步伐，最後終於抵達位於山頂的大門。花圃與尤加利樹點綴圍籬周遭，陽光散亂映照入口與旁邊的警衛室，一面巨大的告示牌讓人知道誰負責管理這座收容中心：西班牙勞工與移民事務部，移民事務祕書處，由歐盟提供經費支援。三面旗幟飄揚在圍籬上方：歐洲的藍黃旗、西班牙的紅黃旗、休達的黑白旗。遷徙者走到旋轉柵門前，刷通行證、驗證指紋。這裡是他們的家，無家者的家；祕密遷徙者陷落在這裡，朝向北方的漫長旅程無以為繼。

遷徙者稱它為「營區」（the Camp），移民臨時收容中心（Centro de Estancia Temporal de Inmigrantes, CETI）與休達其他地區分開，中間隔著幾英畝的森林山丘與幾哩長的海岸公路。與西班牙本土的外國人拘留中心（CIE）不同，這裡的祕密遷徙者與庇護申請者可以在晚間大門關閉之前自由進出。他們住的地方是八座預製房屋，每一座有八間寢室，每一間寢室有八張床：總計五百一十二張床。二〇一〇年初夏，營區收容了大約四百人，其中許多人待了二、三年，甚至更久。到那年夏天結束時，新來到的遷徙者讓中心人數突破五百大關，也超過設計容量。

中心的居留者幾乎都是非洲黑人，歷經艱辛的旅程，有的人步行或坐卡車穿越沙漠，有的人搭乘小艇或臨時拼湊的木筏，運用層出不窮的計謀與堅定的決心。營區主任形容，這些旅行者沿著深入撒哈拉沙漠的路徑，經歷了一場「達爾文選擇」（Darwinian selection）。唯有最強悍的人才能抵達或者生還。許多人或是死在沙漠中，或是被困在摩洛哥的「聚居區」與「碉堡」，或是被遣送到馬利北部的沙塵暴地區，身無分文也沒有證件。因此，休達的遷徙者是一個獨特的群體。他們終於突破歐盟的邊界，以為命運終於對自己露出微笑，但很快就發現休達是一道諷刺的苦笑。他們在這裡被指派一個新角色，一種新的遷徙者身分組態（modality of migranthood），與他們先前的「冒險者」身分認同、在邊界另一側的狂野化身形成強烈對比。作為受到檢視、干預、憐憫的主要目標，他們淪為歐洲最卑微的他者、徹頭徹尾的「非法移民」。

阿吉耶在《處置不受歡迎的人》（*Managing the Undesirables*）一書中觀察到歐洲邊界的「營區再度出現」，以及全球性的「不同形態的營區的延伸與演進，形成一種機制來阻擋各種類型的不受歡迎者與外國人——難民、流離失所者、『遭排斥者』（rejected）」。在這些營區中，藉由阿吉耶所謂的「人道治理」（humanitarian government），「照顧」與「控制」進行複雜微妙的互動。CETI施行一種混合式的管理體系，當局將大部分照顧工作交給援助組織（尤其是西班牙紅十字會），因此成為阿吉耶所謂的「分揀中心」（sorting center）。遷徙者在這裡藉由一套精細的「流動管理」（flow management）程序，接受篩檢、記錄與身分分類。移民遷徙批判學者指出，這種分揀中心有如「氣閘艙」（airlock）或「調速器」（speed box），依據歐洲變化無常的勞動市場需求，來調節人員的流量。然而無論是作為分揀中心抑或調速器，休達的CETI都有一項獨特性：到二〇一〇年時，人員流量降低到幾乎為零。幾乎沒有人被送往「半島」——那是遷徙者與休達居民對直布羅陀海峽對岸西班牙本土的稱呼。[1]

遷徙者稱CETI為「營區」，形同直接將它比擬為非洲地區的難民營。這有其道理。民族誌學者指出，難民營的特性通常是地點遙遠、作為過境空間的地位曖昧、嚴格管制居留者行動；這些居留者普遍被認定為脆弱易受傷害。CETI也是如此。麗莎·馬爾基（Liisa Malkki）《純粹與流亡》（*Purity and Exile*）一書研究坦尚尼亞的蒲隆地人（Burundians），她觀察到難民是一群格格不入的人，是「國家事物秩序」（national order of things）的異常現象。他們由於在本質上具有如此的「汙染性」，因此被地主國放逐到邊緣地帶、門檻地帶。來到這道門檻地帶，營區居留者被**當成**難民對待，當代人道治理獨特的「知識與控制的對象」。本章與下一章將會呈現，休達營區對其被迫居留者也有類似的作用；然而它製造的並不是許多遷徙者渴望的難民角色，而是一個就國家事物秩序而言更為異常的角色——非法移民。[2]

二〇一〇年夏天，困在休達的冒險者挑戰營區的運作思維，但在這麼做的同時也顛覆了他們新獲取的遷徙者身分，具象化並坐實了西方「想像的地理學」（geography of imagination）對於「他者」根深柢固的恐懼與刻板印象。[3]以阿吉耶的用語來說，他們從被容忍、被圍堵轉變為被排斥、可遣返。他們不再是需要教育、需要整合的無辜受害者，而是代表歐洲對於「不那麼高貴的野蠻人」的恐懼，先前已出現在海上與飛地的圍籬上：狂野、危險、無法控制。對於他們命運的突然轉變，我們將從恐懼與慈善工作、營區空間與城市空間矛盾衝突的相互作用中尋找線索，也將從休達的夏日騷動一探究竟；對於後者，新聞記者、警察、營區員工與遷徙者，都扮演了各自的角色。

義大利麵與香菸

二〇一〇年七月三日，《休達燈塔報》（*El Faro de Ceuta*）最新頭條新聞：「世界盃烏拉圭對迦納賽事結束後，兩名移民恐嚇並打傷CETI警衛」。第二天頭版頭條：「CETI鬧事團體頭目煽動移民，企圖引發動亂」。[4]

麻煩從一根香菸開始。二〇一〇年世界盃賽事期間，遷徙者與休達居民都陷入足球狂熱。營區餐廳架設了電視，大型電漿螢幕從天花板垂掛，那天播放的是烏拉圭對迦納的比賽。一名警衛與一名抽菸的遷徙者發生口角，隨後演變成鬥毆。這是遷徙者一方的說法。當地的媒體則報導：迦納輸球，遷徙者群情激憤，警衛遭到攻擊。幾名警衛受傷，各方呼籲檢察官對肇事者求處重刑。與此同時，十多名申請庇護失敗的剛果人在休達警察局總局（jefatura）外面紮營抗議，要求當局將他們轉送到西班牙本土。示威者蜷縮在厚紙板上，遍布人行道，他們前方是一排行李箱，用更多厚紙版遮住，抵擋大雨。他們的抗議標語牌寫著：「我們寧死也不回CETI」。

不滿情緒持續醞釀，但是營區隨後恢復平靜。營區結構分為兩層：上層是辦公室，往下走兩段臺階來到生活區和運動場，可以遠眺直布羅陀海峽美景，還有彷彿在嘲弄遷徙者的直布羅陀巨岩。上層有一座停車場，陽光曝曬，像德．奇里訶（Giorgio de Chirico）的畫作一樣荒涼。太陽有如火爐，透過薄弱的雲層烘烤著瀝青路面。停車場旁邊是一幢辦公大樓，告示牌標明**控制室**、教室、保健室、淋浴間、餐廳；餐廳中羅列著擦拭乾淨的金屬餐桌與電漿電視。偶爾會看到一名遷徙者漫步走到餐廳外的電話亭，將一枚辛苦掙來的歐元硬幣放進投幣口，與家鄉或者未來旅程終點的親友簡短通話，對方可能在喀麥隆，也可能在加泰隆尼亞（Catalonia）。營區各處設置揚聲器，不時發布訊息，叮——咚……先以法文與英文說「請注意」，然後唸出遷徙者名單，要他們向辦公室或某堂課程報到。

營區居留者都親切地叫她「嬤嬤」（Mamá），她坐在辦公桌前，桌子後方牆壁上掛著一幀非洲地圖；辦公室布置簡單，位於**控制**中心。嬤嬤眼神和善而疲憊，掃描著桌上的文件：下方宿舍區的清單，每一區居留者的姓名填入適當的空格。有些報告要提交，新近抵達者要記錄，離開者（bajas，逃往西班牙本土的營區居留者）要從名單刪除。負責管理宿舍區的三位女性營區員工被稱為「技術員」（técnicos），嬤嬤是其中一位。營區員工與遷徙者都會稱她們為「媽媽」

（madres），但是沒有人比嬤嬤更像媽媽。她有時嚴肅，有時微笑，有時壓力沉重。她要應付來自不同國家的遷徙者、化解爭端、安排居留者清潔工作輪值、安置新來到的遷徙者。

嬤嬤用微波爐加熱咖啡，走到**控制室**後面的平臺抽菸，俯瞰著環繞營區的圍籬，再過去是陡峭的山坡地，連接到營區下方的道路。「你到這裡來是要研究移民遷徙？」她問我，「他們的確是值得研究的對象。」她這番話並不是把「他們」——營區居留者——當成「天竺鼠」，而是著眼於他們的經歷。營區裡什麼樣的經歷都有，從最好的到最壞的一應俱全。嬤嬤呼出最後一口菸，把一個小包包斜揹在肩上，帶我走下樓梯。我現在的身分是營區志工，因此得到難能可貴的機會，可以觀察新聞記者、研究人員、警方、NGO都熱切尋求的對象：新來乍到的非法移民。

樓下播放著喀麥隆的馬科薩（makossa）音樂，揚聲器放在男生宿舍的窗臺上，年輕男子在走道上隨著音樂節拍跳舞。嬤嬤找上其中一人，開始質問對方。她叫他「突擊隊」（Comando）或「格瓦拉」（Guevara）。他看起來有模有樣，戴著黑色貝雷帽（beret）與太陽眼鏡，一隻手拿著一個塑膠杯，另一隻手緩慢地搖擺舞動。營區的人也稱他為「將軍」（El General），在即將發生的休達抗議行動中，記者也為他送上這個稱號。[5]「你破壞了市集（feria）的宵禁規定！」「市集」是休達一年一度的節慶，有為期七天的盛大活動，塞維利亞舞蹈（Sevillanas）、美酒暢飲、港口遊樂場等等。營區主任會將居留者的宵禁時間延後到晚間十一點，早上七點開放門禁。「將軍」不在乎，他的聲音拉長，呼吸都是酒氣，「我不想去西班牙，我想去美國。」他用法文說道。「你想去哪裡就去哪裡。」嬤嬤噘著嘴回應。一名友人介入，幫忙求情：「我們在這裡待很久了，沒有女人，不能喝酒……聽一點音樂總行吧！」參加這場派對的人，基本上都是相當典型的營區居留者：一名二十六歲男子，來自撒哈拉沙漠以南，尋求庇護；一名船民（balsero，搭小船來到休達的人），營區資歷超過一年。二〇〇五年的時候，遷徙者在營區平均待三個月，現在要待上一年半。[6]這是很長的一段時間，而且愈來愈漫長。

嬤嬤聞一聞他們的飲料，嚴厲質問他們是否喝酒，他們矢口否認，她原本友善的臉轉成惱怒而扭曲。她走進他們的的房間，一間潮溼的八張床寢室，昔日居留者在沒有裝飾的牆上留言：「人生就是戰鬥」、「庫德斯坦」（Kurdistan）、「我愛耶穌」。她質問一群喀麥隆人，說他們在扯謊！「你們是基督徒嗎？為什麼要做這種事？」她威脅要懲罰他們，做了幾個即興的舞蹈動作，然後離開。啊，媽媽！他們驚呼。「將軍」嘲諷地說：「告訴她我們有多愛她。」一場衝突暫時避免。

嬤嬤每天都在進行這些小小的戰役，除了音樂之外，洗衣服問題也經常引燃戰火。到處都是洗過的衣物，寢室床位旁邊的欄杆、運動場上方、環繞營區的圍籬、木頭凳子與桌子、中庭的灌木叢。嬤嬤會收走每一件洗過的衣物，日復一日。她把毛巾堆成一堆，揮舞著胸罩，有時還將長褲丟在運動場上，只為了教導居留者家有家規，不得再犯。但是第二天，洗過的衣物又回到原地。它們的反覆出現宛如一種抗議，也代表居留者企圖占據這座無名營區的空間，把它當成令人難以想像的「家」。「我們是為了讓衣物曬到太陽」，一名女性居留者求情道，但嬤嬤不吃這一套。來到休達，由國家當家作主：遷徙者不再是靠自身機智狡獪闖關的冒險者。在嬤嬤既是脅迫、也是慈善的日常工作中，他們成為國家介入行動的目標。

施加懲罰、呼叫警衛、揮舞衣物都是「媽媽」們的脅迫性工作；另一方面，菸草在營區則是慈善的象徵、自由的代表。嬤嬤巡視宿舍區時會拿出一個銀色菸盒，讓居留者排隊領菸。「我不能給他們任何東西，」嬤嬤說道，「衣服不行，什麼都不行。因此我給他們香菸。不然還能怎麼辦？」遷徙者很快就學會遊戲規則，嬤嬤在營區下層迂迴穿梭時，他們會說：「請給我香菸：不要工作，不要錢。」她有時候會糾正他們，告訴他們下次要說：「嬤嬤，請給我一根香菸。」年輕的遷徙者會跟著覆述，帶著狐疑的微笑與不確定的發音：「媽媽，請給我一根香菸。」

巡視過寢室之後，嬤嬤終於開始往樓上走，「我好想抽根菸。」最後一根菸在她手中軟掉，她一直沒有時間抽。

營區「媽媽」的工作既吃力又不討好。大部分休達居民對遷徙者的苦難沒有多大興趣。與海岸地帶的紅十字會緊急應變團隊不同，在營區門禁外、門禁內辛苦工作的援助組織很難招徠志工。一位員工表示，她有時會在夜裡哭泣，原因是眼睜睜看著與他們相處了數個月、數年的居留者被警方遣返，自己卻無能為力。然而嬤嬤與同事找到能量來源，可以繼續消耗。她在營區待了六年，學到許多事情。她說：「我整個人起了變化，和以前不一樣了。」一些小事情可以提振精神。回到辦公室，她在一座灰色鐵櫃翻閱，尋找昔日居留者寫給她的信。找到了，一封手寫的信，來自一位如今住在馬德里的遷徙者。他的筆跡凌亂，感謝每一位在營區工作的人。他目前正在撰寫一本關於「撒哈拉沙漠以南移民遷徙」的書，希望營區員工能回答幾個相關議題：遷徙者搶走西班牙人工作、種族主義，諸如此類。嬤嬤很珍惜這封手寫的信，它很特別。還有第二封信，電腦打字，每個營區員工都收到一份，寫信的人是一位印度裔遷徙者，以完美的西班牙文感謝每一位員工。嬤嬤解釋，營區的心理學家幫助他寫這封信。她只找到這兩封信。

對嬤嬤和她的同事而言，CETI並不是一個營區。她將CETI看成一間青年旅館（albergue），遷徙者選擇它是因為不想露宿街頭，員工則稱他們為「居留者」（residentes）或「使用者」（usuarios）。新到者必須簽署一份文件，聲明他們是自願住進CETI，因為他們無法自謀生活。這樣的法律機制意謂營區作為一個開放的中心，並不適用於西班牙本土CIE受到的限制；CIE的遷徙者最多只能待六十天。遷徙者進入CETI時會拿到衣服，一天免費三餐，床位也不收費。CETI甚至還提供語言課程、工作坊和體育活動。一名警衛不滿地說：「他們在這裡應有盡有。」營區員工則強調，居留者「不知道西班牙本土的狀況有多糟」，當時西班牙經

濟與社會福利正爆發嚴重危機。

CETI主任指出，西班牙的待客之道遠遠勝過鄰國義大利與馬爾他，也只有西班牙會在直布羅陀海峽進行人道救援。CETI彰顯了西班牙善意的移民政策，來自工人社會黨執政時期——人道主義而非鎮壓、對話而非命令、整合而非排斥。簡而言之，他的意思就是，留在CETI要比淪落馬德里街頭挨餓來得好，更糟的則是落入義大利總理貝魯斯科尼（Silvio Berlusconi）的魔掌。

許多居留者對於這番努力相當領情，「他們很努力了，」居留者會這麼說，「問題不在營區。營區很照顧我們，但是我們有其他的需求。」一名遷徙者如是說。新上任的主任很受讚譽，他是外交官出身，在不受歡迎的前主任被拔官後接任。居留者說他很有學識，想要幫助他們，會自己開車送懷孕的居留者到醫院。他能以法語、英語和遷徙者溝通，而且彬彬有禮。他會關心居留者的健康狀態，主辦運動賽事與餐會，准許他們喝無酒精飲料，讓餐廳淡而無味的伙食更有滋味。然而對於剛下船的遷徙者，這些善意舉動與他們的苦難相較不成比例。他們好不容易來到歐洲，期盼的是工作、旅行、寄錢回家的自由。沒有人期盼連續幾年無所事事，靠施捨渡日，上性教育課程、繪畫班、讀寫課（clases de alfabetización），後者其實就是強制性的西班牙文課程。一位遷徙者說，生活在營區，「你每天睡覺、吃飯，可能上西班牙文課，然後再睡一會兒……」這樣的生活顯然無法讓人滿足，他憤怒地抱怨：「我們又不是新生兒，我們是成年人。」

營區居留者進退不得：他們不能工作，不能繼續旅程，因此只能接受施捨，有什麼拿什麼。在休達居民眼中，他們是慈善工作的目標，任何不滿都會被解讀為不知感恩。休達居民也會稱他們為「小黑人」（negritos），這是一種笨拙的表達親切方式，也反映了他們遭遇的種族化與日益嚴重的幼兒化。這種尷尬的種族語言伴隨著遷徙者轉變成為社會福利的被動接受者。「我們撒下大筆金錢，把他們一點一點擊碎。」修女寶拉（Paula）說道，她是少數會批評移民政策的休達人，「我們教導他們如何倚賴西班牙社會福利體系。」

遷徙者接受香菸、抱怨食物，以這種態度來面對充斥著憐憫、慈善與排斥的複雜處境。他們說營區的伙食很糟，米飯不是生硬就是熟爛，薯條變味，果汁都是人工添加物，菜肴沒有香料。永遠都是義大利麵、義大利麵、義大利麵。居留者接受施捨最羞辱的時刻，就是他們每天在餐廳排隊、進大門時感應通行證、領取乏味的軟爛食物，幾個媽媽型的廚房員工與配備警棍的警衛在一旁觀看。有非洲女性在營區大門外的小山丘上設立小吃攤，提供便宜但滋味豐富的食物，大受歡迎。

食物是一種國家准許、近乎強制性的慈善施捨，搭配營區提供的床位與協助。就像非洲難民營分送的白米與食用油，將居留者化約為被動、被迫的接受者。[7]但香菸不在國家的管轄範圍。藉由菸草與其他小禮物，營區工作者試圖將人道治理本質上的權力關係人格化，並加以制衡。在這項艱難的工作中，家庭是一項很有用的組織性隱喻，可以對抗營區或監獄的說法。新到營區者被告知要與「營區媽媽」合作。伴隨著日復一日「嬤嬤，請給我香菸」的友善對話，緊張關係受到克制；然而這也有代價：營區複製了人類初期幼兒化的不平等權力關係。

壞掉的拖鞋

二〇一〇年十月十四日，《休達燈塔報》頭版：「不到二十四小時之內，多達十七名撒哈拉以南人搭乘橡皮艇抵達」。內文：休達港口紅十字會員工與遷徙者的大幅照片，標題：「各方擔心移民問題引發摩洛哥方面施加壓力」。[8]

夏日炎炎，走在這條垃圾滿地的長路上，讓人愈來愈燥熱、愈來愈疲憊。這是一條上坡路，過去我通常會與人同行。女性頭頂著裝有啤酒的板條箱，消失在森林山坡上；旁遮普人（Punjabis）遷徙者躲藏在山區，害怕遭到遣返；他們是在人口走私販子協助下，通過撒哈拉沙漠來到休達。我還遇到一名阿爾及利亞遷徙者，身材高大，談吐清楚，與周遭環境格格不入。他先是從法國被驅逐到阿爾及利亞，如今想走陸路返鄉，與家人團聚。他是否有必要參加營區的語言課程、體育活動、疾病防治工作坊？我們走到山腰，討論如何從港口祕密離開。我問他，為什麼不見營區所安排的律師？他認為沒有必要，「他們只想要我們簽署文件，然後就可以拿錢，」他說，「遷徙者就像商品……如果他們讓遷徙者走光，休達的失業率會大幅升高。這是一門大生意。」他言之有理。營區僱用了大約八十人，這還沒有計入眾多的民間承包商。一位遷徙者律師指出，休達與美利雅原本就失業率居高不下，因此當地民眾將營區視為「正面事物」。

一條捷徑通往懸崖與道路上方的海岬。一個梳著髒辮的賴比瑞亞人幫我帶路，他敏捷地跳上山坡，抓著樹枝前進。先前他在巴士上告訴我，走路到市中心要四十三分鐘；他付給巴士司機的車資是幾枚十分錢硬幣，那是他在一家超市外面乞討、幫人拿購物袋掙來的。我跟著他走上山坡，涼鞋一直打滑。小徑穿越乾裂的泥地，通向一處林間空地。地上鋪了厚厚一層落葉，擺了幾張塑膠椅，還有生鏽的鐵罐與塑膠瓶，三個冒險者坐在那裡。一人正在吃香料飯，那是營區一位女性員工做的，一份一歐元。另外兩人拿著罐裝啤酒。三人都瞪著不速之客。這裡是他們的地盤，主客情勢逆轉，像是丹吉爾、拉巴特的遷徙者聚居區或碉堡，休達與美利雅郊外的森林，而不是管制嚴格的營區；在這裡，沒有人會向嬤嬤討香菸。

夏天期間，新遷徙者持續以穩定的速率來到營區。西班牙媒體指稱摩洛哥刻意將他們送過邊界，這一點難以查證。姑且不論原因，邊界的緊張情勢持續升高，營區也人滿為患。八月的一個午後，一小群在直布羅陀海峽獲救的遷徙者被安置在營區，他們剛洗完澡出來，穿著CETI發放的體育服，品牌是子虛烏有的「愛達迪」（Addadis）。一名新到者是阿爾及利亞人，其他人來自撒哈拉沙漠以南，營區員工稱他們為「深膚色人」（morenos）。這個字眼通常是指被太陽曬黑的西班牙人或者北非人，如今則用於非洲黑人，西班牙各地都是如此，尤其是黑人遷徙者。營區員工用這個字眼來避開「黑人」的負面意涵，遷徙者也很快跟進，其中說法文者會自稱「moriños」，他們都是足球迷，靈感顯然來自皇家馬德里隊（Real Madrid）教練穆里尼奧（José Mourinho）。

深膚色人手中抓著黑色垃圾袋，裡面裝著上一趟旅程的溼衣服。他們踏上西班牙領土的腳步還算平順，這要歸功於接待新到者的程序，各方參與者都能扮演好自己的角色，有如一場專業的接力賽。首先是警方到山腳下訪視，然後送進營區、淋浴、身體檢查、身分登記——指尖輕按掃描器、拍攝照片。然後是**社工**人員會談，為他們解釋營區運作方式，要求他們上西班牙文課程、聽從營區媽媽的指示。最後，一部機器吐出一張綠色的CETI通行證，也是新到者在休達期間唯一的身分證件。接下來的一個星期，他們要參加一連串營區居留者必須出席的會議，並且在一張「程序單」（protocolo）上做注記。如此一來，每個新來到者都會擁有一份檔案：原本無人知曉的遷徙者，一步一步成為可被分類、可被介入的人。

不像世界各地的難民營習慣依據國籍來進行隔離，休達的宿舍刻意混合國籍，以避免製造出聚居區（ghettos）。在冒險者的世界，聚居區代表依據國籍區分的藏身處，但這個字眼在西班牙文中帶有負面的社群主義（communalism）意涵。將各種不同背景的人混在一起、打散緊密連結的團體，這是自由派的做法；然而其中的自由派個人主義也會剝奪一個人的身分、讓他們可被取代。此外，這也是打造休達新聞記者、研究人員與政治人物所尋求的遷徙非法性的重要步驟。營區的空間安排區分不同的語言群體，居留者的宿舍與床位分配不容商量，形同做好基礎工作，讓他們被轉化為一般意義的非法移民。[9]

如果說這項「沒有聚居區」政策讓營區居留者變得個體化、可被取代，下一個步驟——依據「分揀中心」的思維——仍會對他們進行區別與分類。一位紅十字會人員解釋，遷徙者的四個主要類型分別是摩洛哥人、阿爾及利亞人、亞洲（南亞）人、撒哈拉以南人。CETI不收摩洛哥人，原因在於摩洛哥不承認西班牙對休達與美利雅的主權，而且要遣返摩洛哥人相當容易。因此有些摩洛哥人會自稱是阿爾及利亞人，反正兩者的俗稱都是摩爾人（moros）。撒哈拉以南人還可以再分為兩類：英語系與法語系。另一種分類方法是根據心理（或智力）測驗：受過教育者與文盲。相關課程安排是依照殖民語言與識字程度。這種分類也會讓人做出非正式的狀況評估。工作人員說，說英語的人（anglófonos）對營區先前的鬥毆事件相當不滿，因為他們擔心自己會被遣返。嬤嬤指出：「在營區，說英語的人會比說法語的人（francófonos）辛苦，因為語言的關係，他們要學西班牙文比較難。」

說法語的深膚色人從控制室出來，開始經歷一個將他們打造為新型態遷徙者的過程，組合成分包括CETI通行證、程序單、香菸、毯子、拖鞋，這些都是決定他們在休達如何存在的物資。嬤嬤從一個櫃子拿出衛生紙、床單、沐浴精，遷徙者將這些東西裝進第二個黑色垃圾袋。然後他們一起走下樓梯，垃圾袋斜掛在肩膀上。

隨著這群人走下樓梯，營區似乎有了新的面貌。睜大著眼睛的冒險者終於進入「歐洲」：一個既陌生又熟悉、深藏不露的地方；奇特混亂的組合，非洲青年、音樂、洗濯衣物、宿舍，原本藏在平靜的停車場與空蕩蕩的餐廳後方，如今突然出現在我們眼前。辛苦跋涉的遷徙者曾經稱營區是「希爾頓」（Hilton），代表對一個乾淨、現代化的西方世界的夢想；如今，夢想一步一步幻滅。遷徙者保持沉默、焦躁不安、感到驚訝，手上緊抓著垃圾袋。「這裡很多外國人。」伊曼紐（Emmanuel）說道，他是來自喀麥隆的青年；今天住進營區的非洲黑人及還在山下等候的多數遷徙者也是。「就像一間寄宿學校。」伊曼紐說。「這裡的人們很和善。」我回答時相當心虛。我們走下樓梯，踢足球、打桌球的人群像旋風一樣，非洲女子在洗濯衣服，尖叫聲與嬉鬧聲從敞開的房門傳出來。

伊曼紐與同伴窺探房間內部。裡面的陳設是標準規格：三張上下鋪，總共八個床位。裡面還有金屬櫃，鎖頭是遷徙者到休達華人開設的一歐元商店購買。一張小桌子和一張椅子。居留者想出聰明的辦法保護個人隱私：將床單綁在床柱上，遮住床鋪。最上層的床位用掃把撐住床單，嬤嬤說這樣違反規定，不過她睜一隻眼閉一隻眼。牆上貼著海報與剪報，有穿著暴露的西方女性，也有看似隨意選擇的新聞剪報。一位非洲女子靠在小窗上，檢查床鋪。伊曼紐年輕的臉龐抽動了一下，說道：「這是女性的房間嗎？」不是，嬤嬤要他安心，女子宿舍在另一區。她要一名居留者將堆在上層床位的行李移開，讓她檢查泡棉床墊，床墊很髒，不過暫時還堪用。「每天幾點開始活動？」伊曼紐問道，仍懷抱希望，「現在的感覺像在度假。」他一定覺得這是全世界最奇怪的寄宿學校，他們必須等待主任同意才能離開。

在八月炎熱的日子裡，新來到的人沒花多少時間，已經弄清楚營區的運作規則。謠言一出來就像野火燎原，從上下鋪傳到上下鋪、房間傳到房間、社群傳到社群。伊曼紐與朋友得知，許多人在營區一待就是三年。一位居留者說，這地方就像關達那摩，根本是監獄。「他們為什麼要把我們留在這裡？」有些「老兵」（anciens）會問；「老兵」是指說法語的長期居留者。有兩個簡單的答案，首先是西班牙發生經濟危機，無技能移工的需求大幅壓縮——據說這是居留者不會被送到塞維爾、馬德里或巴塞隆納的主因。然而許多人相信，是某種更邪惡的因素造成他們的困境。認為可以靠遷徙者大發利市的人，不是只有阿爾及利亞人。一位遷徙者形容這是一種「人類交易」（human trading）。另一位則說，他們能夠「消費」是靠我們。第三位呼應遠在達卡的穆罕默杜：「他們會有工作，都要感謝我們。」

不久之後發生的向市中心進軍，正是依循這樣的思維。遷徙者聲稱這場行動是「罷工」，不是示威抗議。這種說法有其道理，他們認定自己是為營區與政府**工作**，營區與政府則認定自己是為遷徙者工作。罷工是對非法產業的荒謬本質及它長期以來對它所擄獲的「人類原料」的假定，進行一場罕見的清算。依據營區的思維邏輯，居留者的無證狀態代表一種更大的社會、心理與文化「匱乏」，需要時間來好好處理，居留者是他們的「產品」。然而對罷工者而言，營區唯一的產品就只有非法利益，而且是來自他們有如坐監服刑的無償勞動。我們即將看到，這些相對抗的角色其實都是對錯參半：營區與其居留者**的確**製造出某種事物，然而並不是營區員工——或罷工者——期望的產品。

簡而言之，營區員工與居留者之間的誤解愈來愈嚴重，怒火在夏日高溫中延燒，謠言工廠開始加工邊界地區傳來的消息。不過，目前暫時還沒有直接衝突，只是發生了一些輕微的騷動。拖鞋壞掉，床單沒有及時清洗，T恤破損，居留者沒有錢打電話回老家，伙食淡而無味，更多的拖鞋壞掉。每一天都有拖鞋問題，居留者會拿著拖鞋找嬤嬤：妳看，斷裂了！我可以換一雙新的嗎？嬤嬤嘆息說道：「我們在拖鞋上花了許多錢，他們到底對這些鞋子做了什麼？」居留者通常會很負責任，找針線縫合斷裂的腳趾綁帶，這樣一雙拖鞋可以再穿上幾個星期。他們走到市中心要四十三分鐘，有些人會爬上林間山路的捷徑，這些路線都很磨損拖鞋。就算只是到警察局接受訪談，遷徙者也要走上好幾哩路，將營區生活的恥辱銘刻在鞋子上。然而遷徙者在抱怨衣服與拖鞋的同時，也形同印證了官方對他們的觀點：一群亟需幫助、靠施捨維生的人。他們成了一般人想像中的「小黑人」：貧窮的黑人，沒有好日子可過，總是要求幫助。營區員工、休達居民，甚至連警方都會搖搖頭，同情地說：可憐蟲（los pobres）。

幾天之後，嬤嬤進行日常的宿舍巡視工作時，伊曼紐攔住她。他有問題，可以給他一些乳液嗎？他露出強制接種結核病疫苗的傷口，看起來有一點發炎。突然間，他顯得惴惴不安，問道：「我們要在這裡待多久？」嬷嬷回答，看情況。要看行為是否良好嗎？是的，嬷嬷證實，行為良好很重要。她又補充說明，他們——不太確定「他們」是誰——也可能會挑選特定條件的人放行，而不是針對行為良好的人。政治、國籍……許多因素都有影響，伊曼紐點點頭，「但是總有一天我們會離開這裡，對吧？」他追問，「我們不會永遠待在這裡吧？」「是的，你們終究會離開，」嬷嬷回答，「但我們不知道什麼時候。」伊曼紐說他知道有人在營區待了三年，嬷嬷說人們可能待一個星期、一個月、兩年。我們要離開的時候，伊曼紐又丟了一個問題給我：「在這裡住下來，日子要怎麼過？」

黃卡

二〇一〇年八月六日，摩洛哥外交部關於被占領城市休達與美利雅的最新公報：「摩洛哥強烈譴責西班牙國民警衛隊在海岸地帶遺棄八名撒哈拉沙漠以南移民。」[10]

營區謠言蜂起。居留者透過餐廳電視螢幕、行動通訊網路筆電、宿舍床位電視，看到摩洛哥的新聞報導：西班牙將幾名搭乘小船的黑人遷徙者遺棄在休達外海。這批遷徙者後來獲救，被送進醫院，對摩洛哥記者敘述他們真真假假的故事。有人開始談論一個歐盟代表團即將前來訪視，營區很快就充斥各種問題：他們明天到嗎？他們會聽取我們的問題嗎？營區宛如一具壓力鍋，謠言與怨恨沸沸揚揚。

伊曼紐的臉孔起了變化，他站在餐廳外面，遠眺直布羅陀海峽，流露陰沉、怨恨的神態。「我們在這裡什麼事都不能做。我們是冒險者，曾為自己的生存奮鬥。」我說營區是冒險的反面，伊曼紐贊同，「待在這裡就像住在爸媽家中，」他的臉部表情扭曲，「對我而言，冒險還沒有結束。」

幾名居留者聚集在宿舍後方的板凳區，旁邊就是運動區與營區的鞦韆。「將軍」是其中一人，穿戴著平日的太陽眼鏡與貝雷帽。我的阿爾及利亞朋友也在那裡。一位談吐清楚的喀麥隆居留者，先前和我在營區門外聊過，問我：「如果你一年之後回來，我還留在這裡，你會覺得高興嗎？」其他人也附和：「這裡就像監獄。」「我們被當成野蠻人。」「奴隸貿易歷史重演。」一名較年長的男子積極發言，他是遷徙迴路的老面孔，露出大腿上兩個圓形的傷疤，那是他在二〇〇五年大進擊留下的槍傷。「你看上面，」他指著營區正上方一座興建中的馬術中心，塵土經常飄散在營區的停車場，「他們把一群動物關在另一群動物旁邊。」居留者說：「白人無法在這裡生活。」

嬤嬤來到現場，眾人對她提出各種質疑與指控。如果我們的通行證在西班牙各地都有效，為什麼我們還是不能前往西班牙本土？

對於已進入審核程序的庇護申請者，西班牙政府會發給「黃卡」（tarjetas amarillas）。早先，黃卡可以充當前往西班牙本土的護照，但二〇〇九年後期情況改變，新的庇護法規大幅降低審核申請的門檻，國家警察隨即決定不再接受持黃卡從港口通關。結果導致原本炙手可熱的黃卡，如今不再是通行的證件，反而讓持有者陷入困境。庇護申請者覺得自己被騙，新來到者也覺得申請無用；新規定上路三年多之後，聯合國難民署一份報告批評休達的情況，其中也提到這一點。[11]

嬤嬤走到樓上，一會兒之後回來，手中揮舞著一張印出來的文件，是她在網路上查到的資料。愈來愈多居留者來到鞦韆附近，心情急切，嬤嬤對他們宣讀文件內容：休達與美利雅屬於申根區，但是港口護照管制有特殊規定。我將她的話翻譯為法文。眾人發出連珠炮一般的問題。「為什麼我們不能離開？」嬤嬤解釋說那是因為歐盟希望在外部邊界阻擋遷徙。所以營區是歐盟的責任？困惑的居留者追問。不，是馬德里的責任，嬤嬤回答，「但是馬德里要倚賴布魯塞爾，後者擔心你們會繼續北上，擴散到整個歐洲。」「為什麼歐洲不直接與我們對話？」二〇〇五年大進擊老兵問道，「如果營區要靠歐盟才能維持，我們為什麼要學西班牙文？為什麼不學其他語言？」「不管怎麼說，他們為什麼把我們帶來這裡？我們並沒有要西班牙在海上搭救我們！」居留者一個接著一個，提出沒完沒了的火爆問題。

居留者一再指出，營區最大的問題在於資訊不足。下一章將仔細探討這個問題，我們在這裡只需指出，一如阿吉耶的論點，這個問題是許多分揀中心的通病。波蘭一座分揀中心的醫師感嘆，「被拘禁者欠缺關於自身權益的資訊，他們不明白自己為什麼會被拘禁那麼久。」[12] 回到休達，居留者也有類似的不確定感，他們甚至搞不清楚到底是誰在當家作主。有些遷徙者在摩洛哥聽說營區是由葡萄牙當局管理，會將勞工送到里斯本。許多人知道歐盟支援西班牙經費，維持營區運作，從大門口的旗幟一望即知。但問題是人們要向誰呼籲？向誰懇求？對誰發出批評？沒有人說得準。就連營區員工也似乎不太確定。員工經常說，是「歐洲」要將遷徙者留在營區，不是員工，甚至不是西班牙。然而，西班牙政府駐休達代表是不是負責執行相關工作呢？一名員工甚至錯誤地宣稱，管理營區運作的是內政部而非勞工部。混淆、困惑籠罩一切。

「將軍」終於開口說話，大家專注聆聽他有如呢喃的聲音。他呼籲舉行一場營區大會，讓大家提出各種問題。他說當局不應該擔心錢的問題。如果他們可以離開，他們會搭充氣小艇、走祕密路線回到家鄉。嬤嬤點點頭，警告說他們還會待上很久（para largo）。所有的人全神貫注，想知道自己的最終命運。嬤嬤又說，也許有一天，政治情勢改變，他們就可以離開。沒有人說得準是什麼時候。眾人打破沉默，嬤嬤的解釋被呼喊聲淹沒。「種族主義者！」一名年輕人高喊。氣氛改變，嬤嬤退離現場，人類學家與居留者緊跟在後。有人指著一個小女孩：「她為什麼會在這裡？」嬤嬤回答：「她的父母親沒有合法文件就不應該入境。」他們又問：「妳會把妳兒子留在這種地方嗎？」嬤嬤反唇相譏：「我送我兒子到像這樣的地方，十五天，**自己出錢**。」她指的是度假營（campamento），不是居留者認為自身所在的難民營。不過這不是對臨時住所名稱咬文嚼字的時候。「離開！」有人在嬤嬤身後大喊，似乎錯亂、憤怒到極點，「我們要關閉這個地方！」嬤嬤走上樓梯，噘著嘴唇，步伐快速。營區大會根本免談，這一點再清楚不過。

樓上，新來到者在教室裡等候，坐在沙發上，前面放著塑膠袋。嬤嬤打開一個櫃子，拿出用品，動作有如機械，一句話不說。毯子、體育服、T恤、衛生用品包、拖鞋。他們走向淋浴間時，一名「老兵」跑上來對他們大喊：「這裡是關達那摩！」數十名居留者在餐廳外面集結，有人坐在窗臺上，有人在門口閒逛。現在是用餐時間，但他們不吃東西，不碰義大利麵。他們占據餐桌，看著電視轉播的巴塞隆納隊（Barça）比賽，沒有聲音，偶爾進段廣告。這是道道地地的營區抗議：占據空間，拒絕食物，食物是下毒的禮物。警衛在餐廳兩側待命。

就在這天晚上，遷徙者突然發動罷工。

厚紙板叛亂

二〇一〇年八月二十七日，《休達人民報》（*El Pueblo de Ceuta*）頭版照片：赤裸上身的憤怒男性示威抗議，「從CETI營區到市中心：撒哈拉以南移民憤怒抗議滯留休達多年。」《休達燈塔報》：「約一百名撒哈拉以南人協同行動，發起示威，爭取自由。」[13]

一開始是哨聲響起，拖鞋踩過人行道，大批罷工者奔過休達沉靜的商店街。他們在國王廣場（Plaza de los Reyes）集結，他們的目標也在那裡：一幢灰色的建築，西班牙政府代表辦公的地方。廣場林蔭茂密，位於休達市中心，地方菁英人士的子女經常在這裡玩耍，保母在一旁監視。現在鎮暴警察出動，頭盔與盾牌整整齊齊排成一列，對抗潮水般湧來的示威者。示威者身穿「愛達迪」運動褲，有的人赤裸上身，有的人只穿內衣；他們將營區T恤撕開後捲成頭巾，或者在上面寫字當成抗議標語：「CETI是監獄」、「CETI關達那摩爭自由」。

引燃罷工的最後一道火花，來自當天早上抵達營區、備受期待的歐盟調查代表團。他們準備訪談遷徙者，主題是他們旅程中的性暴力問題。當代表團的車子駛進營區時，罷工者已經在大門集結。代表團心生恐懼，加速逃下山坡，一群遷徙者緊追在後嘶吼；營區主任後來解釋這一幕怪異的景象時，忍不住咯咯發笑。營區原本應該是個理想的研究地點：遷徙者聚集在此，進退不得，願意受訪。結果卻不是這麼回事，主任說：「他們再也不會回休達了。」

示威者集結在廣場中央噴泉的周圍，高舉手臂或者交叉手腕，彷彿被上了手銬。「噢—噢—非—洲，噢—噢—非洲，噢—噢—自由」，他們的合唱帶有旋律，搭配足球的加油口號，還有歌手夏奇拉（Shakira）的〈聖盃之役〉（Waka Waka）。哨聲混合了響亮的鼓掌聲，塑膠水瓶充當鼓，打出節拍。休達居民和遊客停下腳步，觀看聆聽，從安全距離之外拍攝照片。新聞記者拿著照相機與筆記簿，穿梭在人群中，試圖從遷徙者口中套出一些可引述的話，但運氣不佳。遷徙者有自己的發言人與領導人。

其中一位帶著眼鏡，會說英語，透過電視攝影機陳述罷工的理由，「我們被留置二、三個月之後就應該被釋放，」他說道，並強調這是比照「其他營區」，意指西班牙本土的CIE。示威者緊緊圍繞著他，激動叫喊，其中一人在鏡頭前揮舞著一隻壞掉的拖鞋。受訪者把鞋子推開，強調今天行動的重點是爭自由，不是討施捨。「監獄！」旁邊有人大喊。「你是一位記者，」受訪者終於問道，「你能夠只穿一套衣服、一雙涼鞋，在這地方生活十個月嗎？」拖鞋的生命開端是作為營區的禮物，從塑膠包裝現身；後來卻變成髒兮兮的鞋子，四分五裂；

休達，面對政府代表的罷工者。（Photo by Cristina Vergara López）

拖鞋可以看成一個轉喻（metonym），代表罷工者的希望愈來愈渺茫，也代表他們來到休達之後的貧困生活。

「將軍」在噴泉旁邊帶領大家喊口號：「總督！總督！」他們要西班牙政府代表出面，但對方已經離開，開始度假。找某人為他們的困境負責，是一項不可能的任務。不過除了政府代表之外，其他相關人士都在。非法產業欣欣向榮，大部分部門的代表終於聚在一起：新聞記者、援助工作者、警察與單槍匹馬的人類學家，圍繞著衣衫襤褸的遷徙者。在廣場上，有人為歐洲非法他者的建構工作畫龍點睛。一名來自營區的NGO工作者佇立一旁，她搖頭說道：「事到如今，讓我很傷感。他們能達成什麼目的？」

「你知道他們昨天在山區開會。」一名當地報紙的記者說道，她站在警方防線後面觀察示威者。她有昨夜森林會議的獨家消息，遷徙者在會議上爭論各種行動選項。「這反應很正常，他們在營區待了三年，每天就只有吃飯睡覺、吃飯睡覺。」整體而言，新聞報導抱持同情態度。罷工的狂歡節特質、噴泉的水花四濺、足球加油口號的呼喊，沖淡了示威場面引發的不安感：赤裸的軀體列陣對抗鎮暴警察、成堆的厚紙板散布在城市最整潔、最美麗的廣場。然而，善意會有耗盡的時候。

黃金時段全國電視網：遷徙者帶著旗幟走上休達市中心，聲稱他們實質上「遭到囚禁」。《休達燈塔報》報導：「這些人沒有證件、沒有歸屬、沒有姓名、甚至沒有衣服，散發出一種躁動不安、不可信賴的氛圍。以至於原本坐在咖啡座的人們，站起來重新安排椅子，害怕、懷疑、驚訝、羞恥。」14

星期一早晨，休達在手槍射擊聲中醒來。原本平靜的購物區，一群散亂、憤怒的黑人男性蜂擁而上；折疊起來的厚紙板拍打著人行道，發出喀喇喀喇的響聲，傳達出力量與憤怒。休達居民從窗口張望，從摩洛哥來這裡一日遊的旅客停下腳步關注，家庭主婦與閒逛的人趕緊把嘴邊的咖啡喝完。

週末假期過去，事態有了變化。警察局長到廣場與遷徙者對談，但沒有做任何讓步。他們必須在休達等候。不久之後，前幾天的熱潮升高為狂潮。被他們充當床墊與標語牌的厚紙板，現在有了新用途：當成揚聲器或武器。媒體指稱，示威者日益軍事化，領導人是「將軍」，他在休達警察局總局外面行軍禮，他的部下也會回應，有些人臉上彩繪，大部分人都還穿著CETI的運動服。「坐下！」「將軍」的一名幫手大喊，遷徙者坐了下來。一名新聞記者捕捉這些場景，表示讓她想起非洲各國內戰，叛軍張牙舞爪。她的相機鎖定一名眼睛發紅、袒露胸膛的男子，他擊打著臨時做成的鼓，臉部表情扭曲。

當然，示威行動的軍事化並非偶然。在政府當局與主流媒體看來，這代表罷工領導人曾加入游擊隊或者準軍事組織。但他們看不出來的是，遷徙者的敬禮與各種儀式指向一種更大規模、發生在祕密遷徙迴路的軍事化，前一章已有討論。罷工者只需援用現有的圖像，描繪出適合自身目標的形象。在這樣的過程中，他們也強化了媒體中潛藏的軍事化論述，這些論述對於遷徙者的描繪，很快就從受害者轉變為威脅。[15]

報導方式的改變為媒體帶來新的、成果豐碩的角度。警方發布的檔案顯示，罷工者的「核心成員」其實並沒有在休達受困數年，他們對於轉送到CIE、然後遣返的要求其實是詭計，他們很清楚這樣自己就會在西班牙本土獲釋。有消息指出，他們會欺凌不願意參加罷工的營區居留者，並且威脅「營區員工」——後來得知就是前主任。一位拍攝罷工行動的德國記者也受到威脅，「砸爛她的攝影機！」罷工者大喊，然而她還是繼續拍攝。她跟幾位罷工者熟識，但他們有了改變。我也認識「將軍」和其他人，瞭解他們的疑慮和挫折。現在，我從陽臺與酒吧窺探，在活動現場排徊。他們認為我不值得信賴，有些人說：「我們為什麼要跟你對話？你終究會離開，靠這些報導賺一筆錢。你靠我們賺錢，但什麼都不給我們。你要拿我們的故事做什麼？」至於人在營區的伊曼紐，我很少再見到他。他陰沉的臉孔偶爾閃過我眼前，隨即迅速消失，連閒聊都一概拒絕。

德國記者的攝影機跟隨一名衝向售報亭的罷工者，他憤怒地踩著人行道，厚紙板在拍打中磨損。「關達那摩！」「自由！」他的戰友們大喊。另一名罷工者跟進，人群很快就圍成一圈，以整齊的節奏重踏地面。旁觀的當地人滿懷怒火，一名老婦人對著攝影機咆哮：「把他們全部趕走！」

但警方按兵不動，示威者的過激行為只冒犯了瀝青路面、只冒犯了休達的土地。「如果我知道該去敲誰的大門，我會去敲。」一名喀麥隆人在抗議行動開始前說。然而沒有門可敲，沒有人願意聆聽，忍無可忍的挫折感無處宣洩。因此他們踩踏地面，有如在懲罰它。他們痛恨它，明明是非洲土地，卻偽裝成歐洲，展示在商店街上，招徠摩洛哥的單日遊客與過境遊客——Zara 精品店、電子產品商店、Supersol 超市、Cortefiel 服飾店、讓遊客暢飲冰啤酒的戶外平臺與酒吧。示威者一路走下去，聲音逐漸消失在遠處。

對於罷工行動引發的危機意識，政治人物後知後覺。政府代表警告：「沒有人可以靠著厚紙板前往西班牙本土。」人行道上的厚紙板如今大家耳熟能詳。[16] 媒體一方面批評罷工者，一方面對政治人物也不假辭色。一名資深記者感嘆：「我們發現警察根本不知所措：他們戴上頭盔，拿下頭盔，拿起盾牌，包圍廣場，來來去去。」她在文章最後感嘆西班牙移民政策化為一縷青煙。類似的嚴厲批判不勝枚舉。[17]

然而在放任與鎮壓——後者終究來到——之間搖擺不定並不是一種失敗，而是政策難以承受自身矛盾衝突的**結果**。西班牙的軟性做法——重視接觸對話、宣揚人道主義、照顧遷徙者——搭配了一套相當強硬的目標，來自馬德里與歐盟當局。照顧與管制相輔相成，為彼此提供動力，從公海行動到其他型態的人道治理都是如此——人類學家法尚（Didier Fassin）稱這種矛盾衝突為「同情的壓迫」（compassionate repression），一針見血。[18]就如同祕密遷徙迴路的常見情形，遷徙者是最先體認到這些矛盾衝突的人。一名罷工後期參與者因為對警衛暴力相向而被營區驅逐，他指稱休達的遷徙者就像一件犧牲品，用於「為西班牙與全歐洲營造良好形象」。一名喀麥隆申請庇護者也有踩到痛腳的類似批判：「法國似乎對移民很嚴厲，但最後還是會善待他們。西班牙似乎對移民很友善，但卻讓我們淪落到這個地步！」

幾項不同的指令對休達的決策者綁手綁腳，也讓新聞記者、營區員工、一般民眾與遷徙者愈來愈感到挫折。他們還能怎麼辦？當局不可能將罷工者全部關起來：一方面沒有意義，一方面成本太高。也不能將他們送往西班牙本土，那會對其他遷徙者釋放出錯誤的訊息。不能對他們科以罰金，因為他們身無分文。一位警察局長對這種進退兩難情勢的說法，充分代表工人社會黨的移民政策取向：「他們現在做的事情完全合法，每個人都有權示威抗議。」他跟我說話的時候，罷工者正在廣場呼口號，「我們必須包容……同時維持法治，嚴格維持。」然而，隨著罷工持續進行，這種粉飾太平的說法開始出現裂痕。遷徙者與當局同樣進退不得、滿懷挫折，抗議行動只是極致的體現與情緒宣洩。但是在以荒謬行動回應荒謬政策的同時，罷工者也承擔風險，讓自己成為休達夏日騷動的代罪羔羊。

沒有人負責！

「撒哈拉以南人拒絕政府代表，撕毀他的決議，揚言繼續抗議，『至死方休』。」《休達燈塔報》，二〇一〇年九月八日。下方照片：一名黑人對著攝影機舉起黃卡，上面寫著「本證件只在西班牙境內有效」。申請庇護者藉此要求前往西班牙本土的權利。[19]

媒體所稱的「撒哈拉以南人危機」（sub-Saharan crisis）升高了休達的緊張情勢。西班牙政府代表終於提出一項決議，以威脅休達居民安全為由禁止示威抗議。罷工者先是簽署決議，後來將它丟在地上，撕成碎片，然後湧入街道歡呼吼叫。「精神亢奮，部落口號，沉重壓力」，媒體如此概述對峙的情勢。對某些休達居民而言，這讓他們想起營區成立之前，遷徙者與當局的暴力衝突。畢竟當局開始強化邊界，就是因為一九九五年的非洲遷徙者暴動。之後幾年較小規模的抗議行動則是讓當局堅定意志，要將遷徙者留置在休達的邊緣地帶。有些當地人提到較早期的對峙事件時還會不寒而慄，想起非洲黑人會在市區跟蹤他們或他們的家人。如今發生罷工行動，類似的情緒再度瀰漫整個休達。[20]

回到山頂上的營區，緊張情勢隨處可見，像毒素一樣腐蝕員工的士氣。無止境的要求讓他們疲於奔命。這些第一線工作者每一天都必須應付營區的現實狀況、居留者的期望與恐懼、內政部與勞工部的不同目標。嬤嬤是應付眾多事務的專家，每個星期提交報告、檢查宿舍、協助新來到的遷徙者。她在營區工作了許多年，一場抗議行動還不足以動搖她的決心。在市區遇到罷工者的時候，她會與他們打招呼；但如果有人指控營區員工搞種族主義，她會動怒反駁。罷工並沒有促使她質疑營區的使命與居留者的需求。她將好人與壞人——被煽動者與煽動者——分別看待。其他員工與當局也是如此。不久之後，這項新出現的分類也對罷工者造成影響。

一位西班牙文教師大衛（David）要遷徙者到營區大廳集合，有重要事項要宣布。結果大約二十人出席，坐在學生板凳上。牆上掛著居留者的畫作，那是他們參加疾病防治工作坊的成果：保險套宣導衛教、以愛滋病緞帶點綴的地圖。「他們以為所有疾病都來自非洲，看看那張地圖就知道了。」一名坐在板凳上的男子說道，做了個鬼臉。另一人走到地圖前面，將幾枚緞帶從非洲移到歐洲國家，表示這樣比較平均一點。「我們剛到的時候，他們對我們進行各種檢查，愛滋病、梅毒、結核病……但是白種人到非洲的時候，他們連疫苗接種證明都不必準備！」

大衛走進大廳，宣布他將要開放營區的健身房，一週兩次，每次一小時。他解釋使用規則並接受提問。問題立刻湧現：他們要帶什麼？綠色的CETI通行證和完全包覆的鞋子，後者是為安全起見。他們並沒有鞋子，所以會領到嗎？不會，大衛進一步解釋：「如果你沒有鞋子，還是可以來，只是要小心一點。」但是為什麼足球員可以領到鞋子，健身房使用者就沒有？大衛給不出答案，這不是他負責的事。聽眾之中有人笑了出來，但就只是苦笑。「沒有人負責！」大衛用法文說道。他讓健身房開放是想為大家謀福利。至於延長開放時間、鞋子或任何問題，他們必須找**社工人員**。那涉及跨部門業務，他做不到，會議結束。

大衛在停車場逗留了一會兒，一邊抽菸一邊搖頭。一名居留者走上前來，跟他討了一根菸。「抽菸對健康不好。」大衛說道，但對方還是要抽，也拿到菸，然後離開。大衛嘆了一口氣。以前的情況不同：他會帶人到電影院、參觀休達的水族館、短程旅行。他還在**控制室**旁邊辦過一場書展！但是現在營區居留者對什麼都沒興趣，他們只想要東要西。營區員工也感傷地談到，現在新來到的人和以往比較溫和的遷徙者不太一樣。新來到的人會拒絕接受拖鞋或食物，有些會挑逗女性工作人員，有些從第一天報到就開始惹麻煩。嬤嬤說他們已經學會了，在摩洛哥就得知遊戲規則，那裡的NGO、「黑手黨」或旅途同伴會告訴他們休達的點點滴滴。

我坐大衛的車離開營區，快速駛過川流不息的遷徙者，他們朝市區走去。大衛覺得自己受夠了，遷徙者抗議行動形同最後一根稻草。「你知道的，他們一直都是CETI的小黑人，」他說道，「人們會說好可憐，」說這些可憐人有多善良，「但前提是他們安安穩穩待在CETI。現在他們湧入市區，於是就變成**黑人**了。」現在休達的居民滿懷怨恨，接下來會如何發展？

來到市區，罷工者似乎節節敗退，他們的厚紙板與哨子被沒收。然而營區居留者仍然持續湧入：有謠言指稱警察會查驗罷工者的身分，將他們送往西班牙本土。

罷工者沒了哨子和厚紙板，緊密地聚成一群，在商店街邊走唱歌，街上滿是剛度假回來的休達居民。罷工者停在一間冰淇淋店前，面對愈來愈多的警察，繼續唱歌。後來一位罷工者告訴我，他們想向休達居民道歉，媒體忽略了這一點。前面提到的女記者不再同情罷工者，她說當局打算以妨害公共秩序罪起訴他們，「如果你看到他們把廣場搞成什麼樣子……」

兩名罷工者對過往行人舉起一幅白色布條，不發一語。布條上以相當通順的西班牙文寫道：「我們和你們一樣，我們並不邪惡，也不是野獸，而是會思考、有自覺的一群人。我們只想伸張自己的權利，請求政府不要再把我們關在監牢裡。自由，自由!!」[21]

三名身穿不起眼的背心、髮型相當時尚的年輕警察走向罷工者，用戴著黑手套的雙手指揮他們過來。他們進行身分檢查，一次處理幾名抗議者，檢視他們的營區證件、拍打搜身、要他們到前方三十公尺的地方等候。歌聲逐漸沉寂，他們陷入靜默。旁觀者開始聚集，新聞記者、路過的人、一日遊的摩洛哥旅客、警察，全都觀看著同一場行動，祕密遷徙檯面下的景觀浮上檯面。很難分辨誰是旁觀者、誰是記者、誰是便衣警察。攝影師坐在一座雕像上面，佇立在街道上方的陽臺；攝影記者拍攝照片。到處都有人監視。原本舉著白布條的罷工者先將它摺起來，上前接受搜身，通過之後再攤開來。警方終於拿出一張清單，唸出一串名字。幾名罷工者走上前，被送進警方的箱型車。警車載滿人之後駛離，留下的罷工者繼續和警察靜默對峙了一會兒。緊接著，罷工者試探性地再度喊出口號：CETI糟透了、CETI糟透了。他們緩緩前進，在布條後方擠成一團。最後，他們在憲政廣場（Plaza de la Constitución）附近的街角轉彎，揮舞著自己的黃卡，留下悲傷與徒勞的不確定氛圍。

隨著罷工行動逐漸解體，歐洲的「遣返機器」也開始高速運轉。[22]一部警方箱型車將被拘禁者送進營區，他們到了之後，在大熱天中坐等了一個小時，等待自己的物品從寢室被拿出來。一名員工窺探房間內部，說道：他們看起來就像野生動物，被塞進一個狹小燠熱的空間，又餓又渴……他們懇求食物，最後總算拿到一個三明治，像「野狗」一樣大口吞嚥。十四名被拘禁者將會被送往西班牙本土，原因在於他們沒有庇護申請者的黃卡，因此可以轉送到CIE的拘留中心。到了CIE，下一步就是遣返。

罷工行動似乎失敗，但也許成功或失敗並沒有那麼重要。它印證了阿吉耶所謂的「特異性氛圍」（climate of exceptionality），籠罩著營區和周邊地帶。「抗議在這些地方沒有容身之處，」阿吉耶說道，「它會以特異、激化的形式呈現，然後遭到快速和強烈的鎮壓。」然而休達的鎮壓慢條斯理，在這段時間，罷工者利用自身微薄的資源，設法打造出另一種型態的遷徙者身分——值得同情的小黑人，該被介入干預的深膚色人。山寨品牌「愛達迪」服裝是他們匱乏性與無名化的最高象徵，也是一群烏合之眾的最佳制服。營區發放的T恤化身為頭巾與標語牌。廉價的厚紙板原本是讓士氣消沉的遷徙者在廣場上充當睡墊，化身為對抗歐盟這個無形敵人的暫時性武器。他們的街頭演出讓自身截然有別於歐洲各地其他營區非政治性的祕密遷徙者，後者只希望能繼續前進、不被看見、不被察覺、不被騷擾。但休達的罷工者踏進政治的領域，並且是以主體而非客體的身分。他們不按牌理出牌，直接召喚國家——甚至不是他們自己的國家——看見他們，拘禁他們，做**任何事**都好。[23]

休達罷工者試圖召喚國家，這樣的運作思維類似巴黎街頭的無證移民（sans-papiers），或者美國各地上百萬的拉丁美洲裔遊行。移民學者安妮．麥克涅文（Anne McNevin）在評論後者時指出，非正規移民的處境有如「在新自由主義全球化脈絡中的政治邊境」。她認為他們的政治訴求「挑戰了將他們建構為非政治性、非法入侵者的主權運作」。休達的情況也是如此，但罷工行動讓遷徙者對國家的挑戰更進一步——或者退後一步。它只要求離開的權利，甚至要求被遣返的權利。祕密遷徙者已經在摩洛哥取得「可遣返性」，來到休達則是要求當局**使用**它，從而揭穿非法產業的虛張聲勢。[24]

罷工者對於空間的占用呈現出類似的故事。他們拒絕被圍堵在遙遠的山區，向乾淨整齊的市中心進軍，挑戰將非法移民轉化為可以隔離、可以同情、可以研究的空間秩序。然而在這麼做的同時，罷工者也再次創造出無助又無辜的祕密遷徙者——小黑人——的另一面，他們變成狂野、危險的黑人。用法農（Frantz Fanon）的話來說，一個「腐蝕性刻板印象的龐大體系」被另一個所取代——「黑人自成一格的美好本質」被替換為「媽媽，看那些黑人！我好害怕！」[25]

封鎖線

二〇一〇年九月五日，《休達人民報》頭版照片，休達市中心廣場，穿戴防護裝與口罩的員工，圖說：「移民露宿國王廣場形成感染源，市政府派人清理。」[26]

通往營區的道路蜿蜒爬升，行經垃圾散布的山坡。這條路我走過許多次，在溼熱的非洲天氣中邁著沉重的步伐，直到位於山頂的大門。兩部鎮暴警察箱型車停在樹蔭下，一名年輕警衛站在旋轉柵門附近，露出肌肉結實、滿是刺青的手臂。他擠壓著一具手部運動器，不斷發出吱嗒聲響。

居留者走向旋轉柵門，刷通行證，辨識指紋。他們進去之後，那名警衛停下手部動作，將他們的袋子放在一張桌子上，戴上黑色手套，仔細檢查搜索。三名黑人正要從大門出來，其中一人戴著貝雷帽與太陽眼鏡，他是「將軍」，看起來無精打采，「我們現在只能游泳離開。」他的聲音粗啞模糊。

旋轉柵門擋下三人中的一人，另一名警衛打開門，那人跟他的朋友走下山去。「該死！」警衛高聲罵道，那人的卡片已經失效，「曲線地帶，你們有聽到嗎？」對講機劈啪作響，警衛告訴監控圍籬的同事：「注意，將軍帶著兩個深膚色人走下山了。」其中一人的卡片已經失效，「叫他回來這裡。」那人服從命令，回到陽光曝曬的山頂。

抗議行動過後，營區周圍設立一道防疫封鎖線（cordon sanitaire），市中心也設立一道。休達的空間秩序快速重建。深夜時分，制服警員監視一小群示威者，他們站在廣場角落，紋風不動。他們的厚紙板已遭到沒收。警察總局外面，一道鋸齒狀的圍籬樹立起來，擋住剛果抗議者睡覺的地方。一部警車偷偷摸摸接近，警員指著一小塊厚紙板，抗議者依規定放在附近的垃圾箱裡。現在他們直接睡在瀝青路面上，直到休達的清潔隊在一大清早來到，對市中心進行永無止境的清掃工作。一名剛果人大聲說道：「這地方對深膚色人有差別待遇！」他身上髒兮兮的，因為太少睡眠與太多腎上腺素而情緒激動，「但是我們的力量就在這裡，在我們的腦袋裡。」他指一指自己的太陽穴。他們不會被擊敗。

第二天早上，廣場上不見罷工者蹤影，西班牙兒童、閒逛的老人、摩洛哥購物者收回了空間，遷徙者睡覺的石凳擺回整齊對稱的位置。然而廣場上仍殘留些許非法性的氛圍，兩種印象揮之不去，姑且不論有多不公平。一群衣冠楚楚的學生在市區聚集，其中一名少年從大垃圾桶撿起一塊厚紙板，拿它拍打人行道，在他朋友的笑聲中一次又一次，直到讓人依稀想起罷工者使用的厚紙板。休達經常舉行閱兵，一對老夫妻在活動中交談：「我們要看看軍方會不會對黑人採取行動，」妻子說道，「他們應該把全部黑人集中在廣場上，然後砰！砰！砰！」丈夫回答。

嬤嬤坐在辦公室裡，桌上放著一張手寫的清單，列出拒絕官方決議、堅持抗議的罷工者。「他們全部被帶到塔拉哈爾的監獄（calabozo）。」嬤嬤說道，那座監獄就緊鄰著邊界。非常諷刺的是，他們又回到門檻中的門檻，他們一度拚命逃離的邊界困境。嬤嬤說，他們的衣物與被單要被送到樓下。她拿出一張打字的房間清單，草草寫下注記；上面原本就寫得密密麻麻。她說現在情況混亂，今天早上又來了一批從海上驚險救起的遷徙者，營區必須收容。

十四名罷工者被送上警方箱型車、轉移到西班牙本土，其中九人——被當局視為「惡性重大者」——後來被遣返到喀麥隆，這要歸於一項急就章的雙邊協定。留在休達的罷工者被釋放、被起訴，但是案子被法院打了回票。在此同時，營區推出一項獎勵性的新策略，表現良好的遷徙者會被送到西班牙本土的收容中心（centros de acogida）。營區的分揀機制更上層樓。國籍變得更為重要，因為大部分罷工者都是喀麥隆人。好成分與壞成分篩選分離，帶頭者（cabecillas）被歸類為「壞成分」，定下驅逐期程，或者留在原地，但是更加深陷泥淖。

儘管如此，當地報紙在那年秋天報導，「將軍」脫逃成功。沒有人知道他是如何做到，也許是藏身卡車之中離去，之前就有許多案例。休達情勢平靜下來，營區為居留者提供新的活動：更多的工作坊、營區在職訓練、運動、與休達居民文化交流，甚至請當地大學開設特殊課程。當局認定危機已經結束、已被解決。

罷工事件才過了一個月，幾名被遣返的喀麥隆人又回到休達。他們化身為更強悍的冒險者，能夠快速通過邊界地帶，儘管會遇到圍籬、雷達與扮演分包商角色的警察擋住去路。也許這些喀麥隆人想要效法「將軍」逃亡，然而滯留「關達那摩」的風險實在太高，他們的重返顯得超乎現實、難以理解。與罷工的情況類似，重返的邏輯必須透過遷徙者的時間爭奪戰而顯現，那也正是本書下一章的主題：他們進退兩難的現在、長途跋涉的過往、浮想聯翩的未來。對於休達的祕密遷徙者，沒有退路可言。

罷工與其後續事件顯示，歐洲非法產業的產物並不只是經過合理分類、送進分揀中心的人們；他們同時也帶有恐懼、迷思與奇幻等特質。在這裡我們要回到馬爾基對於難民中介狀態（liminality）的觀察，探究營區如何從舊角色中催生出新角色。休達是一個不折不扣的中介空間，以阿吉耶的用語來說是一個「外在場域」（out-place），刻意地化身為歐洲的終極門檻，營區則是困境中的困境。人類學家特納（Victor Turner）討論在社會結構、階層與規範性秩序

之外產生的一體感（togetherness）時曾說：「交融（communitas）會從中介狀態浮現。」特納如果來到休達，可能也會發現當地的遷徙者正處於一場成年禮的中介階段，一如馬爾基描述的蒲隆地難民。他們所在社會的「長老」（elders）會將他們分散開來，就像對待成年禮的參與者（initiates）：營區相隔遙遠，位於休達與歐洲的邊緣；懸宕在時間與空間之中，直到他們被歐洲的象徵性秩序整合或者排除。然而儀式本身已經敗壞瓦解，中介狀態轉換為停滯狀態。然後罷工者——作為一群反抗現行秩序的儀式參與者，或者他們自稱的「世代」——在向市中心進軍的過程中，創造了自己的儀式與交融。結果則是遷徙者自身地位的降級，而非被歐洲整合。罷工行動與其結構性原因——圍堵、政策矛盾、媒體關注、執法特權——將一群亟需幫助的人們轉化為野蠻人，將「小黑人」與「深膚色人」都變成「黑人」。嬤嬤迷途的孩子終於棄絕了巢穴。[27]

那是我最後一回造訪營區，但我很難從中抽離而出。遷徙者繼續來到嬤嬤跟前，探問相同的問題：「我什麼時候可以見到律師？」「我可以領一雙新拖鞋嗎？」我終於離開，悄悄說了幾聲再會。為了趕搭巴士前往渡輪碼頭，我必須跑下山坡，涼鞋一直打滑，心臟劇烈跳動。我逃離這一切，逃離「陷阱」與它的苦難，逃離營區與它未了結的故事，伊曼紐與朋友們留在那裡，進退不得，繼續等待。巴士站很遠，但我還是趕到了，坐上巴士，顛簸行過休達的環海公路，最終駛抵港口。一位女警檢視我的瑞典護照，露出微笑。歐洲歌唱大賽（Eurovision）中，瑞典好像總是輸給西班牙，不是嗎？「西班牙得分。」女警邊說邊交還我的護照，這份珍貴的文件讓我通過一道難以察覺的壁壘——行李掃描、驗票、友善臉龐；也正是讓罷工者高呼「自由」直到被關進監獄的邊界。終於，休達消逝在遠方。

【第三景】在神父的房舍

西班牙僧侶、《時代》雜誌與直布羅陀海峽黑人嬰兒的故事

從休達越過直布羅陀海峽，來到西班牙最南端的海岸，「神父」張開雙臂等候，迎接隨著小船與小艇被沖上岸的遷徙者。[1]以他為主角的經典照片出現在世界各地的新聞雜誌上：他身穿黑色長袍，脖子上掛著一只白色的十字架，站在深及膝蓋的大西洋海水中，抱著一個非洲嬰兒。如果說橫渡海峽的十四公里旅程，對那些平安抵達的幸運兒而言有如一場宗教性的分娩過程，那麼神父就有如上帝隨傳隨到的助產士：謙卑而關懷，象徵基督徒對於遭排斥者的愛。《時代》（*TIME*）雜誌曾經將神父列為「年度英雄」，記者在他的辦公室門口川流不息。

神父所屬的天主教慈善機構接待處溼溼涼涼，以他的照片布置裝飾；然而這位頭髮花白、外貌還算年輕的六十五歲男子接待我時，穿著涼鞋、寬鬆的長褲與襯衫，似乎與照片上的人物完全不

同。他輕拍我的肩膀，咯咯笑了一聲，帶我走進餐廳，機構收容的貧苦老人在那裡接受他的服務。無庸贅言，他的名聲不是來自照顧老人——多虧他協助拯救非洲女性與其幼兒的工作，他成為代表祕密遷徙的人性臉孔。

「二〇〇〇年的時候，」神父開始覆述他的故事，「安全部隊帶來兩位剛上岸的懷孕女性，你能怎麼辦？把她們丟回街上？」警察與西班牙國民警衛隊不斷帶來女性與兒童移民，將他們與上岸後被拘留的男性遷徙者隔離。人們持續湧入是棘手問題，「上帝無所不能，會幫助我，但透過什麼方式呢？」他的眼睛閃現一絲光芒，「透過新聞媒體。記者來到，要拍攝神父的照片。我本來很抗拒，但後來心想：這是一份福佑，是上帝帶他們來到我這裡。」

隨著新聞而來的是經費、禮物與捐獻。神父說道：「信念可以移動山嶺，媒體可以感動人心⋯⋯每一回見過記者之後，我就拿到更多捐獻。」他收到金額不菲的支票，寄給「神父」的信裡附上五歐元紙鈔，還有人捐贈尿布與食物。當地婦女甚至為嬰兒編織衣物。

遷徙者湧入的高峰期，神父辦公室門口每天早上至少都有六名記者等候。電視新聞團隊——無論是來自法國、德國抑或西班牙——都希望他穿上長袍、抱起幼兒，而且最好站在水深及膝的大西洋。「記者來到的時候，我一定穿上長袍，從不例外。」為什麼？「他們說這樣效果比較好。其實應該不必如此，但我們都是凡人，不是嗎？」他又咯咯發笑。

這套策略收到效果，「如果你上 YouTube 搜尋，你會找到至少五百段關於我的影片。」螢幕上洋溢著神父的魅力，影片中的他堆放蔬菜箱、切大蒜、分送湯品、陪奈及利亞兒童玩耍。他會說他最愛的智慧雋語，例如玫瑰無刺不如有刺；談論他幫助他人的謙卑工作；他總是發出童稚的咯咯笑聲。他扮演大善人與拯救者的角色，無懈可擊；而且他愈是扮演，經費愈是滾滾而來，同時也收容更多遷徙者。「我的故事在全國新聞播出，所以不管你怎麼想，遠在馬德里的黑人會聽說有位教士收容帶著小孩的女性遷徙者，接下來他們會怎麼做呢？他們會打電話到摩洛哥，告知同樣情況的女性。」

「神父」其實並不是真正的教會神職人員，而是一位方濟會（Franciscans）的僧侶。一位西班牙記者為他取了「神父」這個綽號，很快就傳開來。「神父是一種親切的稱呼，不是嗎？」他收容的女性大多來自奈及利亞，叫他「爸爸」（Papá），他有時會稱她們「小黑人」，新聞記者拍攝他們幫嬰兒洗澡、祈禱，並且讚美他的工作。「我高興在爸爸的家，感謝上帝。」一位女性對著鏡頭以生硬的西班牙語說道。爸爸讓她們有飯吃、有地方住；當她們分娩，他會陪在床邊。

為神父寫傳記的人是一名天主教電視臺節目的主持人，將他描述為劫富濟貧的「海峽大盜」。在設計這本自傳的封面時，她有兩個選擇：神父手持《聖經》，傳達一個基督徒的謙卑；或者他親吻一個黑人嬰兒的臉頰。「第二個選擇會有爭議性。」她喃喃說道。但爭議並不只是宗教信徒親吻黑人嬰兒的敏感影像。她嘆口氣說，教會中有些人認為神父「做了負面示範」。既然如此，她說：「為什麼不去質疑德蕾莎修女（Mother Teresa）？」對她而言，神父代表一個「另類的教會」，有別於一板一眼的西班牙主流天主教會，而是一種更為人性化的信仰，「他的法則就是愛。」

神父承認，許多教士對他做的事相當不滿，「我不知道為什麼」。但援助工作者對他也有同樣的觀感。有些人認為最該受關注的應該是遷徙者與照顧他們的工作，但神父在媒體上竄紅轉移了大家的注意力。直布羅陀海峽地區和遷徙迴路其他地區一樣，援助組織必須極力爭取稀少的資源。對此，神父手中握有王牌，他自己也知道。被送上西班牙海岸、沒有父親的黑人嬰兒是一種完美、純真的人道主義對象，身穿黑袍的「爸爸」則是父親形象的拯救者，將遷徙的故事與基督徒慈善行為結合。

神父在這方面吾道不孤。天主教組織明愛會（Caritas）遍布在遷徙者的路線上，嘉祿傳教會（Scalabrini Fathers）與耶穌會（Jesuit）也是如此。批判性學者近來指出，人道主義充斥著「聖徒的遺緒」，果真如此，神父就凸顯了基督徒照顧全世界遷徙者與難民、為他們倡議的重要性持續不墜。[2]

然而過去五年裡，神父的工作逐漸減少。橫渡直布羅陀海峽的遷徙者已經退潮，紅十字會取代了他在收容「脆弱」遷徙者工作的角色。我在前往休達、美利雅與摩洛哥的旅程中見到他，他有時看起來憔悴而虛弱。他抱怨休達遷徙者與美利雅摩洛哥人的抗議行動，抱怨拒絕文化整合的摩爾人，抱怨他照顧過的奈及利亞婦女從事性交易。他說，「遷徙者從來不說實話，因為他害怕黑手黨。」這不是媒體上呈現的童稚咯咯笑聲或基督徒的謙卑：這比較像一個西班牙老人擔憂全球化的危害。

來到走廊上，神父停下腳步，檢視一張框起來的雜誌剪影，他站在深及膝蓋的海峽海水中。「拍這張照片的攝影師一定賺了不少錢。」他說，「他至少應該寄一張給我，不是嗎？」儘管神父成功利用了非法產業，但他無法控制自己的形象或者名聲。我離開的時候，他給我一個擁抱，打趣地在我頭上拍了一下。

6 擱淺在時間之中

黑暗籠罩了美利雅的簡陋房舍，約翰（John）又喝了一口微溫的威士忌，摻混了廉價能量飲料，搖搖晃晃的椅子上放了一具揚聲器，他隨著費拉．庫蒂（Fela Kuti，譯注：二十世紀奈及利亞歌手）的歌聲和嘻哈音樂搖擺。「費拉是一位先知，」他說道，「他代表非洲。」威士忌酒杯在他的奈及利亞朋友手中流轉，我們圍成一個小圈圈，坐在拆下來的汽車座椅與塑膠汽油罐上。旁邊有幾位女性敲打著黑色金屬鍋子，她們到哪裡都拖著孩子。這地方是「破房子」（chabolas），遷徙者如此稱呼自己用木板和油布搭成的臨時居所。如同休達山麓的森林，「破房子」讓他們短暫解脫飛地的觀察站——旋轉柵門、營區通行證、巡邏與監控攝影機。短暫解脫，但無法逃離。從這裡開始，美利雅開展出一個多重圍籬的世界：山腳下遷徙者營地周遭的圍籬、阻隔鄰近高爾夫球場的細網、繞過彎路分隔歐盟與摩洛哥的高科技圍籬。「他們說這裡是歐洲，然而我覺得它是非洲。」約翰說道，他的一隻手向外揮舞，揮向「破房子」塵封的悲劇與遠方的古魯古山，遷徙者曾經從山上下來，湧向圍籬。威士忌酒杯再度斟滿，讓大家分享。約翰的一位朋友戴著仿製的雷朋（Ray-Ban）太陽眼鏡，鬍子修得整整齊齊，隨著嘻哈音樂唱起饒舌，「我們就像罪犯」。「破房子」有如俘虜的流放地，棲身者在美利雅待了一到三年，等候前往伊比利半島的機會。

飛地遷徙者生活的特質就是不會發生任何事情。二〇一〇年的休達罷工行動是例外；當地與美利雅的遷徙者被吸入一個沒有終點、無精打采、耐心承受的**等待**過程。日子一天一天拖過去，每一天都跟前一天一成不變。「被定罪者」的長期等待一部分要歸因於經濟危機，切斷了西班牙——甚至整個歐洲——對非洲自由遷徙勞工的需求。更重要的是，經濟危機促使非法產業進入整合階段，讓它發展出自身特有的邏輯思維，與歐洲對於少量無證勞工的需求有時緊密結合、有時相互衝突。飛地的圍堵政治、罷工行動的理由以及本章探討的主題，正是這樣一套邏輯思維。

對警察而言，要將遷徙者封鎖在飛地之中的原因很簡單：讓引進他們的「黑手黨」金流斷絕。休達警察局移民部門主管馬切羅（Marcelo）做說明時，假想自己是人口走私販子：「如果我從奈及利亞接走一百名女性，先帶來這裡，準備送到馬德里（從事性交易），每一名女性的成本大約是六千歐元。」這些女性上路前要先付三千歐元，到西班牙之後再付尾款三千歐元，一百人的訂金總計三十萬歐元，這代表走私販子必須先拿三十萬歐元出來投資。「如果你把其中五十人扣留在休達，遣返另外五十人，那麼我的生意就完了！」馬切羅高聲道，「我會慘賠，那些原本要前往西班牙的可憐女人付不出錢，我要賠掉十五萬歐元，你又把其他女性扣留在這裡兩年，等於我有一大筆資金被凍結兩年，又是十五萬歐元的損失。」因此當局的策略就是藉由選擇性的

休達二〇一〇年「罷工」期間，示威抗議者在攝影機前將彼此銬在一起，象徵遭到囚禁。（Photo by Cristina Vergara López）

扣留與遣返難民，將休達與美利雅移出人口走私路線。在這樣的警政工作之中，遷徙者被扣留在飛地的時間等於是走私集團被凍結的**資本**。然而馬切羅沒提到一件事：二〇一〇年來到的撒哈拉沙漠以南遷徙者，大部分是自己想辦法上路，不是靠職業走私販子成行。對於這些遷徙者以及由走私集團運送的遷徙者，扣留形成一種集體懲罰，讓他們陷入無止境的囚禁生涯，類似澳洲的島嶼拘禁與西方世界在其邊緣地區的做法。[1]

結果就是飛地爆發一場無聲的「時間戰爭」，爭奪被扣押與被偷走的時間，被掏空的時間，被買走與被賜予的時間，用來觀察、檢查與照顧的時間。然而研究時間性（temporality）的理論家早已指出，時間不能與空間分割：事實上，遷徙者的時間之所以浪費，就是因為他們在空間上無法移動。休達與美利雅是遷徙迴路上的兩個開口，其中出現一個環環相扣的時間—空間體制，不平均地分布在飛地狹小的領域上，一方面將遷徙者當成人口來進行管制，一方面將他們當成「生命政治」（biopolitical）的實體來訓誡：傅柯曾闡述相關理念。遷徙者被囚禁的時間—空間，轉瞬即逝但無可逃避，很快就成為他們肩頭的重擔。[2]

運動人士形容遷徙者被囚禁在飛地的「美好監獄」之中，但時間—空間體制並不只是如此。[3]他們就像船上的被放逐者，擱淺在一個動盪混亂、自有一套規則與路線的世界，一個模仿與以假亂真（make-believe）的世界。這個世界的奇特本質讓人不只想起遷徙者提到的難民營，也會想起西方社會福利國家的全控機構（total institutions）。[4] 如社會學家高夫曼（Erving Goffman）研究的精神病院和監獄，飛地的囚禁機制將不情願的「囚犯／病患」送進思維自成一格的機構秩序之中。如同精神病院和監獄，囚犯／病患會經歷一個「羞辱」（mortification）的過程，以根除他們先前的「冒險者」自我意識：他們清洗身體，檢查有無疾病，衣不蔽體，分散開來住宿，營區生活被記錄在愈來愈厚的檔案中。也和這些機構的情況一樣，他們的反抗被加上道德詮釋，以符合當局的目標需求。正如約翰朋友的暗示：他們在一個離岸、自給自足的世界中淪為俘虜。[4]

然而在這個矛盾衝突的世界中，遷徙者並不是時運不濟的受害者，而是從這個世界創生之初就參與其中。畢竟，休達與美利雅都只是以最極端的方式，呈現遷徙迴路的特質——強制的等待：等待聯絡人，等待匯款，等待祕密穿越，等待證明文件。遷徙者的罷工行動表現出新出現的失去耐性，發自休達那些強悍的冒險者；但其實遷徙者還有幾種策略——等待的技巧——可以運用。有些人試圖消聲匿跡，避免被拘留；有些人設法累積「表現良好時間」，換取前往西班牙本土的機會；有些人——例如約翰與他的「破房子」朋友們——則是延長自己待在飛地的時間，希望撐到獲得解救。休達與美利雅這場多面向的時間戰爭，戰場從抽象的時間資本（time-as-capital）觀念，到營區的日常作息時程表，到最短暫的時間縫隙：遷徙者向陌生人透露姓名與國籍之前的半秒停頓。

買時間：停頓、謊言與停車場

一個八月的星期四，午後一點三十分。休達營區的麥克風叮噹作響。這個夏天愈來愈忙碌，營區又有五個人來到。他們已經用驅除寄生蟲的洗髮精盥洗過，一名營區警衛一直在旁觀看，這是例行性做法。然後他們被送進營區診所，接受身體檢查與結核病檢查；他們的上臂會蓋印一個方塊，證明做過檢查。最後他們來到接待處坐下，等候與社工人員會面。四名遷徙者是搭同一艘充氣艇來到，頭髮修剪得整整齊齊，顯示他們在休達外面的本尤奈許森林吃了不少苦頭。第五名遷徙者是一人上路，試圖駕駛一艘小木筏渡過直布羅陀海峽，被一艘商船發現，由海上安全與救援協會搭救。他名叫派屈克（Patrick），是一個二十九歲的喀麥隆人，穿著短褲與拖鞋、戴著遮陽帽。「我不知道他們為什麼把我送來這裡，我本來要去阿赫西拉斯。」派屈克說道，他的聲音聽起來平靜，但看得出來他相當挫折，而且很有理由如此。這是他第二次來到休達，上一次是八年前的二〇〇二年。當年他被遣返回到喀麥隆，之後再度出發，從此一直在路途上奔波。「現在他們把人們留置更久了。」他說。以前遷徙者只留置幾星期就會被送走，不會留置幾年。派屈克單人渡過海峽的嘗試相當獨特，然而在另外兩個方面，他是典型的在二〇一〇年來到休達與美利雅的非洲遷徙者：他長途跋涉多年，但沒有利用警局主管馬切羅所說的走私集團；身為一個貨真價實的「冒險者」，他以自己單槍匹馬繞過邊界的本領自豪；此外他也沒有能力花錢參與昂貴的人口走私。他在休達損失的時間是他自己的時間。

召喚派屈克的麥克風是營區生活的中心，在漫長、燠熱的夏日中，它響亮的叮噹聲與「請注意」宣示，為日常生活鋪陳出一種不太均衡的節奏與目的感。它藏身接待處的角落，成為嘻笑與曖昧感的來源；它是營區當局的工具，但有時會被被遷徙者占用惡搞，拿來點名，引發哄堂大笑。營區員工通常是不太情願地走到麥克風前，按下紅色按鈕，以簡單的法語或英語，呼叫參加工作坊或會議的遷徙者姓名。這些活動往往無人參加，反覆呼叫也沒用。「那是因為他們還沒有記熟自己的名字。」嬤嬤說道，一貫地坦白。遷徙者對於走私者「為他們取的」名字還不習慣，「當你問他們的名字，他們往往要停個半晌，看一看自己的營區通行證。」

囚禁狀態會產生知識。休達與美利雅遷徙者無法移動，意謂針對他們蒐集資料相當容易：姓名與國籍、背景與生物辨識資料（biometrics）、路線與目的地。但營區當局在這方面有一個死對頭：謊言與停頓、麥克風與無人回應的召喚，都透顯出一場時間與知識無聲的戰爭，在西班牙政府與遷徙者之間進行；營區員工則成了尷尬的中間人。

日間的時候，遷徙者散布在休達與美利雅各地，頂著酷熱陽光在停車場閒逛，偶爾招呼駕駛

人停進停車格，稱這份工作為「泊車」（tira-tira）。除了等在商店門口乞討、幫客人提袋子，或者在美利雅做「洗車」（limpiacoches）洗掉從摩洛哥吹來的沙塵，他們也就只能靠泊車賺個幾歐元。我經常會走上前去，問一些單純的問題：「請問你的姓名？你從哪裡來的？」他們在回答之前通常會停頓一下，遲疑不決，短暫沉默，然後一個西非人可能會說他是索馬利亞人，名叫穆罕默德。停頓之中是他們困境化成的沉默，蘊含思緒與疑慮的半秒鐘。我很快就學到教訓，不再探問國籍或姓名，改問飛地一切事物的衡量標準：「你在這裡待了多久？」

停頓往往伴隨著雙唇短暫的顫抖，流露不被相信、謊言被戳穿的恐懼。許多遷徙者都會說謊。他們怎麼能不說謊？他們的目的地是西班牙本土，為了目的可以不擇手段。對事實的扭曲來自他們被拘留的困境，但是對營區員工與飛地當地人而言，反而成為他們遷徙者身分的象徵，觀點一如在沙漠與海洋追捕非法遷徙者的警察。每個人都知道，遷徙者會捏造國籍與姓名。營區員工指稱，只要有助於前往西班牙本土，遷徙者還會謊報生理症狀或疾病。如果休達沒有像樣的牙醫，一時間每個人都冒出蛀牙。

對遷徙者而言，休達本身也代表一種停頓狀態，是跨越進入歐洲最後一道障礙之前的暫時停止呼吸。停頓狀態也有嚴格的官方意義。遷徙者不能加入居民登記（padrón municipal），這意謂他們滯留休達的時間很難用來申請西班牙的「社會扎根」（arraigo social）——非常態移民如果能夠證明自己在西班牙待滿三年，將可以申請居留許可。[5]遷徙者非常清楚這個狀況，對於自己如果到了西班牙本土要從頭開始相當不滿。「可別忘了，一年對他們而言是很長一段時間。」路易斯（Luis）說道，他是營區一位紮著馬尾的律師，辦公室牆上掛著約旦河西岸的照片與塞內加爾「移民船受害母親」的雜誌剪報。他說：「這是他們生命中最精華的年頭。」

停頓有多重意義。遷徙者一方面試圖減少停頓，因此他們會做泊車之類的工作——擺脫內心的疑慮，不再「只是空想」，這是一部休達遷徙者紀錄片的描述。[6]如果停頓吞噬了你的整個世界，你會陷入瘋狂。「上面有一些瘋子。」遷徙者指的是營區：無精打采、心不在焉、精神錯亂。他們被停頓壓垮，落入自身存在的間隙。另一方面，聲稱自己來自索馬利亞或者蘇丹，也成為**延長**休達停頓狀態的方法。遷徙者以假亂真的國籍與相關的文件發生相互作用。這些文件最上面一份，就是休達罷工者曾經高舉的黃卡。

尋求庇護者抵達之後，很快就會向移民局提出申請。然後他們會領到一張黃色卡片，適用於西班牙各地——至少卡片上是這麼說。如此一來，原本無證的遷徙者就進入一套由證明文件組成的秩序。然而自從西班牙修改申請庇護法規，警方不再接受遷徙者持黃卡出入港口，黃卡承諾的行動自由也成為虛構。就這個意義而言，黃卡是人類學家所謂的「以假亂真的證明文件」（make-believe documents），一種由國家提供的虛幻證明文件。讓事態更加複雜的是，黃卡還是一種「虛構的虛構」（fake-upon-a-fake），建立在謊稱的國籍上。以警局主管馬切羅的話來說，休達的庇護申請者已經「完全無證」（completely undocumented）。[7]

如果說假國籍與庇護申請的承諾並不可靠，它們至少可以讓遷徙者免於立即被遣返的命運，保留在有生之年獲准前往西班牙本土的希望。奈及利亞人的策略正是如此，其政府與西班牙簽署了再入境協議。其他國籍的庇護申請者則期望拿到「外出許可」（fuera），休達的遷徙者用這個西班牙文字眼稱呼申請庇護碰壁之後、獲得驅逐令的過程。遷徙者累計三次「外出許可」之後，就有希望被轉移到西班牙本土的拘留中心，等候遣返。他們與休達的罷工者一樣，**期待**申請被駁回，然後被轉送到西班牙本土的外國人拘留中心，他們知道自己的國家與西班牙並沒有簽署再入境協議，因此他們不太可能遭到遣返。然而就連這條路後來也被阻斷，到了二〇一〇年，當局發給「外出許可」的速度慢到令人痛苦。

約翰的一家人都住在「破房子」，沒有什麼理由要虛構國籍。他希望能夠拿到證明文件，這在二〇一〇年危機深重的西班牙是緣木求魚。派屈克有好幾個化名，對上述的期望都不感興趣：他既沒有申請庇護，也不曾謊報國籍。他耐心等候，等候機會進行一趟前往歐洲的祕密旅程。

對營區員工而言，遷徙者出發地、旅程與策略的謎團是談笑與迷思的來源；在休達的長期停頓狀態中，員工們有不少時間可以對遷徙者進行揣測與分類。他們怎麼可能不這麼做？畢竟他們

是在一座分揀中心工作，這是他們最重要的工作；而且就像任何專業人士一樣，他們想要瞭解自己的「用戶」，將對方分門別類，提供適當的服務；只不過營區多了一項挑戰，事實真相會被隱瞞。然而對營區遷徙者而言，員工在追尋事實的同時也變成體制的共犯，要讓他們進退不得、可以被遣返。孃孃曾經試圖將營區的穆斯林造冊，以便調整齋戒月（Ramadan）的供餐時間，但卻因為受到懷疑而滯礙難行。當像我這樣的新面孔出現在營區，居留者會焦慮探詢：是不是來了便衣警察？

每天早餐時間在咖啡廳裡，員工經常討論如何確認遷徙者國籍的理論與技巧。路易斯指出，有一些謊稱的國籍很容易揭穿。奈及利亞人可能會聲稱自己來自蘇丹，然後「你問他們蘇丹首都在哪裡、達富爾（Darfur）戰亂、騎兵團（Janjaweed）民兵，他們什麼都不知道。」孃孃則是從居留者的走路姿態、身體特徵來判斷國籍：高䠷瘦削、手長腳長的是塞內加爾人；喀麥隆人骨骼結實、臉龐寬大；奈及利亞人很像喀麥隆人，但是大嗓門，「典型的英語系人們」。後來我也不由自主，開始用這種有如刑事鑑識的做法來判別國籍：為什麼那個甘比亞人說法語而非英語？象牙海岸人臉頰上會有那種部落疤痕嗎？

營區員工一直在做的猜測，有些不僅決定於生理特徵，也決定於性情氣質。有一天我走進咖啡廳時，遇到那個大塊頭、和藹可親的社工主任，旁邊坐著已被降級去做其他行政工作的前主任，桌上攤開一張索馬利亞地圖。「非洲的部分，你都搞清楚了嗎？」前主任問我，指的是我是否能從特徵來判斷國籍。他幫我上了一堂速成課：將「性情溫順」、容易相處的象牙海岸人、馬利人與塞內加爾人，對照奈及利亞人與喀麥隆人，後者「比較會惹麻煩」。新主任提出另一個分析的角度：剛果人與喀麥隆人很有組織，只不過前者是在營區外部，後者是在營區內部；奈及利亞人已經失去優勢，如今正從事一些偷偷摸摸的「勾當」。

加入挫折感這項因素之後，猜測與分類的遊戲很容易就會變質為用心不良的情報蒐集。「他們什麼事都可以說謊。」一名營區心理學家聲稱。遷徙者會在一對一會談中「扮演受害者」，捏造心理與身體上的痛苦，「但我很快就能看出前後不一致的地方」。有故事傳出，一名居留者看報紙時總是上下顛倒，另一人則是眼神呆滯地坐在他前面。這些遷徙者最後會被送往西班牙本土的紅十字會收容中心。「他們是假裝的，但是CETI營區不能收留這些人。」一位員工表示。其他員工比較有同情心，甚至認為遷徙者的瘋狂是因為失去自由。「我看過有些人剛進來時很正常，」一位工作坊主辦人說道，「後來卻完全改變，好像變成另一個人。」就連偽裝者的症狀也是如此，他們的扮演維持愈久、處在休達的停頓狀態愈久，就愈有可能以假亂真。

營區運作的基礎是對遷徙者身分的**精確**紀錄，猜測遊戲與此有所衝突。身分精確紀錄也是營區生活的核心，因為它關係到通行證製作、表格填寫、資料蒐集、點名工作。結果產生一種尷尬的分歧：一邊是居留者的身分文件記載，另一邊是他們隱匿的事實真相。這也是一場虛構的遊戲，在營區內與營區外進行。在居留者打工泊車的世界，法語系遷徙者抱怨最好的停車位都給了索馬利亞人與蘇丹人。營區員工與遷徙者討論健身房使用時間的分配時，也會談到他們謊報的國籍，拿索馬利亞人可能被遣返的威脅開玩笑。這種遊戲不只是開玩笑與分配健身房時間，還涵蓋了營區組織的核心層面。遷徙者進出營區、用餐、與員工任何互動都要使用綠色通行證，員工辨識遷徙者身分也是靠檢視通行證而非記憶姓名或容貌；這些通行證上都注明了「申報國籍」與姓名。因此員工與遷徙者發生互動時，雙方很快就成為忐忑不安的共犯，共同參與這場在休達時間—空間隙縫進行的以假亂真遊戲。

休達的通行證難題凸顯了證明文件的力量，人類學家佩爾克曼斯（Mathijs Pelkmans）指出，這種力量在證明文件與其持有者的互動中，塑造或賦予了國家批准的身分。民族誌學者凱利（Tobias Kelly）也在他關於巴勒斯坦約旦河西岸的研究中談到這種訓誡的力量，指出證明文件製作可能會**升高**而非降低不確定性。凱利表示，證明文件在法律地位與實體地位之間打開一道隙縫，因此容許某種程度的操控，讓證明文件的持有者感到恐懼與焦慮；持有者也因此體現出其證明文件的不確定性。在休達與美利雅，證明文件的確製造出新身分與不確定性，但是有一點變形。法律地位與實體地位之間的「隙縫」蘊含在文件代表的現實之中，並且得到當局的默許。焦慮的源頭並不是文件意義詮釋上的不確定性，而是一種**確定性**；文件代表的現實是任意武斷、不具意義。證明文件賦予的身分膚淺、工具性、虛假，沒有人會以佩爾克曼斯描述的方式——護照在土耳其與喬治亞邊界遭到撕毀——摧毀它們，也沒有人會以凱利描述的方式——以色列軍人在以色列與巴勒斯坦邊界檢查站——質問證明文件賦予的身分是否**確實**屬於文件持有者。[8]

有一天嬤嬤帶我去看一名新生兒。我們走進營區診所，在走廊見到一位說英語的西非女性，「恭喜！」嬤嬤大聲說道，上前擁抱她。一名小女嬰躺在醫院的臥鋪中，我們檢視她的營區通行證，上面有她嬌小、睡意惺忪的稚嫩臉龐。卡片上注明她與父母親的姓名，還有她歸屬的國家：索馬利亞。

非洲女性的處境最為惡劣。在營區經常可以看到她們隆起的腹部，凸顯西班牙對於懷孕女性遷徙者的政策變化無常：拘留、釋放、遣返。營區心理醫師說，二〇〇八年消息傳來，懷孕不再確保女性會被送到西班牙本土，於是幾名孕婦突然要求墮胎。二〇一〇年政策再次調整，懷孕女性不會被遣返，但也不會被轉送到本土的拘留中心，她們困在休達的時間因此更久了。一名男性居留者指著經過的一名孕婦說：「她在這裡待了三年，現在懷孕了，這意謂她要在這裡待上五年！大家都拿這件事嘲笑她，她一直哭。」

如果說遷徙者在這個以假亂真的世界呈現出不值得信賴的形象，那麼當局也是如此。一名剛果示威者是樂師，持有黃卡，在休達滯留了七個月，對歐洲的好感一落千丈。「西班牙人滿口謊言。」他說，警方承諾會做決定、和他們開會，結果什麼都沒有。營區的體制面同樣不受信賴，尤其是前主任在位時期，部分居留者指責他與安全部門走得太近。此外還有記者與政府狼狽為奸。有一回我買了一份當地報紙，行經一位在超級市場門口做生意的烏干達朋友，他大喊：「那份報紙糟透了，全都是胡說八道。」他指著報紙的頭版，痛罵一名記者總是寫壞消息，「他每個星期三都會過來，他們會準備米飯，還會拍攝照片。」美好的食物化身為促銷報紙的照片。當局武斷的決定讓他被困在休達，更增添了他的怒火，「我們看不到事實，」他說，「他們不告訴我們事實，只因為我們是遷徙者。」

營區規定必須使用西班牙語，就連新近的抵達者也不例外，這項政策讓資訊匱乏的狀況愈來愈嚴重糟。居留者被問起姓名、聆聽麥克風宣示時的停頓，既是讓居留者逐漸接受營區洋涇浜西班牙語的陷阱，也是謊言與徹底的逃避。

有天，一位新到的居留者走進接待處，很不高興，「我剛才在一張紙上簽名，但是我不知道紙上寫了什麼。」他告訴我，「紙上只有西班牙文。」他想見要他簽字的社工，「她用法文跟我解釋，但她的法文不好，我聽不懂。」我們來到社工辦公室，一名社工堅稱她的同事有做翻譯：「我也在場，我有聽到！當然，我可以再解釋一遍。」因此她一行一行解釋，我幫忙翻譯：那份文件只是聲明遷徙者是自願來到營區，會遵守營區規定，對營區員工所言一切屬實。文件「沒有任何奇特之處」，每一個居留者進來時都會簽，也完全不會影響他的法律權益。「這樣可以嗎？」那位居留者點點頭，請我代為向女社工道歉，占用她的時間，然後離開，並沒有索取那份文件的複本。

營區生活隨著以假亂真的證明文件流通而運作：入營時簽署的表格；黃色的申請庇護者卡

片，謊稱可以通行西班牙全境，對申請庇護流程卻沒有什麼幫助；營區的綠色通行證，上面的國籍與姓名真真假假。此外，黑人遷徙者可以利用被歸類為「撒哈拉以南人」來捏造國籍；聲稱有健康問題或設法懷孕，從而利用身體作為一種防衛。然而如果營區生活是遊戲，玩法會是「誰先眨眼就輸了」。當遷徙者在半真半假之間遊走，他們也面臨被揭穿、受困更久的風險。當營區員工對以假亂真逼得太緊，則是有可能引發遷徙者的怒火，休達的罷工行動就是如此。

以假亂真與武斷任意透過證明文件化為白紙黑字，會對營區人際關係與遷徙者生活產生實質的影響，像是真假參半的瘋狂、懷孕、索馬利亞人壟斷停車場利益、被送到西班牙本土的機會。同時它也衝擊到更為正式的資訊迴路——營區員工與警方定期送交馬德里部會的報告。營區內部持續進行的資訊製造，包括新到者填寫的心理狀態問卷、提供給警方與社工人員的資料、「媽媽」員工的事件記錄，都伴隨著半真半假的訊息流通；遷徙者無法接觸這些資訊，但是他們在營區的日常生活節奏卻是由這些資訊決定。

殺時間：時程與檔案

一個八月的星期二，下午五點四十五分。緊鄰著餐廳的房間飄散出炸馬鈴薯的香味。房間裡，一群居留者站在一張桌子旁邊，頭上戴著廚師髮網，將馬鈴薯切片做西班牙玉米餅，兩名來自非政府組織「Accem」的女性在一旁嚴密監視，這個組織是西班牙移民協助業務委外經營的主要承包商。「這個怎麼稱呼？」一名工作坊主持人揮舞著濾油勺問道。她看過一張一張臉龐，最後鎖定一位運氣不佳的非洲女子，對方答不出來。「espumadera（濾油勺）」，主持人公布答案，對學員告誡了一番。這是一間臨時廚房，工作坊主持人指著各種東西，要女學員跟著她唸西班牙文：aceite（油）、patata（馬鈴薯）、sartén（平底鍋）。社工主任也過來視察上課狀況；相較於罷工行動的劍拔弩張，這是令人欣慰的解脫。「他們才來了三個星期就大聲嚷嚷『闢達那摩』，」他站在烹調教室後方的平臺上說，觀看下方宿舍區的桌球比賽。終於，玉米餅大功告成，社工主任和我加入營區主任、營區員工、廚房幫手的行列，一起享用溼潤的金黃色麵餅。

這是營區的卓越工作成果，只是被罷工行動遮掩了光彩。工作坊、語言課、電腦課、心理輔導、健康檢查、體育活動、郊遊踏青：這些機會都是西班牙政府為非正規遷徙者提供，其他南歐國家望塵莫及。營區主任解釋，營區的首要工作就是「人性尊嚴的恢復」，然後是透過學習西班牙語和其他技能的社會整合。但遷徙者困在這裡時間愈久，情況也就愈是複雜。

西班牙經濟榮景期間，營區課程會教導遷徙者抵達西班牙本土之後如何向地方當局登記、有哪些地方可以找到工作。願意花時間精力上課的遷徙者「得到的獎賞是前往西班牙本土，但是從二〇〇六年開始，這條路斷了，」一位美利雅的紅十字會主管指出，「整合的工作無以為繼。」前往西班牙本土的獎賞被取消，二〇一〇年的營區課程只是讓遷徙者填時間或殺時間。一位營區員工如是說：「當時他們沒有什麼希望，但我們盡力而為，至少讓他們在這裡學到一些可以帶著走的東西。我們必須鼓勵他們，但是不能給他們任何期望。」

透過社會學家高夫曼所謂的「移除活動」（removal activities）打發時間，其他的現代全控機構也有類似的思維。高夫曼指出，在精神病院或監獄，「死寂、沉重的時間感」可能會導致病患或囚犯更加重視自願進行、無關緊要的活動：「如果全控機構的日常活動可以形容為對時間刑求，那麼這些活動就如同將時間安樂死。」[9]

然而就算考慮這些活動讓遷徙者分心的作用，營區的整合工作仍顯得荒謬。一群滯留在遙遠山丘、時間有如停止流動、生怕遭到遣返的人，如何能夠學會西班牙語？對於一群遭到集體懲罰而無法離開、不能工作、無法向地方當局登記的人，你要如何進行整合？休達與美利雅毫不保留地將南轅北轍的目標共陳並列，也因此徹底凸顯了西班牙——以及歐洲——關於整合與控制的矛盾思維，正如同休達的罷工事件。[10]這些矛盾展現在休達與美利雅的「時間地理」（geography of time），程度有深有淺。[11]如果飛地的時間—空間控制是從圍籬延伸到港口、從森林延伸到營區，那麼營區的時間可說是再細分為監控、整合、無人聞問三個領域。

休達營區的布局——辦公室在樓上，宿舍在樓下——營造出兩種很不一樣但互補的節奏。樓上是傳統的時間紀律（time discipline）當家，營區生活被列成時程表，照表操課，類似學校或工廠的做法。[12]每天下午一點、晚上八點開飯，各一個小時。用餐時間快結束時，警衛會集結在餐廳門口，確保餐廳及時清空。營區晚間有宵禁，執行到第二天清晨，每個人都要回來，否則通行證上會被注記缺席：一旦累計缺席三個晚上，居留者回來後會失去床位與年資（antigüedad）。缺席的人幾乎都會回來：放逐意謂淪落到露宿森林，沒有什麼機會掙錢，吃飯也成問題。

在這個一板一眼的時間體制中，文件會給人有進展的感覺。剛被搭救的遷徙者抵達時，營區會告誡他們要把相關文件收好。這包括「聯繫關係」（affiliation）文件，一張紙條記錄警方發給新到者的臨時身分證號碼（NIP）；醫療卡，同樣薄薄一張，記錄強制性的身體檢查與營區診所其他注記事項；營區各項規定；列舉各項會面的程序單。每一次會面都要蓋戳印，全都在新居留者抵達後一個星期內完成：身體檢查、心理測驗、西班牙語課程介紹、申請庇護簡報說明會。

如果說文件、時程表與強制性會面創造出營區樓上獨特的時間性，那麼樓下宿舍區的時間就像是一個鬆垮、融化的超現實主義畫派時鐘。後者的世界只有「媽媽」員工與警衛會造訪，沒有什麼例行程序可言，甚至沒有多少活動。寢室在烈日曝曬下無比燠熱，遇到山區狂風暴雨又寒意刺骨。室內空間狹小，讓人喘不過氣。一間女性寢室出現滲水，來自隔壁的淋浴間，滲水蓄積在一張床的下方。上下鋪旁邊放了一張嬰兒床。「小寶寶這樣無法睡覺！」幾名女子抱怨，跟嬤嬤要求換一間寢室。然而這是個忙碌的八月，唯一的空寢室因為地板龜裂沉陷而暫時封閉，部分原因要歸咎營區正上方的馬術訓練中心興建工程。其他房間則是插座鬆脫，露出火線（live wires）。牆面與天花板的裂縫冒出黑色黴斑。「她們冬天會在這裡用熱水洗澡，」嬤嬤解釋，「我跟她們說這樣會太潮溼。」營區的自來水沒有熱水，因此女性居留者自己燒熱水。後來營區找人修好插座、把地板弄乾淨、消毒房間，然而房舍的環境還是日益敗壞，籠罩著年久失修的氛圍。

另一個星期三，下午五點三十分。八月分最炎熱的時節，休達罷工行動開始前幾個星期，我在營區的院子裡閒逛。一位摩洛哥老園丁一手拿水管灌溉園中樹木，一手拿著塑膠杯喝薄荷茶。營區有許多契約工來自邊界對面，摩洛哥的合法與非法勞工都能充分供應。「這棵樹是我在二〇〇二年種的。」老園丁指著我們前方一棵高大的白楊樹；單人橫渡海峽的派屈克也是在那一年來到休達。老園丁繼續工作，派屈克走上前來。來到休達之後，他一直感覺局促不安。「我覺得懶洋洋的，不知道是為什麼。」他以深思熟慮、字斟句酌的口吻緩緩說道，這是他說話的習慣。是因為天氣炎熱嗎？不是，他不認為，「也許和食物有關。雖然營區伙食有時蠻好的，很難說，我們只能乖乖等候，看他們給我們什麼。現在我只想睡覺。」他開始懷疑自己，像其他居留者一樣「想得太多」，特別是困在營區裡的時候，思索自己冒險生涯失落的十年。「我不斷問自己：為什麼是我？」他說，「我非常、非常、非常努力想成就什麼事，但就是不可能。」

民族誌學者德斯加萊研究心智失常街友時點出的「伴隨收容所生活的時間語用學（pragmatics

of time）」已經對派屈克造成影響，營區生活斷斷續續的節奏引發他身體上的不安反應，就如同引發其他人心智上的瘋狂：「收容所生活的片段特質將時間化為一種分散、零星的順序；你在收容所必須一次活過一天，不能操之過急，人們什麼事都不會做。一般事務的進行就像水中渦流，有人被制伏或者送醫則像漩渦出現，然而日復一日、週復一週、月復一月，大部分的時候都是一片例行尋常的汪洋大海。」[13]

在這種不斷飛逝、沒有止境的此時此刻——再度讓人聯想起高夫曼在精神病院發現的「沉重」時間——「希望」帶有一種虛幻的特質。遷徙者在營區的「樓上時間」（upstairs time）得到虛假的承諾，自身則對「登上」（en haut）西班牙本土的未來滿懷憧憬。陷落在飛地的隙縫、艱難的冒險世界與爆發危機的西班牙之間空虛的時間—空間，這些以假亂真的未來憧憬逐漸惡化敗壞。

一個月又一個月過去，希望愈來愈渺茫，落實「樓上時間」也變得更加困難。營區員工改用高夫曼所謂的「特權系統」（privilege system）——鼓勵、獎賞與懲罰——來分類與篩選「好遷徙者」與「壞遷徙者」。鼓勵來自於每一名居留者的個人檔案，最終有**可能**讓他們前往西班牙本土。「媽媽」員工強調，良好行為不但能換得香菸，還會讓居留者的檔案更加充實，其中包括他們強制性西班牙文課程與程序單會面的出席紀錄。出席西班牙文課程可以換來使用營區電腦教室、參加工作坊的獎賞，例如報名者大排長龍的烹調班。至於懲罰則是社工人員與「媽媽」員工針對負面行為提交的報告（partes）。罷工事件之後，鼓勵與懲罰以奇特的方式結合。「許多人都受到懲罰，」派屈克解釋，「懲罰就是西班牙文課程。」如果居留者不參加，他們的通行證可能會被收回，再也無法離開營區。這種做法與飛地以假亂真的整合工作一致，凸顯了遷徙者面臨遣返還要學習語言的荒謬性。派屈克和其他許多冒險者一樣，無法專心上西班牙文課，反正學員也認為這門課的水準不高。而且他在二〇〇二年就拿過一張西班牙文修課證書，放在喀麥隆家中，「那對我有何幫助？」不管有沒有證書，派屈克都會被遣返。

營區衡量一切事物的標準是語言，不再是輔助性的整合或者前往西班牙本土的機會。通曉西班牙語的人可以參與「樓上時間」，抗拒或者學不好西班牙語的人則只能消磨「樓下時間」（downstairs time）。後者大部分是營區女性，她們分成小圈圈，圍坐在樓下的桌子前面，編織髮辮，玩桌上遊戲，洗濯衣物。嬤嬤經常責備她們在休達待了那麼久，卻還學不會西班牙文。一位女性回嘴：「妳在這裡待七年卻還學不會一句英文！」有些員工表示，這些女性**其實**懂西班牙文，只是假裝一竅不通。無論是何種狀況，她們的拒絕參與至少一部分出於挫折感——浪費了生命最重要的幾個年頭；她們在營區的地位也因此更加邊緣化。

語言學習在休達另外兩個遷徙者機構也扮演重要角色。市郊有一家修女經營的人道主義協會提供語言交換，同時開設製作手工蠟燭的工作坊，很類似營區的烹調課與西班牙文課。另一家遷徙者機構「聖安東尼奧中心」（Centro San Antonio）也是由教會的NGO經營，位於鄰近營區的山坡上，提供上網服務與西班牙文課程，同樣要求上課才能夠上網。這些機構都在宣揚一個中心主題：一個優秀、整合、有事可做的移民，以努力學習語言換取上網與外界連結。

許多「優秀移民」都擁有分量厚實、讓人懷抱希望的檔案，其中又以紅十字會志工的角色最為突出。本書第四章談到曾經單人攀爬圍籬的冒險者阿瑪杜，後來也成為志工。他平常會幫忙病弱者與老人，紅十字會為他出巴士車資；他甚至還會協助西班牙國民警衛隊員的親戚，他過去對這些守門人可是避之唯恐不及。「這裡的媒體幾乎都報導過我，電視上、《休達燈塔報》與《休達人民報》的照片都看得到我當志工幫助別人。」阿瑪杜說道。他日行一善，引來各方關注，這位「模範遷徙者」得到的最大獎賞是忙碌的行程。他要排時間當志工、上急救訓練課、參加紅十字會旅遊。與派屈克和大部分居留者相較，他的時間向前移動而且目的明確。

時程表與檔案承諾會讓時間移動、累積、有所成就。然而營區「樓上時間」體制的架構相當脆弱。一名員工不滿規則與懲罰的任意性，拿起一張程序單的時程表，指著居留者必須出席的會面時間區塊說：「你看，單子上說他們必須在上午十一點進行，實際上卻不是這麼回事，員工想在什麼時間進行都可以！有的居留者準時十一點過去，找不到人，從此失去信心。」這位員工還指出，規定說居留者如果三個晚上缺席會被逐出營區，但有的人缺席一個晚上就遭到驅逐。相較之下，罷工者儘管連續幾個晚上不回營區，也沒被懲罰。「有居留者問我可不可以外出，我不能說『可以』，否則他一旦被趕出營區，就會怪罪我。這些做法欠缺協調，每個人自行其是。這對居留者而言相當負面。」居留者的程序單有時幾個星期都沒蓋戳印。

營區關於獎賞與懲罰、時程表與檔案的時間會製造出一種虛假的前進感，從而掩飾一項事實：遷徙者對當局而言只是一些數字，他們的時間資本被人口走私販子扣留。在這裡，以假亂真的證明文件作為怠忽職守與正當程序之間的調停者，流通於營區員工、遷徙者與警方之間，在複雜的官僚體系所產生的冷漠之中扮演關鍵角色。然而文件也會引發強烈的情緒反應，前文已經論及。厚實的檔案、打過勾的外出許可、程序單戳印與簽名表單，可能會激起獲得釋放的希望，或者進退兩難、遭到遣返的恐懼。當文件不再掩飾飛地冷酷無情的囚禁狀態——當程序單不再蓋上戳印，或者黃卡不再發揮神奇效用；文件就有可能引發憤怒甚至爆怒，對遷徙者而言成為「謊言」的代表。休達的罷工事件就是這樣的狀況。[14]

擴展時間：監控與逃亡

七月的一個星期三，午後四點三十分。休達罷工事件之前一個月，我在市中心一家咖啡館與抗議者尚恩（Jean）談話。他和一群剛果申請庇護者在警察總局外面露宿了幾個星期，看起來形容憔悴。突然間，一名蓄八字鬍的西班牙男子走上前來，要求我們出示證件。警方管制。他對尚恩的營區通行證瞄了幾眼，但是詳細檢視我的護照。他問了幾個問題，寫下我的住址、電話與職業。他解釋說，一名「鄰人」看到我們談話之後通報他，「誰曉得呢，可能涉及走私或者什麼非法活動。」這人離開之後，尚恩搖搖頭說：「我不怕他。反正他們一直控制著我們。」他知道這名便衣警察為什麼要臨檢我們：我是白人，尚恩是黑人；就飛地的社會秩序而言，他的膚色已將他標示為「非法」。

休達與美利雅是兩處軍事化的彈丸之地，夾處在圍籬與大海之間，形成完美的監控場域。拜兩地微妙的地緣政治情勢之賜，便衣警察與線民隨處可見，美利雅一堵牆面的塗鴉寫道：「如果告密者會飛，我們就看不到太陽了。」美利雅尤其是如此，警方也向遷徙者召募線民，暗中讓他們以蒐集情報來換取通行證。至於那位心懷疑慮、向警方通報我和尚恩的「鄰人」，顯然是休達當地眾多的線民之一，在咖啡廳裡偷聽別人談話。

失去自由的遷徙者因為自身膚色而被鎖定，順理成章成為隨時可被突襲、臨檢、遣返的對象。當局搜索他們與逮捕他們的時間差微不足道。營區律師路易斯表示：「在這裡，他們不需要拘留任何人。」警方只需前往營區進行搜索，就能找到想找的人。路易斯特別說明，營區「並不是拘留中心，但休達本身就是一座拘留中心」。港口早已關閉，所有出境關口封鎖，遷徙者無處可逃。這就是為什麼那名便衣警察對我護照的興趣，遠高於尚恩的營區出入證：他知道若想找到、拘留、遣返尚恩，任何時候都可以動手。當警方準備「遣返」個人、兩個人或一百五十人，就先拘留起來再說。」馬切羅解釋，「你召集他們，他們現身，沒有任何問題。」以艱澀西班牙法律用語寫成的法院傳票與警方通知書，張貼在營區布告欄上，旁邊是塞維利亞舞蹈課程的招生宣導。大部分居留者都願意長途跋涉，前往山下的警察局或者法院，抱持著被送往西班牙本土的一線希望。如果他們沒有前去報到，或即將被集體遣返，警方隨時可以突襲營區，一次圍捕數十名同國籍人士。

營區本身也是一部監控機器，儘管年久失修、問題不少。一家民營安全公司——後來因為瀆職而被當局懲誡——負責維持營區治安。[15]有些警衛日常巡邏住宿區的時候總是趾高氣揚，長褲褲管塞進厚重的黑色皮靴，警棍隨時派上用場。也有一些警衛會與遷徙者聊天開玩笑，甚至在臉書上加為朋友。一位女性警衛愛上一位來自非洲的營區居留者；一名男性警衛因為要聽遷徙者說故事「一聽就是幾個小時」，英語能力因此頗有進步。

在罷工行動達到最高點、營區執法大幅上緊發條幾個星期之前，警衛的狀態經常給人懸空的感覺。白天他們躲進大門旁邊的空調辦公室；或者在女性接待員休假時到接待處幫忙；與同事以及居留者開玩笑；夜間則看守餐廳入口，與廚房員工一起用手掌拍打佛朗明哥舞曲（flamenco）的節奏，遷徙者在一旁呆看。但一切都可能突然變化，而且理由並不明顯：檢查營區出入證、關閉門戶、加強例行巡邏。我通過旋轉柵門一直有困難，儘管我每星期都會來好幾次；安全室總是有新人當班，或者要求我重新申請許可。我的阿爾及利亞朋友看到我跟這道門周旋，笑著說：「看吧，這裡是監獄。」

如果營區是監獄，那麼它會是一座獨特、後現代的監獄。個別遷徙者一旦行為不檢，懲罰可能是被關在營區內部，也可能是驅逐到營區之外。鎖在裡面抑或鎖在外面並不重要：裡與外的區分是有彈性的。遷徙者無論是被逐到森林抑或坐困營區，警方都可以找到他們。

宿舍區也有類似的情形，儘管官員堅稱重視居留者的隱私，但忽視與監控之間的界線是有彈性的。警衛、警察或「媽媽」員工隨時可以進入一個房間，窺視床單簾幕背後的光景，要求昏睡的居留者拿出證件或者幫忙清理床位。一些居留者儘管私密空間遭到侵犯，承受這種高夫曼意義下的「羞辱」，但還是滿意宿舍虛假的隱私。其他居留者則是盡可能擴展監控的時間—空間，以抗衡自身的可得性（availability）與可遣返性。阿爾及利亞人整天待在港口，試圖搭船偷渡。像派屈克這樣的撒哈拉沙漠以南遷徙者不同，他們知道警察隨時可能找上門來，因此留在體制內採行高夫曼的「冷靜處理」（playing it cool）策略：試圖讓自己消聲匿跡，因此拒絕參與營區生活，或者只做最低限度參與。為了同樣的原因，派屈克參與罷工也是半推半就。他的策略是要打進港口的阿爾及利亞人空間，希望有機會搭船偷渡，或拿著面貌神似的朋友的護照登上渡輪。

美利雅的「破房子」與休達的小山丘為營區的非洲居留者提供暫停與休息的空間，開放的營區大門則讓他們暫時逃離警察的掌控。如果某個外國政府機構要來確認該國居留者身分，以便進行遣返，謠言會在他們抵達之前傳出風聲。這樣一來他們就有時間逃往山上，或者保持沉默、假裝無辜。遷徙者在晚間會守望相助，一旦警車逼近，立即跳過圍籬。「他們什麼都知道。」營區主任說道，語帶敬意。

擴展監控時間—空間最激進的方式，就是完全放棄營區與它的舒適生活。休達的印度裔遷徙者選擇了走這條路。他們因為擔心警方突襲與遣返，在兩年多前離開營區，到山區建立一個由簡陋房舍組成的社區。當地人、運動人士與營區員工都建議我去看看這些「山上的印度人」（indios del monte），營區的醫療助理也勸我去。「他們都叫我『CETI之母』，」她傷感地回憶有一次印度人以午餐款待她，「他們在地上鋪了一塊桌布，比我家裡用的還要白淨。他們使用免洗盤，非常衛生。你可以請他們幫你準備鷹嘴豆和茄子！」

印度人棲身在山坡更高、更遠處，越過休達印度裔富商的豪華別墅，也越過吠聲嘈雜的犬舍，進入茂密的林下灌木叢。然後就會看到第一間房舍，矗立在支柱上，樹枝充當建材，屋頂用毯子與廢棄塑膠拼湊而成。空地上有一頂帳篷，充當廚房。帳篷裡有五個旁遮普男子，站在一口

大鍋子旁邊，忙著切花椰菜、辣椒與大蒜，準備油炸來款待訪客。訪客有我和一名裹頭巾的錫克教徒（Sikh），他是休達港口的船運臨時工。我們坐在森林地面上等候上菜，林間飄散著辣味炒拌菜（sabji）的辛辣香味。「我從來沒想過會遇到在叢林裡過日子的同胞。」這位同樣來自旁遮普的訪客說道。

森林裡的印度人原本有七十二個。他們在二〇〇六年西班牙移民熱潮時期，花錢找人口走私販子安排行程，從旁遮普來到休達。為了這趟穿越撒哈拉沙漠的祕密旅程，他們每個人付出超過兩萬歐元，最後卻被丟包在休達，那些「黑手黨」告訴他們歐洲已經到了。有些人死在路上，死在穿越沙漠的卡車裡，死在駛往休達的擁擠小船上。他們與大部分撒哈拉沙漠以南遷徙者不一樣，完全任憑人口販子擺布。他們的證明文件在路上被沒收，如今也因為自身的無證狀態，任憑西班牙當局處置。他們說：「失去護照就像兩隻手被砍掉一樣。」有些人後來被帶到西班牙本土無證釋放，但還有二十人滯留在休達山上。

他們等待自身命運出現轉折，在漫長的過程中建立了一個山坡上的社會，很類似非洲遷徙者在飛地外側古魯古山、本尤奈許的作為。印度人以小組方式在休達的伊洛斯基超市（Eroski）工作。他們一起購買日用品，一起煮飯，棲身散布在森林中的簡陋房舍。在等待的過程中，印度人博得相當大的好感。「當地人很支持我們。」拉裘（Raju）說道，他念過大學，因為會說西班牙語，有時候充當大家的發言人。在這方面，他和朋友們與撒哈拉以南人或黑人有很大的不同；他還指出抗議事件過後，當地人特別討厭黑人。

然而他們儘管逃到山上，還是在警方的掌握之中。來到飛地，幾乎任何一種「逃離」策略都是白忙一場。撒哈拉以南人身體特徵明顯，任何時候都可能遭到逮捕，尚恩就是如此。印度人同病相憐，警方會定期上山訪視，與他們寒暄聊天，彷彿為了以假亂真的自由進行一場彬彬有禮的遊戲。因此歸根究底，他們的「逃離」並不是為了迴避監控的時間—空間，而是一種自覺的戰術運用，基於另一種矛盾：對於滯留在休達與美利雅的遷徙者時而冷漠、時而著迷的感受波動。

帶走時間：觀測站的生活

八月中旬的一個星期三，下午六點。羅拉（Lola）非常生氣，她是休達營區三位「媽媽」員工之一。我在控制室外面遇到她，她正與一名女警衛口角。女警衛當天稍早打電話給羅拉，表示有一群女性居留者想在早晨營區宵禁結束前出去做運動，她要請示主任能否放行，羅拉卻重重掛掉電話。女警衛高聲說道：「妳不能那樣掛我電話！」一邊揮舞著申請離營的女性居留者清單。羅拉的反應則是破口大罵，衝進辦公室。

羅拉與警衛和**社工**關於女性居留者有無權利離開的爭議，其實並不是什麼新鮮事。她似乎一直保持在戰鬥狀態，步履輕快，怒氣勃勃。她和女警衛的對立一部分涉及營區的道德分工（moral division of labor）。[16]在這種分工——類似全控機構——之中，社工高高在上，警衛有時脅迫、有時友善，營區主任扮演長輩；「媽媽」、護理師與教師則受理各種疑難雜症，富於同情心但容易動怒。這些群體的緊張關係通常表現為偶發的嘀咕抱怨，但羅拉想要大鳴大放，讓人們知道她是站在遷徙者這邊，跟警衛或社工不同，「我經常熱淚盈眶。」她說。「我在這裡待了六年了，我經常想到要離開，但是沒辦法！」親戚問她為什麼要留下，她經常憂心忡忡談起營區的事。「我無法不去想營區的事，我和他們**生活**在一起。」

休達營區的遷徙者處境有如俘虜，卻能夠俘獲員工的心，羅拉不是唯一的案例，寶拉（Paula）與她異口同聲。後者是一位態度堅定的年長女性，負責女修道院援助計畫，「我們與遷徙者**合作**。」她這麼強調。許多人都抱持這樣的信念，梳著髒辮與非洲辮的青年男女來到修道院，手裡拿著金杯鼓（djembe drums），腳踝繫著鈴鐺。他們是志工，到休達待上幾個星期，表明與遷徙者站在一起，玩沙灘排球，組織旅遊活動，慶祝耶誕節與復活節。然後他們帶著照片與回憶離開，遷徙者只能繼續待著。

對於遷徙者命運的著迷心態，是基於他們的無法移動。他們空虛的時間任人取用。諷刺的是，非法移民原本因為移動性而被汙名化，如今卻動彈不得，看著訪客來來去去，帶走他們的時間與故事。在這方面，做得最成功的就是新聞記者。

營區對媒體而言有如一塊磁鐵。只要獲准進入，有如來到夢境：新聞記者與研究人員能夠訪問剛下船的非法移民，幾乎就像是來到他們的棲息地。紀錄片製片人、記者、作家、研究生與調查代表團都前往山上的營區朝聖，畢恭畢敬來到大門口，獲准進入，面對自己的研究對象：非法移民。攝影師如果不得其門而入，還是可以透過高聳的營區圍籬拍攝居留者。嬤嬤說，新聞記者每隔一天會來報到。為了保護居留者的隱私，營區只有樓上部分開放拍攝影片。遷徙者會站在那裡受訪，為紀錄片、新聞影片、研究計畫陳述自己的「片面事實」（half truths），表現出媒體期待看到的「受害者」形象。嬤嬤談到這一點語帶感情，站在居留者這一邊。嬤嬤認為他們往往太過坦白，其實應該小心一點。他們說的話未來可能對自己不利。他們本國或西班牙當局可能因此發現他們身在何處，這不會是他們樂見的。然而人類學家、作家與新聞記者也正因此而受吸引，研究祕密遷徙——它的躲躲藏藏，它的隨時可被揭露。至於營區則是提供了恰到好處的視野，讓人一窺今日全球遭放逐者的隱秘世界。

休達與美利雅當局對於媒體的態度曖昧矛盾。一方面，新聞記者會寫營區伙食不錯、工作上軌道之類的正面消息；另一方面，他們也愛寫遷徙者入侵之類的故事。結果就是另一種以假亂真的遊戲，這一回主題是媒體管理。在美利雅的營區，二〇一〇年夏天遷徙者大批湧入，導致餐廳與教室擺滿了臨時臥鋪，外來訪客一律謝絕，原因同樣是隱私顧慮。「政府部門不希望外界看到營區搭起帳篷。」一名營區律師咯咯笑著說，因為那樣一來媒體就會報導「政府的移民政策宣告失敗」。如果說有什麼事情是絕對不能受到危害，那就是**利用媒體呈現**西班牙對祕密遷徙的成功回應。

新聞記者往往無法領會以假亂真的遊戲，他們忠實地反芻官方與遷徙者各自精心安排的舉動。索馬利亞人出現在影片與新聞報導上，他們受苦的故事被各方照單全收。「在休達，政府會想幫助你，」一位索馬利亞人告訴記者，「在索馬利亞則是貪腐嚴重，沒有（工作）機會，因此我決定離開，追求更美好的未來。」[17]一位休達的記者承認，遷徙者面對鏡頭時說的話未必為真，而且記者特別安排的報導也假假真真，例如休達港口的遷徙者逃亡行動。除了這種戲劇性的共謀，對移民苦難的同情、察覺到他們面臨歐洲排外的仇恨，都有助於降低外界的懷疑。但是主流媒體的記者無視於安排演出者的停頓，因為他們通常必須對遷徙者做二選一的定位：同理心與受害者情結，或者排斥與威脅。遷徙者國籍引發的懷疑與唇齒間的顫抖會讓圖像過於複雜、過於深沉、過於困擾。

學者也出現了。休達與美利雅提供了令人豔羨的研究實驗室，祕密遷徙者終於被鎖定壓制、失去行動能力、百無聊賴渡日，他們願意在這個沒有什麼阻礙、頂多遇到便衣警察臨檢的環境中暢談心聲。在這裡，殖民地年代的學術史蠢蠢欲動，想要捲土重來。人類學的「野蠻間隙」

（savage slot）——研究「文明西方」最極致的他者——不僅決定於時間與空間的距離，也決定於研究對象相對的不可移動性。[18]美國人類學家有原住民保留區，他們的歐洲同行有被殖民、被集中管理的原住民。如果祕密遷徙者是歐洲邊陲地帶的「新蠻族」（new savage），想要對他進行徹底的研究、觀察與書寫，就必須讓他無法移動，他的時間可以被隨意取用，就如同英國頂尖人類學家芮克利夫—布朗（Alfred Radcliffe-Brown）當年能夠對澳洲原住民進行研究，就是因為他們被拘留在澳洲外海一座島嶼上。[19]如今「野蠻間隙」不再是人類學的禁臠；從休達到遷徙路線的各個地方，政治學者、地理學家、法學院學生與其他人正川流不息。然而無論是哪一個學門，所有研究活動——包括我自己——的先決條件都是遷徙者受到拘禁。儘管如此，拘禁狀態的觀察仍然為受困的遷徙者帶來一種可能性，並且給出線索，解釋為什麼有一部分人會逃往休達的山區。

休達的聚光燈全開，強光照亮了最不情願的現代「野蠻人」——會上臉書、棲身山麓簡陋房舍的印度人。修道院的嬉皮和他們一起在森林中紮營，製片人與記者跋涉上山，記錄他們的悲劇旅程。一部得獎紀錄片《尤利西斯》（*Los Ulises*）的記者甚至遠赴印度旁遮普，拍攝他們的家庭，在兩地之間傳遞消息。拉裘和朋友們歡迎這些調查者與同情者和他們共進午餐，坦率地談起

自身的苦難。他們很願意讓記者占用時間，反正他們已經無所謂。這些印度人逃入山區之後，成為一場跨國媒體奇觀的主角，各式各樣、滿懷同情的觀眾包括修女與嬉皮、營區員工與警察、記者與學者、外國人與當地人。奇觀充斥著他們的飛地歲月，承諾他們將有大事發生，他們可望獲得解救。

辛辣的花椰菜與蓬鬆的印度脆球（puri）吃完了，盤子從森林地面收走。用塑膠杯喝過奶茶（chai）之後，我們在他們的神廟前面坐下，頭上蓋著白色方巾。這座錫克教的謁師所（gurudwara）由樹枝、厚紙板、布料、塑膠布構成。走進內部，花圈與鈴鐺從天花板垂吊下來，小桌上放著某位錫克教上師（guru）的圖像。小桌前面，一位教徒唸誦著神聖的《古魯・格蘭特・薩希卜》（*Guru Granth Sahib*，譯注：《錫克聖經》）。他偶爾突然大聲吟唱，我旁邊的人會跟著應和。陽光從我們上方細絲般的建材斑駁灑入。在休達的「叢林」中，在這座由歐洲邊陲地帶後現代垃圾構成的神廟前方，一股沉靜的氣氛籠罩著，讓我們看到某種超越「陷阱」的事物。我們站立著，雙手合十，做出那摩斯戴（namaskar）問候。然後廟方送上神聖的「普拉薩德」（prasad）：由麵包屑、咖啡與糖做成，黏呼呼的球狀祭品。

休達的印度人被視為最優秀的移民，這與當地顯赫的印度裔商人大有關係；一些「山上的印度人」以無證身分為這些同胞商人工作。然而黑人、摩爾人、亞洲人的種族區分，也因為亞洲人的逃離營區而益發鮮明。來訪的記者、志工與研究人員在山上拍攝、跳舞、睡覺，分享印度人的食物、痛苦與膜拜時刻。在美利雅，無獨有偶，一群孟加拉人也贏得訪客與當地人好感，但二〇一〇年仍然遭到圍捕，被送進拘留中心，當時他們已經在美利雅待了五年。美利雅人（melillenses）被引發的激憤則是選擇性的。飛地的囚犯有時是好人有時是壞人，有時顯眼有時隱形，有時讓人著迷有時讓人無感。消聲匿跡與無比顯眼之間的變化，其他研究祕密遷徙的學者也已經發現，在休達與美利雅則是依比例分配給不同類型的遷徙者。[20]如果說印度人在他們「藏身」的山麓房舍無比顯眼，那麼發動罷工的危險黑人也是如此。相較之下，大部分非法移民都消聲匿跡、無人聞問。派屈克屬於後者，美利雅「破房子」的黑人也是，來自撒哈拉沙漠以南的女性更是。她們困在營區的「樓下時間」無法脫身，營區本身則因為印度人、阿爾及利亞人的離去而變得種族化、女性化；對此，西非男性也有一些影響，他們發起示威抗議、泊車維生、試圖從海港離開。

八月的一個午後，嬤嬤例行性巡視宿舍的時候，一名西非女子和她槓上：「歐盟代表團什麼時候來？」嬤嬤回答：「都是因為妳那些喀麥隆朋友，他們不會進營區了。」指的是那場大門口的衝突，導致代表團加速下山離開。「那麼誰要聽取我們的意見？」女子問道，「我們很多人都不贊成罷工，我們接下來會怎麼樣？」嬤嬤怪罪喀麥隆人，另一名女子撐著窗臺，高聲回嗆：「喀麥隆人！我就是喀麥隆人！問題不在喀麥隆人，問題在於我們在這裡待太久了，一年半，這樣正常嗎？」雖然兩名女子想談自己被拘留在休達的問題，但歐盟代表團的訪談計畫其實是針對她們在旅程中遭遇的凌虐。她們和世界其他地方的難民一樣，遇到的訪客只想談她們過去的苦難，卻忽視了她們焦慮的現在與不確定的未來。[21]無論是哪一個例子，他們的憂慮永遠無人聽聞：代表團後來離開休達，再也不曾來過。

等候解救：未來的時間

飛地的時間－空間體制一路延伸，從遷徙者說話時細微的停頓，到營區體系的時程表、流程單與麥克風呼叫，到警察利用的抽象時間經濟。這個體制也催生出複雜的時間地理，身處其中的非法移民既沒有過去，也沒有未來，深陷在看不到盡頭、無比焦慮的現在。如果說警方集體從遷徙者偷取時間，那麼留下的時間空隙可以填充營區的儀式，或者奉獻給當局、研究人員與媒體，讓他們蒐集資訊。這些以假亂真的遊戲會產生自己的節奏、自己的現實。遊戲中會出現好的遷徙者與壞的遷徙者，可見的遷徙者與不可見的遷徙者，全都受制於矛盾衝突的時間－空間體制與他們不可能實現的夢想。他們下一刻的未來已被清空，過去已被暫時剝奪，被解救的遙遠未來變得更為真實：他們的命運決定於他們經常提起的「上帝的恩典」。[22]

休達市中心罷工行動如火如荼之際，我搭上一班駛往營區的巴士。後排坐了五名遷徙者，全都是說英語的撒哈拉以南人，談論營區事務。他們都沒有參加罷工，我問他們狀況如何，他們七嘴八舌回答，巴士蜿蜒行經海岸，駛向營區與邊界小鎮班祖。一名遷徙者梳著漂亮的髒辮，我先前步行前往營區時就已認識，他先是站著說話，然後在走道上來回踱步。他脖子上掛著一個白色塑膠十字架，我們的話題也轉向上帝與《聖經》。「上帝只有一位，一位上帝，基督徒與穆斯林都一樣！」他興奮大喊。幾位包著頭巾的女性乘客轉過頭來，覺得困惑。「救世主會降臨嗎？」他的朋友大聲質問，「我們要如何離開營區？」另一人吟誦著說：「凡祈求的，就得著；尋找的，就尋見。」摩西是從埃及到以色列，還是反過來走？他們問彼此。「《聖經》上說海水為他分開。」一人喜極而泣大喊。「我們也有可能做到，海水分開，開出一條前往歐洲的路。」從車窗看出去，直布羅陀巨岩依稀可見。

除了等候解救的時間、上帝的時間之外，時間資本、停頓時間、營區節奏、監控時間、訪客時間可以再加入一個框架：選舉週期。西班牙保守派人民黨（Partido Popular）在二〇一一年十一月贏得大選後，很快就將勞工部原本名稱中的「移民」拿掉，這個部會也正是飛地營區的主管單位。二〇一二年，營區宣布裁員，它錯綜複雜的生態——它的節奏、它的文件、它的猜測遊戲——岌岌可危。

休達與美利雅營區員工與當地民眾都指出，儘管如此，營區對政壇左派與右派而言都是不可或缺。[23]然而這種實用性並不全然來自本章開篇提及的傅柯觀點——營區可被視為一種訓誡中心，讓非正規移民準備好扮演歐洲勞動市場的邊緣角色。營區的確會訓誡其居留者，但做法並不均衡，結果問題叢生——不僅製造出態度合作的「好移民」，並將派屈克這類可能成為有用員工的人邊緣化，而且製造出社會福利依賴者、嫻熟媒體操作的「山區部落」、憤怒強悍的抗議者。這些迥然不同的遷徙者角色顯示，營區就如同維繫其存在的移民政策，草率拼湊、充滿矛盾。營區經費微薄，許多工作外包，協助催生出官僚體系對營區居留者的極度冷漠，利用聊備一格的規定與時程表來掩飾刻意算計的拘禁措施。然而營區獨有的特質不太能夠減輕其造成的實體效應。就像其他並不全然相同的全控機構，營區協助催生出一種武斷任意的時間地景（landscape of time），其中的懲罰與特權、可見與隱匿的空間預示了遷徙者經驗的荒謬斷裂，他們對上帝的祈求幫助有限。

在這個武斷任意的時間地景與對抗它的虛假戰爭之中，並沒有明顯的「贏家」可言。遷徙者——可見與隱匿，好與壞，敬畏上帝或者不敬畏上帝——儘管經年累月等候，到最後都會就此離開。罷工事件落幕之後，阿瑪杜與其他「好移民」被送往西班牙本土的收容中心；印度人返回營區，主任承諾會幫助他們；後來他們也被送往CIE，最終獲釋。當他們壯觀的逃亡之旅畫下句點，觀眾也隨之散去。拉裘很不開心，發現西班牙本土的種族歧視比休達更為嚴重。二〇一一年，來到休達的非洲遷徙者暴增，接管了印度人留下的山上小屋。

包括女性在內的奈及利亞人，處境遠不如來自非洲其他地區與印度的「好移民」。二〇一一年初，美利雅一間遷徙者房舍焚毀，造成三人死亡，引發類似二〇一〇年休達事件的抗議。所幸我的奈及利亞友人平安無恙，他們還留在美利雅，等候上天或政府出手帶他們去歐洲。一年之後，他們的「破房子」被警方摧毀。當局聲稱理由是當地民眾申訴、擔心火災風險，而且每一名遷徙者在營區都有床位。[24]

派屈克徹底利用自己的隱匿性，溜上一艘渡輪，最後抵達塞維亞（Seville）一位朋友的住所，「我說過我做得到。」他說。他的遭遇和「將軍」以及其他許多人一樣，港口的管制有時會鬆懈下來，做不到飛地當局聲稱的全面監控。不久之後，派屈克離開安達魯西亞，前往畢爾包（Bilbao），當地是二〇一〇年休達遷徙者的主要目的地。「塞維亞位在安達魯西亞，離非洲很近，」派屈克解釋，「當地日子不好過，所以我決定繼續北上。」

派屈克北上的同時，我卻南下，前往馬利首都巴馬科。我的邊地冒險旅程還沒有結束。休達與美利雅的遷徙者大部分都到過巴馬科，當地近年成為非法產業的關鍵地點。巴馬科也是一處十字路口，非法產業的工作者在此地與被遣返者、擱淺在祕密迴路中的遷徙者發生衝突、進行互動。二〇一一年初，巴馬科與其撒赫爾內地成為另一場邊地衝突的舞臺，而且規模更大：不僅涉及失去自由的遷徙者與地方（例如休達）官僚體系，還涉及跨國運動者與歐洲星羅棋布的邊界體制。

【第四景】不提供工作的求職中心

歐盟「移民管理」計畫在馬利的興辦與失敗

遠離歐洲的海岸與首都，來到巴馬科一個還算富裕的地區，矗立著歐盟「全球」移民策略備受宣揚的里程碑：移民資訊與管理中心（Centre d' Information et des Gestions des Migrations, CIGEM）。二○○八年西非國家經濟共同體、歐盟執委會、法國與西班牙簽署一項「移民與開發」宣言，大張旗鼓成立ＣＩＧＥＭ，負責蒐集移民相關資訊、促使各界覺察非正規移民的風險、全力提高旅外馬利人的「人力、金融與技術資本」，還有一項對媒體與公眾相當關鍵的任務：接收、告知與陪伴「潛在的移民與回歸的移民」。[1]歐盟專員路易・米歇爾（Louis Michel）呼籲歐盟各方給予這項「試驗性計畫」一個機會，「我們不應該將移民現象妖魔化，而應該將它視為對非洲與歐洲具正面意義的人力要素，做到最佳的支持、結構化與管理。」他在ＣＩＧＥＭ啟用儀式上說道。[2]ＣＩＧＥＭ的初期經費由歐盟出資一千萬歐元，到二〇一〇年時已經與大約八十個移民相關機構建立合作關係；拜經費到位之賜，如今這類機構有如雨後春筍。但CIGEM並不直接提供就業機會，儘管媒體稱它是歐盟在非洲的「求職中心」。[3]

我在二〇一〇年十一月發電郵給CIGEM要求訪問，十二月時打電話詢問。耶誕節將至，我終於能和中心主任會面。我遇到的第一個難題是找到CIGEM的所在地。計程車司機在哈馬達拉伊（Hamdallaye）的林蔭街道四處問路，當地遠離巴馬科較貧窮的地區，也遠離CIGEM兩個主要服務對象：「潛在」的移民與回歸的移民。我們終於抵達，我走進空蕩蕩的接待處，牆上一張海報寫著：「讓移民回家。聯絡CIGEM：我們提供資訊與建議。」然而似乎沒有什麼人響應這樣的呼籲，空曠的大廳只有一名無事可做的接待員。一位發言人總算現身，西裝畢挺，態度不太客氣，「主任還沒到，」他告訴我，「你應該事先打電話。」我打過了。主任也許會出現，也許不會，我繼續等待，翻閱CIGEM宣揚「共同開發」與提升覺察的小冊。後來主任並未現身，發言人也不見蹤影。如果這就是他們對外國訪客的待客之道，我不知道他們會如何對待急切、貧窮的求職者。我在空蕩蕩的接待處等候了一個小時，離開時滿腹狐疑。

CIGEM想為合法的循環遷徙提供服務，一開始困難重重。但各方仍然大談被送往西班牙的馬利勞工；CIGEM官員談他們，西班牙警方駐外官員談他們，西班牙大使館與歐盟官員也談他們。一名大使館人員熱忱地說，這是「合法遷徙、循環遷徙的範例」。二十九名馬利季節性勞工在二〇〇九年簽下合約，到加納利群島的蔬菜產區工作，第二年有十四人續約，但二〇一〇年之後就無以為繼。勞動市場凍結，但西班牙政府至少「盡最大的努力依循規則，」一位歐盟外交官表示。雖然西班牙將二十九名勞工送到加納利群島，但馬利全國的移民人口超過四百萬人，大部分待在西非地區。[4]媒體對於西班牙合約的關注，至少做到讓CIGEM門庭若市，每天約有四十名新訪客上門，爭取面試機會與根本不存在的工作。[5]對於我和其他造訪的研究者，CIGEM同樣令人失望，任性的中心主任始終拒絕受訪。

——CIGEM，早安？

一月七日，我對CIGEM發出第一封電郵兩個月之後：這是我最近一次嘗試聯絡中心主任或他的祕書。

——星期一聯絡你，感謝。

星期一，另一通電話。從當天下午到第二天，依舊沒有回音。一月十二日，我聯絡到發言人。

——我再回電給你。

他沒回電。我第二天再打電話過去，他終於接聽。

——主任剛結束一場非常重要的會議，會見工匠與移民。發言人如是說，表示「要讓主任休息」。

我開始懷疑他們在躲避我，但是一月十四日，發言人主動打電話來！我跳上計程車，來到同一座空蕩蕩的接待處。不見主任，不見發言人。後來發言人總算現身。不，主任今天下午不會過來。也許我可以和某位官員談談。「啊，今天大家都累壞了！」也許下星期吧？或者再下一個星期？

我終於放棄主任與發言人，轉而前往CIGEM第二接待處，訪客在那裡進行登記、接受面談。藍黃相間的「歐盟出資」（financée par l' Union Européenne）貼紙什麼東西都貼：空調、飲水機、電腦、牆壁旁邊塑膠椅前面的電視機。電視上反覆播映著一部工匠工作的紀錄片，試圖說服CIGEM訪客留在馬利找工作，只不過螢幕上的木匠與烘焙師都是歐洲白人。

隔壁辦公室的大使館專員並沒有察覺這種諷刺，他告訴我任何來自歐洲的圖像都會「鼓動」馬利人移民。他們在這裡篩選適當的訪客，接受CIGEM出資、規模很有限的職業訓練。CIGEM還會利用訪客提供的細節資訊，針對回歸的移民與「潛在」的移民建立檔案。也許針對移民遷徙路徑與意圖蒐集情報，正是CIGEM成立的主要目的，一如公民社會批評者的指控？

「重點不在於追蹤人們。」這位法國籍主任顧問說道，我繞過他名義上的上司，在CIGEM二樓與他見面。事實上，他似乎不是很確定CIGEM的整體性質。CIGEM還有一樁比較低調的任務：「協助」馬利進行司法改革；歐盟試圖藉此為馬利鬆散的移民法規上緊發條，但其實還有別的管道可以做到。顧問強調，CIGEM是一項試驗性計畫：等到歐盟停止提供經費，它的存廢將由馬利政府決定。CIGEM的「全球取向」——兼顧回歸、出發與離散——是它最有用的貢獻；顧問在試圖說服我的同時，似乎也試圖說服自己。至於CIGEM的角色是否更適合由國家機構來扮演，他完全沒有預設立場。

CIGEM，一座不提供工作的求職中心，根據中心一位實習研究員的報告，它甚至無法好好履行平實的使命：將有潛力的受訓學員送往國家機構。它的所作所為只是讓這些機構產生偏見，接受自稱是「潛在的移民」的學員；讓訪客更加覺察到非正規移民的風險；運用訪客的資料來建立移民檔案。然而CIGEM並不是某些批評者指控的歐盟「瞭望塔」：它只是一座見證歐洲非法產業如何浪費金錢的地標。6

7 沒有邊界的進軍者

戈吉，馬利西部，二〇一一年一月。一群運動者向攝影機進軍，行經一條空蕩蕩的撒赫爾地區下坡路。他們高舉支持自由移動權的旗幟，猶如擎著一面盾牌，對抗不可見的敵人。敵人就是Frontex，Frontex 必須廢除。他們高喊：「垮臺，垮臺，Frontex 垮臺！垮臺，垮臺，Frontex 垮臺！」他們舉起拳頭，呼喊團結口號，金杯鼓的打擊聲穿透沉悶的沙漠空氣。運動者繼續呼喊，歐洲聲音與非洲聲音融為一體。他們揮舞著「全球護照」與反 Frontex 旗幟：「不要邊界、不要國家、停止遣返！」但是聽到他們呼喊的人只有手持攝影機的參與者、零零星星幾名村民、一兩個邊界警察。這條路通往不遠處的茅利塔尼亞邊界，空空蕩蕩，只見幾叢頑強的灌木、一塊一塊塵土乾地，沒有 Frontex 運作的跡象，也沒有被遣返者。這條坑坑洞洞的道路行經馬利西部尼歐羅撒赫爾（Nioro du Sahel）與茅利塔尼亞阿永亞特羅斯（Ayoun-el Atrous）之間的邊界村落，這些跨國運動者到底為什麼不遠千里而來？

「歐盟的邊界已經出現在戈吉。」進軍者阿布巴卡爾（Aboubacar）在他位於馬利首都的辦公室對我解釋。他眉頭深鎖，瘦小的身形緊繃；歐洲訪客經常來到他的「馬利被驅逐者協會」（Association Malienne d'Expulsés, AME）辦公室；每當他譴責歐盟警政工作的「外部化」，聲音就會變得憤怒高亢。他站在一張白板前面，畫出馬利邊界區域的地圖，「X」標示出尼歐羅撒赫爾的位置，箭頭代表茅利塔尼亞的驅逐行動路線。拜這些驅逐行動之賜，AME與其歐洲夥伴決定在戈吉針對歐洲邊界體制發起示威抗議，推出一場複雜的巡迴演出，也是本章的主題：爭取自由移動與公平發展公民車隊（Citizens' Caravan for Freedom of Movement and Equitable Development），從巴馬科前往達卡參加二〇一一年世界社會論壇。這項雄心勃勃的合作計畫要抗議歐盟的邊界體制與它打壓非正規移民的戰爭，計畫名為「非洲—歐洲互動」（Afrique-Europe Interact, AEI），一方是歐洲的運動者，一方是馬利的機構，阿布巴卡爾的AME正是關鍵夥伴。

跨國運動者對歐洲與非洲邊界地帶趨之若鶩，他們對抗安全部隊，駁斥政府與媒體關於移民的論述。運動型態包括在歐洲各地興起的「無邊界」（no-border）草根營地；無政府主義者動員；打著「沒有人是非法者」（No One Is Illegal）、「Frontex引爆」（Frontexplode）、「脫離Frontex」（Frontexit）旗號的直接行動。[1]邊界理論學者近年開始關注公民對於邊界的建構與拆解，政治學家拉姆福德（Chris Rumford）以**邊界工作**（borderwork）來稱呼一般民眾「對於邊界的想像、建構、維持與消除」行動。[2]然而人們後來得知，阿布巴卡爾與他跨國界同伴的邊界工作充斥著矛盾。如何召集形形色色的運動者、遷徙者與NGO以共同行動來抗議邊界體制？這個體制分布廣大，從大西洋到撒哈拉沙漠、從加納利群島控制室到各地的雷達系統，抗議對象要如何鎖定？對於達卡之旅即將遭遇的困境，馬利空蕩蕩的邊界道路猶如一場預演。來到戈吉，邊界體制唯一的象徵就是幾面插進乾地裡的告示牌。其中一面「停止危害人群的非正規移民」繪有歐盟的旗幟與巴馬科移民資訊與管理中心（CIGEM）的徽章。另一面告示牌說明紅十字會在戈吉對被遣返者提供人道協助，做法類似羅索—塞內加爾，經費由西班牙某一地方政府提供，不過這項服務已經終止。兩面告示牌很快就被反Frontex貼紙與塗鴉遮蓋。[3]後來從巴馬科、通往邊境的路上到最後在達卡的反Frontex進軍，運動者反覆嘗試以同樣的方式來鎖定邊界、標示邊界。

運動者不僅搜尋、變出歐盟的邊界，而且召集受困在巴馬科的冒險者共襄盛舉。西方國家斤斤計較的非正規移民數字，近年也成為激進派知識分子、新聞記者與運動者的靈感來源。在他們的敘事與行動之中，遷徙者經常成為勇氣甚至革命的化身：一個「世界公民權」（cosmopolitan citizenship）的象徵，一個挺身反抗的邊界焚燒者、一座全世界自由移動夢想的寶庫。[4]非正規遷徙者與邊界在這裡有如兩處集結地，讓人們追求某種普世性或無政府主義計畫，兩者的連結在於後者會對前者暴力相向。

在抗議車隊中，運動者、邊界與遷徙者之間的關係愈來愈緊張。在鄰近茅利塔尼亞邊界的戈吉，還有在前往達卡的旅程中，對於沒有邊界可以抗議的運動者，巴馬科的被遣返者成為凝聚的要素。對於阿布巴卡爾與AME，他們是邊界體制暴力與不人道本質的活證據。對於從歐洲來到巴馬科的進軍者，他們是體制的受害者。隨著車隊駛向達卡，被遣返者也更加深入地參與自己的遷徙者身分建構，其結果與達卡被遣返者的建構截然不同。我們將會看到，車隊抗議凸顯了祕密遷徙暴力經驗核心、基本的**空缺狀態**（absence）——地理位置、可見度、責任；我們同時也會看到邊界工作者、遷徙者與運動者全都試圖填補空缺，但卻徒勞無功。

為了理解進軍者、受害者與他們的邊界之間的動態，我們首先必須觀照巴馬科的遷徙地理；那裡是被遣返者受困的地方。在前往沙漠的路途上，馬利首都是第一個也是最後一個安全的地方；二〇一二與二〇一三年馬利爆發動亂之前，巴馬科也是歐洲—非洲邊境執法日益重要的戰略要衝。

被遣返、被全球化、被販運：製造遷徙受害者

一切都是從索哥尼科車站（Sogoniko gare）開始的。這座占地廣大、煙霧瀰漫的車站位於巴馬科南部，數十家巴士公司在此地營運，還有無數小販、騙子與隆隆作響的引擎。對於北上長途旅行的西非旅客，索哥尼科車站是轉運中樞。對於那些試圖穿越沙漠但無功而返的人，它是終

點：這些被遣返者在阿爾及利亞或茅利塔尼亞被囚禁；在馬利邊界被丟包，地點可能是深入撒哈拉沙漠的廷扎瓦滕（Tin Zouaten），也可能是馬利西部的戈吉。困在索哥尼科車站的遷徙者催生出一個產業——成員包括援助工作者、警察、尋求資訊者與運動者；複製了休達、美利雅、摩洛哥、達卡與祕密遷徙迴路其他地方已經存在的架構。

索哥尼科車站似乎遠離休達與美利雅，但是二〇〇五年的圍籬悲劇攸關巴馬科在非法產業的戰略角色。儘管馬利政府拒絕簽署遣返協定，但法國的移民體制日益嚴格，馬利一直是法國遣返非法移民的傾卸場。這類遣返行動，加上安哥拉驅逐馬利人的行動，促成阿布巴卡爾在一九九六年成立AME。然而馬利非法產業最近一波擴張的象徵性起點，是西班牙圍籬攻擊事件之後的驅逐遷徙者行動。歐洲邊界體制在馬利製造出全球性、集體性的受害者：被遣返者。

被遣返者抵達巴馬科機場的時候，或者當他們從摩洛哥軍人將他們丟包的沙漠地帶回來，有一位女性會展開行動。她是阿米娜塔・特拉奧雷（Aminata Traoré），一位另類全球化（alter-globalization）政治人物、非常傑出的運動者，二〇〇六年初主持馬利主辦的世界社會論壇，穿梭在多個場地之間。阿米娜塔曾擔任馬利文化與旅遊部長，曾經舉辦第一屆休達與美利雅事件「紀念日」（Journées Commémoratives），匯集被遣返者以及來自歐洲的新聞記者與運動者。她將遣返者稱之為「回歸者」（returnees），做了不少動員工作，後來為此創立「回歸—工作—尊嚴協會」（Retour-Travail-Dignité），透過農耕、手工藝與政治行動，幫助回歸者連結自身的非洲傳統。在她支持之下，休達與美利雅的回歸者在遙遠的鄉間從事農耕，一部分人拿到西班牙政府的開發基金。雖然「回歸—工作—尊嚴協會」沒有維持多久，利益分配不均的指控甚囂塵上，但阿米娜塔的領袖魅力促成一場更大規模的熱潮，以非正規移民的角色形象為中心。現在她是巴馬科—達卡車隊的領導人，但是與AME強硬派運動者的關係日益緊張。

在阿米娜塔看來，遷徙者的遭遇凸顯了新自由主義（neoliberalism）對非洲的傷害，「問問那些從休達與美利雅回來的人為什麼要離開，他們的回答凸顯了非洲的真實狀況。」她在二〇〇八年說道。[5]或者就如同她在二〇一〇年十二月召開的一場移民遷徙會議，一幅布條寫著：「整個非洲因為遷徙者受到羞辱。」對阿米娜塔而言，遷徙者是新自由主義全球化不公不義的受害者，必須重新整合進入一個擁抱傳統、感到驕傲的非洲。

來到巴馬科的車隊運動者依循類似的脈絡，也將遷徙者視為受害者。阿米娜塔集中火力批判新自由主義，歐洲人士與AME則鎖定Frontex和邊界體制，試圖在戈吉與前往達卡的路上彰顯兩者的暴力運作。運動者的核心成員出身德國反種族主義與反遣返團體，有些在反Frontex圈子算是新手，有些則是頭髮灰白的老手。運動者的背景形形色色，共同目的就是表明力挺非洲各個組織與歐洲邊界外部化受害者。

回歸者的受害者情結有其全球性、新近的起源脈絡。人類學家法尚與雷奇特曼（Richard Rechtman）在《創傷的帝國》（*The Empire of Trauma*）一書中指出，西方出現「一種新的受害者情結形態」，過去會被懷疑的戰爭或災難受害者，近數十年成為「我們共通人性的具體化身」的象徵。兩位學者認為，受害者情結這種新出現的力量大部分來自於創傷的正當化力量。創傷——身體、心智或集體傷痕——證實了一個人的受害者身分，並且將矛頭指向加害者。[6]

祕密遷徙迴路推翻了法尚與雷奇特曼所謂的「殘酷落差」（cruel gap），這種現象產生自種族性的假定，長久以來讓非洲黑人無法得到人道主義創傷協助。事實上，儘管運動者有所批評，但遷徙者轉換為受害者的過程仍是邊境援助行動的焦點，包含各式各樣的計畫，從休達的心理輔導、羅索的紅十字會任務，到AME的創傷諮商服務。更有甚者，轉換為受害者也是新聞記者與學者——包括人類學家——對被遣返者滿懷興趣的關鍵原因。他們的苦難凝聚了不同性質的團體，沿著歐洲—非洲邊界形成一個「創傷的團契」（communion of trauma）。[7]

令人意外的是，除了運動者、援助工作者與研究者會將非正規遷徙者視為受害者，連西班牙警察也做如是觀。「我們不認為遷徙者是罪犯，他們是人口販運集團網絡的受害者。」西班牙警方派駐巴馬科的專員這麼說。他認為人口販運集團存在的說法雖然是基於有受害者存在，但同時也削弱了遷徙者與罪犯兩個類型間的關聯，就受困於巴馬科南部的遷徙者而言，這一點相當明顯。

距離索哥尼科車站不遠的地方，走上北京四號飯店（Beijing IV Hotel）旁邊一條泥地巷道，來到「馬利遭遣返中非人協會」（Aracem），這個組織為巴馬科遷徙者提供難能可貴的協助。協會附近的街角有一群年輕人閒晃，彼此分享香菸、手機與笑話。他們是被阿爾及利亞經由沙漠遣返到馬利；對阿米娜塔之類的回歸土地運動者，或者阿布巴卡爾之類的自由移動權倡議者來說，他們都是道道地地的移民遷徙受害者。在即將啟程的車隊旅程中，有些人會將這樣的角色發揮得淋漓盡致。

Aracem 是協會法文名稱「Association des Refoulés d'Afrique Centrale au Mali」的首字縮寫，是由一群到過休達與美利雅的喀麥隆資深遷徙者，在二〇〇六年阿米娜塔主辦的週年紀念儀式後成立，只不過雙方後來決裂。遷徙者像不受歡迎的「人類貨物」，被一路往南送過撒哈拉沙漠，Aracem 的任務就是在這場接力賽的最後階段協助他們。摩洛哥安全部隊會將遷徙者驅逐至烏季達附近的無人區，然後阿爾及利亞安全部隊接手，用卡車將他們運到位於馬利與阿爾及利亞邊界沙漠的廷扎瓦滕棄置，就像「丟進垃圾箱」，一位憂心的馬利憲兵如此形容。遷徙者滯留在邊界附近，再過去就是阿爾及利亞的軍營；他們棲身的破敗聚居區依照國籍區分，一如休達與美利雅外側舊日的遷徙者營地。有些遷徙者將聚居區當成極為簡陋的「基地營」，準備再度北上，不惜一切代價。有些遷徙者歷經苦難之後一文不名、意志消沉、筋疲力竭，已經無計可施。紅十字國際委員會將一小部分被遣返者送往最近的城鎮基達爾（Kidal）與加奧（Gao）。加奧有一座「遷徙者之家」（Maison des Migrants），由明愛會與一個法國NGO出資成立，被遣返者會在這裡待上三天，然後被送出沙漠地帶，目的地是尼日或者巴馬科。二〇一〇年，Aracem一個月內分兩批接收了一百一十名被遣返者。他們在Aracem待了三天，許多人後來轉往巴馬科，一待就是幾個月甚至幾年，等候親友寄錢過來，讓他們回家或者繼續前往北方。二〇一一年一月，Aracem與AME合作，準備接待即將來到巴馬科的歐洲人車隊。[8]

運動者、NGO與西班牙警方賦予被遣返者的「受害者」角色，當然是根據他們在阿爾及利亞沙漠的真實受害經驗。喀麥隆男子阿爾方斯（Alphonse）穿著厚襪子與塑膠涼鞋，在Aracem的露臺上漫步。他被拘留在阿爾及利亞期間慘遭毆打，腳部因此受傷發炎。「我有合法的護照、有效的簽證。」他和我坐下來談，「但就算你持有身分證明文件，阿爾及利亞人也會逮捕你。」他是從阿爾及爾（Algiers）被遣返，行經當局慣用的南下路線，最後被丟棄在廷扎瓦滕。他看到媽媽帶著小孩一起被拘留，也和其他被遣返者一樣，在離開前被迫簽署幾份阿拉伯文的文件。他要求法文翻譯，但官員拒絕，而且「如果你不簽文件，就會遭到毆打」。他被關進牢房幾個星期，警方在這段時間將他所形容的「貨運卡車」裝滿：「他們把人像牛一樣放進卡車。」他每天只能吃一片麵包，中午喝一杯奶粉泡的牛奶。警方拿走他的阿爾及利亞貨幣和手機，SIM卡倒是留給他，與摩洛哥—阿爾及利亞邊界的驅逐程序一樣，然而不是每一個巴馬科的被遣返者都有同樣的遭遇。「他們說，我無權持有阿爾及利亞貨幣，非洲人會把疾病帶來這裡。」阿爾方斯說道，聲音中沒有絲毫憤恨，「我不知道他們為什麼要這麼做。」

然而，Aracem 不僅是被毆打者、被丟棄者、被劫掠者的園地。喀麥隆「嚮導」迪迪耶（Didier）剛從摩洛哥南下來到這裡，推銷他提供的走私服務，吹噓他在北方的業績。他的同胞史提芬（Stéphane）頗有學識，大學念了一半，希望前往加拿大和自己的姊妹團聚；皮耶（Pierre）是被遣返的「老兵」，二〇〇五年捲入休達與美利雅的驅逐行動，後來成為這個破敗聚居區、前往巴馬科中繼站的領導人；艾瑞克（Eric）是年輕的剛果籍冒險者，上路至今三年，愛發牢騷的大嗓門為團體帶來一絲喜感。這些淪落街頭的人近年來化身為滯留的遷徙者——讓警方、援助工作者與專家擔憂的新政策類型。有些人之所以滯留，是因為在遣返過程中失去了一切；有些人是因為沒有錢繼續進行旅程，他們通常是被鎖定**遷徙者**的邊界警衛搜身時順便洗劫。他們每一天都在為生存掙扎，都渴望擁有一項關鍵物品：一本馬利護照。

這些文件（pièces）是被遣返者滯留巴馬科的主要理由之一。遷徙者一旦持有文件，就可以免簽證進入曾與馬利簽署友好協定的阿爾及利亞。對於那位西班牙警方專員暗示的「受害的遷徙者」與「犯罪的遷徙者」之間的落差，這些文件也是主要的催化劑。這樣的落差以巨大的粗體字寫在巴馬科市中心邊境警察局的牆面上：「馬利護照是國家文件，只能發給本國國民持有。任何將馬利護照交給外國人的人或是其共犯，都會受到嚴懲。」

護照生意是警政合作的主要打擊目標，加拿大與西班牙協助馬利設置了國民身分資料庫。

馬利官員很清楚這門生意的興盛及其影響，因此特別強調犯罪層面而非受害者層面的論述。「我們不能排斥他們。」負責非正規移民事務的一位馬利憲兵上校說道，但他也將滯留遷徙者的「威脅」與他們的受害者身分連結，「我們必須在基達爾或者加奧設置轉運中心，巴馬科也有需要；我們已經告知西班牙當局。如果沒有這種機構，他們來到時將一無所有，他們會偷、會搶，甚至會殺人；或是被伊斯蘭馬格里布基地組織（Al Qaeda in the Islamic Maghreb，AQIM，譯注：國際恐怖組織「基地」的北非分支）召募。這是一大問題。」

在Aracem附近的街角可以感受到這種罪行化的效應，大部分冒險者若不是花錢向人買護照，就是設法幫別人弄一本護照。喀麥隆人西瑞爾（Cyrille）曾經歷二〇〇五年事件，如今在Aracem負責接待被遣返者，對警方深感失望，因為他們在秋天未經法院許可就大舉掃蕩Aracem。「他們什麼東西都要搜索！」他原本柔和的聲音一時間高亢起來。警方將文件丟在地上，指控Aracem偽造馬利護照，「那天，我真的覺得我會一走了之。」他們為被遣返者提供人道協助卻不被認可，西瑞爾對此感到憤怒，「我們在這裡甚至還會幫助馬利人。」

從Aracem的街角觀察，巴馬科顯得陰沉、貧窮、塵土瀰漫。艾瑞克與朋友們抱怨籠罩城市的塵埃與濃煙、高溫與食物、警方與憲兵的騷擾。我們看著傍晚的街道，金色的霧氣覆蓋了城市，這是每天日落時分的景象。泥巴路上散布著壓得扁平、被塵埃染成土黃色的垃圾：水瓶、舊拖鞋、塑膠袋。兒童在關門的店鋪前面玩耍，三個馬利女子走過，臀部慵懶地搖晃著。「巴馬科，狗屎！」一名滯留的喀麥隆人高喊。隨著日子一天一天拖過去，被遣返者的苦難日益明顯，就像休達與美利雅的囚徒。但街角的人知道自己在追求什麼，為自己能夠生存至今感到自豪。他們既不是受害者，也不是為非作歹之徒。

在位於巴馬科另一邊的傑里布谷（Djelibougou），AME集結了馬利多個協會與NGO的代表，他們都想參與抗議車隊。歐洲運動者稍後將會抵達，他們募款協助馬利組織參與。六部巴士將開往達卡，座位必須事先安排。[9]一些原本並沒有參與車隊籌備工作的組織，這時突然出現。大廳擠滿了人，阿布巴卡爾在白板前面忙碌著，將馬利參與者的人數削減到兩百三十人。Aracem自願減少名額，其他新加入的組織鼓噪要求保持自家名額不變。阿布巴卡爾將一個馬利運動團體「無聲者運動」（Mouvement des Sans Voix）的人數刪去十人，引來對方大喊：「你剝奪了受害者參加的機會！」車隊座位的爭奪一如經費的遊戲：受害者多多益善。[10]

在Aracem的街角，關於車隊的謠言甚囂塵上。「我們明天會有訪客，」史提芬透露，「我想應該是聯合國的人。」另一個冒險者聽說歐洲方面會提供工作機會，地點是巴馬科的國際機構建築工地。後來他們接待了完全不一樣的訪客：一批背景複雜的德國激進人士，被分配到Aracem

過夜。

我們要受害者！動員對抗邊界

國際代表團行程耽擱。AME在傑里布谷設立一個「互動式空間」，白色油布下方擺著金屬椅子，但會場空無一人。歐洲運動者在巴黎轉機時，發現機上有一項再尋常不過的「貨物」：一名將被遣返的遷徙者。他們發動抗議，得到鎮暴警察全套招待，後來還被請下飛機。他們疲憊不堪，有些人被警察打傷，穿著印有車隊圖案的T恤，防蚊液人手一罐。他們最後終於來到傑里布谷，待了幾天，為車隊進行準備工作。這批運動者大部分不會講法文，更別說班巴拉語（Bambara，譯注：馬利主要民族班巴拉人的語言），許多人是第一次造訪非洲。一名運動者透露，他「若不是為了參加車隊，絕對不會來這地方」：傑里布谷的貧窮在乾裂的泥地巷道中一覽無遺，讓他與朋友大感震撼。

休達與美利雅悲劇之後，跨國行動主義（transnational activism）沿著歐洲—非洲邊界蓬勃發展，車隊只不過是最新近、最顯著的案例。二〇〇五年十一月，跨國網絡「遷徙歐洲」（Migreurop）在巴黎開始運作，後來涵蓋四十三個組織，也包括AME與Aracem。「遷徙歐洲」的國際電郵名單——德國與馬利的車隊參與者也有貢獻——連結了運動者、學者與政治人物，經常發布關於移民船悲劇、歐洲邊界外部化的新聞。運動者積極發起「反高峰會」（countersummits）行動來反對歐盟與非洲關於移民事務的峰會。二〇〇六年在拉巴特，歐洲與非洲運動者發布聯合宣言，譴責「這場戰爭愈來愈針對地中海與大西洋的海岸線」、「將人類強行劃分為有些人可以在地球上自由移動，有些人不行」。[11] 從後續的峰會到Frontex總部外面，從烏季達到希臘的島嶼，更多活動陸續登場。抗議者嘗試運用愈來愈先進複雜的手法：行經德國各地的反種族歧視車隊，歐洲邊緣地帶臨時性的「邊界營區」，Frontex總部周遭經過策劃的塗鴉；還有二〇一三年的「脫離Frontex」街頭演出，運動者喬裝成警察。用一位德國車隊成員的話來說，這些行動是企圖要「駭入邊界」，參與者追蹤、入侵愈來愈變化無常的邊境，目的是削弱它的力量。巴馬科車隊是運動者這項計畫的一部分，尋求擴張到歐洲之外的地區，基礎之一就是二〇〇六年的「以尊重與尊嚴對待所有遷徙者的巴馬科呼籲」，它譴責休達與美利雅悲劇背後的「殺人政策」，要求建立一個全球遷徙者權益網絡。等到籌劃車隊行動時，德國與馬利的籌畫者已經在先前的「反高峰會」行動熟悉彼此，深刻理解他們必須以跨國行動來對抗歐盟的邊界體制，也知道整合非洲與歐洲的相關網絡將是艱鉅工作。然而他們恐怕沒有預料到，是什麼樣的困難在巴馬科等待他們。[12]

新來到者集結在天篷下方的陰影中，輪流拿起麥克風發言，感嘆警方的作為，討論車隊與進軍行動的後勤事務。住宿問題如何解決？需要一部投影機！然而除了過夜的床鋪與各種裝備，他們更需要社會運動學者所稱的「主導性框架」（master frame）來協助他們界定與動員相關的議題、行為者與事件。然後這個框架可以用於支撐共同的意義與理念。運動者已經開始打造共同的理念，從帳篷旁邊兩部卡車拉出的布條就可以看出：「外部化威脅非洲空間的移動自由」。這是主導性框架的「診斷」（diagnostic）層面——釐清車隊要處理的問題。[13]這種預後（prognostic）的要素也反映在車隊的「追求移動自由與公平發展」口號中。這個口號試圖彌縫兩個陣營：一邊是追求發展目標——尤其是馬利——的合作組織，一邊是關注遷徙與反Frontex的歐洲人士與AME。最後，主導性框架還有一個鼓舞人心的層面：為了提振士氣、激勵運動者，歐洲人準備了一首

Frontex 華沙總部外的抗議塗鴉（作者攝）

「車隊之歌」，每天集會時開唱，眾口齊聲：

我喜歡車隊
我喜歡移動
我喜歡自由
我喜歡反抗
我最喜歡的
是團結
團結團結團結
團結團結團結
為一個沒有邊界的世界奮鬥

對歐洲人而言，團結是一個強而有力的主題；他們把簡單的歌詞寫在紙條上，分送給天篷底下的參與者。相伴而來但有些出入的主題——自由與反抗——也不遑多讓。然而就如新興的社會運動經常出現的情況，這些主題遮掩了追求者之間的歧異。「團結」曾被哲學家齊澤克（Slavoj Žižek）形容為「一個符號具（signifier），指涉不可能的社會完整性，如果這種完整性曾經存在。」它意謂既要支持非洲運動者進行的各種抗爭，也要與被遣返者團結在一起。[14]這些目標與它們各自蘊含的權力關係，在傑里布谷的會場尷尬地重疊展現。

「我要與被驅逐者談話，我們就是為了這件事才會來到！」一名訪客在沒完沒了的天篷會議中說道，「我們什麼時候才會見到他們？」AME主席向訪客保證「在這裡，我們都是被驅逐者」，包括他本人在內（但阿布巴卡爾不是）。的確如此，但仍不符合德國訪客的期待：他們期望見到歐洲外部化政策的受害者，期望見到那些佇立街角的人。

運動者將被遣返者視為歐洲外部化政策的受害者，然而在馬利當地警察眼中，他們往往是潛在的罪犯。在索哥尼科車站周邊的沙礫地帶，這些類型愈來愈無關緊要。這裡既有Aracem街角社會的沉悶氣氛，也有衣冠楚楚但身分可疑人物經常出入的旅館與「詐騙窟」。缺乏信任感為遷徙者世界蒙上陰影，有時是以國族界線來區分。喀麥隆人尤其是箭靶，該國惡名昭彰的騙徒（feymen）經常搞出光怪陸離的金錢詐騙，因此人們談及類似事件就會牽扯他們。「喀麥隆人都不是好東西。」艾瑞克的一個來自幾內亞的朋友說道，他在建築工地工作一天賺七百中非法郎（美金一．五元），喀麥隆人卻整天遊手好閒，要求「貸款」，招惹麻煩。

有些冒險者在遷徙迴路的角色會有所變化，跨越受害者—罪犯二分法，迪迪耶就是其中之一。他自願坐上被遣返者運送車，在阿爾及利亞故意被逮捕，以便免費搭車南下行經沙漠。他堅稱自己在摩洛哥過了幾年餐風宿露的苦日子，但也不斷向街角的人群推銷自己，聲稱他曾在阿爾及利亞邊界與美利雅兩地之間當嚮導，協助許多喀麥隆人進入西班牙。然而他的誇張故事並不只是對冒險者投其所好：他曾引導新聞記者行經烏季達與阿爾及利亞之間的無人區，換取酬勞。後來他受邀參加一項酬勞豐厚的新聞影片計畫，沿著從巴馬科出發的沙漠路線拍攝。現在他最想做的事情就是防堵非法移民遷徙，並且可能與一家國際性的NGO合作。

在祕密遷徙迴路的超現實世界中，這些行為看似相互矛盾但有其道理。通往歐洲的路線封閉後，受困的遷徙者尋求別的方式來把日子過下去。有些人進行小奸小壞的詐騙，更多人靠著卑微的工作謀生。最精明的冒險者則是拿自己的遷徙計畫換錢。這是對標準的跨國遷徙目標進行扭曲和顛覆：不再是透過遷徙**尋找**工作機會，而是讓遷徙本身成為一份工作。在這些「職業遷徙者」之中，位階最高的是摩洛哥遷徙者協會的領導人。在摩洛哥活躍的歐洲與本國NGO——有時也像塞內加爾的NGO一樣，被學者與遷徙者斥責為「人道主義黑手黨」——會要求這些領導人出席贊助者會議作見證（témoignage），或請他們充當專案計畫的中間人；他們的同胞會向他們尋求建議與各種服務；新聞記者非常需要他們的故事與專業。有些領導人將自身苦難寫成書出版，或冠上「撒哈拉沙漠以南移民顧問」之類的頭銜。迪迪耶只是以小規模的個人方式，嘗試在這個市場分一杯羹，在索哥尼科車站的旅館兼妓院與Aracem、休達與烏季達、新聞記者與走私者間左右逢源。遇上來自德國的車隊成員，他很快就會找到新的、急切的觀眾。

行動主義解放：抗議開始

傑里布谷現場陷入混亂，一天又一天，會議在令人窒息的高溫中進行，歐洲人對於效率的期望隨之融化消失。每個人都想發聲讓別人聽到。車隊成員採行近年跨國行動主義最愛的「大會模式」（assembly format），然而面對五湖四海的車隊參與團體，以大會為基礎的共識民主窒礙難行。[15]街角團體終於來到會場，站在一家AME經營的餐廳旁邊，研究貼在牆上的反Frontex海報。「為什麼這裡的人都那麼和善？」艾瑞克說道，看著面帶微笑、讓位給他的歐洲人。不過他並沒有被興奮感沖昏頭，他說車隊的公民記者曾在Aracem拍片，但他拒絕參與，除非他們付錢，「他們之後會賣掉影片，賺一筆錢！」這樣的警覺是人之常情：許多故事指稱新聞記者與研究人員做訪談時會夾帶隱藏式攝影機，還會花錢安排危險的沙漠之旅。

天篷底下，爭議已經延燒了好幾天。法國無證移民運動的團隊身穿螢光色的Day-Glo背心來到，動員車隊成員前往法國大使館抗議。大會中的馬利人擔憂抗議行動未申請許可，但AME與來自海外的強硬派不以為意。抗議行動最後在警察毆打中結束。運動者無所畏懼，繼續籌劃一場車隊出發前的示威，目標是巴馬科市中心的歐盟代表處。參與者拿到一張傳單，宣示行動目的：反對驅逐男性冒險者和女性冒險者、反對驅逐行動。一位旅居巴馬科的法國人與AME合作，看到傳單時嘆息說道：「說什麼冒險者，根本沒有意義！」她指出當地人不知道什麼是冒險者，也不知道什麼是「驅逐」。後者指的是參與車隊的「無聲者運動」組織抗議的驅逐行動。艾瑞克的一個朋友看了一眼傳單，聳聳肩，指著「女性冒險者」（aventurière）這個字眼，使用它是為了符合運動者的性別平權宗旨。「他們必須拿掉這個字眼。」他說。這些分歧的關切重點顯示了主事者的無能為力：無法打造一個不僅連結運動者網絡各個派系、而且連結更廣大遷徙者與馬利當地人的主導性框架。各方利害關係人的對立日益嚴重，當地人幾乎完全缺席。天篷底下除了協會的代表之外，唯一的馬利人就只有衣衫襤褸的當地兒童與飾品小販，在金屬椅子之間穿梭。這或許不足為奇，因為幾乎所有主講人都拒絕使用當地語言。「他們應該說班巴拉語。」一名困惑的喀麥隆冒險者說道，「看吧，沒有本地人要過來！」

緊張態勢並沒有讓阿布巴卡爾與他的好戰派男女戰友氣餒。他沒有參加法國大使館抗議行動，但是現在積極把持麥克風，呼籲採取更激進的做法。「我們必須在巴馬科發動進軍，」他的嗓門愈來愈大，「我們要採取具體行動，因為我們是運動者！」一名德國主事者問，進軍行動是否已知會當局？阿布巴卡爾直率回答：「我們跳過這個問題。我們不會耗費時間來尋求授權。」他前往別的地方開會，要與車隊中的阿米娜塔人馬、另一支從貝南前來巴馬科的世界社會論壇車隊進行協調。留在現場的聽眾忐忑不安，覺得行動正轉向激進，派系間的分歧水漲船高。

車隊成員之間的關係愈來愈緊張，儘管如此，他們的目標仍是一股凝聚力。對核心參與者而言，目標是歐盟的邊界體制，更明確地說就是Frontex。運動者將幾項不滿融入這個「超級目標」之中，進而將歐洲整體的移民管理策略——從巴馬科無用的CIGEM到阿爾及利亞訴諸暴力的遣返——塑造為敵人。[16]現在，敵人來到傑里布古會場，化身為一部掛有CIGEM車牌的摩托車。CIGEM發言人鬼鬼祟祟地出沒在帳篷四周，沒有告知車隊成員。一名德國運動者注意到那部摩托車，在它車牌上貼了一張「廢除Frontex」（Abolish Frontex）貼紙。他的一位同事在一旁觀看，咯咯笑道：「直接行動。」從戈吉的邊界到車隊目的地達卡，更激進的反Frontex行動即將登場。後來大會針對達卡抗議行動擬定計畫，目標是「Frontex作為基地的警察局」。運動者做了充分準備，精準鎖定尚—皮耶的邊境警察局。向Frontex進軍「抗議數千名遷徙者在歐洲外部邊界死亡」，將是這支向論壇進軍的跨國車隊的高潮。

在這個遠大目標實現之前，還有一些較小規模的抗議：首先是在尼歐羅撒赫爾與戈吉，然後是巴馬科市中心的歐盟代表處。阿布巴卡爾號召車隊成員向馬利與茅利塔尼亞邊境地帶進軍，幾部巴士展開前往尼歐羅撒赫爾的艱苦旅程。抵達之後，進軍者對於是否要繼續前往邊界爆發激烈爭議。有些人反對一開始的計畫，因為歐洲人有遭到綁架、恐怖攻擊的危險。馬利警方建議由他們陪伴同行，進軍者之中較激進的團體以「這是原則問題」為由拒絕。[17]「戈吉什麼都沒有，也不會有危險。」AME主席向他的訪客保證，他也說對了：進軍者並沒有危險，但戈吉真的什麼都沒有。身穿迷彩服的馬利邊界官員帶領進軍者參觀被遣返者居住的小屋，看起來空蕩蕩的。運動者將貼紙貼在道路標誌上，標示歐盟的邊界體制；還在一幢建築上以噴漆噴出無政府主義的象徵符號。經歷一連串的抗議行動與爭辯之後，他們的目標仍然捉摸不定。

這場進軍行動的邏輯思維，或許可以從跨國行動主義的「抗爭劇碼」（protest repertoires）窺見。學者已經找出三種運動者行動的形式：損害的邏輯、數字的邏輯、見證的邏輯——第一種的目標是摧毀財產、第二種是號召足夠數量的支持者、第三種是以直接行動造成象徵意義重大的衝擊。戈吉的行動只弄出一些塗鴉的邊界標誌，既不符合損害邏輯，也不符合數字邏輯。發展到後來，參與者難以界定進軍行動的目標。有些人認為是表態支持馬利當局對抗茅利塔尼亞的邊界執法；有些人認為重點在於傾聽當地民眾對貧窮問題的憂心。但是對阿布巴卡爾而言，進軍的目標一直是鎖定歐盟與非洲邊界，因此在形式上屬於見證的邏輯。但是它也透過車隊行動網站播出與其他的影音紀錄，更進一步**呈現**了邊界。然而對於外界觀察者而言，他們的邊界工作和休達的遷徙者抗議一樣荒謬：兩者都對一個不可見的敵人滿懷憤怒，無論如何召喚，敵人不曾現身。[18]

進軍者回到巴馬科；那年一月的最後一天，貝南的車隊也到了。新來與舊有的車隊成員在巴馬科市區的青年之家（Maison des Jeunes）文化中心會師，以一場又一場演講譴責歐洲的邊界體制。被遣返者通常會扮演現身說法的角色，但在這場活動卻不見蹤影。一名街角的冒險者在一旁觀看，抱怨那些人「以我們的名義發言」。當地的組織試圖爭取更多媒體曝光時間，結果導致沒完沒了的長篇大論，讓歐洲與非洲的參與者同感厭倦。一名大塊頭、留八字鬍的德國人對著鏡頭咆哮：「只會空口說白話，沒有實際行動，糟糕透了！」最後，急促不安的鼓聲響起，號召大家向歐盟代表處進軍。進軍者沿著蜿蜒的下坡路前行，阻礙了交通。一名法國運動者在歐盟代表處外牆上噴漆，其他人向大門蜂湧而去，八字鬍德國人對攝影機比出勝利手勢。但一切僅止於此：沒有警察施暴，沒有運動者造成更多損害。

回到Aracem附近的街角，艾瑞克對於車隊的事感到焦慮。他原本被列入參與者名單，但是後來被告知，唯有參加過尼歐羅撒赫爾行動的人才能加入車隊。「我想要有所行動，我會攀附在巴士的尾端！」他高聲說道。他待在巴馬科日益焦躁不安，希望這場由他人贊助的達卡之旅能夠推他一把，讓他繼續進行冒險。史提芬讓我看一篇他為達卡論壇工作坊寫的報告，透徹分析遷徙者的命運與全球化的不公平。這份報告譴責非洲打造「內部邊界」，以及因為兩方裂解而產生的矛盾衝突：一方是西非國家經濟共同體（ECOWAS）的自由遷徙協定，一方是歐盟施加的控制。「我們的經濟持續發展，人民卻原地踏步。」他如此一語道盡，「冒險者是這些矛盾衝突的受害者。」

車隊出發的前夕，西瑞爾從位於屋頂的寢室俯瞰整個 Aracem。他原本被指派留在巴馬科，但仍然試圖加入車隊，後來也在另一支倡議自由移動權、由摩洛哥前往達卡之後北返的車隊找到位子。他說：「我必須多為自己設想一點。」車隊的經費與關注程度分配不均，導致參與的馬利組織彼此關係緊張，西瑞爾對此感到困擾。政治裂痕也日益擴大。阿米娜塔車隊的政治目標在戈吉與歐盟代表處進軍行動之中顯得格格不入，如今決定延後出發，與傑里布古的激進派錯開時間。儘管德國人與AME以對抗 Frontex 的超級目標來號召眾人，然而車隊還沒來得及離開巴馬科，就已四分五裂。

從巴馬科到達卡：尋找邊界

出發的日子終於到來。傑里布古會場擠滿了滿心期待的車隊乘客，他們將泡棉床墊堆疊在巴士車頂，布條與背包則放進行李箱。艾瑞克在車隊出發之前打電話給我，陷入絕望，因為他不在乘客名單當中。西瑞爾也被刷掉，但是迪迪耶與史提芬加入了 Aracem 車隊。出發之後，兩人盡可能利用他們與歐洲人相處的時間。登車過程中，組織代表與臨時出現的乘客爭搶座位，主事者想盡辦法安排自家名單上的乘客入座。與後來發生的事相比較，這種情況只能算小規模預演；這是一場深入西非內地的混亂冒險，尋找捉摸不定的歐盟—非洲邊界。[19]

巴士緩緩駛出巴馬科，陷入日常的交通壅塞與煙塵瀰漫的午後燠熱。我擠進巴士後方、保留給「無聲者運動」成員的座位；他們後來的表現絕不是「無聲」。一群金杯鼓手演奏車隊之歌，車廂裡沉悶的空氣中迴盪著吼叫、吟唱與鼓聲。我設法以作者的身分加入車隊，為AME記錄這趟旅程。除了我和其他的記錄者，車隊還接納了幾位同情運動者的新聞工作者：一位義大利記者、兩位西班牙紀錄片工作者、一位我在休達結識的德國製片人。車隊在傑里布古準備期間來了幾位馬利記者，但除此之外，媒體不甚關注。後來是車隊成員反省式的自我展現——例如來自戈吉的網路影片——為車隊進軍賦予重大事件的認證。Frontex的地圖與控制室螢幕都是車隊批判的目標，但車隊與它們面臨同樣的問題：兩者與外部指涉對象的關係都愈來愈薄弱。

離開巴馬科沒多久，貝南車隊的一部巴士拋錨。車隊成員魚貫下車，到路邊休息站吃油膩的羊肉飯。迪迪耶快速採取行動，「我是一個非法遷徙者」。他向其他車隊成員介紹自己與摩洛哥冒險者，然後提議拍攝一部遷徙影片。後來他告訴我，他在巴馬科遇到一些想拍移民路線的歐洲記者，但給的錢太少，因此他希望在經由達卡回到摩洛哥之前，在車隊上的運動者之間試試運氣。史提芬也很興奮，試圖要我將他介紹給幾名德國女子。我為了AME的車隊紀錄而對他進行訪談，他卻大談政治：「我們要讓世人看見，讓聯合國看見，讓歐洲共同體（European Community，譯注：歐盟二〇〇九年前的舊名）看見，我們能造成改變。」旅程繼續進行，他一有機會就在會議上發言、與歐洲人對話，身分有時是被遣返者，有時是 Aracem 的發言人。

運動者缺乏一道清楚的邊界與一個可見的超級目標，愈來愈倚賴史提芬之類的遷徙者，來作為車隊行動的凝聚者。畢竟對於他們努力尋求但捉摸不定的邊界，這些曾遭羞辱、劫掠、犧牲的被遣返者正是活生生的見證。祕密遷徙也成為車隊成員之間的黏著劑。無聲者運動巴士的鼓聲平息之後，一場關於女性權益的熱烈辯論開始延燒，車上的歐洲年輕人愈來愈不滿男性馬利乘客的觀點。「能讓我們有共識的事情就只剩遷徙！」一位歐洲年輕人後來絕望地表示。

性別平權的理念辯論之外，還有其他因素引發緊張關係。來自不同西非國家年輕人之間的敵意持續升高，當車隊在午夜時分駛抵馬利最西邊城市開伊（Kayes）的體育館，敵意爆發為衝突。疲憊的乘客先是爭搶床墊，然後爭搶餐點，將外燴人員推擠到一旁。第二天晨間，大家在草地上集會，主事者強調車隊成員之間不得暴力相向，「每個人都要認清，我們是一體的！」德國人唱起車隊之歌，以微弱的聲音喊出「團結、團結、團結」。草地上一群一群運動者的神情愈來愈沒信心；隨著旅程一個階段一個階段進行，他們對於車隊的遠大期望也逐漸潰散。

又過了一天，長篇大論加上表演與音樂仍然無法帶來團結。阿布巴卡爾雖然警告他的馬利同事不要招惹其他西非人，但無人理會。體育館裡，一場衝突爆發。一名來自我坐的巴士的馬利青年折斷一根樹枝，人群聚攏，相互叫囂，扭打鬥毆。無聲者運動的巴士屬於貝南車隊，發生故障。「他們不希望任何人離開。」有人如此解釋。現在他們威脅要以自己的巴士擋住去路，在我們之間建立一道邊界。阿布巴卡爾試圖調停，結果無功而返。手持攝影機的車隊成員拍下年輕人在巴士前打鬥，拳頭與樹枝齊飛，馬利人摃上布吉納法索人（Burkinabes）。大部分德國人躲在巴士裡面，突然間被降格為旁觀者，就好像無意間碰上街頭騷亂的觀光客。

「Frontex 進入我們的腦袋。」一名車隊成員在衝突爆發前直率說道，「理念與現實之間，Frontex 就在那裡。」他的諷刺說法反映了兩件事：車隊無法找到一道實體的邊界來進行抗議；以及參與者之間出現緊張的關係斷層。

無聲者運動參與者後來分別搭乘剩下的九部巴士，巴士沿著曲折的道路，慢慢開往馬利與塞內加爾邊界，下一站將是東巴孔達，塞內加爾最東邊的城市，而且與開伊一樣是遷徙者主要的「發送區」。

運動者在東巴孔達市中心下車，將反 Frontex 海報張貼在欄杆上，準備進行又一天的會談。車隊成員為了提振低落的士氣，發起他們談論多時的行動，決定以進軍方式通過城市。兩個德國人踩上高蹺，扮成破壞圍籬的人型大剪刀，聯手拉起一條布條，呼籲全世界廢除邊界。一部音響系統架設在驢車上，進軍者走過大街，走入東巴孔達的市場，透過擴音器譴責遷徙者驅逐行動。

幾名衣衫破爛的兒童跟在抗議者後面，市場的女性困惑旁觀。史提芬拿起擴音器，熱情地進行呼喊與回應。「開放邊界！」他呼喊，進軍者回應：「停止驅逐！」一群瘦削的建築工人——可能是當地的移工——看著這些自信、受過教育的喀麥隆人，眼神呆滯。史提芬是一個拿著歐洲擴音器的遷徙者，他們則是一群沉默、貧窮的旁觀者。

巴士從巴馬科啟程之後，德國人對 Aracem 車隊成員愈來愈感興趣。東巴孔達進軍行動結束，德國人聚集在陰影中，討論錄製被遣返者證詞的必要性，這些材料之後可以加入車隊紀錄片。有一則故事在車隊集會中特別引發關注，一名 Aracem 的被遣返者聲稱二〇〇九年時，西班牙國民警衛隊曾處決數名遷徙者，地點在休達邊界附近，一座屬於摩洛哥的森林。他還說德國、法國與摩洛哥警方也在森林裡對遷徙者開火。這個故事讓德國人深感不安，我和一名德國記者加入他們，對故事真實性表達疑慮，根據是我們在休達進行的研究。然而德國人不想放手，開始討論如何查證相關說法、應該採取什麼行動。其中一人終於做出結論：就算這故事摻入了謠傳，但還是可能有事實的成分；故事的深層是一種創傷，遷徙者用以理解一切。與會者點點頭，表示同意。

創傷留下疤痕的概念，讓遷徙者值得各方給予關注、照顧與協助；對於東巴孔達的運動者而言，這概念也是個無比清楚的**徵象**，代表他們抗議的邊界確實存在。在運動者看來，遷徙者混合了邊界體制普遍性的悲劇以及在休達外部經歷的個人心理衝擊，目的是讓他們能夠更妥善處理後者。後來我發現，關於遷徙者遭處決的故事是來自職業遷徙者迪迪耶。我懷疑他捏造故事以便引起德國人注意，但是我保持沉默。迪迪耶當然知道他們身為運動者，需要一個故事「設計來引發憤怒與行動」，而且他就是負責傳送故事的人。[20]

又經歷一輪耽擱之後，車隊出城，駛向下一站。通往考拉克（Kaolack）的道路向西蜿蜒數個小時，深夜時分，終於停車，我們筋疲力竭。無聲者運動與巴馬科車隊再度鬧翻，這回是為了睡覺的地方。阿布巴卡爾站在停好的巴士中間，看起來迷失而疲憊。我看到逃離這場混亂的機會，於是悄悄說了再見，搭上開往達卡的夜車，西行兩百公里。抵達時，我全身髒兮兮，睡眼惺忪，但是正好趕上全球第一份為遷徙者爭取移動自由權的宣言問世。那是《世界遷徙者憲章》（*World Charter of Migrants*），在哥黑島完成。AME領導人應邀出席這場歷史性盛會（「以遷徙者而非主席的身分」），但是他滯留在考拉克。其他受邀者還包括巴馬科遷徙者聚居區領導人皮耶；一群籌辦從拉巴特出發車隊的職業遷徙者；來自西非、北非與歐洲的自由移動權倡議者；我的被遣返者老友穆罕默杜也來了，安靜地坐在會場角落，聆聽討論。憲章在鼓聲與口號聲的歡樂氣氛中通過，我感受到一股許久不曾有的解脫感：旅程結束，國際公民社會的盛事「世界社會論壇」即將登場。

在論壇尋找 Frontex

我在考拉克立拋下的車隊終於也駛進達卡，疲憊的參與者拍拍身上塵土，踩上高蹺，拉開布條，加入論壇開幕進軍的行列。國際NGO菁英人士現身讓達卡市中心熱鬧起來：高喊口號、雙手發抖、高舉布條、揮舞旗幟、留下聯絡資料。空氣中瀰漫著一股興奮感，然而興奮感很快就消失，原因是謝赫・安塔・迪奧普大學突然改變決策並引發混亂。本書第一章已經提過，這所大學的校長與塞內加爾政府取消對論壇的支持，導致校園陷入混亂。

校方與政府封鎖論壇會場，離散者與遷徙者在校園搭帳篷形成聚落，我在其中和穆罕默杜以及戴著太陽眼鏡、口才流利的歐瑪爾會面，後者是被遣返者協會的發言人。他們在大學校園舉行第一場遣返討論會，結果徹底失敗，會場空無一人；再接再厲舉行，還是無人出席。後來穆罕默杜總算看到有人扛著攝影機出現，還有幾名記者、三名歐洲大學生，一行人架設好裝備。他們問了幾個一般性的問題，也得到一般性的回答：協會如何對抗非法遷徙、需要合作夥伴、「慈悲媽媽」之類的虛假訊息。接著記者問起歐瑪爾的搭船移民之旅，他開始敘述那趟加納利群島旅程的悲劇經過，人們也開始聚攏在我們的椅子旁邊。「當時你不會害怕嗎？」記者問道，歐瑪爾回答說不會，聲音提高：「你必須把自己的兄弟丟進大海。」聽眾愈來愈多，幾乎都是歐洲人，專心聆聽他的故事。「我們是在為非法移民作見證。」穆罕默杜對持續增加的人群解釋，分送薄薄的名片，為新加入者找椅子。人們把錄音裝置推到歐瑪爾面前，他開始講述第二趟旅程與最後一次失敗。一名記者不斷拍照。然而有一個問題：有謠言指稱他根本不曾祕密搭船出海，但歐瑪爾熱切的聽眾並不知情。穆罕默杜後來承認，歐瑪爾的移民故事確實有疑點，「但是他想發言時都可以發言。」他露出疲憊的微笑。這情形一如迪迪耶與史提芬的故事，邊界暴力故事有它自己的生命，無論誰來訴說都是如此。祕密遷徙者的痛苦故事會激發歐洲人的好奇心，然而索哥尼科車站周遭反映的現實、穆罕默杜協會的奮鬥過程，還有這些現象背後更大規模的不公平問題，一直無人聽聞、無人報導。

德國人一路走來都想連結兩邊：一邊是海洋邊界與遣返的故事，一邊是他們在巴馬科遇見的被遣返者。在涵蓋範圍更大的車隊中，他們尋求促成遷徙者「眾志成城」，並且與他們緊密團結。為此，他們前往達卡的一個漁業聚落，舉辦一場聯合文化晚會。史提芬以 Aracem 代表身分出席籌備會議，但他還有別的角色，「我是非法移民的受害者」。他對當地協會代表與來訪車隊成員自我介紹。這時，他在巴馬科書寫過的、複雜的遷徙受害者情結——冒險者必須承受全球化與移民政策的矛盾衝突——已經化約成一個方便的標籤，供運動者消費利用。

沙烏地阿拉伯出資成立的帳篷區（標誌寫著：「沙烏地阿拉伯，人道的王國」），讓許多運動者難以消受）開放給所有的論壇參與者，車隊成員忙著準備反 Frontex 進軍，那是整個車隊行動的最高潮。車隊行前會議鎖定了一個適當的目標：塞內加爾邊界警察的辦公處所，位於政府禁止舉行示威的「紅區」之外。達卡市警察局位於海濱，進軍路程並不長，然而官方許可並沒有下來，人們對於下一步該怎麼做爭論激烈。穆罕默杜與他的被遣返者朋友也被捲入，站著討論如何和德國人一起參與。他要求兩萬中非法郎經費，用巴士從揚古爾送人過來進行抗議，但車隊成員堅持參與者必須自動自發。「我們也可以從松貝迪昂（Soumbedioune）動員年輕人過來。」其中一人說道，指的是達卡市警察局旁邊的一個地區。「你在那邊有看到被遣返者嗎？」穆罕默杜反駁，表現出前所未有的信心。突然間傳出一個消息，驚動了這場會議：政府批准進軍行動。

二〇一一年二月十日，一群運動者聚集在達卡的梅迪納區（Medina）一家郵局外面，大部分是歐洲人，少數非洲人之中包括AME主席。穆罕默杜一個人出席，站立著與一位女士討論下一場進軍行動的目的地。「我們要向哪裡進軍？」她問。「大學，」穆罕默杜回答。「噢，我以為是法國大使館。」她說。就連對進軍者而言，「Frontex」也是一個難以掌握的目標與目的地。隨著無聲者運動與德國車隊成員加入，人群慢慢擴大，警力也隨之增加。全副鎮暴裝備的警察從箱型車下來，部署在一處十字路口附近，那裡是進軍者前往海岸道路與警察局短程路途的必經之地。

終於，標語牌出現——「廢除Frontex」，兩個德國人踩上高蹺，拉出他們常用的布條。群眾開始上路，高喊團結口號。鎮暴警察走在前面，一輛警車與救護車殿後。人群行進緩慢，歐洲的公民記者沿路拍攝照片與影片。終於，車隊的目標出現：「Frontex」與濱海道路。

衝突從試探性的步驟開始，有如一場安全部隊與抗議者的羞澀舞蹈。警員各就各位，守衛警察局的前門與圍牆。工作人員聚集在陽臺上，俯瞰進軍者。尚—皮耶的單位在警察局二樓，運動者認定 Frontex 也在那裡。進軍者開始高喊「垮臺，垮臺，Frontex 垮臺！」配上狂野的鼓聲。「坐下！」有人對著擴音器大喊，進軍者開始靜坐抗議，阻擋濱海道路進出。警察保持距離，我也是如此，人群逐漸接近馬路對面的大清真寺，一個身穿寬袖長袍（boubou）、頭戴小帽的老人困惑詢問怎麼回事，他旁邊的人代我回答：「你們想要一個沒有邊界的世界！」我必須在警方熟人與運動者熟人之間保持平衡，處境愈來愈尷尬，然而想要置身事外是不可能的：除了我們和幾名賣太陽眼鏡的小販之外，沒有人是中立的旁觀者。「他們追求一個沒有邊界的世界，卻在這裡建立了一道邊界！」老人微笑駁斥，看著被靜坐抗議運動者阻擋的道路。有些人在警察局外牆拉起布條。突然間，一個留著髒辮的德國人登上邊防警察局（DPAF）的三樓，展開另一幅布條「Frontex 引爆」，指的是歐洲的反 Frontex 網絡。他後來解釋自己是偷溜進去，還與一名高階警官閒聊，在離開時掛出布條。「其實 Frontex 是在二樓，不過無所謂。」他說道，對這番成就相當自豪。

「原來你躲在這裡！」穆罕默杜看到我在清真寺旁邊，他邊走過來邊揮舞著一張反 Frontex

海報，拿著一支簽字筆，露出一抹微笑。「幫我在這裡寫上『揚古爾』。」他把海報攤在地上，我嘆了一口氣，我真的支持他與抗議者嗎，或者我不支持？我說我必須離開，慢慢朝郵局方向走回去。路上遇到一位當地人，憤怒斥責：「論壇不是為塞內加爾人而辦，而是讓外國人來這裡聚會，他們還這樣阻擋街道！」第二天，我在報紙上找不到這場抗議行動的報導；而且據進軍者指出，就連論壇的出版品也隻字未提。

主流媒體興趣缺缺或許不足為奇，但Frontex 抗議行動仍徹底揭示了一個已出現在戈吉、東巴孔達與巴馬科的重大謎團。正如本書第二章的描述，歐洲龐雜的邊界體制製造出一道不再「位於邊界」的邊界。想要找到它必須費一番功夫，進行深入的研究。儘管運動者為鎖定Frontex 做了很巧妙的準備工作，歐洲邊界體制仍然讓人捉摸不定。運動者在DPAF辦公室找到Frontex，因此不會踏進達卡市中心的「紅區」，然而有一個問題並未釐清：為什麼Frontex 會藏身在DPAF，而不是塞內加爾海軍基地或西班牙大使館？或者乾脆遠離達卡，設在帕馬斯的軍事宮，或者馬德里的國民警衛隊總部。進軍者在尋找邊界及其體制時遭遇的困難，顯示了無人需要為邊界悲劇負責。祕密遷徙暴力橫行，試圖對抗的人深陷荒謬感，問題核心就在於責任的落空，那也是本章嘗試釐清的主題，底下將再做簡要的討論。

抗議與缺席的加害者

本章對巴馬科—達卡車隊行動的受害者情結與邊界工作的闡述也許批判性太過強烈，流露了法尚與雷奇特曼小心避免的「錯置的犬儒心態」（misplaced cynicism），可能會因此貶抑了邊界地區無比真實的暴力與受害經驗。學者與運動者在活動與專業領域愈來愈相互踩線，有鑑於此，試圖為一個坐在車隊巴士後方揮汗如雨、振筆疾書的人類學家宣揚觀點，而不是他高喊口號的同車乘客，這種做法似乎不太公平。[21]因此必須強調，進軍者並不只是拿長矛挑戰風車。將自由移動權的跨國行動主義提升到新境界，本身就是一項大膽的嘗試。在這樣一股雄心壯志影響下，許多參與者因此強烈感受到混亂、內鬥與擴大的困難。一位德國人在車隊自製紀錄片中做評價時，形容車隊有如一個「既是半滿、也是半空的玻璃杯」，「我們的政治計畫有許多野心太大，例如試圖與當地人搞好關係、針對彼此的經驗交換觀點，結果當然是只有部分行得通。」其他人批評參與車隊的馬利組織利益分配不均，還有嚴重影響車隊行動的溝通問題。然而這些內部批判並沒有特別提及一個深層議題：如何在這個特殊形態的邊界、為這群特殊形態的遷徙者發起抗議行動？運動者的訴求主打非法遷徙者與歐洲—非洲移民，與警方、援助機構、媒體有志一同，讓這兩個幽靈變得更為真實。他們的動員在無意間印證了官方對於非法性的執著，同時強化了非法性對於歐洲與非洲國家關係的重要性。一場團結性的悲劇在邊界地帶上演：針對非法產業的抗爭只能在這個產業自家的「廠房」進行。

運動者的邊界工作與警方的邊界工作重疊，雙方的表現有如相互映射。他們都為邊界劃設領域——進軍者的反Frontex貼紙、布條與塗鴉，疊加在歐盟資助官僚體系的反移民標誌與財產之上。進軍者以標語牌、布條與噴漆罐，在達卡市警察局、戈吉之類的地方尋找並鎖定分散的邊界體制。他們的努力在這裡化為一種諷刺：進軍者追求一個沒有邊界的世界，卻必須先建立自己要打破的高牆。

關於抗議行動還有一個更重要的觀點必須陳述，並且涉及休達、美利雅與祕密遷徙迴路其他地方發生的衝突。非法產業為邊界地帶製造出新的、出乎意料的現實：在彈丸飛地與沙漠遣送地形成超現實斷絕與暴力封鎖的世界，具體而微地呈現歐洲回應非正規移民的種種矛盾衝突。在這些充斥著混雜、模仿、以假亂真的邊界地帶，角色會轉移變化，催生出新的路線、新的技能、新的抗議方式。精明的遷徙者轉化為走私者，將他們的遷徙冒險經歷專業化；運動者對歐洲邊界警察的網絡有樣學樣，並在無意間複製出他們要抗議的邊界；被追捕的遷徙者扮演當局與媒體賦予的軍事形象；每一項試圖奪取遷徙者移動性與時間的黑暗策略，都會遭遇遷徙者以新做法反制。

在這樣的世界之中，新的「非法」方式應運而生。運動者之間也有類似情形，他們——就如同他們在非法產業的對手——必須在矛盾衝突的邊界工作中，營造出特定類型的遷徙者。在車隊中，祕密遷徙者的形象發生翻轉，從造成威脅的反派變成全球化的受害者。此外，清除掉邊界的泥土與塵埃之後，遷徙者新上身的受害者角色具有選擇性。就如同其他訴求廣泛的行動，最能言善道、受邊界體制傷害可能**最輕**的人掌握了擴音器，從比喻層面到實質層面都是如此：掌握者是阿布巴卡爾、職業遷徙者迪迪耶、學生史提芬這類強勢的領導人，不是不良於行的被遣返者阿爾方斯，也不是會場邊緣那些**當地的**遷徙者。如此一來，在冒險者與充當其對話者的運動者的共同努力之下，非法遷徙者被塑造為受害者。如同法尚與雷奇特曼討論的災難與戰爭倖存者，遷徙者順理成章地「扮演唯一能讓他們受到關注的形象——受害者」。22

本書前文已經提及，要在受害過程中認定加害者相當困難。對運動者而言，加害者是 Frontex；對西班牙警方而言是人口走私販子；對非洲警方與遷徙者而言則似乎是狂野、不受駕馭的大自然。當史提芬聲稱自己是「非法移民受害者」，藉此掩飾「缺席的加害者」問題，他身後跟隨的正是這些對立的角色。在這裡，非法遷徙本身呈現為一股日益實體化、日益暴烈的力量。它既無處可見又確實存在，如同它倚賴的邊界，成為一個沒有臉孔的加害者，讓所有的行為者——警方、運動者、遷徙者、援助工作者、新聞記者——都可以集結起來對抗。

故事並沒有隨著雷聲大雨點小的 Frontex 事件結束。大部分車隊成員返回巴馬科，新出現的

記者跟隨被遣返者來到。我離開達卡的集會時，阿布巴卡爾似乎已經氣餒，完全不像他在車隊行動時的趾高氣揚，火爆的演出宣告落幕。與此同時，史提芬扮演的「非法移民受害者」變成痛苦的現實。車隊行動結束幾個月後，他從巴馬科寫電郵給我：他遭到遣返，被關進監獄，還曾眼睜睜看著朋友死在沙漠裡。二〇一二年初，我再度聯絡上史提芬；先前我看到他的一封電郵，是一篇流暢的親身經歷見證，透過「遷徙歐洲」的電郵名單發布。他與艾瑞克目前都在摩洛哥北部，等候機會進入休達。穆罕默杜待在家鄉的街區，繼續尋找合作夥伴，但比以往更加懷抱希望，因為世界社會論壇擴大了他的人脈網絡。西瑞爾終於逃離巴馬科，有謠言說他偷了街角團體的錢，但他告訴我他被Aracem的車隊成員威脅，被迫逃離。在此同時，歐洲的運動者積極籌備下一場針對邊界體制的抗議「人民之船」（Boats4People）：一支來往於義大利與突尼西亞之間的跨國「團結船隊」（solidarity flotilla），二〇一二年夏天出發。移民遷徙的故事繼續進行，形成荒謬與悲劇性的循環，讓非法產業可以隨意利用。

對另一個行為者慈悲媽媽而言，非法產業已然今非昔比。離開達卡之前，我在論壇上訪問她。一個比利時研究生陪同受訪，她透過紅十字會的人脈聯絡到慈悲媽媽。對研究生的計畫而言，這似乎再完美不過，如同許多先前的研究生。她說：「遷徙、女性、發展，三個我最感興趣的議題！」然而從她惶惶不安的行為舉止和困惑的表情看來，她得到的初步印象顯然不如預期。

慈悲媽媽只是勉強應付這名研究生，她正面臨艱難時期。西班牙的經費已經斷絕，她必須關閉辦公室——對於被遣返後的穆罕默杜與他的朋友，那一直是他們的眼中釘。「如今我們沒有電、沒有網路、沒有水！」慈悲媽媽抱怨，「對我們的女性來說太可惜了，我們原本想要展現塞內加爾女性的另一面。」她在論壇的角色聚焦女性權益，不再是移民遷徙。而且她很快就會在穆罕默杜街區的海灘上，遇到另一個女性賦權的標竿人物：阿米娜塔。來自揚古爾、被大海奪走兒子的女性穿上白衣哀悼，當夜幕覆蓋了達卡與帶有無形邊界的海洋，她們與阿米娜塔的車隊成員會合，為親人點亮蠟燭。晚間，在鄰近 Frontex 辦公室的論壇主場地，阿米娜塔的劇團呈現一場從沙漠前往休達與美利雅圍籬的旅程。當冒險者被送回巴馬科，家鄉父老就像接納長期走失的孩子，會跳舞、歌唱、淨化他們、讓他們重新融入非洲。休達、美利雅、蘭佩杜沙、加納利，這些名稱都帶有女性意味，那些歐洲的彈丸之地喚起的卻是終極、徹底的邊界暴力。休達、美利雅、蘭佩杜沙、加納利。

【結語】荒謬的邊界

「他們會繼續來到，因為沒有任何一道牆能夠阻擋人們的夢想。」

——西班牙國民警衛隊新落成移民管制中心介紹影片

「失去目的，是之謂荒謬。」*

——尤內斯庫（Eugène Ionesco）

本書一再指出，非法產業的運作相當荒謬。荒謬性涵蓋一系列的意義，從存在的荒謬到一般口語的荒謬。不過我們在這裡關注的荒謬簡單而純粹：無目的性（purposelessness）。非法產業的部門依照各自的體制邏輯來運作，且運作得相當理性。然而如果著眼整體，並且從更廣泛的時間與地理來觀照，這些運作沒有什麼明顯的目的。非法產業就像一把大鎚，卻連敲碎堅果這麼基本的工作也做不好。打擊非法性的嘗試只會催生更多的非法性。

上述西班牙國民警衛隊的引文提到祕密遷徙者會繼續湧至，不僅如此，他們的路線與方法也愈來愈超現實。簡單回顧，多虧了警方日益頻繁的騷擾、休達與美利雅的防禦工事，二〇〇〇年初摩洛哥人數不多、無傷大雅的撒哈拉沙漠以南遷徙者，轉型為一群來勢洶洶的大隊人馬。後續的鎮壓則是開啟了前往加納利群島的遷徙路線，歐洲度假遊客突然間遇見大批木殼移民船。大西洋路線遭到封鎖之後，希臘與義大利飽受壓力；後者的非洲鄰國利比亞則充分發揮政治手腕，將祕密遷徙者當成交易籌碼。對於地中海的全面管制也強化了人口走私網絡，催生出更為奇特也更為危險的遷徙方式。非法產業與它的矛盾衝突——人道主義與暴力、能見度與隱匿性、擴張與封閉——將它的非法性「原料」打造成更為痛苦的形態。

然而在邊界前線與歐洲各國首都，事態一切如常。從紅十字會搜救行動到 Frontex 風險分析網絡，現在非法性已經內建在各種體制規畫之中；實體呈現為拘留中心、高科技圍籬與海岸雷達站；透過廣播電視、報紙與邊界警衛影音來宣揚；從 Frontex 到歐洲與非洲各國的內政部，都對它精打細算、登錄在案。隨著利害關係愈來愈重要，非法性化為實體，提煉純化。同時它也變得更加荒謬，可以用許多同義詞形容：荒唐、不一致、無意義、徒勞無功。就如同希臘神話中的薛西弗斯，非法產業每天將一顆大石頭推上山，為的只是讓它再一次滾下山來。[2]

這樣的結論看似極度違反直覺。畢竟，本書依循遷徙者自身的分析觀點，聚焦於非法產業成

就了哪些事、哪些人受益。在發展援助、海上監控與人道主義等領域，非法性不僅是被製造出來的，其本身也具備製造能力。作為一個有待解決的「問題」，它激發出新的安全「解決方案」、NGO計畫、專業網絡、運動人士行動、新聞與學術工作，都是一些原本經費無著、無人在意的事務。

從達卡到華沙，非法產業的每一個部門都依照自身特有的邏輯來運作。在敏感化、「共同開發」、遷徙管理的世界中，祕密遷徙的隱匿性為政府與民間合作提供了掩護，大大小小的行為者在其中得到權勢、力量與金錢。國防產業的實驗室取得補助經費研發監控產品，事實上這是門毫無風險的生意，SIVE或Eurosur都對其國家客戶形成一種閉鎖效應（lock-in effects）。對歐洲警方而言，遷徙者的留置或遣返是一種最極致的嚇阻。在邊界防衛領域，遷徙管制為西班牙國民警衛隊之類的傳統機構帶來新生命，同時觸發了鍥而不捨的邊界去政治化（depoliticization）運作。對於政治人物，去政治化正是重點所在：將更多經費交給新邊界的「巫師」（wizards），表演厲害的魔術，讓「脆弱的」邊界突然間顯得安全。

---

*開篇第一段引文取自一部搭救遷徙者影片的中段，影片則是節錄西班牙《國家報》（*El País*）記者羅莎・蒙特羅（Rosa Montero）的作品，原文：「他們會繼續來到，繼續死亡。歷史已經告訴我們，沒有任何一道牆能夠阻擋人們的夢想。」見 http://elpais.com/diario/2006/06/18/eps/1150612022_850215.html。第二段引文取自艾斯林（Martin Esslin）《荒謬劇場》（*The Theatre of the Absurd*，1972:23）對尤內斯庫的引述。

全面描述這個多面向的產業如何誕生，超出本書的範圍；儘管如此，對於它近來的成長，有幾點必須討論。冷戰落幕迄今，邊界守衛者已經調整自身使命，在今日的「無邊界」歐洲找尋新的威脅與問題，以便證明自身工作的價值。在遷徙與開發相互關聯的「移民輸出國家」，過去陳義甚高的國際援助計畫也將宗旨調整為「圍堵世界『剩餘』人口的策略」，其他論述者已有提及。安全事務企業與非營利組織則是從國家職能的委外運作獲益，爭取到管理拘留中心、建立雷達系統、協助「弱勢」遷徙者的合約。這類合約的成本由歐盟負擔的比例愈來愈高，因為各國政府的邊界焦慮正好吻合歐洲的一項計畫，要為歐洲打造出銅牆鐵壁，保護歐盟共同的「自由、安全與正義的空間」。從這個角度來看，歐洲的非法產業其實只是一種「區域性」政治回應，對象是參差不齊的「全球化」世界經濟所帶來的不安全感與可能性。[2]

因此，作為一項政治計畫，為歐洲建立邊界的事業可能比本書的描述更為理性，也更為負面。本書曾提及為歐洲建立邊界會帶來各種政治利益，我們在這裡要特別討論其中三項。

首先，「種族」效應在邊界發揮得淋漓盡致。嘉布瑞耶里（Lorenzo Gabrielli）對西班牙移民政策的研究頗說服力，他指出西班牙與歐盟針對來自撒哈拉沙漠以南的少量祕密遷徙者耀武揚威，並像變戲法一樣地掩飾一項事實：勞工與觀光客持續從其他經濟地位更重要的地區湧入。撒哈拉沙漠以南非洲甚至不是當局經常提到的勞動力備用資源，而是代表恐懼與願景的邊疆地區，為歐洲強權國家的選舉利益服務。這些短期政治目標的「附帶損害」非常明顯：從撒哈拉沙漠、地中海到大西洋，這些新緩衝區的死難者持續增加，官方統計只顯示了其中一部分。[3]

其次，非法產業一直將「非法遷徙」的問題保持在建設性的距離之外：眼不見為淨。西班牙的外交工作在這方面成效極為突出，阻擋、隱藏移民遷徙的「流動」，改變其路線，而且成本還算低廉。一旦有必要，祕密遷徙的「隱藏」世界仍可以轉化為一場奇觀，二〇一一年義大利總理貝魯斯科尼就這麼做過，他在北非人民起義（譯注：即阿拉伯之春）期間宣布全國進入「緊急狀態」，起因是他的政府將搭船移民留置在蘭佩杜沙島，面對憤怒的當地民眾與全世界的攝影鏡頭。這種頗具創意的推拉作用讓媒體成為非法產業的最高等級共犯：沒有攝影鏡頭，就不會有緊急狀態。

第三，產業分包鏈（subcontracting chain）的建立阻斷了究責的可行性，同時也讓看似自成體系的部門能進行廣泛的相互回饋。Frontex 可以指責成員國在聯合行動中違反人權；西班牙可以不理會摩洛哥當局暴力行為的相關報導，或者怪罪國防業者使用具殺傷性的圍籬科技；摩洛哥可以將矛頭指向阿爾及利亞軍人、人口走私販子或歐洲的反制行動；援助工作者與安全公司可以聲稱他們只是提供特定服務或產品，客戶如何使用這些服務或產品與他們無關。最重要的是，歐洲政治人物免除了自己對於移民管制悲劇與錯誤的罪責。就像戰爭中使用傭兵，或福利國家的委外運作，保持距離的委派授權能帶來政治優勢，只不過要付出一些代價。[4]

這些理由有助於解釋非法產業的成長，其資金經費一直與其目標完全不成比例。薛西弗斯一次又一次將巨石推上山，這正是重點所在：非法產業讓國防產業與安全機構經費無虞，讓NGO有事可做，讓媒體全力報導外在「威脅」，在此同時提供新的綜效（synergies）與合作。

然而這樣的結論會給予非法產業與其政治金主太多的權力，而且會過度認定兩者目的一致。[5]本書已經指出，沒有任何一方能夠完全掌控邊界。相反的，邊界事務催生出新的邊境地區經濟形態，模糊了合法與非法、理性與超現實的界線。隨著非法遷徙移民的利害關係升高，這意謂非法產業的每個部門——邊界警衛、國防承包商、援助工作者與媒體——都會想要誇大非法遷徙現象，只不過彼此的做法格格不入，因此引發新的衝突。遷徙者也有類似的狀況，既顛覆也強化了非法產業的運作：無論他們的身分是沒有國家的撒哈拉以南人、激進的罷工者、躲藏的**遷徙者**，或者可被救援的「船民」。在緊張的新權力場域斷層線上，這些互動會讓各種形態「非法移民」相互衝突的主體位置（subject position）固定下來。[6]我們可以如此概述這種循環性：非法遷徙一旦被建構為「非法性」的**問題**之後，就會在歐洲的邊境地帶陰魂不散，呈現為遷徙者的痛苦經歷：被塞進美利雅的「神風特攻隊」汽車，划著由車輪內胎拼湊成的小艇，或在邊界圍籬脫到只剩內衣。可以這麼說，這是非法產業的要求。

「外部性」（externalities）的概念或許可以連結非法產業的剛性邏輯與其令人不安、荒謬的結果。對抗非法遷徙的行動不只所費不貲，為防衛產業帶來不費功夫的利益，它還創造出**負外部性**（negative externalities），一個環境經濟學領域常見的概念。非法產業的計畫可能經過成本計算與評估，然而它們惡劣的社會、政治與人性效應卻很少受到關注。從本書的探討可以看到，這些「副作用」形成揮之不去的威脅，可能顛覆非法產業的運作。如此一來，又會催生出比缺乏目的更為複雜的荒謬性。

一項主要的外部性出現在本書第三章描述的邊界地區，西非的祕密遷徙被建構為一種風險；當「垃圾」等級的風險被推給北非合作夥伴，就會引發意外的緊張關係。摩洛哥當局就曾明白宣示，堅稱它們為了合作進行邊界管制付出高昂代價。邊界外部化的外部性——與其他非洲國家關係惡化，遷徙者一窮二白、走投無路導致的社會問題，摩洛哥國際形象的受損——不斷累積。隨著緊張關係升高，歐洲邊界守衛者也再一次面對「威脅」——他們原本以為已經驅逐到邊界之外，或者以監控機制演算法掌控的「威脅」。對遷徙者則無庸贅言，這些外部性更為嚴重。

對援助部門而言，負外部性可以為它們提供可信度。在今日非洲與其他地區，都出現NGO欠缺可究責性與透明度、工作配合金主要求的問題。這是NGO全球擴張現象的特質之一，在對抗非法遷徙的行動之中格外凸顯，紅十字會、國際移民組織（IOM）之類的非營利與國際組織成為緩衝者，夾處在邊界體制剛性核心與其人道介面之間。瀰漫怨恨的經費爭奪戰：從塞內加爾到摩洛哥此起彼落，連西班牙都不可避免；經費依據扭曲的短期優先性目標來做分配，各方不擇手段爭取。在這些爭鬥之中，資源分配不公讓非洲當地人怨聲載道，本書第一章被遣返者的掙扎、第三章羅索的困境都是具體呈現。

藉由兩種形式的分包——警政與援助，移民遷徙轉變為一種特權的語言，讓西方世界與它的「他者」進行對話。遷徙者成為溝通過程的標誌象徵，過程中出現各種主張，將小規模、可控制的問題無限上綱。一個荒謬的案例發生在二〇一〇年，利比亞領導人格達費要求一年五十億歐元的經費來「遏阻非法移民」，否則歐洲將成為「黑人家園」。類似的循環性也打亂了對抗非法產業的努力，見於邊界地帶的抗爭行動也見於本書。為了深入探討非法產業的運作，本書有可能強化了它寫作伊始要批判的對象：邊界的拜物教、被種族化的遷徙者、將兩者聯結起來的緊急事態框架。

那些被貼上「非法遷徙者」標籤的人們愈來愈積極參與這些遊戲，利用他們被強加的身分來獲取認可。他們的參與也凸顯了歐洲強權國家的另一種外部性：認知的外部性。在本書現身的遷徙者就如同他們老家的許多同胞，面對過去激發他們上路冒險的「歐洲夢」，表現出愈來愈深沉的幻滅感。伴隨幻滅感而來的是對非法產業的嚴厲批判——來自達卡的被遣返者、巴馬科的被驅逐者與休達的罷工者，都認定非法產業靠他們賺取不義之財。在這些非法遷徙者的抗議與抱怨中，他們既不是遷徙學者充分研究過的歐洲恩惠或權益的尋求者，也不是行蹤隱密、不涉政治的「不法之徒」。在這裡出現了政治學者卡利瓦斯（Andreas Kalyvas）所謂的「反叛的移民」（rebellious immigrant），非法產業勞動意外生成的苦澀果實。[7]

新出現的祕密遷徙術語反映了遷徙者認知的激進轉變，第四章曾經討論過，這些術語愈來愈有「反恐戰爭」的味道，非法產業在這個規模更大產業的陰影下運作。像是「關達那摩」、「神學士」（Taliban）、「碉堡」等術語凸顯了遷徙者如何以當代西方全力追討的他者——恐怖分子——來嘲諷自身的主體位置。這套新的邊界語彙一方面印證、一方面微妙地動搖了歐洲的「入侵迷思」；更重要的是，它將歐洲呈現為一個病入膏肓的帝國，藉由軍事手段將非洲遷徙者轉化為受害者。隨著憤怒與幻滅感在遷徙者的社群網絡蔓延，甚至滲透進入非法產業自身，一種歐洲—非洲邊地共有的敘事開始片段浮現。最終結果相當難堪：歐洲從此成為一股黑暗、冷酷的力量，以往光輝燦爛的魅力被剝奪殆盡。

沿著西班牙海岸探索移民管制的世界，就像是一趟遊歷廢墟的旅程；幾年前才落成的建築物已無人使用，原因是遷徙的態勢已然改變。加納利群島的外國人拘留中心只剩空屋，被拘留者早已鳥獸散。位於直布羅陀海峽的塔里法，大批碎片殘骸隨著移民潮被沖上岸，紅十字會員工曾考

處成立一間祕密遷徙主題博物館，以民族誌方式展出各種文物：充氣艇、輪胎內胎做成的救生衣、從一塊原木鑿成的船槳。不過紅十字會自家的辦公室也像一座博物館：為了搭救遷徙者設立，如今空蕩蕩無人使用。

非法產業也曾經風光過，扮演壓迫者驅使遷徙者改變路線，但就連這段風光時期的遺跡也透顯出它的徒勞無功。這些工作有其必然性，但總是過度妄為，而不是為目標量身打造。鋼製圍籬、拘留中心、救援設施只是政治人物的工具，讓他們展現自己「對抗」變化無常遷徙路線的決心。

非法產業的做法也在比較人性的層面上過度妄為。我在本書開端試探性地指出，非法產業是以化約的方式運作：出身、經歷、目標與法律地位各自不同的遷徙者逐漸受到改造，以符合遷徙非法性的類型模式。然而賦予單一面向的非法性並非故事的全貌，本書接下來幾章顯示，非法產業工作者一直在鼓吹「赤裸的」非法性觀念。一部分原因是要讓他們的介入更加目標明確、切合需要。畢竟，我們不可能要求每一個人都交出身分文件、被拘留、被遣返、被拯救、被觀察、被照顧、被拍攝、被書寫。然而這些工具性的目標結合了更深層的動機，非法產業需要一些事物來鼓勵工作者，正當化他們的作為；許多工作者公開認為自己徒勞無功。在邊界地區，背包與黑皮膚會傳達某種危險、躲藏的非法性，當局必須立即偵查。來到休達，欠缺身分文件代表一種本質上的脆弱狀態，需要接受某種「處理」。在警察執法與援助工作中，遷徙者腦袋裡的祕密與創傷讓偵訊或者治療工作有了動機。這些過度妄為是一種增補（supplement），協助促成愈來愈自然而然、有如常識、黑白分明的遷徙非法性。[8]

從本書的物質觀點來看，這種「追求意義的意志」（will to meaning）只是回饋非法產業混合式運作的另一項要素。[9]過度妄為的特質落實為Frontex運作的圖像體系、美利雅的圍籬科技、拯救遷徙者的圖像、休達以假亂真的文件。在這裡，荒謬不只是無目的：它成為現實與其表象之間一種不協調、甚至怪異的斷裂，置身於一個催生出千奇百怪結果的反饋迴圈之中。

其中一項結果關係到遷徙者的生活經驗，他們必須承受的矛盾衝突特質是自身非法性的構成要素。「非法遷徙者」——尤其黑人男性——既是值得同情憐憫的待拯救對象，也是集結在邊界的威脅。他的身分由移動性的汙名與承諾界定，但他也經常被剝奪移動能力。他是一個帶有威脅性、狡獪機靈的入侵者，但也是一個無辜、無知的受害者。膚色與服裝讓他顯而易見，但他仍具有一種讓當局視而不見的隱匿性。從這些矛盾衝突之中，浮現了遷徙非法性一種難以捉摸的本質，只要拿不出身分文件就會觸發。本書各章與其他民族誌著作都已指出，這樣的「非法移民」是一種不可能的存在。遷徙者經歷了這樣的不可能性，有時會體驗到自身困境的荒謬，表現為一種徹底解離的存在意識，或者就是卡繆（Albert Camus）所謂的「一去不回的流放」（irredeemable exile）。[10]

不協調性也在邊界一覽無遺。本書主張祕密遷徙是一種奇觀、一種展演，對於當代世界被隱匿的運作真相，或許可以提供驚鴻一瞥。透過這樣的觀照方式，二〇一二年大地島遷徙者齊聚在一面西班牙旗幟下方的奇特展演——見本書第四章——就像二〇〇六年特內里費島海灘、二〇一四年美利雅圍籬頂端的奇觀，完成了二十世紀中期荒謬劇場（theater of the absurd）的使命。艾斯林（Martin Esslin）討論貝克特（Samuel Beckett）與尤內斯庫看似無可理喻的作品時寫道：「荒謬劇作家批判——大多是直覺為之，無心插柳——我們解體中的社會，方式是讓觀眾猝不及防面對某種怪異地亢奮、扭曲的瘋狂世界。」[11]

也許就是在這個地方，非法產業終於發現自身悲慘的目的性。

非法產業總是處於一種不平衡狀態（disequilibrium）。二〇一二年馬利發生政變，分離主義勢力占據北部廣大的沙漠地帶，引爆一場難民危機，很快就在馬德里與華沙敲響警鐘。同時在更北方的地區，「阿拉伯之春」（Arab Spring）的暴力餘波造成大規模流離失所。在塞內加爾與西班牙，新政府承諾會帶來不一樣的政治年代、不一樣的移民政策考量。西班牙保守黨政府宣布大幅刪減對撒哈拉沙漠以南地區的開發援助，為自家日益嚴峻的邊界管制措施與歐盟爭鬥不休。摩洛哥在二〇一四年祭出史無前例的管制措施，暫停烏季達的遣返行動，但持續進行鎮壓。[12]儘管

出現這些變化，非法產業繼續勉強運作，只是其形態可以隨時進行調整。

改變的觸媒之一是經濟。隨著歐元區危機惡化，歐洲南部國家再度被視為移民輸出國而非輸入國。安哥拉提議協助葡萄牙度過經濟難關，大批葡萄牙勞工湧入這個前殖民地。西班牙民眾不僅到北歐尋求工作，也前往摩洛哥、巴西等新目的地。巴西政府後來與西班牙失和，祭出強硬邊界管制作為報復，最終迫使馬德里當局對巴西民眾入境西班牙鬆綁。「總有一天，歐洲人會到非洲尋找工作。」二〇一〇年在丹吉爾，一名冒險者怒沖沖地如此預言。這一天的來到恐怕比他期望的還要早。

也許有一天，昔日富裕國家的民眾回顧二十一世紀初期時，會質疑為什麼要花那麼多時間、精力與金錢來管制那麼少人的移動。也許到那個時候，決策者會理解這一切的愚昧：不惜任何代價來管制人類移動；將特定遷徙者貼上「非法」標籤；將「非法者」送上選舉、廣播電視、監控室、NGO小冊與書籍——包括本書——宣揚。然而想要獲致那樣的理解，首先必須將非法產業大卸八塊，讓它所處理的「產品」恢復本來面目：不多也不少，就是一群遷徙的人。

【附錄】方法論

本附錄將簡要說明研究非法產業涉及的方法論。首先要提出一個核心的兩難：面對一個從撒赫爾邊界哨站延伸到歐洲控制室、但在每個地點都諱莫如深的複雜體系，如何才能進行研究？人類學研究傳統重視對「當地」世界的長期沉浸（immersion），如何調整其田野調查方法來研究這樣一個體系？

人類學家明白研究「全球化」相關過程會遭遇的挑戰，已經開始接納多點研究（multisited research）的做法。尤其是移民遷徙研究，多年來學者聽從馬庫斯（George Marcus）「跟隨人群」的呼籲，特別是在美國—墨西哥邊界；我的初期研究計畫也是如此，伴隨遷徙者踏上旅程。[1]這類多點研究讓民族誌的焦點超越了「當地社群」，然而原本支持這種方法的人類學家也指出，問題並未消失。在許多項多點研究的社群焦點（community focus）之中，都微妙地複製了尼娜・格力克・席勒（Nina Glick Schiller）與威默（Andreas Wimmer）所謂的「方法論的民族主義」（methodological nationalism）——對研究對象的民族國家與其領土限制的忽視或歸化（naturalization）。此外還要加上蕾蓮．威爾丁（Raelene Wilding）指出的倫理問題：人類學家會在不同地點之間穿梭，但為她提供消息的人會留置在特定地點、保持特定身分。赫治（Ghassan Hage）書寫黎巴嫩跨國遷徙者時，提出更多的憂慮。對他而言，多點田野調查意謂對於每個跨國「社群」案例與其對應「地點」的關係進行徒勞無功（而且極為費力）的研究。總而言之，多點民族誌儘管宣稱要與社群以及地方性劃清界線，但彼此的連結似乎並未消失。或者就如漢納茲（Ulf Hannerz）所論，人類學的沉浸與「置身現場」（being there）理想仍存在於多點研究的「置身這個現場……那個現場……還有那個現場！」的世界。我們可以像拉圖（Bruno Latour）一樣質問：「人類學是不是注定永遠要與領土綁在一起，無法探索網絡？」[2]

隨著多點研究受到批判性的檢視，一些人類學家回歸單一場址研究——如今改稱為「任意選擇地點」（arbitrary location），觀照更廣泛的複雜性，或者作為世界體系的一個「節點」。另一個解決方法是全面重新建構人類學與地方性的關係，費爾德曼（Gregory Feldman）就推動這種做法，他在《遷徙機制》（*The Migration Apparatus*）一書主張一種「非地方性的民族誌」（nonlocal ethnography），超越傳統人類學重視的「藉由直接感官接觸獲取事證」。他在這方面也藉助於項飆（Xiang Biao）較早期的工作，他研究印度流動的資訊科技工作者，為聚焦於無形社會過程做了強而有力的展現。這種非地方性民族誌雖然擴大了民族誌的範疇，但它失落了一些人類學家非常珍視的「稠密描述」（thick description）——項飆本人也在他卓越的著作中提到，這種做法欠缺「研究場址的五光十色，以及『置身現場』的感受」。不再置身任何一個現場的人類學家，突然間無所不在又無處可見。[3]

我相信還有另一個選擇，我稱之為「延伸式田野場址」（extended field site），向社會人類學曼徹斯特學派（Manchester School）的「延伸個案研究法」（extended case method）致意。格拉克曼（Max Gluckman）的經典之作〈橋〉（The Bridge）是這種方法的範例，讓原本被視為截然不同的群體——部落與殖民者——進行一場分析性對話，其結果遠遠超越人類學研究場域村落的地理局限。我的延伸式田野場址方法同樣聚焦於爭議性的社會互動介面，並且在不同的地點反覆運用。這種做法不會大幅增加場址，也不會迴避地方性，而是與地方建立一種橫斷線（transversal）的關係，讓「田野」的概念超越狹隘的地理界線。總而言之，我將分散的研究地點當成單一的場址。延伸式田野場址也就是「一個場址，多個地點」，便於對跨國非法產業的**體系**以及它製造的遷徙者身分組態，進行記錄、追蹤與地圖繪製。[4]

這種做法也必須藉助於發展研究的「介面分析」（interface analysis），它讓研究者能夠將出資者、援助工作者、仲介者與受益者放進同一個分析框架。當我們探討沿著歐洲—非洲邊界產生的社會介面，目的並不在於將非法產業的描述扁平化，或者將獨特的主體位置本質化與區塊化，那是介面分析會遭遇的批評。我們的目的在於探討每一個介面如何以不安定、不完美的方式在邊界地帶的城鎮、道路與飛地上疊加一種新的超地理（suprageographical）功能，同時也探究新主體位置是如何在介面互動**過程中**產生。[5]

「延伸式田野場址」的做法藉由政治學者與費爾德曼非地方性民族誌的探討，對歐洲邊界管制提供了截然不同但很能互補的觀點。費爾德曼區別「遷徙機制」（migration apparatus）的兩個面向：一面是「實質性」但僅限於「徵兆性」（symptomatic）的特質，另一面是不那麼實質但有生成性的「理由」。然而正如本書的呈現，歐洲演進中的邊界體制並不僅只是奠基於「非實質的」程序，它同時也是透過社會、傳播與金融的網絡來建構；這些網絡從遙遠的邊界哨站延伸到政策制訂者的辦公室，倚賴沙漠與海洋邊界提供的實體性、海外飛地與小型島嶼的地理性質、不穩定的基礎設施與人力供應。近年發展人類學（anthropologies of development）對於政策—實務的連結多所質疑，我依循此一路徑，主張「實地發生」的物質性、地理性與社會組成並不只是某個預先設定體系的曇花一現，而更是一系列關鍵的組成性場域。藉由遠離政策機制的混亂世界，聚焦邊界機制與特定地點、人群與結構發生互動——也就是安清（Anna Tsing）所謂的「摩擦」（friction）——的介面，我們可望催生出一套民族誌論述，涵蓋歐洲回應祕密遷徙的整體邏輯，以及那些關鍵的「破壞機器運作的沙塵」。[6]

行為者網絡理論（actor-network theory）提供了一套有用的理論架構，這要歸因於它專注於探討物質性、機制與人們的交互作用。簡而言之，這項「理論」（或者應該說是工具箱）將人類與非人類群體視為「行為體」（actants），在克服它們的抗拒的過程中，透過拉圖所謂的純化與翻譯（purification and translation）工作，製造出看似堅實的體系。[7]這個分析架構在本書各章隱而不顯，但是讓我們將焦點從移民遷徙研究的兩極——重視政策的政治學觀點與民族誌對實地「遷徙者觀點」的堅持——轉移至非法產業的物質、實質與社會介面。[8]從這個觀點來看，圍籬、巡邏艇、雷達、電視攝影機與搜救裝備都可以被視為網絡中的「行為體」，或者由人類與非人類連結組成的「集合體」（collective）。「非法移民」在這裡作為非法產業關鍵的連結者或「代幣」（tokens），他們的流動也就成為這個網絡的語言與通貨。

然而有一點相當重要：不能忽視這些主體對於這種流通與範疇化的共謀；哲學家哈金對此再三主張。這也是為什麼儘管本書是一項產業的民族誌，但遷徙者在篇章之間仍占有顯著的位置；他們發現自身被困在一個體系之中，但也成為這個體系的行為者與共同分析者（coanalysts）。

我的方法學也藉助於新聞工作。馬爾基曾經指出，人類學主要關切那些恆久存在、藉由文化傳遞的經驗，而不是通常由新聞記者處理的短暫、戲劇化的事件。祕密遷徙由這類事件界定，在媒體與政治人物、警方、人道主義者、人口走私販子與遷徙者的共謀中被創造出來、化為神話。本書對於這種由媒體煽風點火的「奇觀」做了透徹的探討，但我仍跟隨馬爾基的腳步，運用新聞工作的調查特質，重新思考對戲劇性、展演性質事件進行田野調查有何好處。身為一位人類學家，我進入一個擁擠的研究場域，田野調查已經今非昔比，我追隨新聞記者、學術先驅、NGO

工作者、政府調查員與警察的腳步。在這個擁擠的場域，幾位大無畏的調查記者特立獨行。就如本書第四章的描述，有些記者與遷徙者一起進行祕密旅程，往往冒著極大的風險。其他記者藉助於與遷徙者、官員的長期接觸，對船難悲劇進行調查。這些身歷其境、追根究柢的做法，類似——有時甚至超越——人類學家的成就。因此我也採納這些做法，探究戲劇化事件、「追尋金錢的脈絡」、發揮新聞記者的堅持精神來建立扎實人脈。[9]

從更廣泛的意義來說，我的意圖是要向邊界專業人士看齊，以跨領域方式工作，從他們的移動性與做法之中得到靈感。為了探究祕密遷徙的祕密世界、接觸遷徙者與警方等難以接觸的群體，這種折衷做法有其必要。舉例而言，我的延伸式田野場址讓我得以彌補取用權的限制，抵消可能的利益衝突；在某一個場址得到新的取用權，在另一個場址進行「滾雪球抽樣」（snowball sampling）。

最重要的一點可能在於，將我的研究領域視為延伸式田野場址在某種意義上，讓我成為遷徙者、記者、警察與援助工作者的同路人與「共犯」。對人類學家而言，這是一個變化無常但令人興奮的天地，我們像騙徒一樣，熟門熟路地在「本地人觀點」與自身觀點之間穿梭。然而我也希望本書能夠呈現，這位人類學家已經成為他所書寫產業的「本地人」。他就像他所遇到的工作者與遷徙者一樣，穿越歐洲日益明顯的邊境地帶，在移動的同時也協助創造了邊地；他的個人與專業網絡就像工作者與遷徙者一樣，從馬利延伸到馬德里，以及更遠的地方。當他與遷徙者或工作者交換故事，談論遙遠的人脈、荒涼的邊界哨站、艱辛的陸上旅程，彼此之間會浮現一種共同的理解，關於日益明顯的歐洲—非洲邊界，關於非法產業自身，關於祕密的遷徙旅程。

這份共同的理解會帶來一些慰藉。在某個層面上，它並不代表一個將人們拖入其勢力範圍的黑暗冷酷產業，它只是一份古老的遷徙者夥伴情誼。許多冒險上路的人告訴我：「在你展開旅程之前，你的眼睛根本不曾打開。」冒險旅程與人類學的目的，正是要打開人們的眼睛。

18 抗爭行動的邏輯見della Porta 2006:238。

19 此處使用「歐盟－非洲」是為了因應AME對「歐盟邊界」與「歐洲邊界」的區分。本書其餘部分使用「歐洲－非洲」來突顯邊界的分散性。

20 關於創傷的「疤痕」，見Fassin and Rechtman 2009，引文見Merry 2005:241。

21 關於運動者與學者的領域重疊，見Merry 2005。

22 Fassin and Rechtman 2009:279。關於強調受害者身分的選擇性，南非的類似案例見James 2007。

結語　荒謬的邊界

1 「absurd」一詞的眾多意義見Luper-Foy 1992:97；薛西弗斯神話見Camus 1942。

2 「『剩餘』人口」一語出自Walters 2012:74，後者則是引用Duffield (2007)的作品。

3 見Gabrielli 2011:341。

4 批判Frontex行動的人士也提到可究責性的問題，包括Gammeltoft-Hansen and Nyberg Sørensen 2013一書收錄的作者。

5 後面這種狀況——考量國家內部對於移民問題的遷徙——在Nevins (2002:168)關於美國移民管控的討論中，有非常具說服力的闡述。

6 Bayart's (2007)討論了「全球主體」(global subjects) 如何在全球化的情況下產生，對本文頗有啟發。不過有鑑於本書探討的非法性執迷現象，他這些關於主體的論斷必須重新檢視。

7 見Kalyvas 2010。

8 此處「增補」一詞的用法類似Derrida (1976)。

9 「追求意義的意志」一語引自Robbins 2006:213。

10 見Camus 1942:18。關於非正規遷徙者如何體這種「不可能的」主體性，見Coutin 2005, Ngai 2004, and Lucht 2012。

11 見Esslin 1972:400。

12 摩洛哥的移民政治在二〇一三年九月進入新階段，但是明愛會、人權守望等NGO指出，暴力與警方掃蕩並沒有因此終結。遷徙者不再被驅逐到烏季達，而是被送往摩洛哥各大城市，以轉移人道危機。另一方面，加強管制對於大部分撒哈拉沙漠以南遷徙者並沒有帶來多少希望。關於二〇一三至二〇一四年情勢，見 http://elpais.com/m/politica/2014/04/01/actualidad/1396373829_144060.html 與 www.hrw.org/news/2014/02/10/morocco-abuse-sub-saharan-migrants。

附錄　方法論

1 見Marcus 1995。關於美國—墨西哥邊界的研究，見Alvarez 1995。

2 Glick Schiller and Wimmer 2003:598; 引文見Latour 1993:116；Wilding 2007；Hage 2005以及 Hannerz 2003.

3 Feldman 2012:184; quote from Xiang 2007:117.

4 這種方法試圖遠離人類學對於「有界線的田野」(bounded fields) 的「差異的空間化」(spatialization of difference)，趨向於一種「變動的地方」的方法論焦點，但不會是田野空間的多點擴散，也不會是非地方性的民族誌 (Gupta and Ferguson 1997；關於延伸個案研究法，見van Velsen 1967和Gluckman 2002)。不過我在談論「延伸式」田野場址的時候，也希望能夠體現對於較早期人類學研究的延續性。當然，人類學向來遠遠不只是「單點」(single-sited)，從布朗尼斯瓦夫·馬林諾夫斯基 (Bronisław Malinowski) 對於庫拉環 (Kula ring) 的經典研究、早年的托雷斯海峽 (Torres Strait) 探險都可見一斑。事實上，人類學在發展歷史上一直試圖兼顧尺度與地點，Hage (2005) 與其他學者因此呼籲建立一種「新庫拉民族誌」(neo-Kulan ethnography)。

5 關於介面分析，見Long 2001；關於對介面分析的批判，見Rossi 2006；關於「介面民族誌」(interface ethnography)，見Ortner 2010。

6 見Feldman 2012; Tsing 2005。引文見Agier 2011:7。政策—實務觀點的論述見Mosse 2004:13。

7 見Latour 1993。

8 行為者網絡理論也讓我們得以遠離Latour (1993)警告的兩項科學趨勢：社會學化 (sociologization)，研究人際相處的情形；話語化 (discursivization)，著重於語言與意義的分析。

9 見Malkki 1997；Faubion and Marcus 2009。關於新聞著作，見第四章注17。

and Andersson 2010。芮克利夫-布朗的案例見Lindqvist 2008。

20 關於消聲匿跡與無比顯眼，見Coutin 2005。

21 對於官方對難民的建構如何聚焦過去的苦難，相關討論見Mann 2010:235–42。

22 關於當代社會對即刻未來的「清空」（evacuation），見Guyer 2007頗具影響力的人類學論證。休達的遷徙者與Guyer的美國案例不同，「清空」似乎是一種來自營區生活的自覺效應。

23 參見一位營區醫師的強烈批評，www.elpueblodeceuta.es/201201/20120115/ 2012 01158203.htm。

24 見www.europapress.es/ceuta-y-melilla/noticia-desalojan-melilla-campamento-medio-centenar-chabolas-inmigrantes-levantado-hace-ocho-anos-20120529161926.html。

第四景　不提供工作的求職中心

1 見CIGEM網站首頁，“Objectif et missions”: www.cigem.org。

2 歐盟執委會新聞稿：www.carim.org/public/polsoctexts/PS3MAL001_EN.pdf。

3 CIGEM從第九期與第十期歐洲開發基金（European Development Funds）拿到經費，總計一千八百萬歐元。關於CIGEM與馬利整體移民政策，見Trauner and Deimel 2013。

4 這是二〇〇〇年的估計數字，根據前幾年的遷徙模式進行統計；馬利移民人口並沒有精確資料，見Sally E. Findley, “Mali: Seeking opportunity abroad,”在 www.migrationinformation.org/Profiles/display.cfm?ID=247。

5 見Funakawa 2009:40.

6 實習研究員報告見Funakawa (2009)。

7　沒有邊界的進軍者

1 「無邊界」見http://noborders.org.uk與www.noborder.org。「沒有人是非法」見www5. kmii-koeln.de/?language=en。「Frontex引爆」見http://frontexplode.eu/。較近期也較主流的「脫離Frontex」運動見www.frontexit.org/en/。

2 見Rumford 2008:2.

3 戈吉進軍期間，我待在巴馬科。這部分內容是根據參與者的回憶與影音資料，見www.afrique-europe-interact.net/index.php?article_id=384&clang=1。

4 非正規性具有一種顛覆性的能力，本文目的並不是要簡化相關的複雜論述，見Papadopoulos et al. 2008與Kalyvas 2010 and 2012，後者使用「世界公民權」一詞對此一主題做了引人入勝的探討。

5 見www.oecd.org/dataoecd/5/63/41682765.pdf。

6 Fassin and Rechtman 2009:23.

7 引文出自Fassin and Rechtman 2009:183, 18. Joel Robbins (2013) 討論人類學近年關注「受苦的主體」（suffering subject），與本章密切相關；然而正如第六章所論，人類學先前的研究重點「野蠻人」仍然存在於非法性其他的組態中。

8 廷扎瓦滕的情況見Lecadet 2013。

9 車隊的資金來自個別的募款工作，以及慈善機構與NGO的支持 (AEI 2011:119)。

10 無聲者運動關注驅離行動，其「受害者」未必是遷徙者。

11 見http://no-racism.net/article/2814/。

12 Walters (2006b) 將邊界營區的闖入與「駭入」邊界行動，視為一種面對變動性權力的創意回應。他也針對這類抗議提出挑戰：「如何設計出一種行動的方式，來抗議甚至顛覆邊界的運作機制，同時又能避免過度迷戀邊界的力量。」 (Walters 2006b:35) 這段論述與本章高度相關。關於「脫離Frontex」行動，見http://vimeo.com/62428750. For the history of AEI, see www.afrique-europe-interact.net/index.php?article_id=38&clang=1。

13 關於此處的框架分析，見della Porta 2006:67; and Snow and Benford 1998。

14 Žižek 1999:178。當代南非也有類似的兩難困境，見James 2007:29。

15 關於「大會模式」，見della Porta 2006，她的研究對本章有整體的助益。

16 這是政治學家Sidney Tarrow所稱的「框架濃縮」（frame condensation），轉引自della Porta 2006:70。

17 相關資訊來自參與者的回憶、影音與文字資料，包括MSV對車隊的報導：www.mouvementdessansvoix.org/IMG/pdf/Rapport_sur_la_participation_du_MSV_au_FSM_de_Dakar.pdf。

19 《休達燈塔報》二〇一〇年九月八日頭版。
20 一九九五年事件見Ferrer Gallardo 2011:30。
21 西班牙文原文:「Somos como vosotros, no somos malvados ni animales salvajes, pero una generación reflejado y consciente. Reclamamos solamente nuestros derechos. Estamos cansado de quedar en carcel, por favor el gobierno. libertad—libertad!!!」
22 見Fekete 2005,亦見De Genova and Peutz 2010。
23 引文見Agier 2011:52。關於祕密遷徙者尋求的匿蹤性,見Papadopoulos 2011。休達罷工者對國家的召喚類似達卡的被遣返者;從理論層面來看,它也讓人想起朱迪斯·巴特勒(Judith Butler)對阿圖塞(1971)「召喚」理論的修正。對巴特勒(1995:24)而言,主體不僅是被國家召喚,而且是「熱烈追求國家訓誡式的認知」,她將這個過程稱之為「主體化」(subjectivation)。
24 關於美國的情況,見McNevin 2007。關於「可遣返性」,見De Genova 2002與本書第三章。
25 Fanon 1967:112, 129.
26 《休達人民報》二〇一〇年九月五日頭版。
27 見Turner 1974:97–100; Malkki 1995與Agier 2011。

第三景　在神父的房舍

1 「神父」這個綽號是化名。
2 引文來自Bornstein and Redfield 2010:17,亦見Bornstein同書論「孤兒的價值」(value of the orphan)的篇章。

6　擱淺在時間之中

1 其他地區的拘禁措施,見Mountz 2011。
2 見Foucault 2008。本章涉及的時間—空間理論見Munn 1992與Thrift and May 2001。
3 休達修女的用語。
4 見Goffman 1961.
5 二〇一一年新上臺的保守派政府迅速採取行動,大幅限縮這項權利,見http://politica.elpais.com/politica/2011/11/24/actualidad/1322125831_984714.html。
6 Only Thinking, by Gabriel Merrún,可見於:www.socialsciences.manchester.ac.uk/disciplines/socialanthropology/visualanthropology/archive/mafilms/2009/.
7 關於「以假亂真的證明文件」,見Navaro-Yashin 2007。Navaro-Yashin討論的北賽普勒斯(Northern Cyprus)案例,證明文件在發給的國家(不被其他國家承認)之外的地區不被承認;休達的「不被承認」狀況則是發生在同一個國家的兩個機構間。
8 見Pelkmans 2013與Kelly 2006。
9 見Goffman 1961:67.
10 Calavita (2005)指出義大利與西班牙一方面給予移民臨時性的法律地位,一方面強調「整合工作」,這種錯位一部分源自於移民作為廉價勞工的法律本質。然而本章顯示,這些經濟與法律的思維必須從非法產業的內部思維來看待,也就是把遷徙者的時間當成一種扣押的資本(withheld capital)來運用。
11 「時間地理」一詞見Glennie and Thrift 1996:280。
12 關於這方面「時間紀律」的經典研究是Thompson 1967,對本書此一章節頗有啟發。值得注意的是,美利雅營區與休達營區不同,並沒有區分樓上與樓下空間。
13 見Desjarlais 1994:895.
14 關於情緒和以假亂真的證明文件,見Navaro-Yashin 2007;關於官僚體系產生的冷漠,見Herzfeld 1992。
15 見www.elfarodigital.es/ceuta/economia/16148-el-misterio-de-economia-y-hacienda-prohibe-la-contratacion-de-serramar.html。
16 「道德分工」一詞出自Hughes 1958,亦見於Goffman 1961:107。
17 西班牙與國際媒體的報導還有許多例子。
18 Johannes Fabian (1983)關於民族誌如何呈現研究對象的分析頗具影響力,他使用「同時性的否定」(denial of coevalness)一詞。
19 關於「野蠻間隙」,見Trouillot 200;關於遷徙者作為人類學與相關學門的「新蠻族」,見Silverstein 2005

在通過警衛隊前，都沒有「進入西班牙」。關於門禁森嚴社區的討論，見Low's (2003)；關於將歐洲視為這樣的社區，見van Houtum and Pijpers 2007。
32 數字來自Ferrer Gallardo 2008:138。
33 關於邊界價值鏈的階段，見Heyman 2004與本章序論。
34 見http://www.lexpress.fr/actualites/2/tensions-entre-le-maroc-et-l-espagne-accusee-de-racisme_911851.html。
35 見www.jeuneafrique.com/Article/DEPAFP20100806T175949Z/。
36 關於設門禁如何將飛地凸顯為富裕地區，見Low 2003:131。關於包圍的技巧，見Brown 2010:120。
37 以Latour (1993)的用語來說，在海洋上呈現的是「翻譯工作」(work of translation)及其混合式的創生物；在陸地上則是「純化工作」(work of purification)，並藉由另一項分別海洋與陸地邊界的純化工作來區隔兩者。
38 見www.youtube.com/watch?v=FTHn8X895cI。
39 引文見Lemke 2005:8; De Genova 2012。
40 關於二〇一二年最早發生的事件，見www.elfarodigital.es/melilla/sucesos /101560-marruecos-repele-un-nuevo-asalto-masivo-de-inmigrantes-a-la-valla-fronteriza.html。關於二〇一二至二〇一四年後續的闖關事件，見西班牙《國家報》的系列報導：http://elpais.com/tag/melilla/a/。
41 關於驅逐行動以及它們如何促使西班牙與摩洛哥雙邊關係改善，見MSF 2013。《摩洛哥週刊》(*Maroc Hebdo*) 二〇一二年十一月的封面故事標題就用了「黑禍」(Le péril noir)。
42 見http://politica.elpais.com/politica/2012/09/03/actualidad/1346679500_929352.html。
43 關於美利雅圍籬新設的刮刀刺網，見http://politica.elpais.com/politica/2013/10/31/actualidad/1383248597_158835.html。關於休達的悲劇，見http://euobserver.com/justice/123681。
44 關於舊日鐵幕(Iron Curtain)的封閉作用，見Pelkmans 2012。
45 見www.elmundo.es/elmundo/2011/02/04/espana/1296817060.html。

5 白人媽媽，黑人兒子

1 Agier (2011:3–4 and 47) 對「人道治理」一詞的用法稍異於Fassin (2007 and 2012，亦見第四章注釋)。「氣閘艙」見Rodier and Blanchard 2003；「調速器」見Tsianos et al. 2009。
2 見Malkki 1995與Turner 2010。
3 「想像的地理學」用語來自Trouillot's (2003)。
4 《休達燈塔報》二〇一〇年七月三日的報導與七月四日的頭版，見http://elfarodigital.es/ceuta/sucesos/12134-dos-inmigrantes-acorralany-lesionan-a-vigilantes-del-ceti-tras-el-uruguay-ghana.html。
5 新聞記者表示，「將軍」的稱號來自其他罷工者對他的稱呼，顯示他們樂於使用軍事辭彙。
6 數字由CETI主任提供。
7 關於施捨難民的負面效應，見Turner 2010。
8 《休達燈塔報》二〇一〇年八月十四日。
9 關於難民的行政管理，見Malkki 1995。
10 見www.aufaitmaroc.com/actualites/maroc/2010/8/6/le-maroc-condamne-vigoureu sement-labandon-par-la-garde-civile-espagnole-de-huit-subsahariens-au-large-de-ses-cotes。
11 見www.elconfidencial.com/ultima-hora-en-vivo/2013/06/acnur-decenas-inmigrantes- ceuta-niegan-acogerse-20130613–160432.html。
12 見Agier 2011:49.
13 二〇一〇年八月二十七日，《休達人民報》與《休達燈塔報》頭版。
14 見www.elfarodigital.es/blogs/jorge-lopez/17535-entre-pitos-y-flautas.html。
15 加泰隆尼亞視聽委員會(Consell de l'Audiovisual de Catalunya)對二〇〇五年悲劇的媒體報導做了詳盡的研究(CAC 2006)，發現一種來回擺盪的描述：遷徙者既是無助的受害者，也是危險的入侵者。
16 《休達燈塔報》引述José Fernández Chacón，二〇一〇年九月二日，見www.elfaro digital.es/ceuta/politica/18035-fernandez-chacon-a-los-inmigrantes-a-cartonazos-nadie-se-va-a-la-peninsula.html。
17 見www.elfarodigital.es/blogs/carmen-echarri/18553-con-la-resolucion-en-la-mano. html。
18 見Fassin (2005:362) 討論加萊(Calais)郊外的桑加特(Sangatte)營地；對照Agier 2011:144。

33 見Lahav and Guiraudon 2000:5。

4 邊界奇觀

1 這個故事是根據作者二〇一〇年在休達做遷徙者田野調查時所進行的訪談。

2 見De Genova 2012:492；Debord 2004； Andreas 2000。

3 見Heyman 2004:324 論邊界穿越點成為價值在世界體系中「升高或降低」的地方；Donnan and Wilson 1999 論邊界的價值轉換；Kearney (cited in Donnan and Wilson 1999:107) 論「重新分類／階級化」。

4 與歐洲的非常態移民相比較，從墨西哥前往美國的非常態移民更受經濟趨勢影響；前者則受制於海洋邊界非常不一樣的動態情勢。西非的情況尤其如此，連結了非法產業、家庭需求、難民考量與個人追求解放等相互競爭的思維，一如本書所述。

5 Cuttitta (2011) 詳述了義大利情況的動態發展。

6 Agamben 1998。關於在海上「見死不救」的做法，一項有趣也令人難受的探討見Albahari 2006。

7 關於將難民描繪成「人類之海」，見Malkki 1996:377。

8 如同Poole (1997:8)，我使用「視覺經濟」一詞來強調視覺領域中某個特定組織的跨國界社會關係與傳播管道。

9 見Calhoun 2008:85.

10 職場衛生規範要求為海上安全與救援協會人員投保熱帶疾病特殊醫療險，獲救的遷徙者在國民警衛隊大型巡邏艇上要有單獨的通風設備。

11 見Ticktin 2006:33 論人道主義政治。Forsythe (2009:74) 論紅十字運動的緊張態勢。Pandolfi 2010:227 論人道象徵符號的挪用。Barnett and Weiss 2008:3 論當代人道主義的兩難。

12 關於人道主義政治化更大規模的辯論，此處暫不涉及，但可參見Weizman 2011的新近研究 。

13 見Fassin's (2007:155) 論「軍事—人道主義時刻」（militaro-humanitarian moment），亦見Walters 2011。

14 經費數字見本書序論。

15 除了法蘭西斯科少校影片與其他類似的例子，另一個鮮明的案例是國民警衛隊外部監控整合系統（SIVE）二〇〇八年出版物中的拯救行動影像，幾乎清一色都是來自撒哈拉沙漠以南的遷徙者。

16 見Robinson 2000。

17 這些有深度的新聞材料許多都沒有英文版。西班牙文書籍包括Naranjo 2006 and 2009、Pardellas 2004、Fibla García-Sala and Castellano Flores 2008。利比亞—義大利路線見Gatti 2007、Kenyon 2009、Del Grande 2007。

18 關於難民描述的「無言以對」，見Malkki 1996。胡安出席會議是在Encuentro de Fotoperiodismo de Gijón, 2010（網站已失效）。半島電視臺紀錄片見www.aljazeera. com/programmes/witness/2007/04/200852519420852346.html。

19 見Debord 2004:17.

20 見Aldalur 2010:164.

21 現有圍籬的背景故事見Ferrer Gallardo 2008。

22 引文見Brown 2010:83。關於目標轉移為跨國界威脅，見Andreas 2003。

23 關於嚇阻訊息的傳播，見Andreas and Snyder 2000。引文見Brown 2010:131, 133。

24 關於Melille的「邊界實務」（frontier praxis）見Driessen 1992（譯注：此處 「Melille」疑為 「Melilla（美利雅）之誤）。

25 經費數字見Ferrer Gallardo 2008:143，他在下一段也討論了移民遷徙軍事化論述的擴張。

26 此處的模仿主題受到Taussig (1993)的啟發。關於飛地山區的社群結構，見Laacher 2007。

27 見Migreurop 2006:31.

28 引用自Proytecsa的舊網站，可對照 www.proytecsa.net/en/。

29 見www.publico.es/espana/17862/retiradas-todas-las-cuchillas-de-la-valla-fronteriza-de-melilla。圍籬上的刮刀刺網實際上是在二〇〇五年大進擊之後添加，顯示社會黨與後來的保守派官方立場雖有歧異。但策略仍然連貫。

30 見www.wilderness.org.au/campaigns/marine-coastal/detain_ci。

31 警衛隊員在驅逐遷徙者時，等於是將圍籬周邊的土地視為「摩洛哥領土」，見 http://politica.elpais.com/politica/2013/09/21/actualidad/1379786530_154160.html。西班牙內政部長也在二〇一四年聲稱，遷徙者

3　獵人與獵物

1　西班牙大使（私人通訊）。部長的談話見www.abc.es/agencias/noticia.asp?noticia= 1012233。
2　見Agier 2011:50。一些對本章內容頗有啟發的民族誌研究，見Coutin 2005； Lucht 2012；Willen 2007a, 2007b；以及Khosravi 2007, 2010。
3　這套策略後來有所變化，將遷徙者視為人口走私販子的被害人，讓塞內加爾的做法符合西班牙的優先考量。
4　關於法屬西非殖民化「他者」同時進行的整合與分化，見Cooper's (2005)。關於禮物交換的人類學理論，見Parry 1986:454。
5　關於「過境遷徙」概念的批判，見Collyer 2007 and Düvell 2006。此一概念被國際移民組織廣泛運用並推廣。
6　一名「冒險者」的傳記，見Bredeloup 2008。
7　見Coutin 2005，她使用「上層世界」（above-board）、「下層世界」（below-board）等詞彙來討論中美洲移民的合法與非法關係。
8　關於茅利塔尼亞與ECOWAS成員國的互惠入境協定，見Serón et al. 2011:51。
9　關於社會界面分析在開發計畫上的運用，見Long's (2001)的開創性著作。
10　關於遷徙者在奴亞迪布被拘留的理由，見Amnesty 2008，CEAR 2008，Migreurop/La Cimade 2010:18。
11　茅利塔尼亞政變後政府的脆弱地位，在談判過程中對西班牙也頗有幫助。
12　對於「出走潮」敘事方式的強烈批判，見Choplin and Lombard 2007。
13　見http://dazzlepod.com/cable/09NOUAKCHOTT379/。
14　根據Migreurop/La Cimade (2010:32)，隨著遷徙者的移交，茅利塔尼亞官員與馬利官員也會進行經費轉手，但詳情並不清楚。
15　關於歐盟／西班牙涉入的詳情，見Serón et al. 2011:51–60。
16　見http://elpais.com/diario/2008/07/10/espana/1215640817_850215.html。
17　關於數字遊戲，見Migreurop/La Cimade 2010。關於利用服裝來判定非法性，見Amnesty 2008。關於奴亞迪布被拘留者的資料，見Cruz Roja Española's report (undated)。
18　見Coutin 2005:196, 198–99。
19　相關合作的細節，見Serón et al. 2011:74–75。法國也為馬利邊界警察提供經費，見Trauner and Deimel 2013:24。
20　見Khosravi 2007:322, 324; Coutin 2005。關於摩洛哥的情況，見Driessen 1998。關於美國與墨西哥邊界的情況，見Kearney 1998。
21　見Agier 2011:31。
22　關於「過境國」名稱的不當，見Cherti and Grant 2013。
23　MEDA是歐盟對南方鄰國的財政援助計畫，見http://europa.eu/legislation_summaries/external_relations/relations_with_third_countries/mediterranean_partner_countries/r15006_en.htm。
24　見第四章與http://politica.elpais.com/politica/2012/09/03/actualidad/1346702660_ 647547.html。
25　關於摩洛哥如何利用「過境」遷徙，見Gabrielli 2011 and Natter 2013；後者也指出將摩洛哥視為「過境國」（至少一部分是自願為之）的**國內**政治邏輯，以及拉巴特當局因此獲得的區域政治利益。
26　見http://ec.europa.eu/world/enp/pdf/action_plans/morocco_enp_ap_final_en.pdf　和http://ec.europa.eu/dgs/home-affairs/what-is-new/news/news/2013/docs/20130607_declaration_conjointemaroc_eu_version_3_6_13_en.pdf。
27　數字來自EMHRN 2010:61。援助經費數字也包括二〇〇三年西班牙-摩洛哥一項協議的三億九千萬歐元（見www.foreignaffairs.com/articles/67566/behzad-yaghmaian/out-of-africa）。
28　關於遷徙者貧民窟生活的珍貴研究，見Laacher 2007 and Pian 2009.
29　以Bauman's (1997)的用語來說，他試圖扮演「觀光客」（tourist）的角色，而不是不受歡迎的「流浪者」（vagabond）。
30　見De Genova 2002。
31　見MSF (2013)報告。
32　關於美國的「自我遣返」，見www.washingtonpost.com/opinions/the-self-deportation-fantasy/2012/01/25/gIQAmDbWYQ_story.html。關於國際移民組織遣返計畫的批評，見Hein de Haas: http://heindehaas.blogspot.co.uk/2012/10/ioms-dubious-mission-in-morocco.html。

30 Frontex在二〇一一年修正其使命，有權力共同領導聯合行動，也有權利購買或租用各項裝備。然而Frontex副署長受訪時表示，由於預算有限，與其他機構共同擁有資產仍是最可行的做法。
31 見MIR 2011。伊尼亞斯計畫從二〇〇四年進行到二〇〇六年，後來被一個「主題計畫」（thematic program）取代，從二〇〇七年進行到二〇一三年。
32 見MIR 2011。
33 因達羅行動與赫拉行動進行期間，國際協調中心設於馬德里，其他時間則設於帕馬斯。
34 引文見Kristof cited in Donnan and Wilson 1999:48。
35 見Walters 2004:682；Beck 2009:188。
36 現今的西班牙邊界事務工作者以「patera」一詞泛指移民船。「Zodiac」是充氣船品牌名稱，遷徙者有時用來指玻璃纖維船。
37 關於RAU作為Frontex的「大腦」，見Frontex (2010:62) 。關於從查緝毒品轉移到移民管制的經費理由，見Guardia Civil's SIVE book (2008:109)。關於因陀羅的事業，見：www.indracompany.com/en/sectores/seguridad-y-defensa/proyectos/sive-romania's-black-sea-border。
38 Eurosur的情況也類似，見Jeandesboz (2011:6)。SIVE監視直布羅陀海峽的螢幕，會沿著海峽公路（Autopista del Estrecho）畫出「邊界線」以及商船的航道。
39 見Guardia Civil 2008:93。
40 見：www.laverdad.es/alicante/v/20110211/provincia/augc-denuncia-falta-personal-20110211.html。
41 關於歐洲的科技解決方案，見Bigo 2005。西班牙國民警衛隊與摩洛哥憲兵隊根據雙邊協定互派聯絡官，一年舉行兩次高階官員會談，每個月進行聯合巡邏。
42 見www.gmes-gmosaic.eu/node/112。
43 引文見 Arteaga 2007:5-6。關於邊界管制倡議，見Frontex 2010:55。
44 關於這些遊說活動與出口安排，見Lemberg-Pedersen 2013，http://ec.europa.eu/enterprise/policies/security/。
45 見塔洛斯計畫（Talos project）：www.piap.pl/en/Scientific-activities/International-Research-Project/Projects-completed/TALOS （影片見：www.youtube.com/watch?v=jpxZ24Daxlk）。
46 與Eurosur相關的最早期系統發想是由「跨越邊界與移民資訊、討論及交流中心」（Centre for Information, Discussion and Exchange on the Crossing of Frontiers and Immigration ，CIREFI）提出。CIREFI在一九九〇年代由歐洲聯盟理事會（Council of the European Union）設立，將SIVE視為靈感來源。關於CIREFI，見：http://europa.eu/legislation_summaries/other/l33100_en.htm。關於SIVE對Eurosur的啟發，見Guardia Civil 2008:133。
47 新系統名為「聯合行動報告應用」（Joint Operations Reporting Application，JORA），與Eurosur的界面協同運作。
48 這段話凸顯出邊界體制幾個論述的要素：將移動中的人們觀念化為風險的源頭；積極監控他們的行動；將人道絕境形容為「困難」。
49 見Hayes and Vermeulen 2012。較近期、涵蓋時間較短（因此開支較少）的官方數字是二億四千四百萬歐元、二〇一四年至二〇二〇年，見：http://europa.eu/rapid/press-release_MEMO-13-578_en.htm。
50 西班牙國民警衛隊也利用Eurosur來分享毒品查緝相關資訊，顯示歐盟資助、針對移民的系統也可以協助各國的優先要務。Eurosur的使命納入「拯救人命」，是在一直到歐盟政治人物提出相關議題之後。Eurosur的運用未來可望擴及其他領域，成為歐盟海洋事務「共同資訊分享環境計畫」（common information-sharing environment，CISE）的一部分。
51 機構使命修改之前，Frontex不能處理個人資料，不能將資料送交「第三國」（非歐盟成員國）。
52 「海馬地中海」（Seahorse Mediterranean）系統以西班牙的大西洋系統為基礎，正在進行規劃。
53 政治涉入資訊分享的一個案例，就是西班牙在二〇一三年秋天拒絕放行Eurosur，雖然這並不能阻擋Eurosur啟動運作，馬德里當局也知道，但還是投下反對票，以抗議英國加入資訊分享的行列；背景因素則是當年稍早，兩國關係因為直布羅陀問題而惡化。見：http://politica.elpais.com/politica/2013/11/04/actualidad/1383585272_066452.html。
54 見Vaughan-Williams 2008:77。
55 見Beck 2009:14。

邏協議。其他在二〇〇六年至二〇〇七年間簽署的協議還包括：二〇〇六年八月西班牙—塞內加爾打擊非法移民的合作備忘錄，二〇〇七年的西班牙—馬利的合作框架協議，二〇〇七年七月的西班牙—茅利塔尼亞移民協議將雙方進行中的合作正式化。

5 見Frontex 2010:37。Frontex除了赫拉與因達羅，還有第三個「密涅瓦」（Minerva）行動是針對歐洲南部港口。

6 引文見Arteaga 2007:6。

7 軍方的「高貴哨兵」（Noble Centinela）行動在二〇一〇年結束。

8 見Bigo 2001。關於警政的軍事化、「軍事生活的內政化」（domestication of soldiering）、美國如何從對外作戰轉移至打擊犯罪，見Andreas and Price 2001:31。

9 見Tondini 2010:26。

10 根據國際法，國家主權從海岸線向外延伸至十二浬處，再延伸十二浬的「鄰接區」（contiguous zone）則有部分主權，「專屬經濟區」（exclusive economic zone）涵蓋二百浬，之外就是公海。

11 這些協議的內容尚未公布，但各國各有差異。塞內加爾容許非西班牙的Frontex船隻與飛機在其專屬經濟區進行巡邏。茅利塔尼亞只允許西班牙國民警衛隊在鄰接區進行巡邏（見Guardia Civil, personal communication）。

12 關於修正後的救援體制，見Gammeltoft-Hansen and Aalberts 2010:17。關於死亡人數與「海難事故」，見HRW 2012。

13 見Guardia Civil, personal communication with officers in Algeciras (2013)；Ceuta (2010)； 以 及 Madrid (2010)。

14 見Walters 2011，他以「尷尬的結盟」（uneasy alliance）來形容蘭佩杜沙島的「保護計畫」（Praesidium Project）；Guild 2008討論「主權的遷徙」（migration of sovereignty）；Arteaga 2007:6討論此處提及的安全議題論辯。

15 引文出自Feldman 2012:95。

16 預算在二〇一〇年之後趨於穩定，只有在二〇一一年為因應北非移民船湧入而升高。但其他計畫如Eurosur的預算仍持續快速增加，並且另有來源。相關數字見Frontex 2010:10，Frontex的二〇一三年修正後預算見：http://frontex.europa.eu/assets/About_Frontex/Governance_documents/Budget/Budget_2013.pdf。

17 這些評論呼應了Frontex在希臘—土耳其邊界行動引發的爭議，見HRW 2011。

18 見Hernández i Sagrera 2008:4。

19 關於思想工作，見Heyman 1995。

20 見http://w2eu.net/frontex/frontex-in-the-mediterranean/。

21 見Frontex 2009a:16–17, 20；及Frontex 2009b。

22 保密系統「ICONet」用於分享這類機密資訊。Frontex也為非歐盟國家提供風險分析訓練，例如透過「非洲Frontex情報社群」（Africa Frontex Intelligence Community）。Julien Jeandesboz (2011:8)指出，早在Frontex成立之前，警政執法就包括風險管理技巧。

23 二〇一一年五至十二月因達羅聯合行動期間，共查獲一萬二千二百七十四公斤大麻，見官方新聞稿 www.lamoncloa.gob.es/IDIOMAS/9/Gobierno/News/2011/27122011_OperationIndalo.htm。

24 定義來自Frontex分析師使用的「共同整合危機分析模型」（ommon integrated risk analysis model，CIRAM）更新版，見Frontex 2012:9。

25 原始的哥本哈根學派（Copenhagen School）理論將安全化界定為一種言語行為（speech act，見Buzan 1991）， Bigo's (2001)從實務著眼加以補充。關於Frontex與安全化，見Léonard 2011。關於歐盟的長期安全化，見Gabrielli 2011 and Huysmans 2000。有些學者對照風險的思維與安全化的思維，認為後者在歐盟的移民政策中未必有主導地位，然而Frontex關於風險的最新定義顯示，「風險」與「威脅」的論述已密不可分。

26 根據Frontex以電郵提供的資料，協助者的定義是「刻意協助第三國民眾以非法方式進入或離開歐洲領土並跨越外部邊界」。

27 Frontex風險分析談論的「風險國家」主要是指可能輸出難民的國家，見Frontex 2011:50。

28 Gledhill 2008 與 Martin 2004 探討「securitization」的兩個觀念，與本章的論述類似。

29 金融證券化及其效應，見Tett 2009。

16 《世界人權宣言》(*Universal Declaration of Human Rights*) 明文規定,人人有權離開任何國家。
17 二〇〇六年一項有侵犯人權疑慮的協定以及二〇一〇年的一項協議,允許西班牙遣返未成年人,見Spanish ambassador, personal communication; Serón et al. 2011:75。
18 關於二〇〇六年間移民潮失控的故事,見Melly 2011。
19 關於漁業危機,見Nyamnjoh 2010。
20 迦納漁民成為遷徙者的類似案例,見Lucht 2012。
21 中非法郎最大面額紙鈔是一萬元,因此穆罕默杜心裡想的是總金額。
22 其他地區由上而下收編的案例,見Gardner and Lewis 1996:126。
23 相關研究請見Habitáfrica, "África cuenta: Reflexiones sobre la cooperación española con África" (online at http://archivos.habitafrica.org/pdf/AFRICACUENTA_BAJA.pdf);;以及Serón et al. 2011:71。二〇〇六至二〇〇八年非洲計畫的後續計畫在二〇〇九至二〇一二年執行,見www.ccoo.es/comunes/recursos/1/doc18019_Africa_Plan_2009–2012.pdf。
24 關於共同開發,見Audran 2008。
25 這個說法見Bending and Rosendo's (2006)。下文的討論受到Lewis and Mosse's (2006) 對於開發計畫「由下而上」(bottom-up) 研究取向的啟發。
26 關於塞內加爾與其他地區的「日常貪腐」,見Blundo and Olivier de Sardan 2001。
27 見Gabrielli 2011。
28 Mosse 2004; Ferguson's (1990) *The Anti-Politics Machine* 討論開發計畫在其他地區引發的「副作用」,是本章主要的靈感來源。
29 引文見Portes 1978:469;De Genova 2002:421討論二〇〇〇年代同樣的趨勢。
30 重要而且非常值得拜讀的研究包括:Brachet 2009,Bredeloup and Pliez 2005,以及 Collyer 2007討論區域與歷史模式;Carling 2007a and 2007b討論人道主義與死亡問題;Escoffier 2006 and Pian 2009討論策略與形成中的網絡。關於政策方面的研究,值得注意的是,從殖民時期開始,移民就被視為一個有待解決的「問題」。如同Gardner and Osella (2004:xi)所指出,整體而言,移民研究仍然受到「北方偏誤」(northern bias) 影響,重視跨國移民甚於國內遷徙,西方移民「目的地」甚於所謂的移民出發地區。近來各方對於祕密移民的著迷,正是此一廣泛模式的顯著案例。
31 見Nyamnjoh 2010:21。
32 見Melly 2011。關於乘船移民風險的簡要分析,見Hernández Carretero 2008。
33 關於世界社會論壇,見www.forumsocialmundial.org.br。
34 引文見Slavenka Drakulic,發表於《衛報》(*The Guardian*),二〇一二年二月十七日:www.guardian.co.uk/commentisfree/2012/feb/17/bosnia-in-the-land-of-blood-and-honey。一項關於暴力的傑出民族誌研究見Das 1995。
35 由下而上的收編,相關討論見Mosse 2004:239。
36 見Hacking 1986與本書序論。
37 見De Genova and Peutz 2010:8;「領土解決方案」亦先Cornelisse。
38 見Melly 2011:363。
39 在這個意義層面,套用哲學家阿圖塞 (Louis Althusser,1971) 的用語,乘船移民的旅程可說是實現了相互的「召喚」(interpellation)。阿圖塞指的是國家對其子民的召喚,在此處則是雙向進行。參見本書第五章,討論祕密移民迴路在其他地區類似的動態運作。

2 一場風險的賽局

1 關於歐洲邊界的批判性研究汗牛充棟,見Parker, Vaughan-Williams, et al. (2009: 586) 討論「邊界性質與位置的劇烈變化」;Andreas and Biersteker 2003 討論「再邊界化」;Guild 2008 and Balibar 1998 討論管制行動的擴散;Braudel 1975 討論地中海狀況;Walters 2006a 討論邊界的防火牆與羅馬帝國界牆意義 (Walters 2004)。
2 從「上方」與「下方」來觀照邊界,靈感得自次於Anzaldúa (1999)。
3 貝克早期的風險觀念被許多人類學家批評為太過普世主義、忽略了權力運作 (見Caplan [2000])。相較之下,貝克在二〇〇九年關於本章討論的「展演」就有更為複雜的觀點。
4 現行的西班牙—茅利塔尼亞再入境協議最早是在二〇〇三年簽訂,二〇〇六年重新啟用,並附加一項巡

41 見Lucht 2012:xii。
42 Calavita (2005)指出，義大利與西班牙的「第三世界」移民在法律上的他者性（Otherness），讓他們幾乎不可能整合進入當地社會，儘管官方以此為目標。對照本書第六章。
43 關於西班牙從勞工輸出國轉變為輸入國，見Cornelius 2004。關於一九九一年的巧合性，見Ferrer Gallardo 2008:136。
44 關於西班牙一九八〇年代迄今的移民狀況，見Cornelius 2004。關於西班牙內政部長的介入，見http://tinyurl.com/9cwlh73。
45 美聯社宣布不再使用「非法移民」一詞後，馬爾姆斯特倫發表上述談話。
46 這種情形稱之為「移民駝峰」（migration hump），見Martin and Taylor 1996。
47 義大利路線見Pastore et al. 2006。
48 Torpey 2000；關於全面殖民宰制的失敗，見Cooper 2005:239。
49 本書接下來的篇章，對於尚未真正進入歐洲領域的旅人稱之為「遷徙者」（migrant），不用「移民」（immigrant）一詞。

第一景 寂寞的獄卒

1 引自Kalyvas 2012。Migreurop統計的四百七十三座（http://tinyurl.com/pljajr3），包括幾個非歐盟國家。
2 CIE拘留期限原本是四十五天。值得注意的是，其他歐盟國家的期限要漫長得多。歐盟指令（E.U. Directive）規定不得超過十八個月，但頗具爭議。
3 CIE受到西班牙難民援助委員會（Comisión Española de Ayuda al Refugiado）、國際特赦組織等非政府組織的嚴厲批判；西班牙行政監察官（ombudsman）與歐洲議會（European Parliament）的報告也多所指責，完整的討論與資料引述請見González et al. 2013。西班牙日漸擴大的反CIE運動請見http://ciesno.wordpress.com與http://15jdiacontraloscie.wordpress.com。

1 穆罕默杜與吃定遷徙者的人

1 其他學者也討論過慈悲媽媽的組織及其媒體影響力，但我在此處對相關研究略而不提，以保護書中人物的匿名性。她的封號也基於同樣的原因做了調整。
2 對於「遣返」，我用的字眼是「repatriation」而不是在法律上更為正確的「deportation」或「removal」，一方面遵循昔日遷徙者的用法，一方面呼應西班牙《外國人法》使用的「repatriación」與「devolución」。
3 入境人數的資料見MIR 2011。
4 乘客人數見機場網站www.aena-aeropuertos.es。
5 關於Frontex宣示巡邏行動反而導致遷徙者增加，這樣的說法難以證實，但當時加納利群島地方政府就曾如此表示。而且有模式可循，見於前一年的休達與美利雅，加強或準備加強執法會引發遷徙潮。見El Día, front page, 1 August 2006。
6 目前沒有確切的死亡或失蹤數字。穆罕默杜估計有一千五百名青年死亡（揚古爾總人口約四萬人），官方估計則較低。
7 莫杜莫杜的成功形象未必清楚分明，例如他們回鄉蓋的房子經常半途而廢，見Buggenhagen 2001:376。
8 關於此一「發現」請見Gabrielli 2011，及http://seekdevelopment.org/seek_donor_profile_spain_feb_2012.pdf。
9 見De Genova and Peutz 2010，他提出「遣返體制」（deportation regime）一詞；Anderson et al. 2013；個別研究請見Coutin (2007)、；Fekete (2005) 與 Willen (2007a, 2007b)。
10 見Serón et al. 2011 與 Gabrielli 2011，後者探討西班牙的外部化做法如何成為其他歐盟成員國的範例。抵達人數見MIR 2011。
11 見http://canariasinsurgente.typepad.com/almacen/2007/06/informe_del_mpa.html。REVA基金的相關討論請見Rivero Rodríguez and Martínez Bermejo (2008)。
12 關於簽證計畫的失敗請見Pian 2010。
13 關於合約計畫請見http://elpais.com/diario/2008/02/13/andalucia/1202858534_ 850215.html。
14 全球的募款數字請見Gammeltoft-Hansen and Nyberg Sørensen 2013:3。歐盟的貢獻是二〇〇七年資料，請見Hallaire 2007:87。
15 敏感化工作在其他地區的運用請見Rossi 2006。

19 見Bouvier 2007。
20 見Gatti 2007:130。
21 見Andersson 2005:30。
22 見De Genova 2002; Agier 2011:68。
23 Cornelius與Tsuda (2004:43)指出：「在二十一世紀，國際移民動態發展最重要的決定性因素不是政府的干預介入，而是市場力量與人口形態。」亦見牛津大學教授德·哈斯（Hein de Haas）的部落格：http://heindehaas.blogspot.co.uk/2012/03/migration-its-economy-stupid.html。然而本書對於祕密移民的經濟面向持審慎態度，參見第四章。
24 見Harding 2012，Carr 2012。
25 女性非常態移民與無人陪伴兒童在西班牙通常被視為特別「脆弱」的案例。資訊的確難以取得，也是本書缺少女性移民的原因之一；第六章簡單比較女性移民與男性移民。當然，對非法產業而言，不同男性移民的能見度也有差異。那些刻意尋求產業注意的移民在本書扮演重要角色，第三章與第六章則特別關注產業較為忽略的移民。
26 關於「移民產業」，見Gammeltoft-Hansen and Sørensen 2013與Rodier's (2012) *Xénophobie Business*。
27 關於西班牙移民政策的新近研究，見Serón et al. 2011與Gabrielli 2011。
28 Feldman (2012)與我在取向上的差異以及相關的發現，在附錄中做了討論。
29 見http://ec.europa.eu/dgs/home-affairs/financing/fundings/migration-asylum-borders/index_en.htm。四十億歐元包括十八億歐元的外部邊界專屬經費。內政事務整體經費在下一會計年度將增加四〇%到一百零九億歐元，一大部分仍將支應移民事務，但是會分為兩個項目。關於西班牙的海上搜救（包括非移民）經費，見www.salvamentomaritimo.es/sm/conocenos/plan-nacional-de-salvamento/與MIR 2011。關於移民管制動用的開發援助經費，見本書第一至三章。
30 二〇一三年，國際移民組織（IOM）表示它「觀察到強化邊界管制與人口走私活動增加有直接關聯，後者如今是一年高達三百五十億美元的生意」。見www.iom.int/cms/en/sites/iom/home/news-and-views/press-briefing-notes/pbn-2013/pbn-listing/its-time-to-take-action-and-save.html。然而這門「生意」價值的估算非常難以查證。聯合國毒品犯罪防制署（UNODC）估計全球兩大人口走私路線一年產值約六十七·五億美元，一條從南美洲通往北美洲，一條從非洲通往歐洲，二〇一〇年報告見www.unodc.org/toc/en/crimes/migrant-smuggling.html。Gammeltoft-Hansen與Sørensen (2013)對歐盟地區的估計是四十億歐元，但資料的時間較為久遠。
31 空中巴士集團在二〇一四年一月之前的名稱是「歐洲航太集團」（EADS），見www.airbus-group.com。
32 這裡隱含一個行為者網絡理論（actor-network theory）的架構（Latour 1993），本書附錄有一番討論。然而「產業」的標籤涵蓋不同性質的區塊，我將涉及邊界管制的區塊統稱之為「邊界體制」。
33 見Sampson 2010:271。
34 見Hacking 1986 and 1999:10, 31。哈金後來關於「建構人」的討論，見*London Review of Books*, 17 August 2006: www.lrb.co.uk/v28/n16/ian-hacking/making-up-people。
35 見Desjarlais，轉引自Willen 2007b:12。
36 美國、義大利、摩洛哥與阿爾及利亞之類的國家積極推行移民的罪行化，讓「非法移民」這個標籤愈來愈「正確」。在其他地區，這個標籤因為涉及倫理與分析的問題，因此分析家、運動者甚至邊界警衛提到移民時，更常使用「非常態」、「未獲授權」或「無證」等詞語。De Genova (2002)指出，後面這些詞語的使用方式受害於類似的國家中心主義（state-centrism）。就本書的寫作宗旨而言，它們的意涵與暗示也不如「非法移民」有用。Sarah Willen (2007b)曾為民族誌使用「非法」一詞做了強而有力的辯護，理由包括「這個詞語的跨場域（cross-contextual）應用性、實質與物質的影響結果、對移民自身日常生活經驗的衝擊」。我將依循這樣的論證，但會交互使用「非法移民」與「祕密移民」（見本章注9）。
37 見Nevins 2002。
38 本書討論「西部」非洲地區，因為焦點是行經塞內加爾與馬利的祕密路線。然而我們也必須謹記，這些路線上也有許多移民是來自「中部」非洲，包括剛果民主共和國與喀麥隆，後者往往被視為介於西非與中非之間。
39 甘比亞的情形見Gaibazzi 2010，索寧克人見Jónsson 2008，後殖民時期對西方的崇拜見Gardner 1995:95。
40 關於塞內加爾男性養家活口的角色，詳見Hann 2013。

注釋

序論　歐洲與非洲邊界的非法產業

1 官方的死亡人數統計並不包括後來死於沙漠的移民。各方一再呼籲進行相關調查，但一直未獲回應，見Migreurop 2006。

2 見www.guardian.co.uk/world/2012/mar/28/left-to-die-migrants-boat-inquiry。二〇一三年的蘭佩杜沙島慘劇，媒體做了大幅報導，見www.theguardian.com/commentisfree/2013/oct/04/lampedusa-boat-sinking-no-accident-eu-migrants。

3 「非法移民」一詞問題重重，本書將會闡明。關於本書對「非法移民」的用法，見序論「饑餓的故事」一節以及注36。

4 這裡的數據取自部落格「歐洲堡壘」，見http://fortresseurope.blogspot.co.uk。由於數據主要來自媒體報導，因此很有可能低估。關於歐洲邊界管制造成的死亡紀錄，見www.unitedagainstracism.org/pdfs/listofdeaths.pdf。

5 以「非法性」代指「非法移民」有其問題，其中當然包括會與犯罪活動混為一談。然而我還是用了「非法產業」一詞，因為它並不會讓「非法移民」更加實體化（見注36），同時可以區別較早期學術界使用的「移民產業」（migration industry）一詞，後者主要指如何促成移民的行動（更廣泛的用法見Gammeltoft-Hansen and Sørensen 2013）。最後一點，「非法產業」凸顯在執法層面對於移民的「非法」定性——邊界工作者會強調，他們要對付的是「非法性」，不是移民本身。

6 關於當代世界的非法商品移動，全面性的研究見本系列民族誌的Carolyn Nordstrom (2007)。

7 Harvey (1989)將全球化界定為一種「時空壓縮」。Bauman 1997頗具影響力的研究探討了兩種移動性的差異，他稱之為「觀光客」（tourist）的移動與「流浪者」（vegabound）的移動。

8 「叢林」一詞用於法國加萊（Calais）郊外、鄰近英吉利海峽（English Channel）的移民營地。

9 我使用在法語地區與西班牙語地區常用的「祕密移民」（clandestine migration）一詞，原因有二：首先，它在英文的語義相對中性（相較之下，法文的「clandestin」有非法移民的意涵，在翻譯時也會如此處理）；其次，「祕密移民」指涉邊地旅行的具體經驗，而不是負面的法律意涵。祕密移民上路之後經常要躲避警察、繞過邊界檢查站，藉由假身分證件、特定類型服飾、詭密行動來偽裝自己。基於這兩個原因——相對中性與具體意涵，我使用「祕密移民」來指涉經由陸路與海路前往歐洲（儘管是歐洲邊緣）的移民旅程。見注36對非法移民的討論。

10 Frontex (2011:32)的報告比較被查獲船民與瑞典學生簽證過期者的人數，後者在二〇一〇年多達一萬二千人，「與那一年被查獲的海上非法越界者一萬四千五百二十八人約略相當。」船民在二〇一一年暴增至七萬一千一百七十一人（Frontex 2012:14），但與歐盟成員國整體移民相較仍屬有限。據歐盟統計局（Eurostat）統計，那年歐盟移民多達三百萬人（第三國居民比例在二〇〇九年超過一半）。見http://epp.eurostat.ec.europa.eu/statistics_explained/index.php/Migration_and_migrant_population_statistics。歐洲的「入侵迷思」（myth of invasion）見de Haas 2007，二〇一一年祕密移民統計數據見Kraler and Reichel。人口普查數據見Reher et al. (2008:63)。

11 見二〇一三年四月二十二日西班牙國家統計研究所（Instituto Nacional de Estadística）新聞稿：www.ine.es/prensa/np776.pdf。

12 關於英國與瑞典對非法移民的打壓，見www.theguardian.com/uk-news/2013/aug/03/illegal-immigration-issue-unacceptable-walthamstow，www.thelocal.se/46350/20130222，以及國際特赦組織二〇一一年關於西班牙種族定性（racial profiling）的報告。關於歐洲拘留移民，見全球拘留計畫（Global Detention Project）：www.globaldetentionproject.org。

13 此一狀況在二〇一二年美國總統大選出現耐人尋味的轉折，共和黨被認定因為主張嚴格管制非常態移民，大量流失拉丁美洲裔選票。

14 讀者如果有興趣做更廣泛的觀念探討，可以先看Cohen 1987；Portes 1978；以及 Castles and Miller 2003。

15 關於「反恐戰爭」的討論，見Klein (2008)。關於邊界或邊地體制的討論，見 Anderson 2000。

16 關於難民形象的女性化，見Malkki 1995；關於非洲的惡劣觀感，見Comaroff 2007。

17 關於「邊界遊戲」一詞，見Andreas 2000與本書第四章。

18 見Alonso Meneses，轉引自Gabrielli 2011:397。

Willen, Sarah. 2007a. "Exploring 'illegal' and 'irregular' migrants' lived experiences of law and state power." *International Migration* 45(3):2–7.
———. 2007b. "Toward a critical phenomenology of 'illegality': State power, criminalization, and abjectivity among undocumented migrant workers in Tel Aviv, Israel." *International Migration* 45(2):8–38.
Wolcott, Harry F. 2005. *The art of fieldwork*. Walnut Creek, CA: Altamira Press.
Xiang, Biao. 2007. *Global "body shopping": An Indian labor system in the information technology industry.* Princeton, NJ: Princeton University Press.
Žižek, Slavoj. 1999. *The ticklish subject: The absent centre of political ontology.* London: Verso.

Thrift, Nigel J., and Jon May. 2001. *TimeSpace: Geographies of temporality.* New York: Routledge.
Ticktin, Miriam. 2006. "Where ethics and politics meet: The violence of humanitarianism in France." *American Ethnologist* 33(1):33–49.
Tondini, Matteo. 2010. "Fishers of men? The interception of migrants in the Mediterranean Sea and their forced return to Libya." INEX Paper, October.
Torpey, John C. 2000. *The invention of the passport: Surveillance, citizenship, and the state.* Cambridge: Cambridge University Press.
Trauner, Florian, and Stephanie Deimel. 2013. "The impact of EU migration policies on African countries: The case of Mali." *International Migration* 51(4):20–32.
Trouillot, Michel-Rolph. 2003. "Anthropology and the savage slot: The poetics and politics of otherness." In *Global transformations: Anthropology and the modern world.* New York: Palgrave MacMillan.
Tsianos, Vassilis, Sabine Hess, and Serhat Karakayali. 2009. "Transnational migration theory and method of an ethnographic analysis of border regimes." Sussex Centre for Migration Research Working Paper 55, University of Sussex.
Tsing, Anna Lowenhaupt. 2005. *Friction: An ethnography of global connection.* Princeton, NJ: Princeton University Press.
Turner, Simon. 2010. *Politics of innocence: Hutu identity, conflict, and camp life.* New York: Berghahn Books.
Turner, Victor. 1974. "Passages, margins, and poverty: Religious symbols of communitas." In *Dramas, fields, and metaphors: Symbolic action in human society,* edited by V. Turner. Ithaca, NY: Cornell University Press.
Urry, John. 2007. *Mobilities.* Cambridge: Polity.
van Houtum, Henk, and Roos Pijpers. 2007. "The European Union as a gated community: The two-faced border and immigration regime of the EU." *Antipode* 39(2):291–309.
van Velsen, Jaap. 1967. "The extended-case method and situational analysis." In *Craft of social anthropology,* edited by A. L. Epstein. London: Tavistock Publications.
Vaughan-Williams, Nick. 2008. "Borderwork beyond inside/outside? Frontex, the citizen-detective and the war on terror." *Space and Polity* 12(1):63–79.
Walters, William. 2004. "The frontiers of the European Union: A geostrategic perspective." *Geopolitics* 9(3):674–98.
———. 2006a. "Border/Control." *European Journal of Social Theory* 9(2): 187–203.
———. 2006b. "No borders: Games with(out) frontiers." *Social Justice* 33(1):21–39.
———. 2011. "Foucault and frontiers: Notes on the birth of the humanitarian border." In *Governmentality: Current issues and future challenges,* edited by U. Bröckling, S. Krasmann, and T. Lemke. New York: Routledge.
———. 2012. *Governmentality: Critical encounters.* Abingdon, UK: Routledge.
Weizman, Eyal. 2011. *The least of all possible evils: Humanitarian violence from Arendt to Gaza.* London: Verso.
Wilding, Raelene. 2007. "Transnational ethnographies and anthropological imaginings of migrancy." *Journal of Ethnic and Migration Studies* 33(2):331–48.

Poole, Deborah. 1997. *Vision, race, and modernity: A visual economy of the Andean image world*. Princeton, NJ: Princeton University Press.
Portes, Alejandro. 1978. "Toward a structural analysis of illegal (undocumented) immigration." *International Migration Review* 12(4):469–84.
Reher, David-Sven, et al. 2008. "Informe Encuesta Nacional de Inmigrantes (ENI—2007)." Spanish Labor Ministry report, April.
Rivero Rodríguez, Juan, and Eva Martínez Bermejo. 2008. "Migraciones y cooperación: El Plan REVA y la ayuda española." Research report by Grupo de Estudios Africanos de la Universidad Autónoma de Madrid, August.
Robbins, Joel. 2006. "Afterword: On limits, ruptures, meaning, and meaninglessness." In *The limits of meaning: Case studies in the anthropology of Christianity*, edited by M. Engelke and M. Tomlinson. New York: Berghahn Books.
———. 2013. "Beyond the suffering subject: Toward an anthropology of the good." *Journal of the Royal Anthropological Institute*, n.s. (19):447–62.
Robinson, Piers. 2000. "The policy-media interaction model: Measuring media power during humanitarian crisis." *Journal of Peace Research* 37(5):613–33.
Rodier, Claire. 2012. *Xénophobie business*. Paris: La Découverte.
Rodier, Claire, and Emmanuel Blanchard. 2003. "Des camps pour étrangers." *Plein Droit* 58. Available online at www.gisti.org/doc/plein-droit/58/index.html.
Rossi, Benedetta. 2006. "Aid policies and recipient strategies in Niger: Why donors and recipients should not be compartmentalized into separate 'worlds of knowledge.'" In *Development brokers and translators: The ethnography of aid and agencies*, edited by D. Lewis and D. Mosse. Bloomfield, CT: Kumarian Press.
Rumford, Chris. 2008. "Introduction: Citizens and borderwork in Europe." *Space and Polity* 12(1):1–12.
Sampson, Steven. 2010. "The anti-corruption industry: From movement to institution." *Global Crime* 11(2):261–78.
Serón, Gema, et al. 2011. *Coherencias de políticas españolas hacia África: Migraciones*. Report by Grupo de Estudios Africanos de la Universidad Autónoma de Madrid, November. Available online at www.uam.es/otros/gea/Documentos%20adjuntos/INFORME_MIGRACIONES_FULL_OK.pdf.
Silverstein, Paul A. 2005. "Immigrant racialization and the new savage slot: Race, migration, and immigration in the new Europe." *Annual Review of Anthropology* 34:363–84.
Snow, David A., and Robert D. Benford. 1998. "Ideology, frame resonance, and participant mobilization." *International Social Movement Research* 1:197–217.
Steinbeck, John. 1993. *The grapes of wrath*. London: Everyman's Library.
Taussig, Michael T. 1993. *Mimesis and alterity: A particular history of the senses*. New York: Routledge.
Tett, Gillian. 2009. *Fool's gold: How unrestrained greed corrupted a dream, shattered global markets and unleashed a catastrophe*. London: Little, Brown.
Thompson, E.P. 1967. "Time, work-discipline, and industrial capitalism." *Past and Present* 38:56–97.

Natter, Katharina. 2013. "The formation of Morocco's policy towards irregular migration (2000–2007): Political rationale and policy processes." *International Migration* DOI: 10.1111/imig.12114.

Navaro-Yashin, Yael. 2007. "Make-believe papers, legal forms and the counterfeit." *Anthropological Theory* 7(1):79–98.

Nevins, Joseph. 2002. *Operation Gatekeeper: The rise of the "illegal alien" and the making of the U.S.-Mexico boundary.* London: Routledge.

Ngai, Mae M. 2004. *Impossible subjects: Illegal aliens and the making of modern America.* Princeton, NJ: Princeton University Press.

Nordstrom, Carolyn. 2007. *Global outlaws: Crime, money, and power in the contemporary world.* Berkeley: University of California Press.

Nyamnjoh, Henrietta Mambo. 2010. *We get nothing from fishing: Fishing for boat opportunities amongst Senegalese fisher migrants.* Leiden: Langaa & African Studies Centre.

Ortner, Sherry B. 2010. "Access: Reflections on studying up in Hollywood." *Ethnography* 11(2):211–33.

Pandolfi, Mariella. 2010. "Humanitarianism and its discontents." In *Forces of compassion: Humanitarianism between ethics and politics,* edited by E. Bornstein and P. Redfield. Santa Fe, NM: School for Advanced Research Press.

Papadopoulos, Dimitris. 2011. "The autonomy of migration: Making the mobile commons." Paper given at SOAS Department of Development Studies joint seminar series, London, February.

Papadopoulos, Dimitris, Niamh Stephenson, and Vassilis Tsianos. 2008. *Escape routes: Control and subversion in the twenty-first century.* London: Pluto Press.

Pardellas, Juan Manuel. 2004. *Héroes de ébano.* Santa Cruz de Tenerife: Ediciones Idea.

Parker, Noel, Nick Vaughan-Williams, et al. 2009. "Lines in the sand? Towards an agenda for critical border studies." *Geopolitics* 14(3):582–87.

Parry, Jonathan. 1986. "The gift, the Indian gift and the 'Indian gift.'" *Man* 21(3):453–73.

Pastore, Ferruccio, Paola Monzini, and Giuseppe Sciortino. 2006. "Schengen's soft underbelly? Irregular migration and human smuggling across land and sea borders to Italy." *International Migration* 44(4):95–119.

Pelkmans, Mathijs. 2012. "Chaos and order along the (former) Iron Curtain." In *A Companion to Border Studies,* edited by H. Donnan and T.M. Wilson. Oxford: Blackwell Wiley.

———. 2013. "Powerful documents: Passports, passages, and dilemmas of identification on the Georgian-Turkish border." In *Border encounters: Asymmetry and proximity at Europe's frontiers,* edited by J.L. Bacas and W. Kavanagh. Oxford: Berghahn Books.

Pian, Anaïk. 2009. *Aux nouvelles frontières de l'Europe: L'aventure incertaine des Sénégalais au Maroc.* Paris: La Dispute.

———. 2010. "The discursive framework for development: From discourses and concrete political actions to the range of actions by deportee associations." IMI Working Paper 25, University of Oxford.

science, edited by A. Gupta and J. Ferguson. Berkeley: University of California Press.

Mann, Gillian Robertson. 2010. "Being, becoming and unbecoming a refugee: The lives of Congolese children in Dar es Salaam." PhD thesis, London School of Economics and Political Science.

Marcus, George E. 1995. "Ethnography in/of the world system." *Annual Review of Anthropology* 24:95–117.

———. 1997. "The uses of complicity in the changing mise-en-scène of anthropological fieldwork." *Representations* 59:85–108.

Martin, Philip L., and Edward J. Taylor. 1996. "The anatomy of a migration hump." In *Development strategy, employment, and migration: Insights from models*, edited by E. J. Taylor. Paris: OECD, Development Centre.

Martin, Randy. 2004. "America as risk/securitizing the other." *Interventions* 6(3):351–61.

McNevin, Anne. 2007. "Irregular migrants, neoliberal geographies and spatial frontiers of 'the political.'" *Review of International Studies* 33(4): 655–74.

Melly, Caroline M. 2011. "Titanic tales of missing men: Reconfigurations of national identity and gendered presence in Dakar, Senegal." *American Ethnologist* 38(2):361–76.

Merry, Sally Engle. 2005. "Anthropology and activism: Researching human rights across porous boundaries." *Political and Legal Anthropology Review* 28(2):240–57.

Migreurop. 2006. "Guerre aux migrants: Le livre noir de Ceuta et Melilla." Migreurop report, June. Available online at www.meltingpot.org/IMG/pdf/livrenoir-ceuta.pdf.

Migreurop/La Cimade. 2010. "Prisonniers du désert: Enquête sur la situation des migrants à la frontière Mali-Mauritanie." Collective report by migrants' rights associations, December. Available online at www.lacimade.org/publications/47.

MIR (Ministerio del Interior). 2011. "Balance de la lucha contra la inmigración ilegal 2010." Spanish Interior Ministry press release, 18 January.

———. 2013. "Balance de la lucha contra la inmigración irregular 2012." Spanish Interior Ministry press release, 24 January.

Mosse, David. 2004. *Cultivating development: An ethnography of aid policy and practice*. London: Pluto Press.

Mountz, Alison. 2011. "The enforcement archipelago: Detention, haunting, and asylum on islands." *Political Geography* 30:118–28.

MSF (Médecins sans Frontières). 2013. *Violencia, vulnerabilidad y migración: Atrapados a las puertas de Europa: Un informe sobre los migrantes subsaharianos en situación irregular en Marruecos*. MSF report, March. Available online at www.msf.es/newsletter/docs/InformeMarruecos2013_CAST.pdf.

Munn, Nancy D. 1992. "The cultural anthropology of time: A critical essay." *Annual Review of Anthropology* 21:93–123.

Naranjo Noble, José. 2006. *Cayucos*. Barcelona: Editorial Debate.

———. 2009. *Los invisibles de Kolda: Historias olvidadas de la inmigración clandestina*. Barcelona: Ediciones Península.

———. 2010. *"Illegal" traveller: An auto-ethnography of borders.* Basingstoke, UK: Palgrave Macmillan.

Klein, Naomi. 2008. *The shock doctrine: The rise of disaster capitalism.* London: Penguin.

Kraler, Albert, and David Reichel. 2011. "Measuring irregular migration and population flows—what available data can tell." *International Migration* 49(5):97–128.

Laacher, Smaïn. 2007. *Le peuple des clandestins: Essai.* Paris: Calmann-Lévy.

Lahav, Gallya, and Virginie Guiraudon. 2000. "Comparative perspectives on border control: Away from the border and outside the state." In *The wall around the West: State borders and immigration controls in North America and Europe,* edited by P. Andreas and T. Snyder. Lanham, MD: Rowman & Littlefield.

Latour, Bruno. 1993. *We have never been modern.* Hemel Hempstead, UK: Harvester Wheatsheaf.

Lecadet, Clara. 2013. "From migrant destitution to self-organization into transitory national communities: The revival of citizenship in post-deportation experience in Mali." In *The social, political and historical contours of deportation,* edited by B. Anderson, M.J. Gibney, and E. Paoletti. New York: Springer.

Lemberg-Pedersen, Martin. 2013. "Private security companies and the European borderscapes." In *The migration industry and the commercialization of international migration,* edited by T. Gammeltoft-Hansen and N. Nyberg Sørensen. Abingdon, UK: Routledge.

Lemke, Thomas. 2005. "A zone of indistinction—a critique of Giorgio Agamben's concept of biopolitics." *Critical Social Studies* 7(1):3–13.

Léonard, Sarah. 2011. "Frontex and the securitization of migrants through practices." Migration working group seminar at the European University Institute, Florence, February.

Lewis, David, and David Mosse, eds. 2006. *Development brokers and translators: The ethnography of aid and agencies.* Bloomfield, CT: Kumarian Press.

Lindqvist, Sven. 2008. *Terra Nullius: A journey through No One's Land.* New York: New Press.

Long, Norman. 2001. *Development sociology: Actor perspectives.* London: Routledge.

Low, Setha M. 2003. *Behind the gates: Life, security, and the pursuit of happiness in fortress America.* New York: Routledge.

Lucht, Hans. 2012. *Darkness before daybreak: African migrants living on the margins in southern Italy today.* Berkeley: University of California Press.

Luper-Foy, Steven. 1992. "The absurdity of life." *Philosophy and Phenomenological Research* 52(1):85–101.

Malkki, Liisa H. 1995. *Purity and exile: Violence, memory and national cosmology among Hutu refugees in Tanzania.* Chicago: Chicago University Press.

———. 1996. "Speechless emissaries: Refugees, humanitarianism, and dehistoricization." *Cultural Anthropology* 11(3):377–404.

———. 1997. "News and culture: Transitory phenomena and the fieldwork tradition." In *Anthropological Locations: Boundaries and grounds of a field*

Hayes, Ben, and Mathias Vermeulen. 2012. *Borderline: EU border surveillance initiatives.* Heinrich Böll Foundation report, June. Available online at http://il.boell.org/downloads/Borderline.pdf.

Hernández Carretero, María. 2008. "Risk-taking in unauthorised migration." Master's thesis, University of Tromsø.

Hernández i Sagrera, Raúl. 2008. "Frontex: ¿Proyección a nivel europeo de la visión de España sobre el control de fronteras?" In *España en Europa 2004–2008*, edited by E. Barbé. Bellaterra (Barcelona): Institut Universitari d'Estudis Europeus.

Herzfeld, Michael. 1992. *The social production of indifference: Exploring the symbolic roots of Western bureaucracy.* New York: Berg.

Heyman, Josiah. 1995. "Putting power in the anthropology of bureaucracy: The Immigration and Naturalization Service at the Mexico-United States border." *Current Anthropology* 36(2):261–87.

———. 2004. "Ports of entry as nodes in the world system." *Identities: Global Studies in Culture and Power* 11:303–27.

HRW (Human Rights Watch). 2011. *The EU's dirty hands: Frontex involvement in ill-treatment of migrant detainees in Greece.* HRW report, September. Available online at www.hrw.org/sites/default/files/reports/greece0911webwcover_0.pdf.

———. 2012. "Hidden emergency: Migrant deaths in the Mediterranean." HRW report, August. Available online at www.hrw.org/node/109445.

Hughes, E.C. 1958. *Men and their work.* Toronto: Collier-Macmillan.

Huysmans, Jef. 2000. "The European Union and the securitization of migration." *Journal of Common Market Studies* 38(5):751–77.

James, Deborah. 2007. *Gaining ground: "Rights" and "property" in South African land reform.* Abingdon, UK: Routledge-Cavendish.

Jeandesboz, Julien. 2011. "Beyond the Tartar steppe: EUROSUR and the ethics of European border control practices." In *Europe under threat? Security, migration and integration,* edited by J.P. Burgess and S. Gutwirth. Brussels: VUB Press.

Jónsson, Gunvor. 2008. "Migration aspirations and immobility in a Malian Soninké village." IMI Working Paper 10, University of Oxford.

Kalyvas, Andreas. 2010. "An anomaly? Some reflections on the Greek December 2008." *Constellations* 17(2):351–65.

———. 2012. "The stateless citizen." Paper given at London School of Economics and Political Science, November.

Kearney, Michael. 1998. "Transnationalism in California and Mexico at the end of empire." In *Border identities: Nation and state at international frontiers,* edited by T. Wilson and H. Donnan. Cambridge: Cambridge University Press.

Kelly, Tobias. 2006. "Documented lives: Fear and the uncertainties of law during the second Palestinian intifada." *Journal of the Royal Anthropological Institute* 12:89–107.

Kenyon, Paul. 2009. *I am Justice: A journey out of Africa.* London: Preface Publishing.

Khosravi, Shahram. 2007. "The 'illegal' traveller: An auto-ethnography of borders." *Social Anthropology* 15(3):321–34.

Gledhill, John. 2008. "Anthropology in the age of securitization." Joel S. Kahn lecture at La Trobe University, Melbourne, December.

Glennie, Paul, and Nigel J. Thrift. 1996. "Reworking E.P. Thompson's 'Time, work-discipline and industrial capitalism.'" *Time and Society* 5(3): 275–99.

Glick Schiller, Nina, and Andreas Wimmer. 2003. "Methodological nationalism, the social sciences and the study of migration." *International Migration Review* 37(3):576–610.

Gluckman, Max. 2002. "'The bridge': Analysis of a social situation in Zululand." In *The Anthropology of politics: A reader in ethnography, theory and critique,* edited by J. Vincent. Malden, MA: Blackwell.

Goffman, Erving. 1961. *Asylums: Essays on the social situation of mental patients and other inmates.* Harmondsworth, UK: Penguin Books.

González, Tania, Sandra Gil Araujo, and Virginia Montañés Sánchez. 2013. "Política migratoria y derechos humanos en el Mediterráneo español: El impacto del control migratorio en los tránsitos de la migración africana hacia Europa." *Revista de Derecho Migratorio y Extranjería* 33:245–67.

Guardia Civil. 2008. *SIVE: Cinco años vigilando la frontera.* Madrid: Guardia Civil.

Guild, Elspeth. 2008. Sovereignty on the move: The changing landscape of territory, people and governance in the EU. London Migration Research Group seminar at London School of Economics, 4 November.

Gupta, Akhil, and James Ferguson. 1997. "Discipline and practice: 'The field' as site, method and location in anthropology." In *Anthropological locations: Boundaries and grounds of a field science,* edited by A. Gupta and J. Ferguson. Berkeley: University of California Press.

Guyer, Jane I. 2007. "Prophecy and the near future: Thoughts on macroeconomic, evangelical, and punctuated time." *American Ethnologist* 34(3): 409–21.

Hacking, Ian. 1986. "Making up people." In *Reconstructing individualism: Autonomy, individuality and the self in Western thought,* edited by T.C. Heller et al. Stanford: Stanford University Press.

———. 1999. *The social construction of what?* Cambridge, MA: Harvard University Press.

Hage, Ghassan. 2005. "A not so multi-sited ethnography of a not so imagined community." *Anthropological Theory* 5(4):463–75.

Hallaire, Juliette. 2007. "L'émigration irregulière vers l'Union Européenne au départ des cotes sénégalaises." Master's thesis, Université de Paris Sorbonne (Paris IV).

Hann, Agnes. 2013. "An ethnographic study of family, livelihoods and women's everyday lives in Dakar, Senegal." PhD thesis, London School of Economics and Political Science.

Hannerz, Ulf. 2003. "Being there . . . and there . . . and there! Reflections on multi-sited ethnography." *Ethnography* 4(2):201–16.

Harding, Jeremy. 2012. *Border vigils.* London: Verso.

Harvey, David. 1989. *The condition of postmodernity: An enquiry into the origins of cultural change.* Oxford: Blackwell.

Feldman, Gregory. 2012. *The migration apparatus: Security, labor, and policy-making in the European Union*. Stanford, CA: Stanford University Press.

Ferguson, James. 1990. *The anti-politics machine: "Development," depoliticization, and bureaucratic power in Lesotho*. Cambridge: Cambridge University Press.

Ferrer Gallardo, Xavier. 2008. "Acrobacias fronterizas en Ceuta y Melilla: Explorando la gestión de los perímetros terrestres de la Unión Europea en el continente africano." *Documents d'Anàlisi Geogràfica* 51:129–49.

———. 2011. "Territorial (dis)continuity dynamics between Ceuta And Morocco: Conflictual fortification vis-à-vis co-operative interaction at the EU border in Africa." *Tijdschrift voor Economische en sociale Geografie* 102(1):24–38.

Fibla García-Sala, Carla, and Nicolás Castellano Flores. 2008. *Mi nombre es nadie: El viaje más antiguo del mundo*. Barcelona: Icaria.

Forsythe, David P. 2009. "Contemporary humanitarianism: The global and the local." In *Humanitarianism and suffering: The mobilization of empathy*, edited by R. Wilson and R.D. Brown. Cambridge: Cambridge University Press.

Foucault, Michel. 2008. *The birth of biopolitics: Lectures at the Collège de France, 1978–79*. Basingstoke, UK: Palgrave Macmillan.

Frontex. 2009a. *General report 2009*. Frontex, Warsaw.

———. 2009b. *Programme of work 2009*. Frontex, Warsaw.

———. 2010. *Beyond the frontiers: Frontex: The first five years*. Frontex, Warsaw.

———. 2011. *Annual risk analysis 2011*. Frontex, Warsaw.

———. 2012. *Annual risk analysis 2012*. Frontex, Warsaw.

Funakawa, Natsuko. 2009. "Le CIGEM—Centre d'Information et de Gestion des Migrations (Mali): Sa place face aux défis des politiques migratoires." Master's thesis, Laboratoire Migrinter, Université de Poitiers.

Gabrielli, Lorenzo. 2011. "La construction de la politique d'immigration espagnole: Ambiguïtés et ambivalences à travers le cas des migrations ouest-africaines." PhD dissertation, Université de Bordeaux.

Gaibazzi, Paolo. 2010. "Migration, Soninke young men and the dynamics of staying behind." PhD dissertation, University of Milano-Bicocca.

Gammeltoft-Hansen, Thomas, and Tanja E. Aalberts. 2010. "Sovereignty at sea: The law and politics of saving lives in the Mare Liberum." DIIS Working Paper 18, University of Copenhagen.

Gammeltoft-Hansen, Thomas, and Ninna Nyberg Sørensen, eds. 2013. *The migration industry and the commercialization of international migration*. Abingdon, UK: Routledge.

Gardner, Katy. 1995. *Global migrants, local lives: Migration and transformation in rural Bangladesh*. Oxford: Oxford University Press.

Gardner, Katy, and David J. Lewis. 1996. *Anthropology, development and the post-modern challenge*. London: Pluto Press.

Gardner, Katy, and Filippo Osella, eds. 2004. *Migration, modernity and social transformation in South Asia*. New Delhi: Sage.

Gatti, Fabrizio. 2007. *Bilal: Il mio viaggio da infiltrato nel mercato dei nuovi schiavi*. Milan: Rizzoli.

de Haas, Hein. 2007. *The myth of invasion: Irregular migration from West Africa to the Maghreb and the European Union.* IMI research report, University of Oxford, October.

Del Grande, Gabriele. 2007. *Mamadou va a morire: La strage dei clandestini nel Mediterraneo.* Rome: Infinito.

della Porta, Donatella. 2006. *Globalization from below: Transnational activists and protest networks.* Minneapolis: University of Minnesota Press.

Derrida, Jacques. 1976. *Of grammatology.* Baltimore: Johns Hopkins University Press.

Desjarlais, Robert. 1994. "Struggling along: The possibilities for experience among the homeless mentally ill." *American Anthropologist* 96(4):886–901.

Donnan, Hastings, and Thomas M. Wilson. 1999. *Borders: Frontiers of identity, nation and state.* Oxford: Berg.

Driessen, Henk. 1992. *On the Spanish-Moroccan frontier: A study in ritual, power and ethnicity.* Oxford: Berg.

———. 1998. "The 'new immigration' and the transformation of the European-African frontier." In *Border identities: Nation and state at international frontiers,* edited by T. Wilson and H. Donnan. Cambridge: Cambridge University Press.

Duffield, Mark R. 2007. Development, security and unending war: Governing the world of peoples. Cambridge: Polity.

Düvell, Franck. 2006. "Crossing the fringes of Europe: Transit migration in the EU's neighbourhood." COMPAS Working Paper 33, University of Oxford.

———. 2008. "Clandestine migration in Europe." *Social Science Information* 47(4):479–97.

EMHRN (Euro-Mediterranean Human Rights Network). 2010. *Study on migration and asylum in Maghreb countries: Inadequate legal and administrative frameworks cannot guarantee the protection of migrants, refugees and asylum seekers.* EMHRN report, July. Available online at www.refworld.org/pdfid/515018942.pdf.

Escoffier, Claire. 2006. "Communautés d'itinérance et savoir-circuler des transmigrant-e-s au Maghreb." PhD dissertation, Université Toulouse II.

Esslin, Martin. 1972. *The theatre of the absurd.* Harmondsworth, UK: Penguin.

Fabian, Johannes. 1983. *Time and the other: How anthropology makes its object.* New York: Columbia University Press.

Fanon, Frantz. 1967. *Black skin, white masks.* New York: Grove Press.

Fassin, Didier. 2005. "Compassion and repression: The moral economy of immigration policies in France." *Cultural Anthropology* 20(3):362–87.

———. 2007. "Humanitarianism: A nongovernmental government." In *Nongovernmental politics,* edited by M. Feher, 149–60. New York: Zone Books.

Fassin, Didier, and Richard Rechtman. 2009. *The empire of trauma: An inquiry into the condition of victimhood.* Princeton, NJ: Princeton University Press.

Faubion, James D., and George E. Marcus, eds. 2009. *Fieldwork is not what it used to be: Learning anthropology's method in a time of transition.* Ithaca, NY: Cornell University Press.

Fekete, Liz. 2005. "The deportation machine: Europe, asylum and human rights." *Race and Class* 47(1):64–91.

CEAR (Comisión Española de Ayuda al Refugiado). 2008. *Informe de evaluación del Centro de Detención de Inmigrantes en Nouadibou, Mauritania.* CEAR report, December.

Cherti, Myriam, and Peter Grant. 2013. *The myth of transit: Sub-Saharan migration in Morocco.* Institute for Public Policy Research report, June.

Choplin, Armelle, and Jérôme Lombard. 2007. "Destination Nouadhibou pour les migrants africains." *Revue Mappemonde* 88(4). Available online at http://mappemonde.mgm.fr/num16/lieux/lieux07401.html.

Cohen, Robin. 1987. *The new helots: Migrants in the international division of labour.* Aldershot, UK: Gower.

Collyer, Michael. 2007. "In-between places: Trans-Saharan transit migrants in Morocco and the fragmented journey to Europe." *Antipode* 39(4): 668–90.

Comaroff, Jean. 2007. "Beyond bare life: AIDS, (bio)politics and the neoliberal order." *Public Culture* 19(1):197–219.

Cooper, Frederick. 2002. *Africa since 1940: The past of the present.* Cambridge: Cambridge University Press.

———. 2005. *Colonialism in question: Theory, knowledge, history.* Berkeley: University of California Press.

Cornelius, Wayne A. 2004. "Spain: The uneasy transition from labor exporter to labor importer." In *Controlling immigration: A global perspective,* edited by W.A. Cornelius et al. Stanford, CA: Stanford University Press.

Cornelius, Wayne A., and Takeyuki Tsuda. 2004. "Controlling immigration: The limits of government intervention." In *Controlling immigration: A global perspective,* edited by W.A. Cornelius et al. Stanford, CA: Stanford University Press.

Coutin, Susan Bibler. 2005. "Being en route." *American Anthropologist* 107(2):195–206.

———. 2007. *Nations of emigrants: Shifting boundaries of citizenship in El Salvador and the United States.* Ithaca, NY: Cornell University Press.

Cruz Roja Española. Undated. *Migraciones africanas hacia Europa: Estudio cuantitativo y comparativo, años 2006–2008. Centro no. 6 de Nouadibou, Mauritania.* Spanish Red Cross report.

Cuttitta, Paolo. 2011. "Borderizing the island: Setting and narratives of the Lampedusa border play." Paper given at ABORNE workshop Fences, Networks, People: Exploring the EU/Africa Borderland, University of Pavia, Italy, December.

Das, Veena. 1995. *Critical events: An anthropological perspective on contemporary India.* Delhi; New York: Oxford University Press.

Debord, Guy. 2004. *The society of the spectacle.* London: Rebel Press.

De Genova, Nicholas. 2002. "Migrant illegality and deportability in everyday life." *Annual Review of Anthropology* 31:419–47.

———. 2012. "Border, scene and obscene." In *A companion to border studies,* edited by H. Donnan and T.M. Wilson. Oxford: Blackwell Wiley.

De Genova, Nicholas, and Nathalie Mae Peutz, eds. 2010. *The deportation regime: Sovereignty, space, and the freedom of movement.* Durham, NC: Duke University Press.

Blundo, Giorgio, and Jean-Pierre Olivier de Sardan. 2001. "La corruption quotidienne en Afrique de l'Ouest." *Politique africaine* 83:8–37.
Bornstein, Erica, and Peter Redfield, eds. 2010. *Forces of compassion: Humanitarianism between ethics and politics.* Santa Fe, NM: School for Advanced Research Press.
Bouvier, Nicolas. 2007. *The way of the world.* London: Eland.
Brachet, Julien. 2009. *Migrations transsahariennes: Vers un désert cosmopolite et morcelé (Niger).* Paris: Croquant.
Braudel, Fernand. 1975. *The Mediterranean and the Mediterranean world in the age of Philip II.* London: Fontana.
Bredeloup, Sylvie. 2008. "L'aventurier, une figure de la migration africaine." *Cahiers Internationaux de Sociologie* 135:281–306.
Bredeloup, Sylvie, and Olivier Pliez. 2005. "Migrations entre les deux rives du Sahara." *Autrepart* 36:3–20.
Brown, Wendy. 2010. *Walled states, waning sovereignty.* New York: Zone Books.
Buggenhagen, Beth Anne. 2001. "Prophets and profits: Gendered and generational visions of wealth and value in Senegalese Murid households." *Journal of Religion in Africa* 31(4):373–401.
Butler, Judith. 1995. "Conscience doth makes subjects of us all." *Yale French Studies* 88:6–26.
Buzan, Barry. 1991. *People, states and fear: An agenda for international security studies in the post-Cold War era.* Boulder, CO: L. Rienner.
CAC (Consell de l'Audiovisual de Catalunya). 2006. "Televisión e inmigración: La televisión y la construcción de una imagen pública de la inmigración." *Quaderns del CAC* 23–24.
Calavita, Kitty. 2005. *Immigrants at the margins: Law, race, and exclusion in southern Europe.* Cambridge: Cambridge University Press.
Calhoun, Craig. 2008. "The imperative to reduce suffering: Charity, progress, and emergencies in the field of humanitarian action." In *Humanitarianism in question: Politics, power, ethics,* edited by M.N Barnett and T.G. Weiss. Ithaca, NY: Cornell University Press.
Camus, Albert. 1942. *Le mythe du Sisyphe.* Paris: Gallimard.
Candea, Matei. 2007. "Arbitrary locations: In defence of the bounded field-site." *Journal of the Royal Anthropological Institute* 13(1):167–84.
Caplan, Patricia. 2000. Introduction. In *Risk revisited,* edited by P. Caplan. Sterling, VA: Pluto Press.
Carling, Jørgen. 2007a. "Migration control and migrant fatalities at the Spanish-African borders." *International Migration Review* 41(2):316–43.
———. 2007b. "Unauthorized migration from Africa to Spain." *International Migration* 45(4):3–37.
Carr, Matthew. 2012. *Fortress Europe: Dispatches from a gated continent.* New York: New Press.
Carrera, Sergio. 2007. *The EU border management strategy: FRONTEX and the challenges of irregular immigration in the Canary Islands.* CEPS Working Document 261, Centre for European Policy Studies.
Castles, Stephen, and Mark J. Miller. 2003. *The age of migration.* New York: Guilford Press.

Andersson, Ruben. 2005. "The new frontiers of America." *Race and Class* 46(3):28–38.

———. 2010. "Wild man at Europe's gates: The crafting of clandestines in Spain's *cayuco* crisis." *Etnofoor* 22(2):31–49.

———. 2012. "A game of risk: Boat migration and the business of bordering Europe." *Anthropology Today* 28(6):7–11.

———. 2014. "Hunter and prey: Patrolling clandestine migration in the Euro-African borderlands." *Anthropological Quarterly* 87(1):119–48.

Andreas, Peter. 2000. *Border games: Policing the US-Mexico divide*. Ithaca, NY: Cornell University Press.

———. 2003. "Redrawing the line: Borders and security in the twenty-first century." *International Security* 28(2):78–111.

Andreas, Peter, and Thomas J. Biersteker. 2003. *The rebordering of North America: Integration and exclusion in a new security context*. New York: Routledge.

Andreas, Peter, and Richard Price. 2001. "From war fighting to crime fighting: Transforming the American national security state." *International Studies Review* 3(3):31–52.

Andreas, Peter, and Timothy Snyder, eds. 2000. *The wall around the West: State borders and immigration controls in North America and Europe*. Lanham, MD: Rowman & Littlefield.

Anzaldúa, Gloria. 1999. *Borderlands = La frontera*. San Francisco: Aunt Lute Books.

Arteaga, Félix. 2007. *Las operaciones de última generación: El Centro de Coordinación Regional de Canarias*. ARI Report 54, Real Instituto Elcano, May.

Audran, Jérome. 2008. "Gestion des flux migratoires: Reflexions sur la politique française de codéveloppement." *Annuaire Suisse de Politique de Développement* 27(2):1–12.

Balibar, Étienne. 1998. "The borders of Europe." In *Cosmopolitics: Thinking and feeling beyond the nation,* edited by P. Cheah and B. Robbins. Minneapolis: University of Minnesota Press.

Barnett, Michael N., and Thomas George Weiss. 2008. *Humanitarianism in question: Politics, power, ethics*. Ithaca, NY: Cornell University Press.

Bauman, Zygmunt. 1997. "Tourists and vagabonds: The heroes and victims of postmodernity." In *Postmodernity and its discontents,* edited by Z. Bauman. Cambridge: Polity Press.

Bayart, Jean-François. 2007. *Global subjects: A political critique of globalization*. Cambridge, MA: Polity.

Beck, Ulrich. 2009. *World at risk*. Cambridge: Polity.

Bending, Tim, and Sergio Rosendo. 2006. "Rethinking the mechanics of the 'anti-politics machine.'" In *Development brokers and translators: The ethnography of aid and agencies,* edited by D. Lewis and D. Mosse. Bloomfield, CT: Kumarian Press.

Bigo, Didier. 2001. "Migration and security." In *Controlling a new migration world,* edited by V. Guiraudon and C. Joppke. London: Routledge.

———. 2005. "Frontier controls in the European Union: Who is in control?" In *Controlling frontiers: Free movement into and within Europe,* edited by D. Bigo and E. Guild. Aldershot, UK: Ashgate.

參考書目

AEI (Afrique-Europe-Interact). 2011. *Mouvements autour des frontières/Grenzbewegungen.* AEI report, November.

Agamben, Giorgio. 1998. *Homo sacer: Sovereign power and bare life.* Stanford, CA: Stanford University Press.

Agier, Michel. 2011. *Managing the undesirables: Refugee camps and humanitarian government.* Cambridge: Polity.

Albahari, Maurizio. 2006. "Death and the modern state: Making borders and sovereignty at the southern edges of Europe." CCIS Working Paper 137, University of California, San Diego, May.

Aldalur, Martín. 2010. *Clandestinos: ¿Qué hay detrás de la inmigración ilegal?* Barcelona: Ediciones B.

Althusser, Louis. 1971. "Ideology and ideological state apparatuses (notes towards an investigation)." In *Lenin and philosophy and other essays,* edited by L. Althusser. London: Monthly Review Press.

Alvarez, Robert R. 1995. "The Mexican-US border: The making of an anthropology of borderlands." *Annual Review of Anthropology* 24:447–70.

Amnesty International. 2008. *Mauritania report: Arrests and collective expulsions of migrants denied entry into Europe.* Amnesty International report, July.

———. 2011. *Stop racism, not people: Racial profiling and immigration control in Spain.* Amnesty International report, December.

Anderson, Bridget, Matthew J. Gibney, and Emanuela Paoletti, eds. 2013. *The social, political and historical contours of deportation.* New York: Springer.

Anderson, Malcolm. 2000. "The transformation of border controls: A European precedent?" In *The wall around the West: State borders and immigration controls in North America and Europe,* edited by P. Andreas and T. Snyder. Lanham, MD: Rowman & Littlefield.

Summit
春山之巔 O26

非法公司：來自非洲的祕密移民如何在歐非各國形成一門好生意

Illegality, Inc.:Clandestine Migration and the Business of Bordering Europe

作者　魯本・安德森 Ruben Andersson
譯者　閻紀宇
總編輯　莊瑞琳
責任編輯　夏君佩
行銷企畫　甘彩蓉
業務　尹子麟
封面設計　鄭宇斌
內文排版　簡單瑛設
出版　春山出版有限公司
地址：116 臺北市文山區羅斯福路六段 297 號 10 樓
電話：（02）2931-8171
傳真：（02）8663-8233
法律顧問　鵬耀法律事務所戴智權律師

總經銷　時報文化出版企業股份有限公司
地址：桃園市龜山區萬壽路二段 351 號
電話：（02）23066842
製版　瑞豐電腦製版印刷股份有限公司
印刷　搖籃本文化事業有限公司
初版一刷　2024 年 4 月

定價　定價 640 元
ISBN　978-626-7236-93-2（紙本）
978-626-7236-91-8（PDF）
978-626-7236-92-5（EPUB）

填寫本書線上回函

春山
Email　SpringHillPublishing@gmail.com
Facebook　www.facebook.com/springhillpublishing/

國家圖書館出版品預行編目 (CIP) 資料

非法公司：來自非洲的祕密移民如何在歐非各國形成一門好生意 / 魯本 . 安德森 (Ruben Andersson) 著；閻紀宇翻譯 . -- 初版 . -- 臺北市：春山出版有限公司 , 2024.04
面；　公分 . -- (春山之巔 ; 26)
譯自 : Illegality, inc. : clandestine migration and the business of bordering Europe
ISBN 978-626-7236-93-2 (平裝)
1.CST: 移民　2.CST: 組織犯罪　3.CST: 西班牙

577.6　　113002373

World as a Perspective

世界作為一種視野